Josef Wulf

Das Dritte Reich und seine Vollstrecker

Joseph Wulf

Das Dritte Reich und seine Vollstrecker

Fourier Verlag • Wiesbaden

Berechtigte Lizenzausgabe der im arani-Verlag Berlin
erschienenen Originalausgabe

Gesamtherstellung: May + Co., Darmstadt
Printed in the Federal Republic of Germany
ISBN 3-925037-47-0

FOTOS UND FOTOKOPIEN

Seite

INHALTSVERZEICHNIS

Seite

Auf Grund eines Beschlusses des Landgerichts Bonn aus dem Jahr 1968 entfällt für diese und weitere Ausgaben Kapitel 14, Seite 334–335.

Einleitung

„Ich glaube, ich glaube, ich glaube,
ehrlich, unerschütterlich und fromm,
daß der Messias komm'.
An den Messias glaube ich,
und wenn er auf sich warten läßt,
glaub' ich darum nicht weniger fest.
Selbst wenn er länger auch zögert noch,
an den Messias glaube ich doch!
Ich glaube, ich glaube, ich glaube!"[1]

---

[1]) *Das war im Ghetto Warschau ein sehr beliebtes Lied. Es wurde von Iris von Stryk aus dem Yiddischen übersetzt. Ihr danke ich hiermit für diese und andere Übersetzungen aus dem Yiddischen sowie überhaupt für ihre Mitarbeit am Buch.*

Ebenso möchte ich an dieser Stelle Herrn Dr. James S. Beddie, dem Direktor des Document Center, für seine verständnisvolle Unterstützung meinen verbindlichsten Dank aussprechen.

J. W.

I

Jürgen Stroops Bericht als historisches Dokument

Unter den Dokumenten zum Thema „Das Dritte Reich und die Juden" nimmt der Bericht des ϟϟ-Brigadeführers Jürgen Stroop über den Widerstand der Juden im Warschauer Ghetto und dessen völlige Zerstörung einen besonderen Platz ein. Ist es doch außergewöhnlich, daß tadellos bewaffnete Waffen-ϟϟ- oder Wehrmachtbataillone sowie ganze Regimenter der Ordnungs- und Sicherheitspolizei wochenlang erbittert mit der nur recht unzulänglich ausgerüsteten Jüdischen Kampf-Organisation ringen mußten, bevor sie diese endlich bezwangen. Die „Täglichen Meldungen" und Stroops äußerst detaillierte Berichte über den von ihm als „Großaktion" bezeichneten Einsatz im Warschauer Ghetto machen deshalb diese NS-Dokumente zu einmaligen Unterlagen.

Im allgemeinen wird der jüdische Widerstand in deutschen Schriftstücken des zweiten Weltkriegs nur ganz nebenbei — gewissermaßen mit lässigem Achselzucken — erwähnt und meistens als unerheblich, also kaum ernst zu nehmen, abgetan. Schon aus weltanschaulichen Gründen war schließlich ein jüdischer Widerstand im Hitler-Europa untragbar. Deshalb neigte die Besatzungsmacht überall dazu, derartige Vorkommnisse zu bagatellisieren oder am besten ganz zu verschweigen. Diese Tendenz wird sofort klar ersichtlich, wenn man die deutschen Dokumente mit jüdischen Schilderungen derselben Ereignisse vergleicht.

Als eine der wenigen Ausnahmen von dieser Regel ist beispielsweise der mit Aufnahmen versehene Bericht des ϟϟ- und Polizeiführers Galizien — der Distrikt gehörte damals zum Generalgouvernement —, Fritz Katzmann, vom 30. Juni 1943 zu nennen. Katzmann überschrieb ihn „Lösung der Judenfrage im Distrikt Galizien" und meldet darin schlicht die Ausrottung von 434 329 Juden, erwähnt jedoch auch, daß diese Widerstand leisteten. Er bezeichnet ihre abgeschnittenen Karabiner jeder Art als besonders gefährlich[1]) und schreibt zu vier Aufnahmen: „Die nachstehenden Bilder geben einen kleinen Ausschnitt aus der Auswahl der sichergestellten Waffen."

---

[1]) *Dokument L—18; Original im Warschauer Archiv der Hauptkommission zur Erforschung der Hitlerverbrechen in Polen; Zitat und Fotos auf Seite 25 des Originalmanuskripts.*

Dennoch stellt die Schilderung des Warschauer Ghettoaufstands in ihrer eindringlichen Ausführlichkeit eine Ausnahme dar. Wahrscheinlich ist sie nur deshalb so abgefaßt worden, weil das Geschehen gewissermaßen vor der Weltöffentlichkeit abrollte und daher nicht totgeschwiegen werden konnte; einen Tag nach dem ersten Widerstand im Warschauer Ghetto — am 20. April 1943 — schrieb auch Dr. Hans Frank schon an den Chef der Reichskanzlei, Dr. Hans Heinrich Lammers, und berichtete über „den wohlorganisierten *Aufstand* im Ghetto Warschau"[1]). Goebbels wiederum war ehrlich entrüstet, weil die Jüdische Kampf-Organisation „tatsächlich jeden Tag Lageberichte!" herausgab[2]).

Für die Prominenz im Dritten Reich mag der Ghettoaufstand ziemlich unfaßbar gewesen sein. Die unerfreuliche Tatsache zwang sie jedoch dazu — wenn auch nur in kurzen Notizen —, ernstlich davon Kenntnis zu nehmen.

Jürgen Stroop allerdings konnte sich damit nicht begnügen, denn ihm stand ja der kleine, noch nicht vergaste Rest der ursprünglich halben Million Juden im Warschauer Ghetto Auge in Auge gegenüber, der plötzlich zum Kampf bereit war. Stroop ließ die jüdischen Kämpfer sogar für die Nachwelt fotografieren.

Winston Churchills Worte über Titos Partisanen hätten genauso gut auf die Warschauer Ghettokämpfer gemünzt sein können, denn auch sie waren ja „bereit zu sterben, aber wenn sie schon sterben mußten, auch bereit zu töten".

In Wirklichkeit haben die Juden in unzähligen Ghettos oder Lagern sowie in den großen Wäldern Osteuropas[3]) dem Besatzer Guerillakämpfe geliefert, wenn diese auch im Dritten Reich allesamt totgeschwiegen worden sind. Ihnen allen war der *besondere Charakter* jüdischen Widerstandes eigentümlich, wie er so eindeutig aus dem Stroop-Bericht hervorgeht. Verstehen läßt sich allerdings dies fast nur, wenn man sich den Grundsatz eines hervorragenden Strategen des Partisanenkampfes zu eigen macht, nämlich die Definition Mao-Tse-Tungs, der die Ansicht vertritt, Partisanen könnten sich ohne *Unterstützungsbasen* nicht halten[4]).

---

[1]) *Josef Wulf „Vom Leben, Kampf und Tod im Ghetto Warschau", Bonn 1958, Seite 16.*

[2]) *Louis Lochner „The Goebbels Diories", New York 1948, Seiten 343–344, 350–351 und 388.*

[3]) *Aus der reichen Literatur darüber hier die wichtigsten Veröffentlichungen: M. Kaganowitsch „Der Krieg jüdischer Partisanen in Osteuropa" (yiddisch), Buenos Aires 1956, Bd. I u. II; S. Bornstein „Die Gruppe des Dr. Atlas" (hebräisch), Tel Aviv 1946; „Das Buch der Ghettokämpfer" (hebräisch), herausg. v. I. Cukerman u. M. Basok, Tel Aviv 1954; Jechiel Granatstein „Ein Jude im Walde" (hebräisch), Tel Aviv 1955; „Das Buch der jüdischen Partisanen" (hebräisch), Merchawia 1958; Dr. M. Dworzecki „Wilna in Kampf und Vernichtung" (yiddisch u. französisch), Paris 1948; Betti Ajzensztajn „Die Untergrundbewegung in Ghetto u. Lager" (polnisch), Lodz 1946; B. Davidson „Partisan Picture" (engl.), Bedford 1946; S. Kaczerginski „Partisanen" (yiddisch), Buenos Aires 1947; Yankiel Wiernik „A year in Treblinka" (engl.), New York 1945; Viel über dieses Thema befindet sich im Institut Yad Vashem und im Kibbutz der Ghettokämpfer in Israel.*

[4]) *In seiner Broschüre „Guerillakrieg"; englisch „Aspects of China Anti-Japs Struggle", 1948 in Bombay erschienen.*

Wie aber war es denn nun um die Unterstützungsbasen der Kämpfer im eingeschlossenen Warschauer Ghetto bestellt?

Liest jemand Stroops Berichte oder auch andere Dokumente über die Kampfhandlungen im April sowie Mai 1943 aufmerksam, fällt ihm verschiedenes ins Auge. Zunächst einmal war das Warschauer Ghetto bereits im Oktober 1940 hermetisch von der Außenwelt abgeriegelt; im Oktober 1941 verbot eine Verordnung das unberechtigte Verlassen des Ghettos bei Todesstrafe; von Ende 1939 bis April 1943 starben etwa 20 Prozent der im Ghetto Warschau eingesperrten Juden am Hunger oder anderen Krankheiten[1]); vom 22. Juli bis 21. September 1942 sind etwa 300 000 Warschauer Juden im Vernichtungslager Treblinka ermordet worden, was man damals „ausgesiedelt"[2]) nannte; im Januar 1943 fand schließlich noch eine weitere „Aussiedlung" statt[3]).

Es sei hier auch noch gleich ausdrücklich darauf hingewiesen, daß der gesamte Waffenbesitz des Warschauer Ghettos am 18. Juli 1942 aus einem einzigen Revolver bestand[4]). Um den zweiten zu beschaffen, galt es, auf der „arischen" Seite zunächst einmal entsprechende Verbindungen aufzunehmen. Bevor ein Jude sich jedoch an diese Aufgabe machen konnte, war er meistens längst als vogelfreier Untermensch erschossen worden, wie aus der Chronik des jüdischen Partisanenkampfes ersichtlich ist. Wer als Jude erkannt wurde, mußte eben sterben. So sind auch die von der Barbarei des Dritten Reichs zwar zermürbten, aber dennoch zu allem entschlossenen jüdischen Kämpfer schon ermordet worden, *bevor* sie auf der „arischen" Seite die ersten Beziehungen anknüpften oder in den Besitz der ersehnten Waffe gelangten. Meistens hatten sie diese noch nicht einmal zu Gesicht bekommen.

Ganz ohne Übertreibung darf man nüchtern und sachlich feststellen, daß sich der Ghettokämpfer dem Kampf gewöhnlich mit sozusagen leeren Händen stellte. Inmitten einer verhetzten „arischen" Bevölkerung hatten ihn Hunger und Krankheit, eine teuflisch ausgeklügelte unmenschliche Gesetzgebung — praktisch bedeutete sie den bürgerlich-rechtlichen Tod — sowie die Trauer um vergaste Familienmitglieder oder Freunde, im Schmerz fast erstarren lassen, wenn er zum Kämpfer wurde.

Alle diese Elemente zusammen bewirken eben den eigenartigen *Ausnahmecharakter* der jüdischen Anti-Hitler-Guerilla.

Aus dem Bericht und ganz besonders aus den „Täglichen Meldungen" von Jürgen Stroop erfährt man aber vieles von dem „so, wie es wirklich gewesen ist".

---

[1]) *Näheres siehe Seite 84.*

[2]) *Näheres siehe Seiten 85, 86.*

[3]) *Näheres siehe Seite 86.*

[4]) *Wulf, a.a.O., Seite 68.*

II

Jürgen Stroop

Sein handschriftlicher Lebenslauf besagt[1]): „Ich bin am 26. September 1895 als Sohn des Polizeioberwachtmeisters C. Stroop in Detmold i./L. geboren. Nach meiner Schulentlassung trat ich am 1. April 1910 als Katasteranwärter bei der Lippischen Katasterinspektion (Regierung) in Detmold ein. Am 18. August 1914 wurde ich Kriegsfreiwilliger beim Inf.Regt. 55 Detmold und rückte Mitte September 1914 zum I.R. 55 ins Feld. Bei La Bassée wurde ich am 22. Oktober 1914 zum ersten Male verwundet. Nach meiner Wiederherstellung rückte ich am 1. Juli 1915 zum Res.Inf.Regt. 206 wieder aus. Bei diesem Regiment machte ich den Feldzug bis zum 21. Dezember 1918 in Rußland, Wolhynien, Siebenbürgen und Rumänien mit. (Zweite Verwundung.)

Am 30. März 1915 wurde ich zum Gefreiten, am 4. September 1915 zum Unteroffizier und am 1. Juli 1918 zum Vizefeldwebel befördert. Im Jahre 1918 habe ich etwa vier Monate die Vermessungsschule in Bukarest besucht. Am 14. Januar 1915 erhielt ich die Lippische Militärverdienstmedaille mit Schwertern; das Eiserne Kreuz II. Klasse am 2. Dezember 1915 und das Fürstl.-Lippische Verdienstkreuz am 22. September 1916.

Nach meiner Entlassung aus dem Heeresdienst trat ich wieder bei der Katasterinspektion in Detmold ein, wo ich bis zum 3. März 1933 ununterbrochen als Vermessungsobersekretär tätig war. Während dieser Zeit legte ich drei Prüfungen ab. Die Vermessungsinspektorenprüfung am 4. Februar 1928. Am 4. März v. Js. wurde ich von der Lippischen Landesregierung mit der Aufstellung der Hilfspolizei in Lippe beauftragt und gleichzeitig als Führer der gesamten Lippischen Hilfspolizei bestellt. Am 12. Juni v. Js. — dem Tage der Auflösung der Hilfspolizei — wurde ich wieder meiner bisherigen Dienststelle überwiesen.

Seit Anfang 1932 gehöre ich zum Beamtenbund der NSDAP (Mitgliedsnummer 2418). Im Juni 1932 bin ich in die Partei eingetreten. Seit Bildung der Schutzstaffel in Detmold am 28. Juli 1932 gehöre ich der SS an. Am 22. Oktober 1932 wurde ich zum SS-Scharführer und am 15. Dezember 1933 zum SS-Truppführer befördert.

Nachdem ich mit der Führung des SS-Trupps Detmold und mit der Führung der 3./V. 19. SS-Standarte beauftragt war, bin ich seit dem 26. Januar 1933 mit der Führung des II. Sturmbanns, 72. SS-Standarte (früher V./19. SS-Standarte) beauftragt.

Z. Zt. stehe ich der SS vollamtlich zur Verfügung."

Die Unterschrift unter diesem Lebenslauf lautet: „Stroop I, SS-Truppführer."

Dieser selbstgeschriebene Lebenslauf Jürgen Stroops ist nicht datiert, kann aber nur zwischen dem 15. Februar 1933 und dem 8. März 1934 von ihm verfaßt worden sein, da

---

[1]) *Sämtliche biographischen Angaben oder diesbezüglichen Einzelheiten, die hier referiert oder zitiert werden, stammen aus dem Archiv des Document Centre in Westberlin. Bei anderen Dokumenten wird die Quelle ausdrücklich angegeben.*

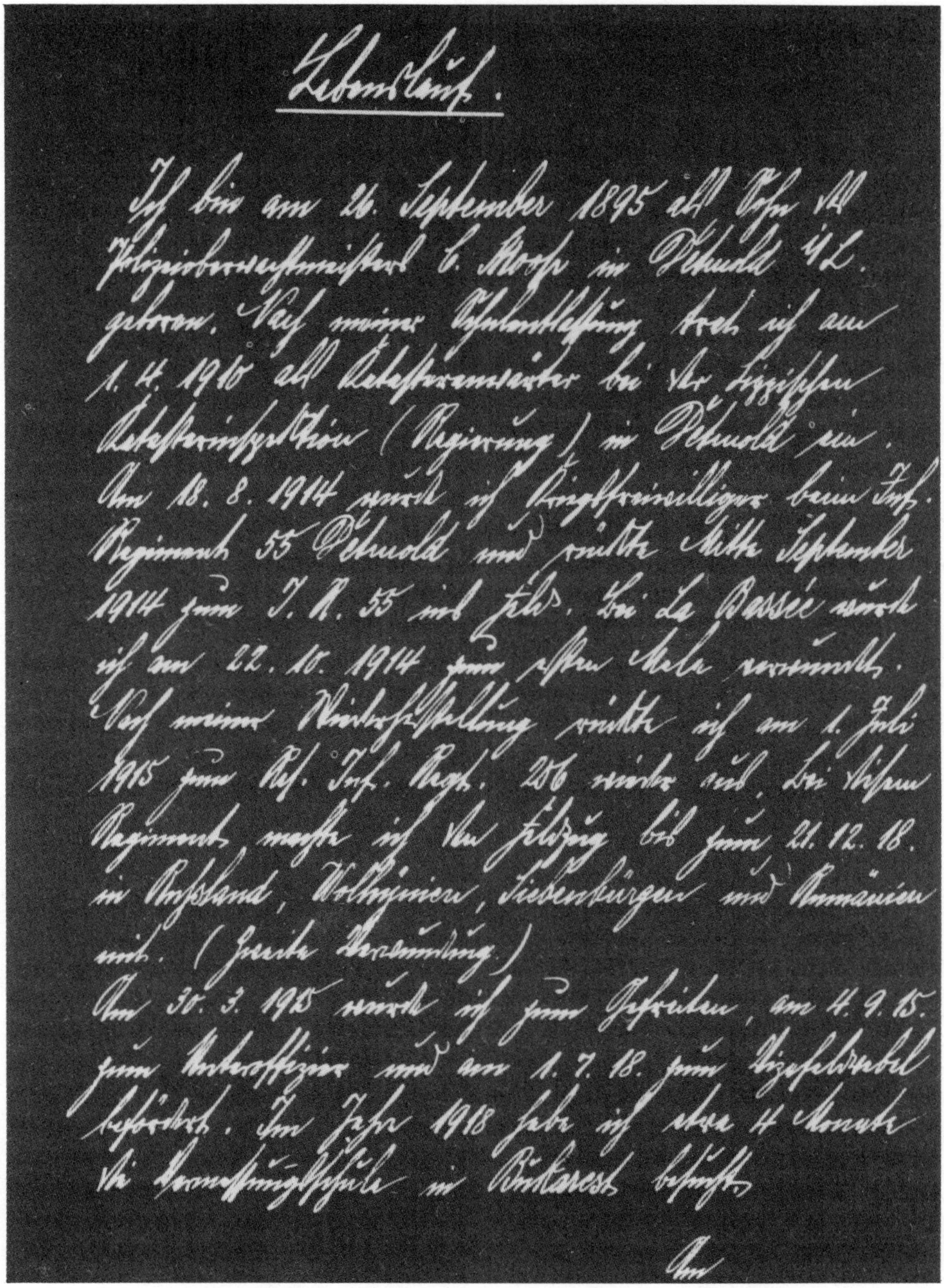
Lebenslauf.

Ich bin am 26. September 1895 als Sohn des Polizeioberwachtmeisters K. Stroop in Detmold i/L. geboren. Nach meiner Schulentlassung trat ich am 1.4.1910 als Katasteranwärter bei der lippischen Katasterinspektion (Regierung) in Detmold ein. Am 18.8.1914 wurde ich Kriegsfreiwilliger beim Inf. Regiment 55 Detmold und rückte Mitte September 1914 zum I.R. 55 ins Feld. Bei La Bassée wurde ich am 22.10.1914 zum ersten Male verwundet. Nach meiner Wiederherstellung rückte ich am 1. Juli 1915 zum Res. Inf. Regt. 256 wieder aus. Bei diesem Regiment machte ich den Feldzug bis zum 21.12.18. in Rußland, Wolhynien, Siebenbürgen und Rumänien mit. (Zweite Verwundung.)
Am 30.3.1915 wurde ich zum Gefreiten, am 4.9.15. zum Unteroffizier und am 1.7.18. zum Vizefeldwebel befördert. Im Jahre 1918 habe ich etwa 4 Monate die Vermessungsschule in Bukarest besucht.

Am

Erste Seite des handschriftlichen Lebenslaufs von Jürgen Stroop

Abschrift.

Der Oberbürgermeister
der Stadt Gnesen

I H.

Gnesen, den 9. Mai 1941

Vornamen-Änderung

Der ᛋᛋ-Oberführer Josef S t r o o p , geboren am 26.9.95 in Detmold (Lippe), eingetragen im Geburtsregister Nr. 187 des Jahres 1895 hat aufgrund weltanschaulicher Einstellung die Änderung seines Vornamens beantragt. An Stelle des Vornamens Josef will der ᛋᛋ-Oberführer Stroop den Vornamen seines verstorbenen Sohnes Jürgen führen.

Die beantragte Vornamenänderung wird hiermit aufgrund des Gesetzes zur Änderung von Familien- und Vornamen vom 5.1.38 genehmigt.

(Siegel) gez. Lorenzen

F.d.R.d.A.

ᛋᛋ-Hauptsturmführer
u. Personalreferent

Josef wird in Jürgen umgetauft

laut Personalakten des Reichssicherheitshauptamtes der ϟϟ-Scharführer Josef Stroop am 15. Februar 1933 zum ϟϟ-Truppführer befördert wurde und dieser wiederum am 8. März 1934 das nachstehende Schreiben mit dem Zeichen: „P 1 Nr. 3602“ erhielt:

„ϟϟ-Truppführer *Stroop*

Ich befördere Sie mit Wirkung vom 8. März 1934 zum ϟϟ-Sturmhauptführer unter Beauftragung mit der Führung des II. Sturmbanns / 72. ϟϟ-Standarte.

Der Reichsführer-ϟϟ
H i m m l e r“

Damals hatte sich Stroop seines Taufnamens „Josef“ noch nicht entledigt, denn der Oberbürgermeister der Stadt Gnesen genehmigte ihm erst am 9. Mai 1941, statt dessen den Namen „Jürgen“ zu führen. Dem betreffenden Schriftstück ist zu entnehmen, daß der ϟϟ-Oberführer *Josef* Stroop „auf Grund weltanschaulicher Einstellung die Änderung seines Vornamens beantragt“ hatte. Wieso die Namensänderung weltanschaulich begründet sein sollte, ist allerdings nicht ganz ersichtlich, denn im gleichen Schreiben heißt es lediglich:

„An Stelle des Vornamens Josef will der ϟϟ-Oberführer Stroop den Vornamen seines verstorbenen Sohnes Jürgen führen.“

Der Werdegang Stroops zu jener Zeit, als Adolf Hitler es bis zum Gefreiten brachte, geht aus der beglaubigten Abschrift einer Bescheinigung des Oberbürgermeisters in Detmold hervor. Über den damals noch Josef Heißenden steht da:

„Dem Vermessungsobersekretär Stroop, geb. am 26. 9. 1895, wohnhaft in Detmold, Am Eicheneck 3 — ehemaliger Vizefeldwebel im Res. Inf. Regt. 256 — wird hierdurch bescheinigt, daß er am 18. 8. 1914 als Kriegsfreiwilliger beim 2. Rekr. Depot, II. Ers. Batl. I. R. 55 eingetreten ist. Von hier wurde er versetzt: am 1. 10. 14 zum II. Ers. Batl. I. R. 55, 2. Komp.; am 8. 10. 14 ins Feld; am 9. 10. 14 zum Inf. Regt. 55, 7. Komp. (Frankreich); am 20. 12. 14 zum Inf. II. Ers. Batl. Inf. Regt. 55, 2. Komp.; am 28. 12. 14 zum II. Ers. Batl. Inf. Regt. 55, 5. Komp.; am 20. 12. 15 zum II. Ers. Batl. Inf. Regt. 55, 1. Komp.; am 1. 7. 15 ins Feld; am 4. 7. 15 zur 6. Komp. Res. Inf. Regt. 256.

Vom R. I. R. 256 wurde Stroop am 21. 12. 18 infolge Demobilmachung aus dem Heeresdienst entlassen.

Beförderungen: am 30. 3. 1915 Gefreiter; am 4. 9. 1915 Unteroffizier; am 1. 7. 1918 Vizefeldwebel.

Orden und Ehrenzeichen: Lippische Militär- und Verdienstmedaille mit Schwertern am 14. 1. 15; Eisernes Kreuz II. Klasse am 2. 12. 1915; Fürstl.-Lippisches Verdienstkreuz am 22. 9. 1916.

Verwundung: am 22. 10. 1914 bei La Bassée durch Schuß in die linke Schulter.

Bemerkung: Stroop hat am Ausbildungslehrgang für Unteroffiziersaspiranten teilgenommen.

Führung: Recht gut.

Die vorstehenden Angaben sind auszugsweise aus dem Militärpaß wiedergegeben.

Detmold, den 9. September 1932

Siegel
Der Oberbürgermeister
als Ortspolizeibehörde der
Landeshauptstadt
gez.: Bauer"

Diese Angaben stimmen mit denen der verschiedenen Personalakten, SS-Stammrollen, SS-Stammkarten und Ergänzungen der Führerkartei der SS-Personalkanzlei des Reichssicherheitshauptamtes überein. Allerdings trat er erst am 1. Juli 1932 — nicht, wie er angibt, schon im Juni — in die NSDAP ein. Seine Nummer als Parteigenosse lautete: 1 292 297. Ab 1. August 1932 war Stroop dann auch SS-Anwärter mit der Nummer: 44 611.

Der erlernte und ausgeübte Beruf wird ebenfalls überall völlig gleich angegeben, aber die Frage nach der Religion ist wohl etwas peinlich gewesen, denn am 4. Februar 1939 noch beantwortete Stroop selbst sie zunächst mit „katholisch". Das Wort ist dann aber durchgestrichen worden und durch „gottgläubig" ersetzt.

Die SS-Personalakten enthalten tatsächlich alle Einzelheiten. Aus ihnen erfährt man Stroops Körperlänge von 182 cm, seine Schuhgröße 43 und die Kopfweite 58. Eine Tochter wurde ihm am 25. Februar 1928, ein Sohn am 26. Februar 1936 geboren. Der zweite 1934 geborene Sohn starb bald darauf wieder.

Stroops Ehefrau Käte, geborene Barckhausen, ist am 21. November 1898 in Stendal geboren. Sie war zwar nicht Parteigenossin, betätigte sich aber in der NSV und war gleich ihrem Mann „gottgläubig", was sie sicher bei ihrer Hochzeit am 5. Juli 1923 noch nicht gewesen war.

Stroop gibt seinen früheren Beruf mit Vermessungsbeamter und den ausgeübten mit SS-Führer an. Er besaß den Führerschein III sowie den SS-Führerschein Kl. III und gesteht, außer der Volksschule keine Bildungsanstalt besucht zu haben. Die Daten seiner Beförderungen gibt er stets peinlich genau an und die beiden Verwundungen aus dem ersten Weltkrieg vergißt er ebenfalls nie.

Seltsamerweise nahm dieser strebsame junge Mann lediglich an einem Parteiaufmarsch teil, und zwar 1933 in Nürnberg. Auch politischer Leiter ist er niemals gewesen. Dafür besaß er das Reichssportabzeichen in Gold, des SA-Sportabzeichen in Bronze, das deutsche Reiterabzeichen in Bronze und ebenso das deutsche Fahrerabzeichen in Bronze. Bis 1941 mußte er sich mit der Verleihung des SS-Totenkopfringes begnügen. Als dann jedoch 1942 aus weltanschaulichen Gründen der Josef zum Jürgen geworden war, bekam er Himmlers Jul-Leuchter. 1944 hatten sich dem gar zwei Ehrendegen und das Goldene Ehrenzeichen Wartheland hinzugesellt.

Überall wird ehrlich vermerkt, daß es dem Josef alias Jürgen Stropp nicht vergönnt war, ins Ausland zu reisen. Die Beantwortung der Frage nach den Sprachkenntnissen hingegen ist offenbar nicht so einfach, denn einmal heißt es „Schulfranzösisch" — dabei gab es auf der Volksschule gar keinen französischen Unterricht —, ein anderes Mal steht da „Privatunterricht in Mathematik und Französisch". Die Rubrik „Einkommen" läßt ebenfalls an Eindeutigkeit zu wünschen übrig, denn sie ist mit den Zahlen „100, 150, 200, 250, 300, und über 300,—" beantwortet worden. Auf jeden Fall war dieser Stroop also, wenigstens zu Beginn seiner Karriere, ein recht armer Schlucker.

Selbstverständlich vergißt Stroop niemals anzugeben, daß er vom 9. Januar bis 19. Februar 1938 die ᛋᛋ-Führerschule in Dachau besuchen durfte. Die Frage nach dem Ahnennachweis wird kurzweg mit „Lebensborn" abgetan.

Vom Sudeteneinsatz an heimste Stroop übrigens neue Orden und Ehrenzeichen ein. 1938 bekam er die Sudetenmedaille, 1941 die Spange zum Eisernen Kreuz II. Klasse und das Kriegsverdienstkreuz II. Klasse mit Schwertern sowie das Infanterie-Sturmabzeichen in Bronze und 1943 endlich auch das Eiserne Kreuz I. Klasse.

Es gibt ein Schriftstück, aus dem hervorgeht, daß der Vermessungssekretär Josef Stroop am 3. Februar 1934 die Vermessungs-Obersekretär-Prüfung mit dem Prädikat „befriedigend" ablegte, was ihm der dafür zuständige Ausschuß — Dr. Petri, Witzky und Schütz — bestätigen und der Detmolder Bürgermeister als Ortspolizeibehörde beglaubigte.

Als Adolf Hitler, den Josef Stroop ja im ersten Weltkrieg um einige Dienstgrade überflügelt hatte, die Macht an sich riß, betätigte Stroop sich bereits als Führer, wenn auch nur der Hilfspolizei in Detmold. Er muß sich bewährt haben, denn die beglaubigte Abschrift eines Briefes der Lippischen Landesregierung vom 10. Juni 1933 besagt:

„Auf Grund der Anordnung vom 8. Juni 1933 treten Sie mit dem 12. Juni 1933 in Ihre alte Dienststelle zurück. Aus diesem Anlaß spreche ich Ihnen für die aufopfernde Arbeit, die Sie als Führer der Hilfspolizei seit dem Tage der nationalen Erhebung für das Land geleistet haben, Dank und Anerkennung aus.

Der Staatsminister
gez.: Riecke"

Wie eifrig Stroop sich schon damals für die nationalsozialistische Weltanschauung und alle NS-Belange eingesetzt haben muß, ergibt sich aus dem Wunsch Heinrich Himmlers, der an den ᛋᛋ-Oberabschnitt Nordwest ausdrücklich Weisung ergehen ließ, den ᛋᛋ-Truppführer Stroop die Zwischendienstgrade überspringen zu lassen und sofort zum ᛋᛋ-Sturmhauptführer zu befördern, falls seitens des Oberabschnitts keine Bedenken dagegen bestanden. Die erforderlichen Papiere sollten alsdann umgehend eingereicht werden.

Sieben Wochen später war Stroop tatsächlich ᛋᛋ-Sturmhauptführer mit Wirkung vom 8. März 1934. Schon am 20. April 1935 wurde er ᛋᛋ-Sturmbannführer und genau ein Jahr später ᛋᛋ-Obersturmbannführer. Am 13. Juli 1937 durfte er sich bereits ᛋᛋ-Standartenführer nennen, und am 18. November 1938 enthob Himmler ihn mit Wirkung vom 14. November seiner Dienststellung als Führer der 28. ϟϟ-Standarte und betraute ihn *hauptamtlich* mit der Führung des ϟϟ-Abschnitts XXXVIII.

Stroop kam also in der ϟϟ gewissermaßen mit Siebenmeilenstiefeln voran! Dennoch sollte seine eigentliche Blitzkarriere erst 1939 beginnen, wenn ihm auch gerade dieses Jahr allerlei private Sorgen brachte. Seine Beamtenlaufbahn hatte mit dem kometenhaften Aufstieg in der ϟϟ selbstverständlich nicht Schritt halten können. Daraus ergaben sich Kümmernisse, auf die hier ein wenig eingegangen werden soll, weil sie den pedantischen Kleinbürger, welcher nun einmal in dem arrivierten ϟϟ-Führer steckte, recht gut charakterisieren.

Immerhin war der Herr ϟϟ-Standartenführer als Beamter nicht über den ziemlich subalternen Rang eines Vermessungsobersekretärs beim Katasteramt der Lippischen Landesregierung hinausgelangt, weil er seit 1933 von seiner Behörde zur Dienstleistung in der ϟϟ beurlaubt war. Zu Differenzen kam es, weil Stroop einerseits seine Pensionsberechtigung als Beamter keinesfalls einbüßen wollte, andererseits aber natürlich nicht auf seine ϟϟ-Laufbahn zu verzichten gedachte. Jedenfalls ließ sich in dieser Hinsicht keine Einigung zwischen Katasteramt und ϟϟ-Standartenführer erzielen. Schließlich wandte sich die ϟϟ-Personalkanzlei mit der Bitte um Unterstützung an ϟϟ-Brigadeführer Dr. Wilhelm Stuckardt vom Reichsministerium des Innern und bezog sich dabei auf einen Runderlaß des Reichs- und Preußischen Ministeriums des Innern vom 12. Januar 1936 — II S B 6461/907 —, demzufolge Beamte, welche schon zwei Jahre für Zwecke der NSDAP und ihrer Gliederungen beurlaubt waren, nur mit Genehmigung des Stellvertreters des Führers weiter beurlaubt werden konnten. Die ϟϟ-Personalkanzlei mußte leider zugeben, daß dies wohl freilich für den ϟϟ-Standartenführer Stroop nicht in Frage käme, da dieser bereits seit 1933 von seiner Behörde beurlaubt war und das Katasteramt nun gern das Beamtenverhältnis lösen würde. Falls Stroop nicht vorzog, seinen Dienst wieder aufzunehmen, verlangte das Amt jedoch Verzicht auf alle bis dahin erworbenen Rechte. Die ϟϟ-Personalkanzlei machte Dr. Stuckardt natürlich darauf aufmerksam, daß der sehr tüchtige ϟϟ-Führer Stroop, welcher damals die 28. ϟϟ-Standarte in Hamburg führte, beim Einmarsch ins Sudetenland vom Reichsführer-ϟϟ mit der Führung des ϟϟ-Abschnitts XXXVIII in Karlsbad betraut worden war. Bei dem herrschenden Führermangel konnte die ϟϟ daher unmöglich auf einen so verdienten Mann wie Stroop verzichten, wollte aber auf jeden Fall vermeiden, daß er beim Ausscheiden aus dem Beamtenverhältnis ungefähr 25 pensionsfähige Dienstjahre verlor. Dr. Stuckardt sollte nun einmal prüfen, ob denn nicht eine gesetzliche Regelung dahingehend herbeizuführen war, daß Beamte, welche für NSDAP-Zwecke beurlaubt waren, beim Ausscheiden aus dem Beamtenverhältnis ihre bisher erworbenen Pensionsansprüche behielten, wenn diese auch vielleicht erst bei Dienstunfähigkeit oder Erreichung der Altersgrenze wieder auflebten. Vor allem gab die ϟϟ-Personalkanzlei zu bedenken, daß normalerweise Beamte, die jahrelang zur NSDAP beurlaubt gewesen waren, bei Rückkehr in ihre Stellungen meistens den Amtskollegen gegenüber erheblich im Nachteil waren, weil sie ja keine Zeit für die berufliche Weiterbildung gehabt hatten.

Stroop wiederum vertröstete das ϟϟ-Personalamt mit dem Hinweis, bei den Gliederungen der Schutzstaffel sollte bald eine Pensionsregelung getroffen werden. Es bestehe die Absicht, den Beamten die im Staatsdienst erworbenen pensionspflichtigen Jahre anzurechnen, denn es sei ja anzunehmen, daß die meisten — wie sicher auch er — nicht wieder in die Beamtenlaufbahn zurückkehren möchten. Das Schreiben an Stroop schloß mit den Worten: „Die Lippische Landesregierung wurde von hier aus verständigt, daß sie demnächst von Ihnen Nachricht erhalten wird."

Stroop schrieb schließlich auch am 27. März an die Landesregierung. Diese antwortete schon am 11. April und schickte ihm die Berechnung seiner ruhegehaltsfähigen Dienstzeit und des ruhegehaltsfähigen Diensteinkommens, Stand 1. April 1939, nach Karlsbad. Äußerst großzügig rechnete sie Stroops Beurlaubung sogar bis zum 7. Februar 1938, erklärte jedoch, über die Zeit ab 7. Februar bis zu seinem eventuellen Wiedereintritt in den Lippischen Staatsdienst müsse allerdings erst entschieden werden. Die Regierung wies ausdrücklich darauf hin, daß Stroops ruhegehaltsfähige Dienstzeit *nicht* um die Zeit des über zwei Jahre hinausgehenden Urlaubs gekürzt worden sei.

Das Land Lippe kam also dem tüchtigen SS-Führer wirklich weitgehend entgegen, denn der allmählich 44jährige hatte ja tatsächlich seinen Dienst lediglich elf Jahre versehen, weil er den ersten Weltkrieg mitgemacht und seit 1933 zur SS beurlaubt gewesen war. Trotzdem rechnete die Regierung ihm volle 21 pensionsberechtigte Dienstjahre an.

Der SS-Standartenführer lebte nun aber längst in einem Stil, der für den weiland Vermessungsobersekretär unvorstellbar gewesen wäre. Die 200,— Mark Pension dünkten Stroop daher reichlich spärlich, und er sann auf Abhilfe.

Staatssekretär Dr. Stuckardt war indessen auch nicht untätig geblieben, sondern wirkte im Innenministerium eifrig für seinen SS-Kameraden. Am 27. April 1939 teilte er dem Chef der SS-Personalkanzlei, SS-Gruppenführer Schmitt, in der Berliner Prinz-Albrecht-Straße mit: „Wenn es im besonderen Interesse der Partei liegt, werden vom Stellvertreter des Führers sogar Anträge auf Beurlaubung für unbegrenzte Zeit gestellt und demgemäß von der zuständigen Behörde auch genehmigt." Dr. Stuckardt schloß mit den Worten: „Ich stelle daher anheim, in dem Falle des SS-Standartenführers Stroop einen Antrag des Stellvertreters des Führers herbeizuführen. Hier würde, wie ich mich vergewissert habe, wegen der weiteren Beurlaubung des Beamten nichts einzuwenden sein."

Von Dr. Stuckardt erfuhr die SS-Personalkanzlei auch, daß die gesetzliche Regelung der Pension für die beurlaubten Beamten bereits geprüft, wenn auch noch nicht entschieden worden sei. Das hinge nämlich weitgehend davon ab, in welchem Umfange sich die Partei bereit fand, die Versorgung der Beamten nach ihrem Ausscheiden aus dem Beamtenverhältnis zu übernehmen.

Der Schriftwechsel zwischen Detmold, Stroop und der SS-Personalkanzlei wurde so eine Weile fortgesetzt, ohne daß Entscheidendes geschah. Nachdem dann jedoch die Regierung in Detmold es wagte, den Herrn SS-Standartenführer „sturerweise" am 2. Juni 1939 an die Beantwortung eines Schreibens zu erinnern, riß Stroop wohl die Geduld. Er tat den entscheidenden Schritt, ließ sich aber vorsichtshalber ein Hintertürchen offen. Er stellte am 8. Juni den Antrag, aus der Landesregierung auszuscheiden, allerdings nur unter dem Vorbehalt, die bisher erworbenen Rechte in Gestalt der ihm so großzügig berechneten etwa 200,– Mark Pension monatlich zu gegebener Zeit geltend machen zu können.

Darauf ging die Landesregierung selbstverständlich nicht ein. Seine Entlassung allerdings genehmigte sie ihm sofort ohne weiteres und stellte die entsprechende Verfügung in Kürze in Aussicht. Ein Anrecht auf die Pension aber, erklärte sie, habe der Vermessungsobersekretär a. D. nur im Falle der Pensionierung oder wenn er sonst Warte- und Ruhegehalt in Anspruch nehmen dürfe. Dieser Tatbestand sei aber bei Stroop keineswegs gegeben, weil er ausdrücklich erklärt habe, aus dem Staatsdienst ausscheiden zu wollen, um eine hauptamtliche Tätigkeit bei der SS zu übernehmen. Somit war das Beamtenverhältnis gelöst und führte zwangsläufig den Verlust aller bisher erworbenen Rechte herbei. Über diese Rechtslage könne sich der SS-Standartenführer jederzeit von seiner vorgesetzten SS-Dienststelle aufklären lassen, meinte die Landesregierung in Detmold.

Eine böse Enttäuschung für den kleinbürgerlichen Parvenü! Da er aber wohl damals schon im Angriff die beste Verteidigung erblickte, schrieb Stroop am 10. Juli 1939 nach Detmold:

„Das Schreiben vom 22. Juni 1939, welches dort am 6. Juli 1939 auf die Post gegeben wurde, habe ich heute erhalten. In diesem Schreiben teilt die Landesregierung mit, daß eine Entlassungsverfügung, mit der alle wohlerworbenen Rechte erlöschen, mir in Kürze zugehen wird. Ich weise demgegenüber darauf hin, daß ein derartiger Antrag meinerseits bei der Landesregierung nicht gestellt ist, sondern daß ich nur um meine Entlassung gebeten habe unter der Voraussetzung, daß ich, falls notwendig, in die erworbenen Rechte wieder eintreten kann. Aus diesem Grunde bin ich nicht in der Lage, die von der Landesregierung in obengenanntem Schreiben angekündigte Entlassungsverfügung anzunehmen."

Dieses Schreiben Stroops veranlaßte den Reichsstatthalter in Lippe und Schaumburg-Lippe dazu, der Personalkanzlei des Reichsführers-SS am 15. Juli 1939 zu erklären, er strebe seit Jahren eine Klarstellung des Dienstverhältnisses mit Stroop an. Der umfangreiche Schriftwechsel verzögere die Angelegenheit jedoch immer wieder, so daß leider bisher keine Einigung erzielt werden konnte. Immerhin dürfe nicht übersehen werden, daß der SS-Standartenführer Stroop seit Januar 1933 keinen Dienst mehr versehen habe und seit 1938 auch keine Beurlaubung für ihn mehr vorliege. Da Stroop ohnedies nicht beabsichtige, in den Staatsdienst zurückzukehren, sei er an dem Beamten nicht mehr interessiert und hege vielmehr die Absicht, eine für Stroop nun über sechs Jahre freigehaltene Planstelle endlich mit einem anderen Anwärter zu besetzen. Angesichts des großen Mangels an technisch vorgebildeten Kräften erscheine dem Reichsstatthalter dies unbedingt und schnellstens geboten. Er bat den Reichsführer-SS deshalb, Stroop doch zu einem „bedingungslosen" Entlassungsantrag zu veranlassen. Die bestehenden Bestimmungen machten es unmöglich, einem im eigenen Interesse aus dem Staatsdienst scheidenden Beamten auch noch Zusicherungen hinsichtlich der „wohlerworbenen" Rechte oder einer etwaigen künftigen Wiedereinstellung zu machen. Die Wiederverwendung im Staatsdienst solle damit selbstverständlich nicht grundsätzlich abgelehnt werden. Eine gründliche Überprüfung der Gründe, die zu einem jetzt völlig unwahrscheinlich wirkenden Ausscheiden aus der SS jemals führen könnten, müsse man sich allerdings in so einem Falle vorbehalten.

Die Antwort des Reichsstatthalters an den SS-Standartenführer Stroop in Karlsbad ging dann am 17. Juli 1939 mit Zustellungsurkunde ab und die SS-Personalkanzlei erhielt eine Abschrift davon, obwohl dieses Schreiben weit weniger freundlich als alle vorherigen war und die Auffassung der Regierung ziemlich unzweideutig klarlegte. Unter anderem hieß es darin:

„Sie sind als Vermessungsobersekretär ein Beamter des Landes Lippe und haben als solcher Dienst zu tun, falls Sie nicht beurlaubt sind. Entweder Sie scheiden aus dem Landesdienst endgültig aus; da ein Fall der Dienstunfähigkeit nicht vorliegt, kann das nur auf Ihren Antrag geschehen, der Ihnen wiederholt nahegelegt ist. Für diesen Fall ist jedoch irgendein Vorbehalt von sogenannten wohlerworbenen Rechten gesetzlich unzulässig. Daß er auch sachlich nicht begründet ist, liegt auf der Hand. An Ihrer Entscheidung zur Übernahme eines anderen Amtes, das der Stellung und dem Gehalte nach eine erhebliche Verbesserung für Sie bedeutet, nimmt der Staat keinen Anteil. Am wenigsten kann er sich verpflichten, Sie zu den alten Bedingungen wieder in Dienst zu nehmen, wenn Sie aus dem SS-Dienst einmal ausscheiden sollten.

Oder Sie bleiben weiter im Staatsdienst und müssen alsdann auch Ihren Dienst in der Katasterinspektion versehen. Auf diese Folgerung ist wiederholt hingewiesen worden. Daß haushaltsmäßig Ihre Planstelle bisher freigehalten werden mußte, und Ihre ehemaligen Mitarbeiter in der Katasterinspektion benachteiligt sind, weil über Ihre Stelle nicht verfügt werden kann, wiederhole ich nur beiläufig. Die Landesregierung wird die entsprechenden Folgerungen ziehen, falls Sie nicht bis zum 30. Juli weitere Anträge stellen."

Stroop hielt diese Frist natürlich wieder nicht ein, entschloß sich aber am 16. August 1939 unter Hinweis darauf, daß eine Entscheidung in seinem Falle noch herbeigeführt werden könne, da eine gesetzliche Regelung der im Beamtenverhältnis erworbenen Ruhegehaltsansprüche bevorstehe, zu dem Satz:

„Unter Berücksichtigung dieses Umstandes erkläre ich mich bereit, als Beamter der Lippischen Landesregierung auszuscheiden. Heil Hitler!"

Er ließ dieses Schreiben sogar noch von einem SS-Unterscharführer beglaubigen.

Nachdem Stroop solcherweise seine Beamtenrechte und die bescheidene Pension um der „großen Sache" willen aufgegeben hatte, wurde er auch bald dafür belohnt. Zehn Tage nach Ausbruch des zweiten Weltkrieges, am 10. September 1939, ist der später aus weltanschaulichen Gründen in „Jürgen" umgetaufte Josef Stroop zum SS-Oberführer befördert worden, und damit begann seine Kriegskarriere.

Am 6. März 1940 bat der SS-Oberabschnitt Warthe — Aktenzeichen: II Az. 16/5. 3. 40 Schw./Fe. — den Chef des SS-Personalhauptamtes darum, den SS-Oberführer Josef Stroop, SS-Nummer: 44 611, unter Ernennung zum Führer des SS-Abschnitts XXXXI Gnesen, zum SS-Oberabschnitt Warthe zu versetzen. In dem Versetzungsantrag wurde daran erinnert, daß dieser Stroop seinerzeit durch Personalverfügung des Reichsführers-SS mit dem Zeichen: SS-P.H. Tgb.Nr. 190/39 vom 9. Oktober 1939, unter Enthebung von der Führung des SS-Abschnitts XXXVIII mit der Führung des Selbstschutzes Posen beauftragt worden war.

Der Chef des SS-Personalhauptamtes gab diesem Ersuchen schon am 13. März schleunigst statt.

Damit landete der SS-Oberführer Josef Stroop endlich dort, wo er sich aus „weltanschaulichen Gründen" in einen Jürgen Stroop verwandeln sollte. Der Oberbürgermeister von Gnesen genehmigte die beantragte Namensänderung auf Grund des Gesetzes zur Änderung von Familien- und Vornamen vom 5. Januar 1938. Wahrscheinlich, um der Sache mehr Bedeutung zu verleihen, ließ Oberbürgermeister Lorenzen von seinem Personalreferenten, einem SS-Hauptsturmführer, diese wichtige Urkunde beglaubigen.

Ob Josef oder Jürgen, die Beförderungen regneten jedenfalls fröhlich weiter auf Stroop hernieder. SS-Gruppenführer Jüttner, Generalleutnant der Waffen-SS im SS-Führungshauptamt, ernannte den SS-Oberführer Stroop am 16. Juli mit Wirkung vom 7. Juli 1941 zum SS-Obersturmführer der Reserve in der Waffen-SS und kommandierte ihn zur SS-Totenkopf-Division ab. Am 22. Juli schon beförderte daraufhin das SS-Personalhauptamt Stroop in seiner Eigenschaft als Reserveführer der Waffen-SS zum SS-Obersturmführer.

Von diesem Zeitpunkt ab gab Stroop sich wesentlich militärischer und war nicht mehr ausschließlich Parteisoldat. Der zukünftige Führer der von ihm als „Großaktion" bezeichneten Liquidation des Warschauer Ghettos wurde gewissermaßen geboren.

Am 25. September 1941 erging prompt unter dem Aktenzeichen: II a/Az. 21 c 16/Br./Fu. vom Kommandoamt der Waffen-SS in Berlin-Wilmersdorf, Kaiserallee 188, die Personalverfügung, daß der SS-Oberführer der allgemeinen SS und SS-Obersturmführer der Reserve Stroop mit der SS-Nummer 44 611, bisher Totenkopf-Division, mit Wirkung vom 15. September zwecks Durchführung der Entlassung für eine Sonderaufgabe des Reichsführers-SS zum Ersatzbataillon Leibstandarte-SS „Adolf Hitler" versetzt und die Durchführung der Entlassung dem Kommandanten der Waffen-SS zu melden sei.

Die Meldung eines SS-Obersturmführers im SS-Abschnitt Gnesen an den Chef des SS-Personalhauptamtes in Berlin, SS-Gruppenführer Schmitt, vom 8. Oktober 1941 hat den Krieg überdauert. Sie besagt, der Reichsführer-SS, Aktenzeichen: P.Az. 16/11. 9. 41, beabsichtige, den SS-Oberführer Jürgen Stroop — von Beruf Abschnittsführer — als SS- und Polizeiführer im Osten einzusetzen. Dieser möge daher beim SS-Führungshauptamt umgehend angefordert werden, damit er die Übergabe seines Abschnitts, der unter erheblichem Führermangel leide, noch entsprechend vorbereiten könne.

Stroops stetiger Aufstieg ist bezeichnend für die Möglichkeiten, welche kleine Leute im Dritten Reich hatten, wenn sie nur Getreue des Regimes waren.

Das Personalhauptamt des Reichsführers-SS brachte unter dem Aktenzeichen Schm./A. am 23. Oktober 1941 dem Oberabschnitt Warthe eine Verfügung des Reichsführers-SS aus dem Führerhauptquartier vom 22. Oktober zur Kenntnis und schickte dem Hauptamt Volksdeutsche Mittelstelle einen Durchschlag des Schreibens. Es lautet:

„Der Reichsführer-SS hat heute angeordnet, daß SS-Oberführer Stroop, der zunächst seinen Kursus für die SS- und Polizeiführer beenden soll, schon jetzt dem SS-Oberführer

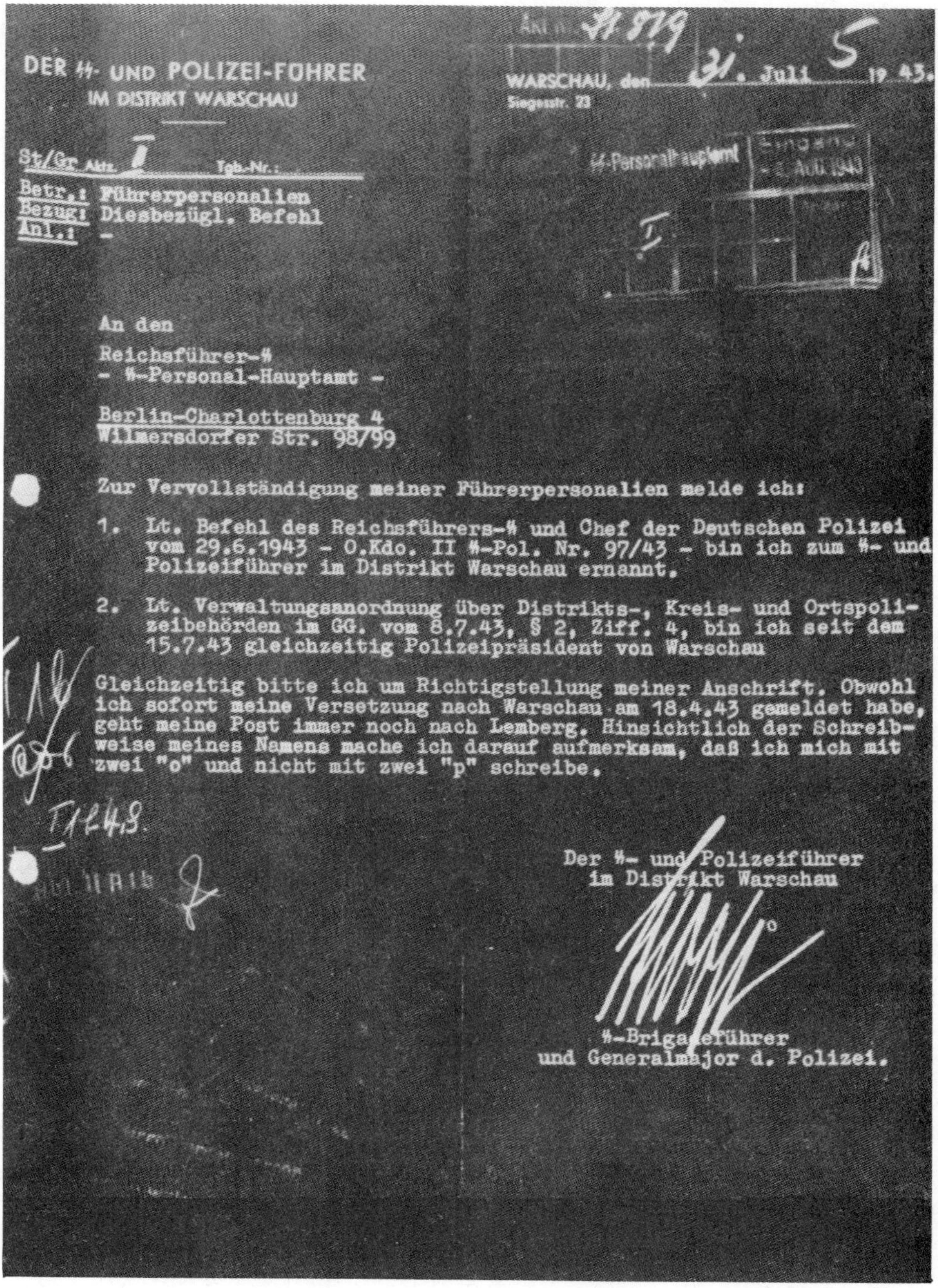

DER ꟅꟅ- UND POLIZEI-FÜHRER
IM DISTRIKT WARSCHAU

WARSCHAU, den 31. Juli 1943.
Siegesstr. 23

St/Gr. Aktz. I Tgb.-Nr.:

Betr.: Führerpersonalien
Bezug: Diesbezügl. Befehl
Anl.: -

ꟅꟅ-Personalhauptamt Eingang 4. AUG. 1943

An den
Reichsführer-ꟅꟅ
- ꟅꟅ-Personal-Hauptamt -

Berlin-Charlottenburg 4
Wilmersdorfer Str. 98/99

Zur Vervollständigung meiner Führerpersonalien melde ich:

1. Lt. Befehl des Reichsführers-ꟅꟅ und Chef der Deutschen Polizei vom 29.6.1943 - O.Kdo. II ꟅꟅ-Pol. Nr. 97/43 - bin ich zum ꟅꟅ- und Polizeiführer im Distrikt Warschau ernannt.

2. Lt. Verwaltungsanordnung über Distrikts-, Kreis- und Ortspolizeibehörden im GG. vom 8.7.43, § 2, Ziff. 4, bin ich seit dem 15.7.43 gleichzeitig Polizeipräsident von Warschau

Gleichzeitig bitte ich um Richtigstellung meiner Anschrift. Obwohl ich sofort meine Versetzung nach Warschau am 18.4.43 gemeldet habe, geht meine Post immer noch nach Lemberg. Hinsichtlich der Schreibweise meines Namens mache ich darauf aufmerksam, daß ich mich mit zwei "o" und nicht mit zwei "p" schreibe.

Der ꟅꟅ- und Polizeiführer
im Distrikt Warschau

ꟅꟅ-Brigadeführer
und Generalmajor d. Polizei.

Stroop wird ꟅꟅ- und Polizeiführer im Distrikt Warschau

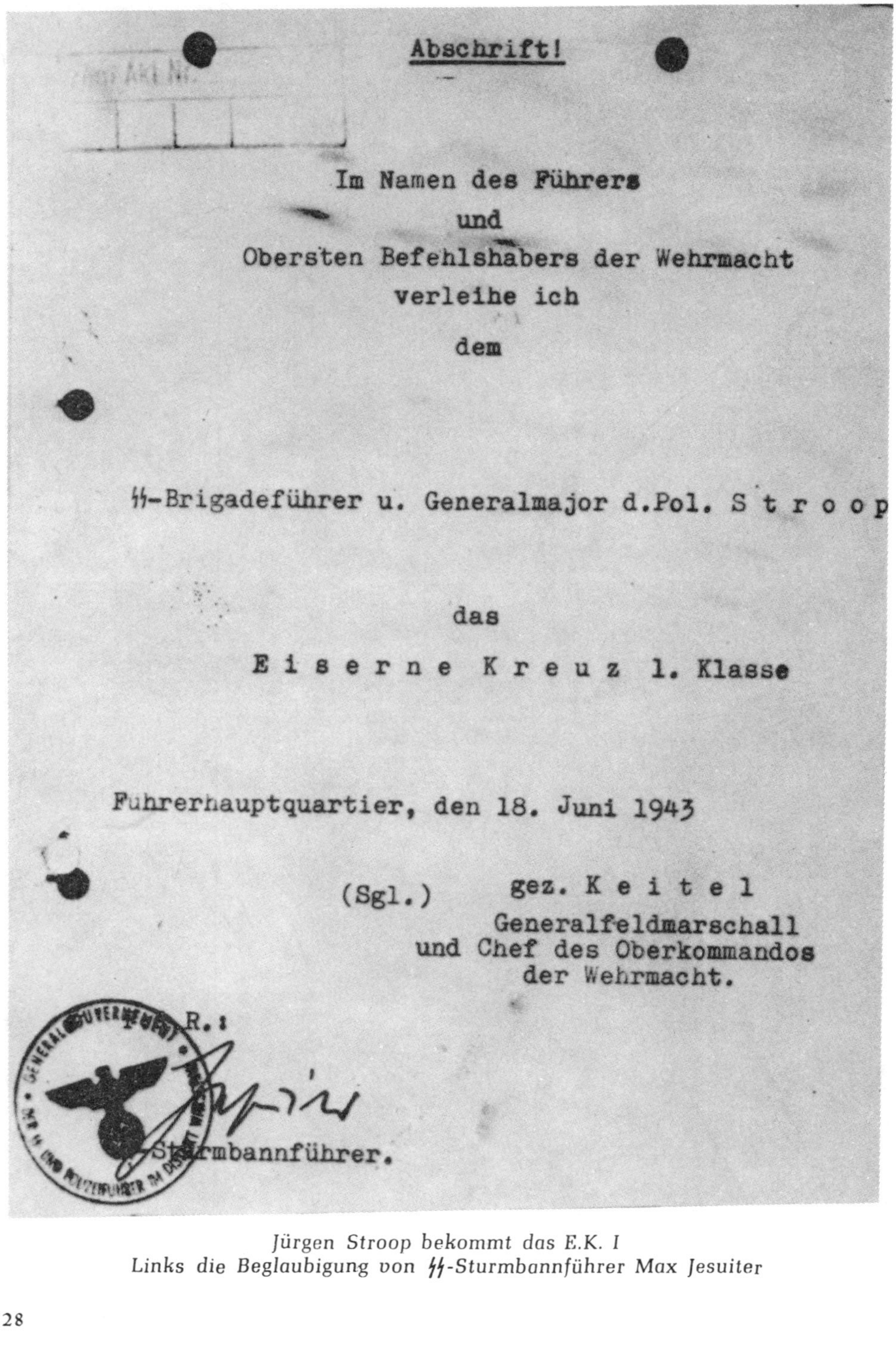

Abschrift!

Im Namen des Führers
und
Obersten Befehlshabers der Wehrmacht
verleihe ich
dem

SS-Brigadeführer u. Generalmajor d.Pol. S t r o o p

das

E i s e r n e   K r e u z   1. Klasse

Fuhrerhauptquartier, den 18. Juni 1943

(Sgl.) gez. K e i t e l
Generalfeldmarschall
und Chef des Oberkommandos
der Wehrmacht.

R.:

Sturmbannführer.

Jürgen Stroop bekommt das E.K. I
Links die Beglaubigung von SS-Sturmbannführer Max Jesuiter

~ Der Führer der Großaktion. ~

~ Ein Stoßtrupp. ~

Aus dem Stroop-Bericht

Mordechai Anielewicz,
Kommandant der Jüdischen Kampf-Organisation im Ghetto Warschau, Führer der zionistischen Jugend-Organisation „Haschomer Hatzair", gefallen am 8. Mai 1943

Icchak Cukerman,
stellvertretender Kommandant der Jüdischen Kampf-Organisation im Ghetto Warschau, Führer der zionistischen Jugendbewegung „Hechalutz", die auch im Bericht von Jürgen Stroop erwähnt wird. Er lebt heute in Israel

Hoffmeyer von der Volksdeutschen Mittelstelle zugeteilt wird, um ihm bei der volksdeutschen Arbeit zu helfen. Später erhält SS-Oberführer Stroop dann den eigentlichen, ihm vom Reichsführer-SS zugedachten Auftrag für den Kaukasus."

Da Stroop irrtümlicherweise vom Hauptamt Ordnungspolizei als Teilnehmer des laufenden Lehrgangs gestrichen worden war, mußte die neue Verfügung ergehen, denn Stroop sollte sich bereits am 3. November beim Hauptamt Ordnungspolizei und — nachdem von dort die Einweisung erfolgt sein würde — am 17. November beim Hauptamt Sicherheitspolizei melden, um auch dort eingewiesen zu werden. Am 1. Dezember hatte das Hauptamt Volksdeutsche Mittelstelle Stroop dem SS-Oberführer Hoffmeyer zur Mitarbeit zu überweisen.

Anscheinend lag Stroops Wohlergehen dem Reichsführer-SS persönlich sehr am Herzen. Jedenfalls jagte das SS-Personalamt dem obenerwähnten Schreiben noch im gleichen Monat mit dem Vermerk: „Eilt!" eine zweite Weisung hinterdrein. Abermals ging es um die Einweisungslehrgänge Stroops bei der Ordnungs- und Sicherheitspolizei. Sowohl Oberst von Grolmann im Hauptamt Ordnungspolizei als auch SS-Gruppenführer Streckenbach im Reichssicherheitshauptamt erhielten der Wichtigkeit wegen Durchschläge zur Kenntnisnahme. Der Eilbrief besagte:

„Auf Anordnung des Reichsführers-SS werden für die Zeit vom 17. bis 29. November 1941 die SS-Brigadeführer Graf von Pückler-Burghaus und Haltermann sowie die SS-Oberführer Stroop und Graf von Bassewitz-Behr zur Einweisung zur Sicherheitspolizei kommandiert. Meldung am 17. November 1941, 9.30 Uhr vormittags, bei SS-Gruppenführer Strekkenbach, Reichssicherheitshauptamt, Berlin SW 11, Prinz-Albrecht-Straße 8."

Mit Wirkung vom 4. Januar 1942 ist dann der hauptamtliche und endlich „Jürgen" heißende SS-Oberführer Stroop zum Oberst der Polizei befördert worden. Der Reichsführer-SS und der Chef der Deutschen Polizei im Reichsministerium des Innern bescheinigte ihm am 16. Januar 1942 — Aktenzeichen: O-Kdo. II SS-Pol.Nr. 4/42 — das Recht „zum Anlegen der Achselstücke eines Obersten der Polizei".

Eine Dienstzeitbescheinigung des SS-Personalhauptamtes — Personalamt der Waffen-SS — Na./P. vom 10. März 1942 hält Stroops Werdegang nochmals mit allen Einzelheiten fest und schließt mit dem Vermerk, daß er am 20. Oktober 1941 aus der Waffen-SS entlassen wurde und am 1. Januar 1942 zum Oberst der Polizei ernannt worden ist.

Noch im gleichen Jahr befördert Hitler Stroop am 18. September zum SS-Brigadeführer und Generalmajor der Polizei. Die Urkunde ist am 16. September im Führerhauptquartier von Hitler persönlich unterzeichnet und von einem SS-Hauptsturmführer beglaubigt worden. Sie zeigt die übergroßen Buchstaben, mit denen stets geschrieben wurde, sobald Hitler etwas vorgelegt werden sollte, weil er sonst ohne Brille nicht zu lesen vermocht hätte, und lautet:

„Ich befördere den SS-Oberführer Jürgen Stroop (SS-Nr. 44 611) zum SS-Brigadeführer und Generalmajor der Polizei."

SS-Brigadeführer und Generalmajor der Waffen-SS Maximilian von Herff, welcher mit der Führung der Geschäfte des Chefs im SS-Personalhauptamt beauftragt war, beeilte sich, am 10. Oktober eine Personalverfügung mit dem Aktenzeichen IB 2-Dr.K./Ch. zu erlassen, die den SS-Brigadeführer Stroop mit Wirkung vom 1. Oktober 1942 seiner Dienststelle als Führer des SS-Abschnitts XXXXII enthebt und ihn zum Führer im Stab des Reichsführers-SS ernennt.

Am 21. Oktober schreibt von Herff an den Persönlichen Stab des Reichsführers-SS: „SS-Brigadeführer Stroop ist als SS- und Polizeiführer eingesetzt und bereits zum Höheren SS- und Polizeiführer, SS-Gruppenführer Korsemann, in Marsch gesetzt. Er ist für den Bezirk Tiflis vorgesehen. Die im Jahre 1941 für ihn vorgesehene Verwendung im Stabshauptamt Volksdeutsche Mittelstelle kommt — soweit hier bekannt ist — nicht mehr in Frage."

Sein Gönner Heinrich Himmler benötigte Stroop offenbar für immer neue wichtige und nur von diesem tüchtigen Mann durchzuführende Aufgaben!

Ganz interessant ist, wie der Höhere SS- und Polizeiführer Rußland-Süd, SS-Obergruppenführer und General der Polizei Prützmann in Kiew Himmlers Schützling am 9. Dezember 1942 beurteilte. Er meinte:

„SS-Brigadeführer Stroop, geboren am 26. September 1895, befand sich seit dem 2. März 1942 als Inspekteur des Oberbauabschnitts Kirowograd im Einsatz an der Dg. IV. In dieser Stellung war er maßgeblich an der Organisation und dem Einsatz an der Dg. IV beteiligt. Im Einsatzgebiet selbst hat er es trotz größter Schwierigkeiten verstanden, die ihm unterstellten Einheiten so anzusetzen, daß der Beginn der Bauarbeiten in kürzester Zeit erfolgen konnte.

Im Laufe der Zeit war jedoch ein merkliches Absinken seiner persönlichen Einsatzbereitschaft festzustellen, welche sich auch auf die Bautätigkeit auswirkte. Am 30. Juni 1942 wurde Stroop als Inspekteur abberufen und zum SS- und Polizeiführer Nikolajew zur Einarbeitung kommandiert. Er hat sich dort bestens bewährt. Über sein dienstliches und außerdienstliches Verhalten ist mir Nachteiliges nicht bekannt geworden."

Das Jahr 1943 zog herauf. Es sollte für Stroop recht bewegt werden. Zunächst meldete er am 6. Februar dem SS-Personalhauptamt in Berlin zur Ergänzung seiner Personalakte, daß ihm nachträglich das Infanterie-Sturmabzeichen verliehen worden sei. Das Besitzzeugnis mit Abschriften legte er gleich mit vor. Im selben Schreiben teilte er mit, der Reichsführer-SS habe ihn als SS- und Polizeiführer in Galizien nach Lemberg versetzt.

Eine Aktennotiz des SS-Personalhauptamts — Zentralamt — besagt dann am 3. Mai: „Auszug aus SS-Befehl der RFSS vom 23. Februar 1943 (Geheim), SS-Personalhauptamt-Tgb.-Nr. 570/43 — geheim — vom 23. Februar 1943.

SS- und Polizeiführer Stroop hat das befohlene Kommando beim SS- und Polizeiführer Lemberg ohne Stab und Einsatzkräfte bereits angetreten."

Wer diese Aktennotiz verfaßte, steht nicht fest, weil die Unterschrift des SS-Obersturmbannführers unleserlich ist.

Im April 1943 kam aber der Höhepunkt seiner atemberaubenden Blitzkarriere. Er fühlte sich als Heerführer und konnte schreiben:

„Ich traf am 17. April in Warschau ein und übernahm die Führung der Großaktion am 19. April 1943 um 8 Uhr morgens, nachdem die Aktion selbst schon um 6 Uhr an diesem Tage begonnen hatte[1]).“

So steht es nämlich auf der vierten Seite seines berühmt gewordenen Berichts mit der Überschrift „Es gibt keinen jüdischen Wohnbezirk in Warschau mehr“.

Wie sehr sich der kleine Katasterbeamte von einst inzwischen als Heerführer fühlte, spürt man an seinen „Täglichen Meldungen“[2]) und man sieht es an seiner Haltung auf den Fotografien[3]).

Bei einem Gespräch mit dem Psychiater des Internationalen Militärgerichtshofes in Nürnberg kritisierte Generaloberst Jodl allerdings Stroops etwas bombastische Ausdrucksweise. Auch die angebliche „Großaktion“ nannte er beim rechten Namen, denn Jodl bezeichnete die Liquidation des Warschauer Ghettos schlicht als Mord-Expedition[4]). Aber, wie gesagt, fand das Gespräch mit Jodl erst nach dem Kriege statt, als Worte und Begriffe des Tausendjährigen Reichs ganz andere Dimensionen angenommen hatten.

Während des Krieges waren eben die Ansichten noch ganz anders. Wie 1943 noch üblich, erhielt Jürgen Stroop jedenfalls für seine hervorragenden Leistungen bei der Mordaktion im Ghetto Warschau das Eiserne Kreuz I. Klasse. Die Verleihungsurkunde ist damals von Jodls Kameraden, Generalfeldmarschall Wilhelm Keitel, ohne Bedenken unterschrieben worden. Sie lautet: „Im Namen des Führers und Obersten Befehlshabers der Wehrmacht verleihe ich dem SS-Brigadeführer und Generalmajor der Polizei Stroop das Eiserne Kreuz I. Klasse.“ Der Generalfeldmarschall und Chef des Oberkommandos der Wehrmacht unterzeichnete dieses erhaltengebliebene Dokument am 18. Juni 1943 im Führerhauptquartier[5]).

Selbstverständlich beeilte sich damals jeder, dem verdienten Manne Stroop zum Eisernen Kreuz I. Klasse zu gratulieren. Aus ganz Europa gingen die Glückwünsche ein, aber hier soll nur einer erwähnt werden, der des SS-Gruppenführers und Generalleutnants der Waffen-SS, Maximilian von Herff. Er wünschte seinem „lieben Kameraden Stroop“ herzlich Glück und verabschiedete sich mit „kameradschaftlichem Gruß und Heil Hitler!“

Stroop dankte dem Vorgesetzten drei Tage später, am 26. Juni, und versicherte: „Diese Auszeichnung wird für mich der Anlaß sein, noch mehr als bisher mich für den Reichsführer-SS und die Aufgaben unserer Schutzstaffel einzusetzen.“

Jürgen Stroop sonnte sich auf den Höhen wohlverdienten Ruhms und ahnte nicht, daß der etwas zwielichtige Herr von Herff nicht unbedingt meinte, was er sagte oder schrieb.

---

1) *Siehe Seite 76.*
2) *Siehe Seite 93ff.*
3) *Siehe Seite 29.*
4) *Dr. G. M. Gilbert „Nuremberg Diary“, New York 1947, Seite 69.*
5) *Archiv d. Hauptkommission zur Erforschung d. Hitlerverbrechen in Polen.*

Nach einer Reise durch das Generalgouvernement im Mai 1943 hatte dieser nämlich eine Aktennotiz diktiert, die sich auf den SS- und Polizeiführer Warschau, Brigadeführer Stroop, bezog. In ihr heißt es:

„Gute soldatische Erscheinung. Typ des etwas reservierten Offiziers. Von sich eingenommen. Politisch weniger beschwert. Als SS- und Polizeiführer in seinem Gebiet, wo der Schwerpunkt auf den politischen Aufgaben liegt, nicht ganz am Platze. Er ist reiner Soldat, der den Befehlen gemäß handelt. Als politischer Führer fehlt ihm etwas Weite und Einfühlungsvermögen. Stroop scheint mehr, als er ist. Aber guter Mann!"

In Heinrich Himmlers Augen mag sich der ja schon mehrfach bewährte Stroop bei seiner Warschauer Mordtätigkeit wieder einmal besonders lobenswert hervorgetan haben, denn am 29. Juni schrieb er ihm nach Warschau — Aktenzeichen: O-Kdo. II Pol. Nr. 97/43:

„Hiermit ernenne ich Sie zum SS- und Polizeiführer in Warschau. Sie unterstehen dem Höheren SS- und Polizeiführer Ost, SS-Obergruppenführer und General der Polizei Krüger."

So sah sich denn der neuernannte SS- und Polizeiführer Warschau am 31. Juli 1943 — Aktenzeichen: II St./Gr. — wieder einmal veranlaßt, unter dem Betreff „Führerpersonalien" und dem Bezug „Diesbezüglicher Befehl" an das SS-Personalhauptamt in Berlin-Charlottenburg zu schreiben. Immerhin ist ihm nicht zu verübeln, wenn er den begreiflichen Wunsch hegte, seine Führerpersonalien zu vervollständigen und die neue Ernennung mitzuteilen. Gleichzeitig machte er darauf aufmerksam, daß er somit laut Verwaltungsverordnung über Distrikts-, Kreis- und Ortspolizeibehörden im Generalgouvernement vom 8. Juli 1943, § 2, Ziff. 4 seit dem 15. Juli 1943 darüber hinaus auch Polizeipräsident von Warschau geworden sei.

Der frischgebackene Polizeipräsident hielt die Gelegenheit wohl für günstig, ein anderes Ärgernis ebenfalls aus der Welt zu schaffen, denn er bat um Richtigstellung seiner Anschrift und führte dazu aus: „Obwohl ich sofort meine Versetzung nach Warschau am 18. April 1943 gemeldet habe, geht meine Post immer noch nach Lemberg." Und noch etwas hoffte er zu bereinigen, denn er schloß das Schreiben mit der Bemerkung: „Hinsichtlich der Schreibweise meines Namens mache ich darauf aufmerksam, daß ich mich mit zwei »o« und nicht mit zwei »p« schreibe."

Wer möchte es einem so arrivierten und immerhin zu beachtlichem Ruhm gelangten Heerführer verübeln, wenn er es nicht widerspruchslos hinnimmt, daß sein berühmter Name dauernd falsch geschrieben wird!

Der Reichsführer-SS trug inzwischen dafür Sorge, daß sein Brigadeführer, der in Warschau zunächst nur vorschußweise von der Polizeiverwaltung Berlin besoldet wurde, die Planstelle erhielt, welche durch Versetzung des SS-Gruppenführers und Generalleutnants der Polizei Katzmann beim SS- und Polizeiführer Lemberg freigeworden war. Das sollte hinfort Stroops Planstelle sein, während der Polizeipräsident Berlin die Besoldungsunterlagen für Katzmann umgehend an den Regierungspräsidenten in Danzig zu übermitteln hatte.

Stroop aber, der gerade im Osten zu so schwindelnden Höhen emporgestiegen war, sich auf außergewöhnliche Weise verdient zu machen wußte, sollte die Stätte seiner Triumphe bald darauf verlassen. Am 8. September 1943 beorderte ihn sein Reichsführer nach Griechenland. Vielleicht meinte er, des tüchtigen Heerführers dort dringender zu bedürfen. Die Verfügung erging von der Feldkommandostelle aus unter dem Zeichen Tgb.Nr. 37/20/43 g-RF/Bn. an den Chef des Personalhauptamtes Berlin. In ihr heißt es unter § 3):

„SS-Brigadeführer Stroop wird unter Enthebung von seiner Dienststelle als SS- und Polizeiführer in Warschau zum Höheren SS- und Polizeiführer Griechenland ernannt."

Am 13. September schrieb Heinrich Himmler auch noch persönlich an Stroop. Das Aktenzeichen dieses Briefes ist: I 1994/43 Ad.:

„Ich ernenne Sie zum Höheren SS- und Polizeiführer in Griechenland."

Die Ernennungsurkunde ist von SS-Gruppenführer und Generalleutnant der Waffen-SS von Herff beglaubigt worden.

In Griechenland gab Stroop jedoch nur ein sehr kurzes Gastspiel. Am 22. Oktober gedachte der Reichsführer-SS seiner wieder wohlwollend und beförderte ihn mit Wirkung vom 9. November 1943 zum Höheren SS- und Polizeiführer sowie zum Führer des SS-Oberabschnitts Rhein-Westmark. Herr von Herff beglaubigte auch diese Ernennungsurkunde, welche zur Kenntnisnahme an den SS-Oberabschnitt Rhein-Westmark, an das Hauptamt Ordnungspolizei, an das SS-Wirtschafts- und Verwaltungshauptamt, den Persönlichen Stab des Reichsführers-SS und an die Feldkommandostelle des Reichsführers-SS verschickt wurde.

Nachdem er zu Nutz und Frommen der nationalsozialistischen Weltanschauung bisher treulich im Osten — Sudetengau und Polen — gewirkt hatte, begann Stroop von da an eine ebenso „segensreiche" Tätigkeit im Westen. Per Funk unterrichtete er schon Ende 1943 die Feldkommandostelle des Reichsführers über den ersten Erfolg:

„Reichsführer! Melde gehorsamst die Aufstellung eines Haft- und Strafvollstreckungszuges für meinen Bereich. Dieser Zug ist für Notstand und Kampfaufgaben vorgesehen. Heil Hitler!"

Dem Chef des SS-Personalhauptamtes in Berlin, besagtem Generalleutnant der Waffen-SS von Herff, teilte Stroop übrigens schon am 3. November 1943 von seiner neuen Dienststelle in Wiesbaden, Uhlandstraße 4—5, aus mit, daß ihm nunmehr das Ehrenzeichen des Reichsgaues Wartheland 1939 für Verdienste im Volkstumskampf verliehen worden sei. Ordnungsgemäß lag der Meldung die Abschrift der Verleihungsurkunde bei.

Hitler selbst fühlte sich inzwischen ebenfalls wieder veranlaßt, etwas für die Laufbahn des getreuen Vasallen zu tun. Am 9. November beförderte er ihn mit Wirkung vom gleichen Tage zum SS-Gruppenführer und Generalleutnant der Polizei. Der offenbar allgegenwärtige und schier unentbehrliche SS-General von Herff beglaubigte Hitlers Beförderung und sorgte dafür, daß die Nachricht von dem Wohlwollen des Obersten Kriegsherrn ans Hauptamt Ordnungspolizei, ans SS-Wirtschafts- und Verwaltungshauptamt sowie an II/6 und II A 6 gelangte.

Der November 1943 war für Jürgen Stroop überhaupt in mancher Hinsicht etwas turbulent. So schrieb das Oberkommando des Heeres am Berliner Tirpitzufer unter dem Zeichen PA/Ag. Pl. 6. Abt. (a3) Az. pers. an das SS-Personalhauptamt in Berlin-Charlottenburg 4:

„Betrifft: Generalmajor der Schutzpolizei (Lt. d. Res.) Josef Stroop, (offensichtlich war die aus weltanschaulichen Gründen vor zwei Jahren erfolgte Namensänderung immer noch nicht bis zum Tirpitzufer gedrungen, obwohl Stroops Wirken im Osten und seine Blitzkarriere unmöglich übersehen werden konnten) geboren 26. September 1895, Wehrbezirkskommando Karlsbad.

Gemäß der mit dortigem Einvernehmen getroffenen Regelung ist der hier als Leutnant der Reserve geführte Generalmajor der Schutzpolizei Josef Stroop aus dem Reserve-Offiziers-Korps des Heeres entlassen worden. (Verfügung OKH Nr. 2110/43 PPA/Ag. Pl./ 6. Abt. (d) vom 28. Oktober 1943)"

Darunter steht handschriftlich: „Er muß nun in die Reserve der Waffen-SS."

Das SS-Personalhauptamt reagierte schnell. Am 10. Dezember ging mit dem Aktenzeichen: II W-PA. St. 819/M./P. ein Brief folgenden Inhalts an das SS-Hauptamt — Ergänzungsamt der Waffen-SS — ab:

„Betrifft: SS-Brigadeführer und Generalmajor der Polizei Josef Stroop, geboren am 26. September 1895.

Das Heerespersonalamt hat den SS-Brigadeführer und Generalmajor der Polizei (Leutnant der Reserve) Josef Stroop laut beiliegender Abschrift aus dem Reserve-Offizier-Korps des Heeres entlassen und der Waffen-SS zur Verfügung gestellt. Stroop war bereits SS-Obersturmführer der Reserve in der SS-Totenkopf Division und wurde am 20. Oktober 1941 zur Durchführung eines Sonderauftrages des Reichsführers-SS aus der Waffen-SS entlassen.

Das SS-Personalamt bittet um Mitteilung, ob seinerzeit das ordnungsgemäße Annahmeverfahren für Stroop durchgeführt worden ist."

Seitens des Heeres brauchte also Stroop — wenn auch immer noch Josef genannt — keinerlei Überraschungen mehr zu erwarten. Man hatte ihn ehrenvoll entlassen. Aus dieser an sich gewiß erfreulichen Tatsache ergaben sich jedoch für ihn allem Anschein nach lästige Schreibereien. Es liegt ein Brief Stroops an das SS-Personalhauptamt in Berlin vom 8. Februar 1944 vor, der die „Übernahme in das Reserveverhältnis der Waffen-SS" betrifft und sich auf das Aktenzeichen „II W. Pa. St. 819/M. Lu." bezieht. Stroop schreibt:

„Mit Bezugnahme auf die mir übersandte Abschrift des Oberkommandos des Heeres vom 17. November 1943, nach der ich aus dem Reserve-Offiziers-Korps des Heeres entlassen worden bin, teile ich folgendes wunschgemäß mit:

1) Mein bisher zuständiges Wehrbezirkskommando befindet sich in Hohensalza (Warthegau)

2) Meine derzeitige Heimatanschrift ist: Wiesbaden, Nerotal 46".

Alles muß aber wohl zufriedenstellend geregelt worden sein, denn es dauerte gar nicht lange, bis Stroop wieder eine Urkunde seines Führers und Obersten Kriegsherrn mit den übergroßen Buchstaben auf den Tisch flatterte. Adolf Hitler ernannte ihn mit Wirkung vom 1. Juli 1944 zum Generalleutnant der Waffen-SS und der Polizei. Bis dahin war Stroop lediglich Generalleutnant der Polizei gewesen. Durch diese Beförderung ersparte der Oberste Kriegsherr dem verdienten SS-Führer die Peinlichkeit, als Reserve-Offizier der Waffen-SS einen niedrigeren Rang innezuhaben. Bei so einem tüchtigen Mann sollte halt alles hübsch harmonieren und passen. Der geschäftige Herr von Herff beglaubigte auch diese Urkunde am 20. August 1944 im Führerhauptquartier und leitete die Durchschriften allen wichtigen Dienststellen zur Kenntnisnahme zu.

Wie ausgedehnt der Machtbereich des nun ja hieb- und stichfesten Generalleutnants Stroop und wie vielseitig seine Betätigung war, geht aus einem erhaltenen Schreiben der Geheimen Staatspolizei Darmstadt an ihn hervor. Das Datum ist der 23. Oktober 1944 und das Zeichen: B. Nr. IV 1 c 2 — 892/44 — Schd./Schr.

SS-Sturmbannführer und Regierungsrat Girke von der Geheimen Staatspolizei Darmstadt bittet Stroop darin, den Polen Boleslaw Kowalczyk, geboren am 13. Mai 1921 in Truschbin, Kreis Seradz, zuletzt wohnhaft in Darmstadt, Ernst-Ludwig-Straße 15, beschäftigt im Versand der Firma Köhm & Haas, ledig, aus dem Eindeutschungsverfahren herauszunehmen, obwohl nicht bezweifelt wird, daß dieser Pole absolut eindeutschungsfähig ist. Regierungsrat Girke beabsichtigte stattdessen, den Polen Kowalczyk einem Konzentrationslager zuzuführen. Besagter Pole hatte es gewagt, dem Ausländeramt des Polizeipräsidenten in Darmstadt schriftlich zu erklären, er wünsche Pole zu bleiben und wolle nicht Deutscher werden. Unbegreiflicherweise sei nun aber Kowalczyk trotzdem von Stroops Dienststelle ins Eindeutschungsverfahren aufgenommen worden. Zur Arbeit am Westwall verpflichtet, stellte sich der Pole einfach nicht und mußte verhaftet werden, nachdem er sogar noch die Frechheit besessen hatte, den NSDAP-Kreisleiter in Darmstadt aufzusuchen, um ihm rund heraus zu erklären, er arbeite nicht am Westwall, weil er Pole sei.

Obwohl nichts erhalten blieb, wird sich Stroop wohl aktiv wie immer auch dieser Sache angenommen haben, denn es liegt die Antwort auf einen seiner Briefe vor. Sie ist am 25. November 1944 an ihn persönlich gerichtet und zeigt das Aktenzeichen: I—130 913/44—Fö./La. Der Briefkopf allerdings blieb nicht erhalten, aber der Vorgang wird angegeben: „Herausnahme aus dem Wiedereindeutschungsverfahren, hier: Boleslaw Kowalczyk, geb. 13. 5. 1921. Bezug: Ihr Schreiben v. 6. 11. 1944 — Fe./J.—" Der Text lautet:

„Die Einleitung von Strafmaßnahmen ist an sich kein Grund zur Herausnahme aus dem Wiedereindeutschungsverfahren. Daß von vielen meist rassisch und haltungsmäßig einwandfreien Herdstellen ein gewisser Widerstand gegen die Wiedereindeutschung geleistet wird, ist meines Erachtens nicht als charakterliche Minderwertigkeit anzusprechen und auch nicht auf die jetzige politische Lage zurückzuführen. Sollte die Einweisung in ein Konzentrationslager nicht eine Änderung verursachen, so bitte ich um neuerlichen Bericht."

Was Stroop in dieser Sache weiter veranlaßte, läßt sich leider nicht feststellen. Es ist jedoch anzunehmen, daß er wie stets verstand, seinen Wünschen den nötigen Nachdruck zu verleihen.

Auch ein anderer von Stroop ausgelöster Schriftwechsel blieb erhalten, wenn sein eigener Bericht auch verlorenging, in dem er dem Reichsführer-SS Meldung über die von ihm mißbilligten Zustände im Ferienlager für britische Offiziere — Steinburg — machte. Stroops Ansicht nach war Steinburg und ein ähnliches Lager bei Berlin — Genshagen — geradezu eine Gefahrenquelle, weshalb sein Gönner Himmler natürlich sofort eine Untersuchung anordnete. SS-Obergruppenführer Gottlob Berger, Chef des SS-Hauptamtes, stellte in seinem Bericht vom 4. November 1944, der „Geheime Kommandosache" war, dann allerdings fest, Stroops Beanstandungen „träfen in dem Umfange nicht zu". Der zwar lange, aber recht undurchsichtige Bericht gelangte dann auch gar nicht bis zu Himmler, denn SS-Standartenführer Dr. Brandt vom Persönlichen Stab des Reichsführers-SS erteilte Obergruppenführer Berger von der Feld-Kommandostelle aus am 11. November 1944 — Tgb. Nr.: 2077/44 geh. Kdos. Bra./H. — deswegen eine Rüge und meinte: „Ich bin überzeugt, daß Sie im Falle der Vorlage einen wenig freundlichen Brief vom Reichsführer-SS bekämen. Im einzelnen darf ich Sie bei unserer nächsten Rücksprache mündlich auf diesen Vorgang ansprechen[1])."

Am 3. Dezember 1944 bedankte sich Obergruppenführer Berger beim SS-Standartenführer Dr. Brandt für die Rückgabe seines Berichts und ergänzte diesen weitgehend. Selbstverständlich war auch dieser Brief wieder Geheimsache mit dem Aktenzeichen: 2 f 24. 11 (Gr. I/1) Nr. 500/44 geh. Der Briefkopf besagt: Der Befehlshaber des Ersatzheeres — Chef des Kriegsgefangenenwesens, Berlin-Grunewald, Cunostr. 35/43, und die Adresse lautet: Reichsführer-SS, Persönlicher Stab, z. Hd. des SS-Standartenführers Dr. Brandt, Feldkommandostelle.

Stroop war also auch als Höherer SS- und Polizeiführer Westmark unermüdlich im Interesse des Dritten Reichs tätig[2]).

---

[1]) *PS — 2555.*

[2]) *Einige weitere biographische Angaben, siehe Seiten 214–215.*

Aus dem Stroop-Bericht

Aus dem Stroop-Bericht

III

Jürgen Stroop nach dem Kriege

Für einen Mann, der innerhalb weniger Jahre eine solche Karriere im Dritten Reich machte, wirkt die Biographie sehr harmlos. In einem normalen Rechtsstaat wäre ja aber auch der Kleinbürger Josef Stroop höchstwahrscheinlich sein Leben lang ein mehr oder minder subalterner Vermessungsbeamter geblieben, weil seine unzulängliche Volksschulbildung ihn nicht zur gehobenen Beamtenlaufbahn befähigte. Im Dritten Reich wie in jedem anderen totalitären Staat bestand für so einen Mann kleinsten Formats aber die Möglichkeit, Herr über Leben und Tod seiner Mitmenschen, ja ganzer Volksgruppen, zu werden. Er brauchte sich nur strebend und möglichst blind bemühen, weltanschaulich unbeirrt auf der richtigen Seite zu stehen und aktiv für die Ideologie einzutreten. An diese Spielregel hielt sich Stroop und schaute weder rechts noch links. Deshalb brachte es der unbedeutende, aber stramme SS-Mann des Jahres 1932 in knapp einem Dutzend Jahre auch bis zum General der Waffen-SS und der Polizei. Hätte nicht ein von Stroop persönlich verfaßter und unterzeichneter Bericht „Es gibt keinen jüdischen Wohnbezirk in Warschau mehr" den Krieg überdauert und wäre dann nicht ausgerechnet noch in die richtigen Hände gefallen, würde sich niemand jemals um diesen Jürgen Stroop, seine Biographie und überhaupt um das gekümmert haben, was er getan oder unterlassen haben mochte. Der synthetische Zusammenhang seiner Biographie mit dem von ihm selbst erstellten Bericht aber ergibt etwas, das diesen Kleinbürger Jürgen Stroop zu einem Phänomen von geschichtlicher Bedeutung macht.

Wie aus dem eigenen abschließenden Bericht vom 24. Mai 1943 und den „Täglichen Meldungen" Stroops über die Ereignisse im Warschauer Ghetto an den Höheren SS- und Polizeiführer Ost, Friedrich Krüger, in Krakau einwandfrei hervorgeht, haben die bestens ausgerüsteten Einsatzkräfte der Waffen-SS, Wehrmacht, Ordnungspolizei, Sicherheitspolizei und „Fremdvölkische Wachmannschaften" des damaligen SS-Brigadeführers und Generalmajors der Polizei von der ursprünglich rund halben Million Juden im Ghetto Warschau auch noch die letzten Überlebenden, etwa 56 065, „erfaßt", „vernichtet", durch Transport nach T II (Vernichtungslager Treblinka) „endgelöst". Stroop meldete: „Bis auf acht Gebäude (Polizeiunterkunft, Krankenhaus und vorgesehene Unterkunft für Werkschutz) ist das ehemalige Ghetto vollständig vernichtet."

Unmittelbar nach dem Kriege, als der SS-Staat in Rauch und Trümmern untergegangen war, bemühte sich der vorher zu so hohen Ehren gelangte Jürgen Stroop selbstverständlich zunächst einmal darum, sich vorsichtshalber gut zu tarnen.

Am 24. Februar 1946 unterschrieb Stroop in Wiesbaden sogar eine eidesstattliche Erklärung,[1] der zufolge er verblüffenderweise überhaupt keinerlei Befehlsgewalt für seine Warschauer „Großaktion" gehabt haben will. Höchstwahrscheinlich war ihm zu jener Zeit noch unbekannt, daß sich sogar zwei Exemplare seines, in einer Ausfertigung immerhin von

---

[1] *Dokument PS – 3841.*

ihm selbst unterzeichneten Berichts zusammen mit den „Täglichen Meldungen" und den Aufnahmen vom damaligen Kampfplatz längst in Händen der Alliierten befanden. Sein Werk also überdauerte den Krieg und das „Großdeutsche" Reich germanischer Herrenrasse, um nun betrüblicherweise Zeugnis wider ihn abzulegen. Stroop mag auch entfallen sein, daß er in seiner „Täglichen Meldung" vom 8. Mai 1943 an Krüger ausdrücklich kundtat:

„Der Unterzeichnete ist entschlossen, die Großaktion nicht eher zu beenden, bis auch der letzte Jude vernichtet ist."

Die absurde und völlig lächerliche eidesstattliche Erklärung bekräftigt Stroop 1946 mit den Worten: „Ich schwöre bei Gott, daß ich die reine Wahrheit sage."

Natürlich gab er sich Mühe, seine Ghetto-Mord-Aktion zu verharmlosen. Ganz besonders versuchte er das bei den Gesprächen im Warschauer Mokotow-Gefängnis. An der Stätte seines unheilvollen Wirkens trachtete er zielstrebig, alles zu verniedlichen, was einst in jener Stadt auf seine Veranlassung hin geschehen war[1]). Angeblich hatte er beispielsweise nicht einmal eine leise Ahnung, was „T II" (Vernichtungslager Treblinka) wirklich bedeutete!

Wenige Jahre zuvor stellte er dabei in seinen „Täglichen Meldungen" klar und eindeutig fest, daß er Juden nach T II verfrachtet und also „endgelöst" habe. Am 26. April 1943 berichtete er seinem Vorgesetzten beispielsweise „. . . der vorgeschriebene Abtransport nach T II ist erfolgt." Am 13. Mai heißt es in seinen „Täglichen Meldungen" ebenso eindeutig: „Die jetzt erfaßten Juden werden nur nach T II geleitet."

Der polnische Staatsanwalt Stanislaw Piotrowski, welcher beim Rechtsstab der Anklagebehörde des Internationalen Militärgerichtshofes in Nürnberg tätig war, berichtet in seinem Buch[2]) über das Gespräch mit Stroop im August 1947 im Warschauer Mokotow-Gefängnis, er habe einem großen, sorgfältig gekleideten Herrn mit geschmeidigen Bewegungen gegenübergestanden, dessen hellblaue Augen keineswegs den Eindruck erweckten, er sei etwa weichen Gemüts. Stroop gab sich allem Anschein nach damals viel Mühe, wie ein sehr kultivierter und vor allem wohlerzogener Mensch zu wirken.

Der Staatsanwalt breitete die Aufnahmen aus seinem eigenen Bericht vor Stroop aus und lenkte seine Aufmerksamkeit besonders auf ein Bild aus dem Warschauer Ghetto. Das Foto zeigt ein kleines Mädchen mit erstaunten Augen, das an der Spitze einer Gruppe dahingeht, die man zum Tode abführt[3]).

„Ich beobachtete Stroop aufmerksam", schreibt Staatsanwalt Piotrowski, „und sah wohl, wie wenig angenehm es ihm war, daß ausgerechnet diese Aufnahmen erhalten

---

[1]) *Siehe Seiten 183ff.*

[2]) *Stanislaw Piotrowski, „Sprawozdanie Juergena Stroopa", Warschau 1948, Seiten 41–42.*

[3]) *Die Aussage v. Stroops Adjutanten Karl Kaleske in der Hauptkommission zur Erforschung der Hitlerverbrechen in Polen (Sign BD– 373 u. BD 2039) besagt, Stroop selbst habe 30 Fotos aus den vom Sicherheitsdienst gemachten für seinen Bericht ausgewählt.*

blieben. Plötzlich behauptete er, ein Fotografierverbot erlassen zu haben. Anscheinend hätte aber der Polizeichef dann trotzdem erlaubt, Aufnahmen zu machen. Stroop rauchte eine Zigarette und beschwerte sich darüber, daß ihm nicht regelmäßig Tabakwaren zugeteilt wurden. Ferner erwähnte er Frau und Kinder. Er war beunruhigt, weil er seit Mai von seiner Frau keinerlei Nachricht erhielt. Damals sei eines der Kinder gerade krank gewesen. Am Schluß unserer Unterhaltung bat er mich um neue Bücher und bedankte sich für das Gespräch."

Ob dem „gottgläubigen" Stroop im Schatten des Galgens vielleicht die Tragweite seines Handelns im Ghetto Warschau klargeworden ist? Oder sollte er tatsächlich selbst dann noch der sture Subalterne gewesen sein, der reinen Gewissens meinte, „ja nur seine Pflicht getan und Befehle ausgeführt zu haben"? Unter Umständen hoffte er sogar, mit Lügen und Ausreden seinen Kopf geschickt aus der Schlinge ziehen zu können?

In dieser Hinsicht wäre ja Stroop auch kein Einzelfall gewesen. Das Dritte Reich quoll geradezu über von Typen, die eigentlich als Spießbürger zu bezeichnen sind und in einem normalen Staatswesen nie zu solcher Macht gelangt wären. In ihrer bornierten Anmaßung wähnten sie damals, sogar die Substanz menschlichen Wesens ändern zu können. Von Heinrich Himmler persönlich über Rudolf Höß[1]) bis zu einem Jürgen Stroop sind das wahrlich Heerscharen gewesen. Wie sich die Zeitgeschichte unter ihrer Vielzahl und Vielfalt überhaupt wirklich einmal auskennen wird, bleibt abzuwarten.

---

1) *Siehe „Kommandant in Auschwitz" – Autobiographische Aufzeichnungen von Rudolf Höß – eingeleitet und kommentiert von Martin Broszat, Stuttgart 1958.*

IV
Das Manuskript

Der Stroop-Bericht ist in schwarzes Leder eingebunden im Format 20×30 cm. Der erste Teil enthält außer der Titelseite achtzehn Blätter weißen Bristolpapiers, welche stets nur auf einer Seite mit der Maschine beschrieben wurden. Die ersten sechs Blätter sind nicht numeriert. Sie enthalten lediglich die Namen der „für den Führer und für ihr Vaterland" Gefallenen oder Verwundeten sowie die Einsatzkräfte. Dann erst folgt der eigentliche Bericht. Diese Bristolblätter sind von eins bis zwölf numeriert. Das letzte Blatt zeigt genau in der Mitte das Datum „Warschau, den 16. Mai 1943" und darunter die Unterschrift Stroops.

Der zweite Teil besteht aus den „Täglichen Meldungen". Wieder zeigt das erste Blatt nur die Überschrift. Diesmal handelt es sich jedoch um einunddreißig Abschriften der Fernschreiben an den Höheren ᛋᛋ- und Polizeiführer Krüger in Krakau. Die erste Meldung ging am 20. April 1943 ab, während die letzte das Datum des 16. Mai 1943 trägt.

Die Abschriften sind mit der Schreibmaschine angefertigt. Das einfache Kanzleipapier ist auf beiden Seiten beschrieben und die Richtigkeit wird auf jeder Seite bzw. unter jeder einzelnen „Täglichen Meldung" durch den Stabschef des ᛋᛋ- und Polizeiführers im Distrikt Warschau, ᛋᛋ-Sturmbannführer Jesuiter, beglaubigt[1]).

Der dritte und letzte Teil des Stroop-Berichts besteht nur aus 53 Aufnahmen, die auf weißes Bristolpapier geklebt sind, das auch für den ersten Teil Verwendung fand. Wiederum zeigt das erste Blatt nur das eine Wort „Bildbericht".

Die Größe der Aufnahmen ist verschieden. 44 von ihnen haben das Format 18×13 cm; eine ist 12×19 cm groß. Sie alle sind einzeln auf je ein Blatt geklebt. Die restlichen acht Aufnahmen zeigen verschiedene Größen: Eine von ihnen ist 18×13 cm, drei sind 14×9 cm und vier 12×9 cm groß. Je zwei von ihnen befinden sich auf einem Blatt. Einschließlich der Titelseite umfaßt also der Bildbericht 50 Blätter weißen Bristolpapiers, auf welches die Aufnahmen geklebt worden sind.

---

[1]) *Max Jesuiter war am 25. August 1897 in Stettin geboren und wohnte in Berlin-Lankwitz, Frobenstraße 66. In die NSDAP trat er am 1. Juni 1931 ein und erhielt die Nummer 551 161. Am 16. Januar 1932 trat er auch der ᛋᛋ bei und bekam die Nummer 35 007. Er gehörte ferner der NS-Volkswohlfahrt und dem Reichsluftschutzbund an, hatte im „Lebensborn" die Nummer 3077 und das SA-Sportabzeichen in Bronze. Von Beruf war er kaufmännischer Angestellter, übte jedoch den Beruf eines hauptamtlichen ᛋᛋ-Führers aus. Max Jesuiter war seit 24. Juni 1929 mit der am 25. März 1898 in Berlin-Grünau geborenen Helene Thomas verheiratet, 184 cm groß, selbstverständlich „gottgläubig", hatte die Volksschule besucht, keine Kinder, sich während des ersten Weltkriegs in verschiedenen Infanterieregimentern an der Front bewährt und war als Gefreiter ausgeschieden. 1936 und 1938 machte er zwei Übungen als Reserve-Offiziers-Anwärter beim I. R. 9 in Potsdam und wurde Unteroffizier. Im zweiten Weltkrieg bekam er das Schwarze Verwundeten-Abzeichen, das Eiserne Kreuz II. Klasse und das Kriegsverdienstkreuz II. Klasse.*

Während 38 Bilder mit Unterschriften versehen worden sind, hielt man dies bei den restlichen 15 Aufnahmen wohl für überflüssig, denn sie sprechen für sich selbst und bedürfen wirklich keines weiteren Kommentars.

Über die Entstehung des einmaligen Dokuments erzählte Stroop 1948 dem Richter Josef Skorzynski von der Hauptkommission zur Erforschung der Hitlerverbrechen in Polen beim Verhör eigentlich recht ausführlich. Ebenso bereitwillig gab Stroops ehemaliger Adjutant Karl Kaleske[1]) darüber Auskunft.

Die Aussagen beider stimmen darin überein, daß auf ausdrücklichen Wunsch Krügers jeden Tag ein Fernschreiben über den Verlauf der „Großaktion“ in Warschau nach Krakau abzugehen hatte. Krüger leitete es dann persönlich sofort an Himmler weiter.

Nachdem die Aktion in Warschau abgeschlossen war, verlangte Krüger, alle Meldungen sollten nunmehr zusammengefaßt und der Bericht dann als Ganzes in netter Aufmachung Himmler überreicht werden. Krüger selbst wünschte natürlich ebenfalls ein Exemplar dieser Zusammenstellung. So ist der Bericht also in dreifacher Ausfertigung erstellt worden, denn Stroop wollte selbstverständlich auch ein Exemplar davon besitzen. Schließlich handelte es sich ja um seine eigenen ruhmvollen Taten.

Das Document Centre in Berlin besitzt ein Schreiben Friedrich Krügers an Himmler, das Stroops und Kaleskes Angaben voll und ganz bestätigt. Der Höhere SS- und Polizeiführer Ost schrieb den Brief im Krakauer Regierungsgebäude am 2. Juni 1943. Das Zeichen ist: Kr./Fi. — 832/43 geheim. Der Eingangsstempel darauf besagt: „Persönlicher Stab des Reichsführers-SS, Schriftgutverwaltung, Akt.Nr.Geh. 349.“ Es handelt sich nur um ein kurzes, nach Berlin adressiertes Schreiben, und lautet:

„Betr.: Abschlußbericht Warschauer Ghetto-Aktion — g e h e i m.

Reichsführer! Anliegend überreiche ich den Abschlußbericht des SS-Brigadeführers und Generalmajors der Polizei Stroop über den Einsatz der SS- und Polizeikräfte anläßlich der Auskämmung des Warschauer Ghettos in der Zeit vom 19. April bis 16. Mai 1943. Heil Hitler!“

Stroops Ansicht nach handelt es sich bei dem im Archiv der Hauptkommission zur Erforschung der Hitlerverbrechen in Polen befindlichen Exemplare um die für Himmler bestimmte Ausgabe. Aber es sind zwei Ausfertigungen des Stroop-Berichts erhalten geblieben, denn der bereits erwähnte polnische Staatsanwalt Piotrowski[2]) berichtet, im Archiv des Internationalen Militärgerichtshofs zu Nürnberg seien unter der Nummer PS — 1061 *zwei* Exemplare des Stroop-Berichts vorhanden gewesen. Während das Original gebunden war und der Einband aus schwarzem Leder bestand, ist das zweite Exemplar überhaupt nicht eingebunden worden. Staatsanwalt Piotrowski nahm sich die Zeit, beide Ausfertigungen miteinander zu vergleichen. Er konnte dabei einige kleine Unterschiede feststellen. So fehlte

---

[1]) *Siehe Fußnote Seite 42.*

[2]) *Stanislaw Piotrowski, a.a.O., Seite 52.*

im ledergebundenen Original die Aufstellung der Offiziere und Mannschaften, welche an der Ghetto-Aktion teilnahmen, die im zweiten, nichtgebundenen Exemplar, vorhanden war. Auch enthielt die Verwundetenliste im letzteren fünf Namen mehr, als die Aufstellung im Original. Das Duplikat war aber wieder von Stroop persönlich nicht abgezeichnet. Nur sein Titel und Dienstgrad in Schreibmaschinenschrift zierte die Titelseite des zweiten Exemplars.

Der nichtgebundene Bericht soll sich heute im Besitz der amerikanischen Behörden befinden.

Die letzte in diesem Buch veröffentlichte „Tägliche Meldung" ist vom 24. Mai 1943. Es handelt sich dabei weniger um eine Meldung über die Ereignisse während der „Groß-aktion" als vielmehr um die Antwort Stroops auf ein Fernschreiben, das im Auftrage des Höheren SS- und Polizeiführers Ost, Krüger, am 21. Mai in Krakau aufgegeben wurde. Diese letzte „Meldung" ist mit der Maschine auf zwei Seiten Kanzleipapier abgeschrieben und findet sich nur in dem von Stroop selbst nicht abgezeichneten, ungebundenen Duplikat des Berichts.

Das ledergebundene Original des Stroop-Berichtes ist heute im Archiv der Hauptkommission zur Erforschung der Hitlerverbrechen in Polen in Warschau und hat dort die Nummer 202/z. Es wurde von Soldaten der VII. amerikanischen Armee aufgefunden und sofort der Abwehr der Vereinigten Staaten zugeleitet. Diese wiederum stellte es später dem Hauptankläger beim Internationalen Militärgerichtshof in Nürnberg zur Verfügung. Von dort aus gelangte es dann endlich an den Delegierten der polnischen Hauptkommission und kam so nach Warschau.

V

Dr. Emanuel Ringelblum und sein Untergrundarchiv im Ghetto Warschau

Ohne Ringelblums einmaliges historisches Archiv wüßte man heute wenig über die Lebensverhältnisse im Warschauer Ghetto. Deshalb sei ein wenig ausführlicher darauf eingegangen.

Am 1. September 1946 wurden in den Ruinen des früheren Hauses Nowolipkistraße 68 in Warschau die ersten zehn Metallkisten des heimlich gesammelten Ghettoarchivs ausgegraben[1]). Das Material war teils hand- teils maschinegeschrieben oder hektographiert. Jeder der drei die Kisten vergrabenden Männer hatte einen Brief beigefügt. Der 19jährige David Graber schrieb am 3. August 1942 u. a.: „Die Aussiedlung der Warschauer Juden dauert schon ununterbrochen seit dem 20. Juli. Auf der Straße darf ich mich nicht blicken lassen, aber auch in der Wohnung ist niemand sicher. Jede Verbindung zu den Kameraden ist abgerissen. Wir sind zu dritt übriggeblieben: Kollege Lichtenstein, Grzywac und ich. Wir wollen ein Testament machen, Material über die Aussiedlung sammeln und alles vergraben. Aber wir müssen uns damit beeilen."

Die „Aussiedlung" dauerte tatsächlich vom 22. Juli bis 21. September 1942. Ihr fielen 300 000 Juden aus dem Warschauer Ghetto zum Opfer, die in Treblinka vergast worden sind.

Israel Lichtenstein schrieb damals: „Ich weiß, wir werden dies nicht überleben, denn wie lange kann man solche Qualen erdulden und dennoch am Leben bleiben! Deshalb ging ich mit Freude an die Arbeit, Material für das Archiv zu sammeln. Ich wurde dazu ausersehen, bis zum Ende auf unsere Sammlung zu achten, und versteckte sie auch mit. Möge sie erhalten bleiben! Könnten wir nur Sündenbock für alle Juden der Welt sein! Trotzdem glaube ich an das Fortleben unseres Volkes. Man kann nicht alle Juden ausrotten."

Der zweite Teil des Märtyrerarchivs wurde erst am 1. Dezember 1950 aufgefunden, weil die Hinweise der beiden überlebenden Mitarbeiter Ringelblums — die Schriftstellerin Rachel Auerbach und Hersch Wasser — nicht genügten. Architekten und andere Fachleute mußten an Hand der Pläne zunächst Messungen vornehmen.

---

[1]) *Der Schreiber dieser Zeilen war in Warschau zugegen, als die ersten 10 Kisten des Ringelblum-Archivs ausgegraben und geöffnet wurden.*

Alle Angaben sind folgenden Veröffentlichungen entnommen: „Emanuel Ringelblum", herausg. v. Jacob Schatzki, Buenos Aires 1953, (Yiddisch); „Wie der II. Teil des Ringelblum-Archivs gefunden wurde" in „Najwelt", Tel Aviv, 14. Februar 1951, (Yiddisch); A. Eisenbach „Un Centre de documentation dans le Ghetto de Varsovie" in „Le Monde Juif" Nr. 18, Paris 1949; N. Blumental „Das literarische Erbe von Dr. E. Ringelblum" in „Dafim", Bd. I, 1951 (Hebräisch); N. Blumental „Das Erbe Emanuel Ringelblums" in „Di Goldene Keit", Nr. 15, Tel Aviv 1953 (Yiddisch); Josef Kermisz „Die Untergrundpresse im Ghetto Warschau" in „Yad Vashem Studies", Bd. I, 1957, Jerusalem; Emanuel Ringelblum — Notizen, Warschau, 1952 (Yiddisch); Icchak Katzenelson „Die letzten Schriften", Kibbutz der Ghetto-Kämpfer, Israel, 1956 (Yiddisch und Hebräisch).

Inmitten aller Schrecken verfiel Dr. Emanuel Ringelblum auf den Gedanken, ein Archiv zu sammeln und es der Nachwelt zu überliefern. Ein ganzer Kreis von Wissenschaftlern, Intellektuellen und vor allem Idealisten half ihm, sein Werk zu vollbringen. 1900 im Städtchen Buczacz geboren, verdiente sich Ringelblum das Gymnasium mit Privatstunden, studierte dann in Warschau Geschichte und wurde in Wilna — später in Warschau — Gymnasiallehrer, aber Geschichte, besonders jüdische, blieb seine Hauptbeschäftigung, obwohl er sich politisch betätigte, zu den Gründern wissenschaftlicher Institute, einiger Gesellschaften und der Zeitschriften „Junge Historiker“ und „Blätter für Geschichte“ gehörte. Sein Spezialgebiet war die wirtschaftliche und soziale Entwicklung der polnischen Juden. Er sammelte als erster Dokumentation über jüdische Ärzte, Apotheker und Krankenhäuser im Osten, schrieb viele Monographien über jüdische Gemeinden in Polen, und die Encyclopaedia Judaica, von der in Deutschland bis 1933 nur zehn Bände erschienen, enthält 38 dieser gründlichen Studien aus seiner Feder. Den Höhepunkt der wissenschaftlichen und organisatorischen Arbeit Dr. Ringelblums stellt jedoch zweifellos das im Warschauer Ghetto unter so unerträglichen Bedingungen gesammelte Archiv dar.

Bei Kriegsausbruch hielt Dr. Ringelblum sich anläßlich des 21. Zionistischen Weltkongresses in Zürich auf, kehrte aber sofort nach Warschau zurück. Nachdem Warschau besetzt und die wahrhaft mittelalterliche Instanz „Judenrat“ von der Besatzungsmacht ins Leben gerufen worden war, verlangte Ringelblum, der „Judenrat“ solle nicht alle diskriminierenden Anordnungen widerspruchslos hinnehmen, sondern protestieren. Falls der „Judenrat“ es nur unterlasse, weil er für das Leben der 24 von den deutschen Behörden bestimmten jüdischen Geiseln fürchte, so stelle er sich gern mit 23 Gleichgesinnten als Geiseln zur Verfügung. Der zum Widerstand entschlossene Historiker lehnte es auch ab, sich mit 19 anderen prominenten Juden von der polnischen Exilregierung in London retten und außer Landes bringen zu lassen, sondern zog es vor, auszuharren und für kommende Generationen unter schwersten Bedingungen das einmalige Archiv im Warschauer Ghetto zu sammeln. Nach jahrelanger Arbeit wurde er dann mit seiner Frau, dem Sohn Uri und 35 anderen jüdischen Intellektuellen von der Gestapo im Versteck bei dem Polen Mieczyslaw Wolski entdeckt, nachdem ihn Ende 1943 ein anderer Pole, Adam Pajewski, der im polnischen Untergrund (Armia Krajowa) tätig war, aus dem Lager Trawniki befreit hatte. April 1944 sind sie alle mit dem Polen Wolski in den Ruinen der Zamenhofastraße 19 erschossen worden. Dr. Ringelblum war damals 44 Jahre alt. Seine Chronik aber ist heute für alle wissenschaftlichen Disziplinen — nicht nur für Historiker, Soziologen und Psychologen — eine unerschöpfliche Quelle einmaliger Dokumentation, denn er traf Vorkehrungen, daß sein Material entweder so sicher versteckt wurde, wie es menschlicher Voraussicht nach für die Erhaltung erforderlich war, oder er schickte es ins Ausland, damit es der Geschichte bewahrt bliebe.

Nachdem am 13. September 1940 der Erlaß über die Aufenthaltsbeschränkung der polnischen Juden erschienen war, riegelten die Besatzer den „jüdischen Wohnbezirk“ in Warschau mit einer halben Million bereits am 15. November hermetisch von der Außenwelt ab. Unmittelbar darauf gründete Dr. Ringelblum im Ghetto seine Geheimorganisation mit dem harmlosen Namen „Oneg-Sabbath“, was etwa Samstag-Freizeitgestaltung besagt. Am 22. November 1940 legte er den Arbeitsplan mit seinen Mitarbeitern fest, und es geht aus

Dr. Emanuel Ringelblum

Historiker und zionistischer Führer, Begründer und Leiter des Untergrund-Archivs im Warschauer Ghetto. Im April 1944 entdeckte die Gestapo sein Versteck bei dem Polen Wolski, der außer Dr. Ringelblums Frau Judith und seinen Sohn Uri noch 35 andere jüdische Intellektuelle beherbergte. Sie alle sowie der Pole wurden mit dem 44jährigen Historiker erschossen

Im September 1946 wurde der erste Teil des Untergrund-Archivs von Dr. Emanuel Ringelblum in Metallkisten gefunden. Der Autor beim Öffnen der Kisten.

Im Dezember 1950 wurde der zweite Teil des Ringelblum-Archivs in Milchkannen gefunden.

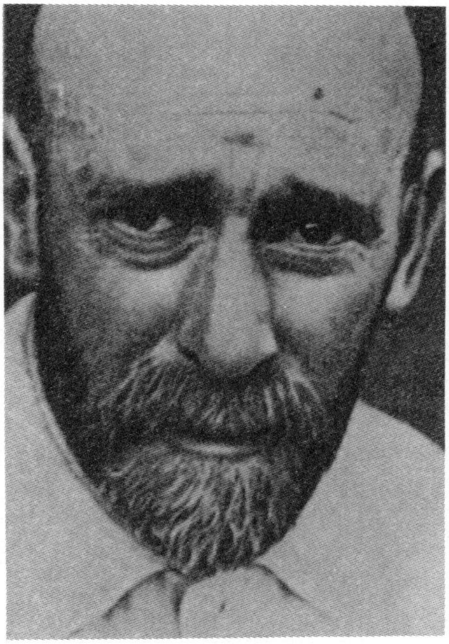

Nebenstehend:

Dr. Janusz Korczak
(Pseudonym für Dr. Henryk Goldszmidt)

Der bekannte polnische Arzt, Pädagoge und Schriftsteller begleitete die Kinder seines Waisenhauses bei der „Aussiedlung" 1942 freiwillig ins Vernichtungslager Treblinka und kam dort mit ihnen ums Leben

Unten:

Kinder im Ghetto Warschau

Kinder im Warschauer Ghetto werfen einen Blick über die Mauer

den Aufzeichnungen hervor, daß nicht nur Wissenschaftler, Schriftsteller und Intellektuelle, sondern Menschen jeder Bevölkerungsschicht sowie aller politischen Richtungen zur Mitarbeit herangezogen worden sind. Jedem machte Dr. Ringelblum klar, welche große Verantwortung er als Berichterstatter vor der Geschichte trug, weil die Lage der Juden im besetzten Gebiet ein Novum darstellte. Alles mußte der Wahrheit entsprechend aufgezeichnet werden, damit spätere Historiker über authentisches Material verfügten. Für Hypothesen und Synthesen war keine Zeit, aber die Nachwelt sollte die Wahrheit erfahren. Außerdem zwang das entsetzliche Schicksal des jüdischen Volkes zur Eile. Verantwortungsbewußtsein, Wahrhaftigkeit und Genauigkeit wurden allen Mitarbeitern zur Pflicht gemacht.

Für die Objektivität Dr. Emanuel Ringelblums spricht schon, daß er in seinen Aufzeichnungen nicht nur das Inferno des Ghettos Warschau behandelt, sondern auch jede selbst beobachtete oder nur gehörte gute Tat eines Deutschen erwähnte, wie zum Beispiel[1]):

27./28. Februar 1941: Zu einem Juden, der seine Armbinde verloren hat, sagte ein deutscher Offizier: „Sie, Jude, Sie haben das 20. Jahrhundert verloren!"

*

Mitte August 1941: Man erzählt, zwei verwundete deutsche Soldaten hätten zwei jüdische Jungen beim Überklettern der Ghettomauer beobachtet und ihnen Beifall geklatscht. Als ein polnischer Polizist und zwei deutsche Gendarmen die beiden Kinder schlugen, riefen die Soldaten: „Du ausgefressener Schweinehund! Du Drückeberger!"

*

Eine ähnliche Geschichte erzählt man sich vom „Krasinski-Garten". Dort warf jemand Brot für die jüdischen Kinder über die Mauer, aber ein Polizist schlug auf die Kinder ein, als sie es aufsammeln wollten. Daraufhin pöbelten die Soldaten ihn an: „Du vollgefressenes Schwein!"

*

August 1941: „Es gab Deutsche, die durch das Ghetto fuhren und Brot für die Hungernden zurückließen. Manche verlieren auch Brot, wenn sie durchs Ghetto fahren, oder halten den Wagen an, um einen Jungen herbeizurufen und ihm Brot zu schenken. Aber das sind seltene Fälle einer menschlichen Regung."

Das Unternehmen war aber nicht ungefährlich. Um kein Aufsehen oder Mißtrauen zu verursachen, galt es, die Auskünfte vorsichtig einzuholen. Niemand durfte von den Zielen des „Oneg Sabbath" erfahren. Auch die Anonymität der meisten Berichte ist eine Vorsichtsmaßnahme, und bis auf wenige Eingeweihte ahnte niemand, wo die Sammlung gerade versteckt war.

Eine eigenhändige Eintragung Dr. Ringelblums vom 10. Juni 1942 lautet: „In den letzten Wochen brachte das englische Radio Berichte über die an den polnischen Juden in Chelmno, Wilna, Belzec verübten Bestialitäten. Heute ist in einer Zusammenfassung die Zahl von 700 000 in Polen ermordeten Juden genannt, und Vergeltungsmaßnahmen sind hierfür angekündigt worden. Oneg-Sabbath hat also die große historische Aufgabe

---

[1]) *Wulf I, Seite 43.*

erfüllt, die Welt von unserem Schicksal unterrichtet und vielleicht Hunderttausende polnischer Juden vor der Vernichtung bewahrt. Das wird sich allerdings erst in Zukunft herausstellen. Wer mag von uns überleben, wen wird das Schicksal bestimmen, das gesammelte Material zu bearbeiten? Eins steht immerhin heute schon fest: Unsere Mühen und Opfer, das Leben in ständiger Angst, sind nicht umsonst gewesen. Es spielt dabei keine Rolle, ob die Aufdeckung des unglaublichen Judenmordens Eindruck macht und das Hinschlachten ganzer jüdischer Gemeinden aufhört. Wir erfüllten unsere Pflicht und erreichten, was wir uns vornahmen. Unser Tod wird nicht so unsinnig sein wie der von vielen tausend anderen Juden, denn wir machten dem Feind einen Strich durch die Rechnung und deckten seinen teuflischen Plan, das polnische Judentum still und heimlich auszurotten, auf."

In den ersten Jahren sammelte Dr. Ringelblum keine deutschen Dokumente im Archiv. Er meinte, die Nachwelt würde sie sowieso kennenlernen, weil sie beim „Judenrat" und der Hilfsorganisation American Joint Distribution Committee — beide standen dauernd mit deutschen Behörden in Verbindung — vorlagen. Als dann aber die großen Deportationen am 22. Juli 1942 begannen und die Ausrottungsabsichten auch aus deutschen Schriftstücken eindeutig hervorgingen, füllte Ringelblum ganze Ordner damit.

Das Archiv beschränkte sich nicht etwa auf Warschau allein, sondern enthielt Nachrichten aus allen anderen jüdischen Gemeinden, zu denen man trotz schärfster Bewachung Verbindung aufnehmen konnte. Außerdem lebten im Warschauer Ghetto fast 150 000 Flüchtlinge aus 60 anderen polnischen Gemeinden und wurden vom Zentralen Flüchtlingskomitee betreut. So erlangte Ringelblum wertvolle Angaben aus der Provinz, wenn die Gemeinden selbst auch vielleicht längst ausgerottet waren. Obwohl der Druck auf das Warschauer Ghetto immer stärker wurde, verlor der Historiker die Provinz nicht aus dem Auge, denn „Oneg-Sabbath" wollte ja über das einmalige Phänomen der jüdischen Geschichte möglichst genau berichten. Deshalb blieb kein Aspekt des damaligen Lebens unberücksichtigt. Jedes Sachgebiet war in viele Unterabteilungen aufgegliedert, und es gibt kaum etwas, das vergessen worden ist. Neben Schilderungen des Lebensstandards finden sich Notizen über die deutschen Arbeitsplätze oder den Judenrat, über politische Parteien, Hunger, Moral und Pessimismus, Humor im Elend, das Straßenbild, Künstler und kulturelle Veranstaltungen, Apathie, Bettler und blauen Dunst. Es sind kurze Notizen, ausführliche Berichte oder Tagebuchaufzeichnungen. Nach der Tagesarbeit widmete Dr. Ringelblum die Nächte dem „Oneg-Sabbath". Er sortierte und ergänzte. Sein Archiv diente jedoch auch politischen Zwecken, denn er versorgte die Widerstandsorganisationen sowie die Zeitungen im Ghetto und außerhalb desselben mit Auskünften und Nachrichten. Ab Anfang 1942 erschien ein wöchentliches Bulletin, um die Öffentlichkeit von der Ausrottungsabsicht der Besatzungsbehörden zu unterrichten. Die beiden „Oneg-Sabbath"-Mitglieder Hersch Wasser und Gutkowski gaben es heraus.

Die Führer der Untergrundbewegung veranlaßten Dr. Ringelblum, Memoranden für das Ausland zu verfassen. Im März 1942 schrieb er so über das Vernichtungslager Chelmno, im April über die Lubliner Aktion, im Juli über die allgemeine Lage der Juden unter Hitlerherrschaft und im November über die erste Phase der Ausrottung des Warschauer Judentums.

Das Archiv enthält natürlich reichlich Material über die Entstehung der Jüdischen Kampforganisation im Ghetto Warschau, über das Jüdische Nationalkomitee, Sabotageakte oder die Vollstreckung von Todesurteilen an Verrätern in den eigenen Reihen. Ohne das Ringelblum-Archiv wäre es heute kaum möglich, die Ereignisse jener Tage wahrheitsgetreu zu rekonstruieren. Wie einer der beiden überlebenden Mitarbeiter, Hersch Wasser, berichtet, berieten die Vorstandsmitglieder der „Oneg Sabbath" am 18. Juli 1942 in Weltuntergangsstimmung über das Versteck des Archivs und wem es bis Kriegsende anvertraut werden sollte. Vom 22. Juli 1942 bis zum 4. April 1943 lagen dann die Aufzeichnungen in sicherem Versteck und wurden später auf die „arische" Seite hinübergebracht, wo sie durch wertvolles Material ergänzt worden sind. Hersch Wasser meint, Dr. Ringelblum habe immer wieder betont, daß sein Archiv nicht nur für Juden wichtig sein würde, sondern vielmehr als Teil der Anti-Hitlerfront bewertet werden müsse, aus dem die Wissenschaft im Frieden Nutzen ziehen konnte.

Die Sammlung der Untergrundpresse im Ghetto stellt ebenfalls einen wichtigen Teil des Archivs dar, denn sämtliche politischen Parteien setzten ihre Arbeit heimlich fort. Alle im Vorkriegspolen existierenden ideologischen Strömungen waren vertreten, und jede Richtung gab eine Zeitung heraus, um den Widerstand anzufachen. Die Blätter erschienen in Yiddisch, Hebräisch und Polnisch, befaßten sich wie im Frieden mit allen Problemen, selbst Erziehungsfragen, und versuchten — obwohl nur hektographiert —, in Aufmachung und Inhalt ihr Vorkriegsniveau zu halten. Ein dreiseitiges Tagesbulletin brachte neueste Nachrichten von allen Fronten, die meistens vom späteren Kommandanten des Aufstandes, Mordechai Anielewitsch, stammten, welcher ein Radio besaß.

Neben den Zeitungen sind im Ghetto damals aber auch andere Untergrund-Veröffentlichungen erschienen. So beispielsweise 200 Exemplare eines 165 Seiten starken Sammelbandes, der als „Landwirtschaftliche Revue" und mit dem Erscheinungsdatum 1938 getarnt war. Der Einband ist in der dem deutschen Kommissar unterstehenden Druckerei in der Lesznostraße 24 hergestellt worden. Auf der Rückseite standen die hebräischen Worte: „Seid stark und guten Muts." Das Buch gelangte sogar in verschiedene Provinzghettos.

In 100 Exemplaren kam eine 99seitige Anthologie „Leiden und Heldentum in jüdischer Vergangenheit" heraus. Sie sollte daran erinnern, daß sich die Geschichte von den Kreuzzügen über unzählige Pogrome bis zum zweiten Weltkrieg ja nur wiederholte, ohne deshalb den Untergang des jüdischen Volkes herbeigeführt zu haben.

Die einzige gedruckte und nicht nur hektographierte Veröffentlichung war jedoch der Sammelband „Staat", der dem Andenken des zionistischen Führers Wladimir Jabotinsky gewidmet wurde. Er hatte 32 Seiten und kam in 1200 Exemplaren heraus, aber ebenfalls mit dem Erscheinungsjahr 1938 getarnt. Während der Vorbereitungen zum Aufstand verteilte man auch noch das Blatt „Morituri te salutant Judea!"

Ab Februar 1941 veröffentlichte der Ghetto-Untergrund jeden Monat das Blatt „Für unsere und eure Freiheit!" in polnischer Sprache, das sich besonders bei der polnisch sprechenden jüdischen Intelligenz und den polnischen Arbeitern großer Beliebtheit erfreute. Die Arbeiter sorgten auch für die Verbreitung in der Provinz.

Bis zum Ghettoaufstand im April 1943 erschienen alle Blätter auch nach den Deportationen im Sommer 1942 weiter. Als das Ghetto dann dem Erdboden gleichgemacht worden war, kam im „arischen" Stadtteil ein Blatt in polnischer Sprache weiter heraus und wurde selbst noch im Mai 1944 in mehreren tausend Exemplaren in der Provinz verteilt.

Die Verteilung der Druckerzeugnisse außerhalb des Ghettos lag fast ausschließlich in den Händen junger Mädchen, die als Kuriere fungierten. Bemerkenswert dürfte auch sein, daß die meisten Veröffentlichungen ansehnlich aufgemacht und mit Bildern von Klassikern der Yiddisch-Literatur versehen waren. Die Auflage der jeweiligen Blätter zu schätzen, ist schwer. Wahrscheinlich sind es etwa 300 bis 400 Stück gewesen, denn das Material konnte nur unter großen Schwierigkeiten beschafft werden. Um einen kleinen Begriff von den Verhältnissen zu vermitteln, sei hier die Anweisung einer Zeitschrift „Jugendstimme" zitiert, in der es heißt: „Nur wer als zuverlässig und nicht schwatzhaft bekannt ist, darf dieses Blatt lesen. Es einem Unwürdigen anzuvertrauen, wäre ein Verbrechen. Stellt keine Fragen! Nur ihr und der Verteiler kennt einander. Fragt nicht, von wem der Verteiler die Zeitung erhält. Ihr braucht es nicht zu wissen. Notiert keine Adressen! Ist es nötig, tut es in Geheimschrift und verbrennt die Notiz später sofort! Nehmt das Blatt selbst in Empfang und gebt es auch persönlich weiter. Wir vertrauen nur euch. Laßt nichts herumliegen! Sprecht nicht über die Arbeit in der Organisation, nennt keine Mitgliedernamen, damit ihr niemand in Gefahr bringt. Das gilt nicht nur für die Partei, sondern für jeden Widerstand. Keine Gespräche über unsere Arbeit oder die Zeitung auf der Straße und in der Öffentlichkeit. Geschwätzigkeit ist ein Verbrechen gegen die Partei, denn viele werden für Spitzeldienste bezahlt."

Trotz solcher Warnungen bezahlten viele die Arbeit mit dem Leben. Der ersten großen, aus rein politischen Gründen stattfindenden Mordaktion am 18. April 1942 fielen zahlreiche Hersteller und Verteiler von Flugblättern zum Opfer.

Wie gesagt, hielten die Blätter inhaltlich ihr Vorkriegsniveau, wenn sie auch selbstverständlich dem Frontgeschehen, Verfolgungen und Deportation viel Platz einräumten. Sie wiesen auch auf die schwindende Moral in den feindlichen Reihen hin und besprachen vor allem die erst im Ghetto entstandenen Arbeiten der Dichter und Schriftsteller, wenn sie diese nicht gar druckten. Häufig bedienten sich die Autoren allerdings vorsichtshalber eines Pseudonyms. Manche der jüngeren Generation traten so überhaupt erstmals vor ein Publikum. Was sie geschaffen haben, ging leider meistens mit ihnen unter. Das trifft vor allem auf die Zeichner und Graphiker zu, deren Kunst die erste Seite der Blätter schmückte, obwohl gerade sie im Inferno des Ghettos mit größten Schwierigkeiten in technischer Beziehung fertig werden mußten.

Im Ringelblum-Archiv befinden sich viele Berichte über die segensreiche Tätigkeit des bekannten jüdischen Pädagogen Janusz Korczak, der auch im Ghettoelend für die ihm anvertrauten Waisen zu sorgen versuchte, bis er in Treblinka mit seinen Zöglingen vergast wurde. Der lange vor dem Krieg für sein Waisenhaus aufgestellte Kodex behielt auch im Ghetto Gültigkeit. In ihm hieß es beispielsweise, wenn jemand etwas Böses tut, vergibt man es ihm am besten, denn auch Richter können irren. Aber das Gericht muß den Schwachen verteidigen, damit er nicht unter dem Stärkeren leidet.

Wenn man bedenkt, daß laut Aufstellung vom 14. Dezember 1941 Deutschen in Warschau täglich 2310 Kalorien, anderen Ausländern 1790, Polen 634 und Juden nur 184 Kalorien zustanden, ist es erstaunlich, wie viele jüdische Wissenschaftler, Dichter und Schriftsteller selbst im Ghetto noch arbeiteten. Dem literarischen Schaffen räumte Dr. Ringelblum in seiner Chronik viel Raum ein. Manches ist so erhalten geblieben, während der Schreiber selbst umkam. Um nur einen herauszugreifen, sei der bekannte, in Yiddisch und Hebräisch schreibende Dichter Jitzhack Katzenelson erwähnt. Nach dem Kriege ist sein „Sterbegesang des niedergemetzelten jüdischen Volkes" veröffentlicht worden. Ebenso entdeckte man sein biblisches Stück „Hiob" und sein Epos „Das Lied vom Radziner Rabbi", die im Warschauer Ghetto entstanden, und druckte sie. Katzenelson ist im Mai 1943 nach Vittel in Frankreich deportiert und von dort am 27. April 1944 nach Auschwitz gebracht worden, wo er umkam.

Der Radziner Rabbi ist keine Legende, denn der junge chassidische Rabbiner Samuel Leiner lebte während des zweiten Weltkriegs. Er entstammte einer alten chassidischen Rabbinerdynastie und hatte sehr persönliche Ansichten. So trug er statt des runden Rabbinerhutes das Käppi aller polnischen Juden, um äußerlich zu dokumentieren, daß er nur einer von ihnen war. Er segnete jeden, der als Partisan in die Wälder ging, und war der Gestapo bald ein Dorn im Auge. Sie jagte ihn lange Zeit, bis sie ihn endlich fand und mordete.

Katzenelson schildert in seinem Epos das Ringen des jungen Rabbiners mit Gott. Er kann nicht einsehen, weshalb der Schöpfer das Volk Israel seinem grausigen Schicksal überläßt, fleht Gott aber schließlich nur noch an, den Toten wenigstens ein Grab zu gewähren, wie es die Religion vorschreibt. Dann stellt er sich mit einem Sack voll Geld neben den Deportationszug und bietet für jeden Toten eine bestimmte Summe, für jeden Lebenden aber noch mehr. Die Bevölkerung stürmt darauf geldgierig den Zug. Der Rabbi bezahlt viele Leichen und sogar ein paar Lebendige, bis das Geld ihm ausgeht. Mit den eigenen Händen gräbt er den Toten ein Grab und spricht das Totengebet — Kaddisch — für sie, während der Herr des Weltalls neben ihm steht und weint.

Das Epos entstand nach den Massendeportationen im Dezember 1942 und Januar 1943. Nachstehend ein Fragment daraus:

✶

✶ ✶

„Vom Morgendämmern bis in die sinkende Nacht
wuchsen die kleinen Hügel, dann war es vollbracht.
Die Gräber sind für sich, doch den andern so nah' —
jedes Häufchen Erde mahnt an das, was geschah.

Wir klagen ja gar nicht! Uns ist jetzt schon gut!
Gestorben, begraben der Jude nun ruht
und dankt Gott, daß die Strafe hinter ihm liegt.
Schlaft! raunt der Wald. Wie im Gebet er sich wiegt.

Millionen Juden, vergast, erschlagen, verhöhnt,
haben sich nach so einem Grabhügel gesehnt.
Nur ihr habt ein Grab, wie Israels Gesetz will,
drum schlaft! Die dunkle Nacht kommt, und alles wird still.

Es schwindet eure Pein, gelobt sei der Herr!
Doch wer spricht Kaddisch für euch, wer?
Der Rabbi spricht Kaddisch, das Totengebet.
Der Wind trägt es fort, bis auch das noch verweht.

Leiden, Trauer und das Gebet vergehn im Wind
wie das Amen-Seufzen, wo noch Juden sind . . .
Der Rabbi betet für euch alle vereint,
sagt: »Yisgadal!« Doch jemand neben ihm weint."[1])

Sieben Tage vor seinem Tode redigierte Dr. Ringelblum am 1. März 1944 einen zusammenfassenden Bericht über die kulturelle Arbeit im Ghetto. Er adressierte ihn an das Jüdische Wissenschaftliche Institut und den jüdischen PEN-Club in New York sowie an Schalom Asch, Josef Opatoshu, den Dramaturgen Leiwick und den Historiker Dr. Mahler. Die jüdische Untergrundbewegung schaffte das Schreiben nach London, von wo es nach Amerika weitergeleitet wurde. Es beginnt mit den Worten: „Teure Freunde! Wir schreiben euch, nachdem schon 95 Prozent der polnischen Juden in den Gaskammern und Schlachthäusern von Treblinka, Sobibor, Chelmno und Auschwitz umgekommen sind oder bei den Vernichtungsaktionen in Ghettos und Lagern hingemordet wurden. Das Schicksal der noch in Konzentrationslagern Leidenden ist ebenfalls besiegelt. Vielleicht überleben ein paar der als »Arier« Getarnten oder der wie gejagte Tiere in den Wäldern Hausenden. Ob jedoch einer von uns in der Untergrundbewegung am Leben bleibt, ist zweifelhaft. Deshalb wollen wir jetzt kurz über uns und unsere Arbeit berichten. Wir bemühten uns in Ghettos und Lagern, »mit Würde zu leben und zu sterben«. Das dürfte aus unserer vielseitigen Kulturarbeit ersichtlich sein." Dr. Ringelblum berichtet dann über das Symphonieorchester mit seinem Dirigenten Szymon Pullman, der bis 1938 am Wiener Konservatorium als Professor tätig war, über den Geiger Ludwik Holzman, den jungen Kapellmeister Marian Nauteich und die Ghetto-Nachtigall Marysia Eisenstat. Er zählt die Chöre und Kinderchöre auf, die Komponisten und anderen Musiker, spricht von den Malern und Bildhauern im Ghetto, die ihre dort entstandenen Werke ausstellten, bevor sie alle umkamen. Es ist, als habe der Historiker seinen nahen Tod geahnt und daher diesen Bericht noch in letzter Minute abgesandt.

Nachdem Dr. Emanuel Ringelblum seine wissenschaftliche Tätigkeit gewissermaßen mit der „Geschichte der Juden in Warschau bis 1527" begonnen hatte — so hieß nämlich seine Doktor-Dissertation —, sollte es zur schicksalhaften Tragik seines Lebens werden, daß er das eigene Dasein ebenfalls mit der Geschichte der Warschauer Juden beschloß, mit der Ausrottung des polnischen Judentums im Ghetto Warschau.

---

[1]) *Aus dem Yiddischen von Iris von Stryk.*

Abkürzungen und bibliographische Bemerkungen[1]

Archiv Document Centre:	NS-Archiv bei der Amerikanischen Mission in Westberlin.
Archiv J. H. I.:	Archiv des Jüdischen Historischen Instituts in Warschau.
Archiv Ringelblum:	Dr. Emanuel Ringelblum war Historiker und einer der Führer des Untergrunds im Ghetto Warschau. Er stellte eine Sammlung von Dokumenten, Tagebüchern, Notizen und Artikeln über das Leben im und außerhalb des Ghettos heimlich zusammen, damit die Nachwelt erfuhr, wie es während der Besatzungszeit war. Alles Material ist in Blechkisten oder Milchkannen vergraben worden. Der erste Teil des Märtyrer-Archivs wurde 1946, der zweite erst 1950 ausgegraben. Heute befindet sich dieses Ringelblum-Archiv im Jüdischen Historischen Institut in Warschau.
Archiv Warschau:	Es handelt sich um die Hauptkommission zur Erforschung der Hitlerverbrechen in Polen, in Warschau.
Berenstein:	T. Berenstein, A. Eisenbach, A. Rutkowski, „Ausrottung der Juden Polens während der Hitler-Besatzung" (polnisch), Warschau 1957. Es ist eine der umfassendsten Dokumentenveröffentlichungen über die Vernichtung des polnischen Judentums im zweiten Weltkrieg.
Bleter:	Blätter für Geschichte (yiddisch), Bulletin des Jüdischen Historischen Instituts in Warschau.
Blumental:	Nachman Blumental, „Lager" (polnisch) – Dokumente, Lodz 1946.

[1]) *Dokumente des Internationalen Militärgerichtshofs in Nürnberg sind durch Buchstaben mit Zahlen gekennzeichnet, wie etwa: PS – 1584 oder NG – 83.*

Borzykowski: Tuwia Borzykowski, „Unter einstürzenden Mauern“ (yiddisch), Warschau 1949 – Erinnerungen. Der Verfasser war Mitglied einer zionistischen Jugendorganisation und erzählt von den Kämpfen im Zentral-Ghetto. Nach dem Kriege lebte er in Israel und starb am 9. März 1959.

Bulletin: Bulletin des Jüdischen Historischen Instituts in Warschau, das in polnischer Sprache erscheint.

Biuletyn: Bulletin der Hauptkommission zur Erforschung der Hitlerverbrechen in Polen, Band XI, Warschau 1960.

Du Prel: Max, Freiherr von Du Prel, „Das Generalgouvernement“, Würzburg 1942.

Edelman: Marek Edelman, „Das Ghetto kämpft“ (polnisch) – Erinnerungen – Lodz 1945. Edelman war Mitglied der jüdisch-sozialdemokratischen Partei „Bund“ und einer der Führer der Jüdischen Kampf-Organisation im Ghetto Warschau.

Franks Tagebücher: Dr. Hans Franks Tagebücher während der deutschen Besatzungszeit in Polen (Generalgouvernement). Original ist im Archiv der Hauptkommission zur Erforschung der Hitlerverbrechen in Polen in Warschau.

Friedman I: Dr. Philip Friedman, „Die Vernichtung der polnischen Juden“ (polnisch), München 1947.

Friedman II: Dr. Philip Friedman, „Martyrs and Fighters“, New York 1954. – Eine der besten Dokumenten-Sammlungen über das Ghetto und den Aufstand in Warschau.

J. K. O.: Jüdische Kampf-Organisation.

Kann: Maria Kann, „Vor den Augen der Welt“ (polnisch). Broschüre über den Aufstand und die Liquidation des Warschauer Ghettos. Bereits 1943 im Untergrund erschienen, aber aus Vorsicht mit dem Datum 1932. Die Autorin, eine „arische“ Polin, half den Juden nach Kräften. Die Untergrundbewegung sorgte für die Verbreitung der Broschüre bei der polnischen Bevölkerung.

Kermisz I: Dr. Josef Kermisz, „Aktionen und Aussiedlungen“ (polnisch), Warschau – Lodz – Krakau 1946. Bisher ist dies die umfangreichste Dokumenten-Sammlung über sogenannte „Aktionen“ gegen und „Aussiedlungen“ von Juden in Polen während des letzten Krieges. Heute ist Dr. Kermisz Leiter des Archivs im Institut Yad Vashem in Jerusalem.

Kermisz II: Dr. Josef Kermisz, „Der Aufstand im Ghetto Warschau“ (yiddisch), Buenos Aires 1948.

Lubetkin I: Cywia Lubetkin, „Die Letzten auf der Mauer“ (hebräisch), Ejn Charod, Israel 1946. Sie war Führerin der zionistischen Jugendbewegung „Hechalutz“ und des Ghetto-Aufstandes in Warschau, außerdem die Frau des stellvertretenden Kommandanten der Jüdischen Kampf-Organisation im Warschauer Ghetto, I. Cukerman. Heute lebt sie in Israel.

Lubetkin II: Cywia Lubetkin, „Tage der Vernichtung und des Widerstandes" (hebräisch), Ejn Charod 1947.

Mark I: Bernard Mark, „Kampf und Vernichtung im Ghetto Warschau" (polnisch), Warschau 1959. Mark ist Direktor des Jüdischen Historischen Instituts in Warschau. Es handelt sich um ein sehr umfangreiches, reichlich dokumentiertes Werk, aber mit einer ganz bestimmten Parteitendenz, wenn es um den Einfluß der Kommunisten beim Ghetto-Aufstand geht.

Mark II: Bernard Mark, „Der X. Jahrestag des Aufstandes im Ghetto Warschau" (polnisch) – Dokumente, Warschau 1953. Die Auswahl der Dokumente erfolgte jedoch mit einer bestimmten parteipolitischen Tendenz.

Mazor: Michel Mazor, „La Cité Engloutie", Paris 1955. Erinnerungen aus dem Warschauer Ghetto, die in ihrer Art sehr objektiv sind. Mazor ist heute Leiter des Archivs im Centre de Documentation Juive Contemporaine in Paris.

Najberg: Leon Najbergs Tagebuch über die Kämpfe im Ghetto. Fragmente davon sind in „Aktionen und Aussiedlungen" von Josef Kermisz erschienen, Lodz 1946, Seiten 333–384. Najberg war Mitglied einer zionistischen Jugendorganisation.

Neustadt: Meilech Neustadt, „Vernichtung und Aufstand der Juden in Warschau", Tel Aviv 1948. Die erste Veröffentlichung von Berichten, Briefen und Dokumenten, die von der jüdischen Untergrundbewegung in Warschau während der letzten Kriegsjahre auf Schleichwegen nach London gelangten. Die hier wiedergegebenen Dokumente stammen aus zwei Transporten. Der erste ging am 15. November 1943 mit Kurier heimlich nach London ab, während der zweite Warschau auf die gleiche Art am 24. Mai 1944 verließ. Absender des Materials war das der Untergrundbewegung angehörende Jüdische Nationale Komitee in Polen. Das gesamte Material ist während der deutschen Besatzung in Warschau schon bearbeitet oder doch gesammelt worden und schon deswegen von großer Bedeutung.

Piotrowski: Stanislaw Piotrowski, „Jürgen Stroops Bericht über die Vernichtung des Ghettos Warschau" (polnisch), Warschau 1948.

Poliakov–Wulf: Léon Poliakov und Josef Wulf, „Das Dritte Reich und die Juden". Dokumente. Berlin 1955.

Schwarzbart: Dr. Isaac I. Schwarzbart, „The Story of the Warsaw Ghetto Uprising – Its meaning and message", New York 1953. Dr. Schwarzbart war Abgeordneter des polnischen Exil-Parlaments in London. Als einer der prominentesten Führer der Zionisten im Vorkriegs-Polen erhielt er von der jüdischen Untergrundbewegung auch während der deutschen Besatzung durch Geheimkurier aus Polen Berichte, Memoranden und Aufrufe geschickt.

Sefer: „Sefer Milchamot Hagetaot“ (hebräisch) – Das Buch der Ghetto-Kämpfer. Es wurde von dem stellvertretenden Kommandanten der Jüdischen Kampf-Organisation im Ghetto Warschau, Icchak Cukermann, und von M. Basok herausgegeben. Kibbutz, der Ghetto-Kämpfer, Israel 1954.

Yivo: Yivo-Bleter – Journal of the Yiddish Scientific Institute, New York.

Turkow I: Jonas Turkow, „So ist es gewesen“ (yiddisch), Buenos Aires 1948. Es handelt sich um Erinnerungen Turkows aus dem Ghetto Warschau. Er ist Schauspieler, Regisseur und Schriftsteller. Heute hat er eine Tätigkeit im Jüdischen Wissenschaftlichen Institut von New York.

Turkow II: Jonas Turkow, „Im Kampf ums Leben“ (yiddisch), Buenos Aires 1949 – Erinnerungen aus dem Warschauer Ghetto.

Wulf I: Josef Wulf, „Vom Leben, Kampf und Tod im Ghetto Warschau“, Bonn 1958. Zweite Auflage 1960.

Wulf II: Josef Wulf, „Heinrich Himmler“, Berlin 1960.

KAPITEL I

Aufstand und Vernichtung

Sämtliche Texte von Jürgen Stroop sind in *kursiv* gesetzt.

„Es gibt keinen jüdischen Wohnbezirk in Warschau mehr"*)

Für den Führer und ihr Vaterland
sind im Kampf bei der Vernichtung von
Juden und Banditen[1]) im ehemaligen jüdischen Wohnbezirk in Warschau gefallen:

Am 20. 4. 43 SS-Pz.Gren. Paul Jäger, geb. 14. 1. 25, 4. SS-Pz.Gren.-Ers.Abt.
Gefr. Joseph Strupp, geb. 16. 3. 07, L.A.Batr. III/8 Flak
Schütze Christian Hohbein, geb. 23. 7. 00, L.A.Battr. III/8 Flak
am 22. 4. 43 SS-Ustuf. Otto Dehmke, geb. 4. 7. 21, SS-Kav.-Ers.-Abt.
Wachmann Willi Stark, geb. 4. 4. 20, Ausb.L. Trawniki[2])
Wachmann Borys Odartschenko, geb. 11. 1. 23, Ausb.L. Trawniki
am 1. 5. 43 Rttwm. d. Schp. Hans-J. Bolze, geb. 9. 10. 20, III/SS-Pol. 22
SS-Rttf. Edmund Lotholz, geb. 1. 11. 04, Sicherheitspolizei
am 6. 5. 43 Obw. d. Schp. Horst Riemer, geb. 10. 5. 08, I/SS-Pol. 22
Wm. d. Schp. Rudolf Hartmann, geb. 8. 6. 09, I/SS-Pol. 22
am 8. 5. 43 SS-Pz.Gren. Lorenz Bichler, geb. 21. 10. 24, 2. SS-Pz.Gren. Ers.Btl.
SS-Pz.Gren. Helmut Hinz, geb. 27. 4. 25, 4. SS-Pz.Gren. Ers.Btl.
am 11. 5. 43 SS-Strm. Heinz Lehmann, geb. 16. 2. 12, 1. SS-Pz.Gren. Ers.Btl.
am 13. 5. 43 SS-Pz.Gren. Heinz Stuwe, geb. 30. 11. 24, 3. SS-Pz.Gren. Ers.Btl.
SS-Pz.Gren. Gerhard Fritz, geb. 25. 4. 24, 3. SS-Pz.Gren. Ers.Btl.

Ferner fiel in Ausübung seines Dienstes am 19. 4. 43 der poln. Pol.-Hptw. Julian Zielinski, geb. 13. 11. 91, 14. Komm.

Sie setzten ihr Höchstes, ihr Leben, ein. Wir werden sie nie vergessen.

Es wurden verwundet:

Am 19. 4. 43 SS-Pz.Gren. Wilhelm Schneider, geb. 25. 1. 25, 2. SS-Pz.Gren. Ers.Btl.
SS-Pz.Gren. Friedrich Scholz, geb. 2. 6. 10, 1. SS-Pz.Gren. Ers.Btl.
SS-Pz.Gren. Karl Gnant, geb. 31. 7. 07, 2. SS-Pz.Gren. Ers.Btl.
SS-Reiter Oskar Reinke, geb. 26. 8. 24, SS-Kav.-Ers.-Abt.
SS-Reiter Alex Wissinger, geb. 11. 11. 24, SS-Kav.-Ers.-Abt.
SS-Reiter Johannes Neugebauer, geb. 6. 3. 12, SS-Kav.-Ers.-Abt.

---

*) Erläuterungen am Ende. Seite 68.

SS-Reiter Anton Imgrund, geb. 22. 9. 22, SS-Kav.-Ers.-Abt.
SS-Reiter Günther Reitzig, geb. 7. 11. 24, SS-Kav.-Ers.-Abt.
SS-Reiter Franz Strobl, geb. 2. 3. 22, SS-Kav.-Ers.-Abt.
SS-Strm. Heinz Kruse, geb. 4. 12. 22, SS-Kav.-Ers.-Abt.
SS-Reiter Anton Müller, geb. 2. 12. 21, SS-Kav.-Ers.-Abt.
SS-Strm. Johann Tyreck, geb. 6. 2. 20, SS-Kav.-Ers.-Abt.
SS-Reiter Friedrich Böhm, geb. 8. 11. 16, SS-Kav.-Ers.-Abt.
SS-Reiter Karl Zechmeister, geb. 5. 3. 15, SS-Kav.-Ers.-Abt.
SS-Sturmscharf. Rudolf Kosmala, geb. 31. 10. 01, Sicherheitspol.
SS-Rttf. Fritz Rührenschopf, geb. 21. 8. 10, Sicherheitspol.
Wachmann Paul Nestarenko, geb. 17. 8. 19, Aus.L.Tr. Trawniki
Wachmann Andrej Dawidenko, geb. 31. 1. 23, Ausb.L.Tr. Trawniki
Wachmann Michael Minenko, geb. 11. 2. 21, Ausb.L.Tr. Trawniki
Wachmann Nikolai Huzulak, geb. 16. 3. 23, Ausb.L.Tr. Trawniki
Wachmann Borys Roschdestwenskyj, geb. 10. 4. 14, Ausb.L.Tr. Trawniki
Wachmann Andrej Prottschenko, geb. 1. 10. 22, Ausb.L.Tr. Trawniki
poln. Pol.Wm. Franziszek Kluzniski, geb. 30. 1. 13, Komm.
poln. Pol.Mstr. Waclaw Frydrykewicz, geb. 16. 5. 04, Komm.

am 20. 4. 43 SS-Pz.Gren. Alfons Hausa, geb. 10. 5. 12, 2. SS-Pz.Gren. Ers.Btl.
SS-Pz.Gren. Valentin Malle, geb. 13. 2. 13, 2. SS-Pz.Gren. Ers.Btl.
SS-Reiter Ludwig Schay, geb. 30. 11. 22, SS-Kav.-Ers.-Abt.
SS-Reiter Anton Heist, geb. 7. 9. 21, SS-Kav.-Ers.-Abt.
Wm. d. Schp. Wilhelm Clemm, geb. 3. 2. 43[3]), III./SS-Pol. 22
Obw. d. Schp. Kurt Sprotte, geb. 11. 9. 07, I./SS-Pol. 22
Wm. d. Schp. Rudolf Kreuz, geb. 25. 10. 08, I./SS-Pol. 22
Feldwebel Joseph Siegert, geb. 12. 2. 97, Eisenb.Pz.-Ers.-Abt. Pi.Kdo. Rembertow
SS-Oscha. Sepp Mayowski, geb. 23. 12. 14, Ausb.L. Trawniki
poln. Pol.Wm. Boleslaw Gruschecki, geb. 1. 6. 14, Gel. u. Wach.-Abt.

am 21. 4. 43 SS-Reiter Johann Lebisch, geb. 6. 6. 21, SS-Kav.-Ers-Abt.
Zugwm. d. Schp. Kurt Szesnik, geb. 9. 11. 09, III./SS-Pol. 22
Zugwm. d. Schp. Erich Pärschke, geb. 30. 12. 14, I./SS-Pol. 22
Wachmann Iwan Knyhynyzkyj, geb. 21. 7. 23, Ausb.L. Trawniki

am 22. 4. 43 Zugwm. d. Schp. Otto Koglin, geb. 3. 4. 11, I./SS-Pol. 22

am 23. 4. 43 Zugwm. d. Schp. Erich Waclawik, geb. 25. 4. 10, III./SS-Pol. 22
Wm. d. Schp. d. R. Karl Neidhard, geb. 14. 3. 03, III./SS-Pol. 22
Wachmann Emil Schmidt, geb. 2. 2. 23, Ausb.L. Trawniki

am 24. 4. 43 SS-Uscha. Franz Lüdke, geb. 22. 10. 22, 1. SS-Pz.Gren. Ers.Btl.
SS-Pz.Gren. Siegfried Böckmann, geb. 14. 10. 12, 1. SS-Pz.-Gren. Ers.Btl.
Gruppen-Wm. Wladimir Usik, geb. 16. 6. 17, Ausb.L. Trawniki[4])

am 25. 4. 43	SS-Pz.Gren. Werner Burkhardt, geb. 6. 11. 06, 1. SS-Pz.Gren. Ers.Btl.
	SS-Pz.Gren. Walter Schmidt, geb. 13. 7. 21, 1. SS-Pz.Gren. Ers.Btl.
	SS-Rttf. Fritz Krenzke, geb. 1. 11. 12, SS-Kav.-Ers.-Abt.
	SS-Scharf. Hugo Nieratschker, geb. 18. 6. 09, Sicherheitspolizei
am 27. 4. 43	SS-Pz.Gren. Friedrich Czwielung, geb. 5. 4. 07, 1. SS-Pz.Gren. Ers.Btl.
	SS-Pz.Gren. Heinrich Meyer, geb. 16. 10. 10, 1. SS-Pz.Gren. Ers.Btl.
	Gruppen-Wm. Jurko Kosatschok, geb. 3. 5. 21, Ausb.L. Trawniki
	poln. Pol.Wm. Boleslaw Stasik, geb. 18. 9. 10, 8. Komm.
am 28. 4. 43	SS-Strm. Hans Petry, geb. 10. 4. 23, 1. SS-Pz.Gren. Ers.Btl.
	SS-Uscha. Erich Schulz, geb. 25. 1. 24, 2. SS-Pz.Gren. Ers.Btl.
	Wm. d. Schp. d. R. Oskar Hexel, 15. 2. 17, III./SS-Pol. 22
am 1. 5. 43	poln. Pol.-Anw. Jerzy Mostowski, geb. 21. 1. 20, Gel. u. Wach-Abt.
	poln. Pol.-Wm. Antoni Gladkowski, geb. 21. 1. 04, Gel. u. Wach-Abt.
am 2. 5. 43	Obw. d. Schp. Robert Linke, geb. 6. 3. 09, III./SS-Pol. 22
am 3. 5. 43	SS-Pz.Gren. Clemens Kapitza, geb. 22. 11. 24, 1. SS-Pz.Gren. Ers.Btl.
	SS-Reiter Georg Pöppl, geb. 18. 1. 24, SS-Kav.-Ers.-Abt.
	SS-Schütze Andreas Kuding, geb. 25. 1. 24, SS-Kav.-Ers.-Abt.
am 5. 5. 43	SS-Rttf. Fritz Wiek, geb. 15. 8. 21, SS-Kav.-Ers.-Abt.
am 6. 5. 43	SS-Uscha. Hans Forster, geb. 31. 5. 14, 2. SS-Pz.Gren. Ers.Btl.
am 7. 5. 43	SS-Reiter Ludwig Török, geb. 8. 9. 24, SS-Kav.-Ers.-Abt.
am 8. 5. 43	SS-Uscha. Fritz Vogel, geb. 31. 10. 20, SS-Kav.-Ers.-Abt.
	SS-Uscha. Robert Hauschild, geb. 19. 3. 21, SS-Kav.-Ers.-Abt.
	Schütze Otto Kiel, geb. 17. 4. 24, Eisenb.Pz.-Ers.-Abt. Pi-Kdo. Rembertow
am 10. 5. 43	SS-Mann Johann Nieszner, geb. 23. 4. 22, SS-Kav.-Ers.-Abt.
	SS-Mann Hermann Herbst, geb. 26. 4. 25, SS-Kav.-Ers.-Abt.
	SS-Mann Rudolf Hörnicke, geb. 27. 8. 25, SS-Kav.-Ers.-Abt.
	SS-Reiter Anton Heit, geb. 17. 9. 21, SS-Kav.-Ers.Abt.
am 11. 5. 43	SS-Uscha. Hugo Mielke, geb. 9. 6. 12, SS-Kav.-Ers.-Abt.
	SS-Reiter Werner Erbes, geb. 24. 5. 24, SS-Kav.-Ers.-Abt.
am 12. 5. 43	SS-Rttf. Josef Schuster, geb. 15. 3. 20, SS-Kav.-Ers.-Abt.
am 13. 5. 43	SS-Schütze Johann Barlock, geb. 24. 12. 23, SS-Kav.-Ers.-Abt.
	SS-Pz.Gren. Otto Döppe, geb. 1. 11. 24, 3. SS-Pz.Gren. Ers.Btl.
	SS-Pz.Gren. Franz Kosarz, geb. 6. 1. 24, 3. SS-Pz.Gren. Ers.Btl.
	SS-Pz.Gren. Alfred Baldt, geb. 15. 9. 06, 5. SS-Pz.Gren. Ers.Btl.
am 14. 5. 43	SS-Oscha. Thomas Wachter, geb. 12. 2. 19, 4. SS-Pz.Gren. Ers.Btl.
	SS-Rttf. Josef Posch, geb. 22. 7. 20, 4. SS-Pz.Gren. Ers.Btl.
	SS-Uscha. Martin Enzbrunner, geb. 19. 1. 22, 4. SS-Pz.Gren. Ers.Btl.
	Zugwm. d. Schp. Alfons Czapp, geb. 15. 9. 11, I./SS-Pol. 22
am 15. 5. 43	Wm. d. Schp. d. R. Otto Luenen, geb. 19. 12. 05, III./SS-Pol. 23[4])

Erläuterungen

[1]) Banditen: NS-Sprachregelung für Partisanen.

a) Heinrich Himmler brachte seine Gedanken über das Wort „Partisanen" am 27. Juli 1942 für Major Suchanek zu Papier und meinte auf der Feld-Kommandostelle, daß der Bolschewismus diese neue Waffengattung geschaffen habe, und ganz Europa sei dann den bolschewistischen „Untermenschen und Juden" auf diesen propagandistischen Schwindel hereingefallen, „denn durch das Wort Partisan wurde der Kämpfer aus dem Hinterhalt zum Helden und Patrioten gestempelt. Das Wort »Partisanen« ist daher von uns nicht mehr zu verwenden", schrieb Himmler, denn es handele sich ja nur um Heckenschützen, Strauchdiebe und Banditen. Himmler meinte weiter: „Der Bevölkerung ist in Flugblättern zu sagen: Moskau nennt diese Banditen Partisanen und Helden. In Wirklichkeit sind sie die größten Feiglinge." Er vertrat die Ansicht, jene Banditen erpreßten die unglückliche Zivilbevölkerung und brächten so auch Unschuldige in Lebensgefahr, denn Moskau wollte ja nur, daß sie aus einem unschuldigen Dorf auf Deutsche schießen, im Schutz der Dunkelheit entkommen und das deutsche Strafgericht dann allein auf die harmlosen Dorfbewohner herniederprassele. Der Reichsführer-SS war daher dafür, seine Ideen über diese Angelegenheit in Flugblättern und Anschlägen bekanntzumachen.

b) Von Helsinki aus erließ dann Himmler am 31. Juli 1942 den nachstehenden Sonderbefehl: „Aus psychologischen Gründen ist in Zukunft das von den Bolschewisten eingeführte und verherrlichte Wort »Partisan« nicht mehr zu gebrauchen. Für uns handelt es sich hier nicht um Kämpfer und Soldaten, sondern um Banditen, Franktireurs und kriminelle Verbrecher. Eine Trennung der ruhigen und friedliebenden Bevölkerung von diesen Heckenschützen und damit das Abschneiden jeder Unterstützung ist eine der wichtigsten Voraussetzungen für deren Vernichtung." (Diese beiden Dokumente befinden sich im *Archiv Warschau.*)

[2]) Trawniki war ein SS-Lager in der Woiwodschaft Lublin, in dem ukrainische, lettische und litauische Freiwillige geschult wurden, um später als Hilfstruppen der SS tätig zu werden; 1941 gab es dort ein Lager für Ukrainer, eines für Russen und eines für Juden. Die Ukrainer sind stets sehr bevorzugt behandelt worden. Später kamen dann Tausende von Juden zur Arbeit dorthin. Der Lagerführer schikanierte sie alle auf sadistische Art. (Siehe *Blumental,* Seiten 255–266.)

[3]) Es handelt sich da sicher um einen Tippfehler.

[4]) Vermutlich hat Stroop die Zahl der Verwundeten und Toten in den eigenen Reihen nicht ganz korrekt angegeben. Wahrscheinlich wollte er als Führer der „Großaktion" im Ghetto die großen eigenen Verluste verschleiern, obwohl er dies nach dem Kriege entschieden bestritt. (Siehe Seite 206.)

Im Duplikat des Stroop-Berichts (siehe *Piotrowski,* S. 325) sind charakteristischerweise fünf Verwundete mehr angegeben.

Am 19. April gibt Stroop 24 Verwundete, aber keine Toten an. Dabei brachte gerade dieser Tag die stärksten Verluste, was aus zwei Gründen ganz verständlich ist: a) wurden nämlich die Deutschen vom bewaffneten Widerstand im Ghetto völlig überrascht, b) war die Lage der Jüdischen Kampf-Organisation gerade an diesem Tage am besten. Schon deshalb dürfte es also ausgeschlossen sein, daß an diesem Tage wohl die meisten Verwundeten, aber kein einziger Toter auf deutscher Seite zu melden gewesen sein soll. Die Aussagen der jüdischen Kämpfer besagen auch eindeutig, daß es am ersten Tag Tote auf deutscher Seite gab, als die einmarschierende Truppe wider Erwarten beschossen wurde. (Siehe *Borzykowski,* Seiten 52 und 65 – *Turkow I,* Seiten 17/18 – *Najberg,* Seiten 335–338 – *Neustadt,* Seiten 159–160, 264–266, 272–273 – *Lubetkin I,* Seite 492 – *Kermisz,* Seiten 51/52 – *Friedman II,* Seiten 226–238.)

- 12 -

sten Zeit gegen das arische Wohngebiet fest abgeriegelt sein und bewacht werden. Zu diesem Zwecke ist das Polizei-Bataillon III/23 eingesetzt. Dieses Polizeibataillon hat den Auftrag, den ehemaligen jüdischen Wohnbezirk zu überwachen, insbesondere darauf zu achten, daß niemand in das ehemalige Ghetto hineinkommt und jeden, der sich unberechtigt darin aufhält, sofort zu erschießen. Der Kommandeur des Polizei-Bataillons erhält laufend weitere Weisungen unmittelbar vom ᛋᛋ- und Polizeiführer. Es muß auf diese Weise erreicht werden, die evtl. noch vorhandenen kleinen Überreste der Juden unter ständigem Druck zu halten und zu vernichten. Durch Vernichtung aller Gebäude und Schlupfwinkel und durch Abdrosselung des Wassers muß den noch verbliebenen Juden und Banditen jede weitere Daseinsmöglichkeit genommen werden.

Es wird vorgeschlagen, das Dzielna-Gefängnis zu einem KZ. zu machen und durch die Häftlinge die Millionen von Backsteinen, den Eisenschrott und andere Materialien auszubauen, zu sammeln und der Verwertung zuzuführen. 28

Warschau, den 16. Mai 1943.

Der ᛋᛋ- und Polizeiführer
im Distrikt Warschau

ᛋᛋ-Brigadeführer
u.Generalmajor der Polizei.

(3)

Fotokopie der letzten Seite des Stroop-Berichts

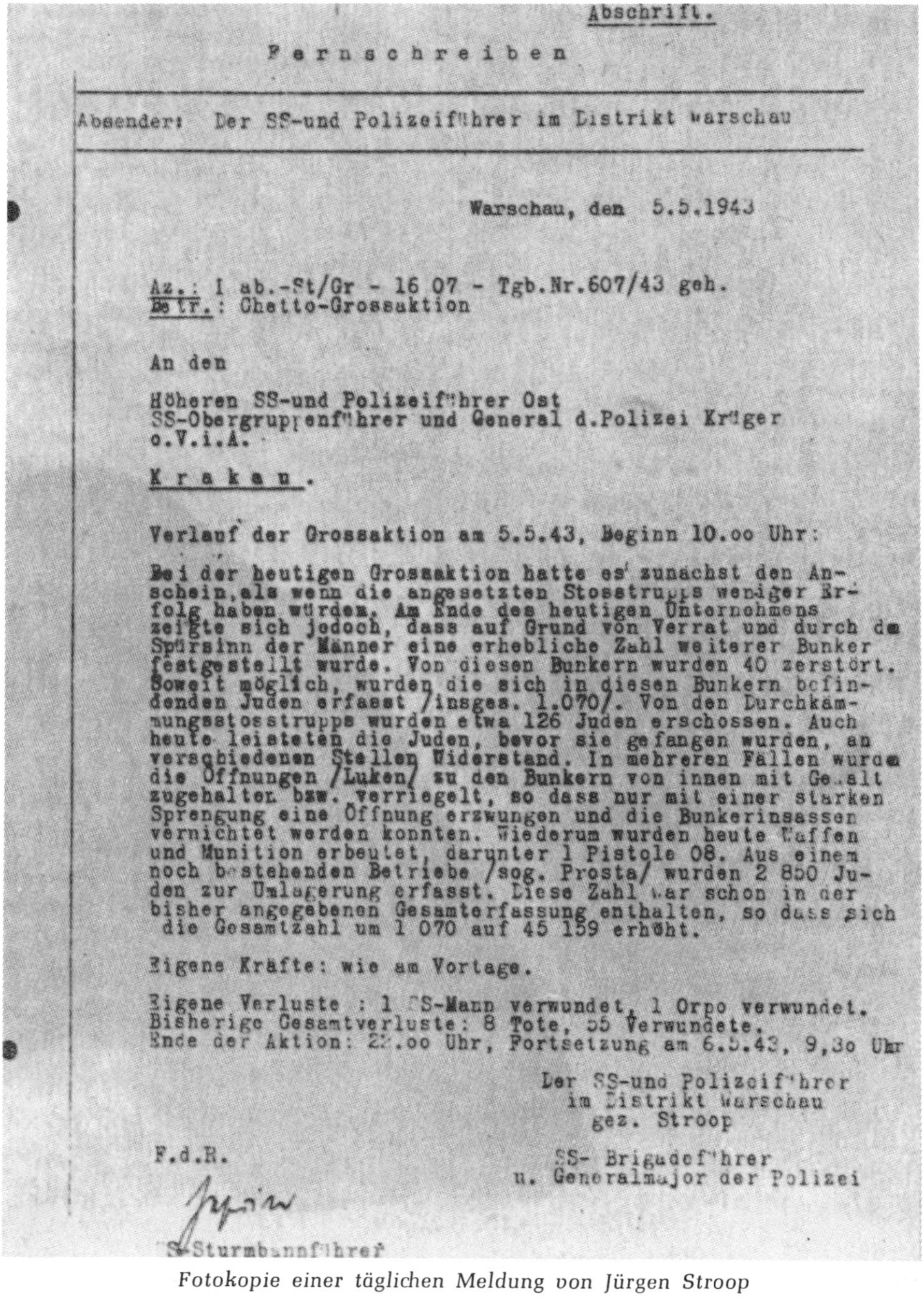

Abschrift.

Fernschreiben

Absender: Der SS-und Polizeiführer im Distrikt Warschau

Warschau, den 5.5.1943

Az.: I ab.-St/Gr - 16 07 - Tgb.Nr.607/43 geh.
Betr.: Ghetto-Grossaktion

An den

Höheren SS-und Polizeiführer Ost
SS-Obergruppenführer und General d.Polizei Krüger
o.V.i.A.

Krakau.

Verlauf der Grossaktion am 5.5.43, Beginn 10.oo Uhr:

Bei der heutigen Grossaktion hatte es zunachst den Anschein, als wenn die angesetzten Stosstrupps weniger Erfolg haben würden. Am Ende des heutigen Unternehmens zeigte sich jedoch, dass auf Grund von Verrat und durch den Spürsinn der Männer eine erhebliche Zahl weiterer Bunker festgestellt wurde. Von diesen Bunkern wurden 40 zerstört. Soweit möglich, wurden die sich in diesen Bunkern befindenden Juden erfasst /insges. 1.070/. Von den Durchkämmungsstosstrupps wurden etwa 126 Juden erschossen. Auch heute leisteten die Juden, bevor sie gefangen wurden, an verschiedenen Stellen Widerstand. In mehreren Fällen wurde die Öffnungen /Luken/ zu den Bunkern von innen mit Gewalt zugehalten bzw. verriegelt, so dass nur mit einer starken Sprengung eine Öffnung erzwungen und die Bunkerinsassen vernichtet werden konnten. Wiederum wurden heute Waffen und Munition erbeutet, darunter 1 Pistole 08. Aus einem noch bestehenden Betriebe /sog. Prosta/ wurden 2 850 Juden zur Umlagerung erfasst. Diese Zahl war schon in der bisher angegebenen Gesamterfassung enthalten, so dass sich die Gesamtzahl um 1 070 auf 45 159 erhöht.

Eigene Kräfte: wie am Vortage.

Eigene Verluste : 1 SS-Mann verwundet, 1 Orpo verwundet.
Bisherige Gesamtverluste: 8 Tote, 55 Verwundete.
Ende der Aktion: 22.oo Uhr, Fortsetzung am 6.5.43, 9,3o Uhr

Der SS-und Polizeiführer
im Distrikt Warschau
gez. Stroop

SS- Brigadeführer
u. Generalmajor der Polizei

F.d.R.

SS-Sturmbannführer

Fotokopie einer täglichen Meldung von Jürgen Stroop
Links die Beglaubigung von SS-Sturmbannführer Max Jesuiter

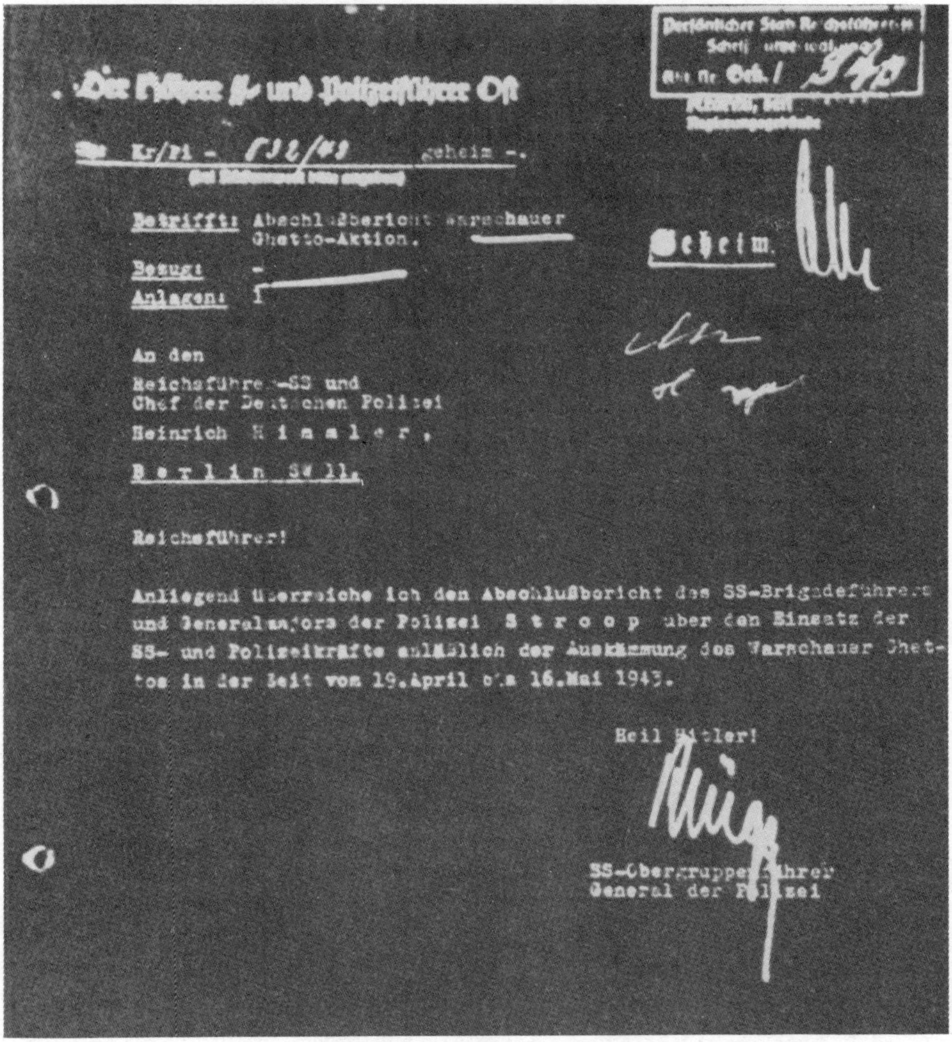

Persönlicher Stab Reichsführer-SS
Schriftgutverwaltung
Akt. Nr. Geh./

Der Höhere SS- und Polizeiführer Ost

Kr/Pi - 632/43 geheim -.

Betrifft: Abschlußbericht Warschauer Ghetto-Aktion.

Bezug: -

Anlagen: 1

Geheim.

An den
Reichsführer-SS und
Chef der Deutschen Polizei
Heinrich Himmler,

Berlin SW 11.

Reichsführer!

Anliegend überreiche ich den Abschlußbericht des SS-Brigadeführers und Generalmajors der Polizei Stroop über den Einsatz der SS- und Polizeikräfte anläßlich der Auskämmung des Warschauer Ghettos in der Zeit vom 19. April bis 16. Mai 1943.

Heil Hitler!

Krüger

SS-Obergruppenführer
General der Polizei

Krüger schickt Himmler den Stroop-Bericht

UMSCHLAG-PLATZ
JÜDISCHER FRIEDHOF
OKOPOWA
NISKA
SMOCZA
GESIA
PAWIA
DZIELNA
NOWOLIPKI
NOWOLIPIE
KARMELICKA
ORLA
SOLNA
ELEKTRORALNA
OGRODOWA
KROCHMALNA
WALICÓW
GRZYBOWSKA
CIEPŁA
TWARDA
BAGNO
CEGLANA
PROSTA
PANSKA
SLISKA
MARIANSKA
SIENNA
A
B
DAS WARSCHAUER GHETTO
MASSTAB 1:20000
GRENZEN DES GHETTOS LT. VERORDNUNG VOM 18.10.40
TORE ZUM GHETTO
GRENZEN DES GHETTOS NACH DER „AUSSIEDLUNG"
JULI - SEPTEMBER 1942
A BÜRSTENMACHER-WERKSTÄTTEN
TÖBBENS-SCHULZ FABRIKEN
DAS SOGENANNTE „KLEINE GHETTO"
DAS ZENTRALE GHETTO

Einsatzkräfte[1]

	Durchschnitts-Tageseinsatz
Waffen-SS:	
SS-Pz.Gren.Ausb.- u. Ers.Btl. 3 Warschau	*4/440*
SS-Kav.-Ausb.- u. Ers.-Abt. Warschau	*5/381*
Ordnungspolizei:	
SS-Pol.Rgt. 22, I. Btl.	*3/94*
III. Btl.	*3/134*
Technische Nothilfe	*1/6*
poln. Polizei	*4/363*
poln. Feuerlöschpolizei	*166*
Sicherheitspolizei	*3/32*
Wehrmacht:	
Leichte Flakalarmbatterie III/8 Warschau	*2/22*
Pionierkommando d. Eisenb.-Panzerzug-Ers.-Abt. Rembertow	*2/42*
Res.-Pionier-Btl. 14 Gora-Kalwaria	*1/34*
Fremdvölkische Wachmannschaften:	
1 Batl. Trawnikimänner	*2/335*

---

1) Nach Aussage von Stroops Adjutanten Karl Kaleske am 20. Dezember 1945 vor der polnischen Militärmission in Berlin, waren eingesetzt:
1000 Soldaten und Offiziere von den SS-Panzergrenadieren unter Führung von SS-Obersturmbannführer Bellwid,
1000 (ca.) Soldaten und Offiziere von der SS-Kavallerie unter Führung von SS-Hauptsturmführer Plaenk,
Zwei Artillerie-Gruppen und eine der Wehrmachtpioniere,
eine Gruppe der Sicherheitspolizei unter Leitung des Dr. Hahn. (*Archiv Warschau;* weitere Angaben siehe Seite 183.)

Der Bericht von Jürgen Stroop*)

I[1])

Die Bildung jüdischer Wohnbezirke und die Auferlegung von Aufenthalts- und Wirtschaftsbeschränkungen für die Juden sind in der Geschichte des Ostens nicht neu. Ihre Anfänge gehen weit bis ins Mittelalter zurück und waren auch noch im Verlaufe der letzten Jahrhunderte immer wieder zu beobachten. Diese Beschränkungen erfolgten aus dem Gesichtspunkte, die arische Bevölkerung vor den Juden zu schützen[2]).

Aus den gleichen Erwägungen wurde bereits im Februar 1940 der Gedanke der Bildung eines jüdischen Wohnbezirks in Warschau aufgegriffen[3]). Es war zunächst geplant, den durch die Weichsel östlich abgegrenzten Stadtteil Warschaus zum jüdischen Wohnbezirk zu machen. Bei den besonders gelagerten Verhältnissen der Stadt Warschau mutete dieser Gedanke zunächst als undurchführbar an. Es wurden auch Einwände gegen diesen Plan von verschiedenen Seiten, insbesondere von der Stadtverwaltung, geltend gemacht. Man berief sich insbesondere darauf, daß die Errichtung eines jüdischen Wohnbezirks erhebliche Störungen in der Industrie und Wirtschaft hervorrufen würde und daß eine Ernährung der in einem geschlossenen Wohnbezirk zusammengefaßten Juden nicht möglich sei.

Auf Grund einer im März 1940 erfolgten Besprechung wurde der Plan einer Ghettobildung mit Rücksicht auf die vorgetragenen Bedenken vorerst zurückgestellt. Zur gleichen Zeit wurde der Gedanke erwogen, den Distrikt Lublin zum Sammelbecken aller Juden des Generalgouvernements, insbesondere der aus dem Reich eintreffenden evakuierten Juden und Judenflüchtlinge, zu erklären[4]). Aber schon im April 1940 wurde vom Höheren ꟊ- und Polizeiführer Ost, Krakau, mitgeteilt, daß eine solche Zusammenfassung der Juden im Distrikt Lublin nicht beabsichtigt sei.

---

*) Erläuterungen und Dokumentation am Ende des Berichts, Seiten 82–92.

In der Zwischenzeit häuften sich eigenmächtige und unberechtigte Grenzübertritte von Juden. Insbesondere war dies an der Grenze der Kreishauptmannschaften Lowitsch und Skierniewice festzustellen. Die Verhältnisse der Stadt Lowitsch wurden durch diese illegalen Judenzuwanderungen sowohl in hygienischer als auch in sicherheitspolizeilicher Hinsicht bedrohlich. Der Kreishauptmann in Lowitsch ging deshalb, um diese Gefahren abzuwehren, dazu über, in seinem Kreise jüdische Wohnbezirke zu bilden.

Die Erfahrungen, die mit der Errichtung der jüdischen Wohnbezirke im Kreise Lowitsch gemacht wurden, zeigten, daß diese Methoden die einzig richtigen sind, um die Gefahren zu bannen, die von den Juden immer wieder ausgingen[5]).

Die Errichtung eines jüdischen Wohnbezirkes auch in der Stadt Warschau wurde im Sommer 1940 immer dringlicher, da nach der Beendigung des Frankreich-Feldzuges im Raume des Distriks Warschau immer mehr Truppen zusammengezogen wurden. Von der Abteilung Gesundheitswesen wurde damals die Errichtung eines jüdischen Wohnbezirks im Interesse der Erhaltung der Gesundheit der deutschen Truppen und auch der Bevölkerung als besonders dringlich dargestellt. Die ursprünglich im Februar 1940 vorgesehene Errichtung eines jüdischen Wohnbezirks in der Vorstadt Praga hätte mit Rücksicht auf die Umgruppierung von nahezu 600 000 Menschen mindestens 4 bis 5 Monate in Anspruch genommen. Da aber in den Wintermonaten erfahrungsgemäß mit einem starken Auftreten der Seuchen zu rechnen war und aus diesem Grunde nach den Darlegungen des Distriktarztes die Umsiedlungsaktion bis spätestens 15. November 1940 durchgeführt werden mußte, ließ man den Plan eines Stadtrandghettos in Praga fallen und wählte dafür als Raum für den neu zu bildenden jüdischen Wohnbezirk das bisher vorhandene Seuchensperrgebiet in der Stadt aus. Im Oktober 1940 wies der Gouverneur den Beauftragten des Distriktchefs für die Stadt Warschau an, bis zum 15. November 1940 die zur Bildung des jüdischen Wohnbezirks in der Stadt Warschau erforderlichen Umsiedlungen durchzuführen[6]).

Der so gebildete jüdische Wohnbezirk in der Stadt Warschau wurde von etwa 400 000 Juden[7]) bewohnt. Es befanden sich in ihm 27 000 Wohnungen mit einem Zimmerdurchschnitt von 2½ Zimmern[8]). Er war von dem übrigen Stadtgebiet durch Brand- und Trennmauern und durch Vermauerung von Straßenzügen, Fenstern, Türen, Baulücken abgetrennt.

Die Verwaltung des neugebildeten jüdischen Wohnbezirks lag in Händen des jüdischen Ältestenrates, der seine Weisungen von dem, dem Gouverneur direkt unterstellten, Kommissar für den jüdischen Wohnbezirk empfing[9]). Die Juden hatten eine Selbstverwaltung, an der die deutsche Aufsicht nur insoweit Interesse nahm, als deutsche Belange berührt wurden[10]). Zur wirksamen Durchführung der vom jüdischen Ältestenrat zu ergreifenden Maßnahmen wurde ein jüdischer Ordnungsdienst eingerichtet, der durch besondere Armbinde und Mütze gekennzeichnet und mit Gummiknüppeln ausgerüstet war. Dieser jüdische Ordnungsdienst hatte die Aufgabe, für die Ordnung und Sicherheit innerhalb des jüdischen Wohnbezirks zu sorgen und unterstand der deutschen und polnischen Polizei.

II

Schon bald stellte sich heraus, daß trotz dieser Zusammenballung der Juden nicht alle Gefahren gebannt waren. Die Sicherheitslage machte es erforderlich, die Juden aus der Stadt Warschau ganz herauszunehmen. Die erste große Aussiedlung fand in der Zeit vom 22. Juli bis 3. Oktober 1942 statt. Es wurden hierbei 310 322 Juden ausgesiedelt[11]). Im Januar 1943 erfolgte abermals eine Umsiedlungsaktion, mit welcher insgesamt 6500 Juden erfaßt wurden[12]).

Im Januar 1943 wurde vom Reichsführer-ᛋᛋ anläßlich seines Besuches in Warschau[13]) dem ᛋᛋ- und Polizeiführer im Distrikt Warschau[14]) der Befehl erteilt, die im Ghetto untergebrachten Rüstungs- und wehrwirtschaftlichen Betriebe mit Arbeitskräften und Maschinen nach Lublin zu verlagern[15]). Die Durchführung dieses Befehls gestaltete sich recht schwierig, da sowohl die Betriebsführer als auch die Juden dieser Verlagerung sich in jeder denkbaren Weise widersetzten[16]). Der ᛋᛋ- und Polizeiführer entschloß sich deshalb, durch eine für drei Tage vorgesehene Großaktion die Verlagerung der Betriebe zwangsweise durchzuführen. Die Vorbereitungen und der Einsatzbefehl für diese Großaktion waren von meinem Vorgänger[17]) getroffen worden. Ich selbst traf am 17. April 1943 in Warschau ein und übernahm die Führung der Großaktion am 19. April 1943 um 8.00 Uhr, nachdem die Aktion selbst schon um 6.00 Uhr an diesem Tage begonnen hatte.

Vor dem Beginn dieser Großaktion waren die Grenzen des ehemaligen jüdischen Wohnbezirkes durch eine äußere Absperrung abgeriegelt, um einen Ausbruch der Juden zu vermeiden. Diese Absperrung bestand fortlaufend vom Beginn bis zum Ende der Aktion und war nachts noch besonders verstärkt.

Beim ersten Eindringen in das Ghetto[18]) gelang es den Juden und den polnischen Banditen[19]), durch einen vorbereiteten Feuerüberfall die angesetzten Kräfte einschließlich Panzer- und Schützenpanzerwagen zurückzuschlagen. Bei dem zweiten Einsatz, etwa gegen 8.00 Uhr, setzte ich die Kräfte getrennt durch bekanntgegebene Gefechtsstreifen truppenmäßig zur Durchkämmung des gesamten Ghettos an. Trotz Wiederholung des Feuerüberfalles gelang es jetzt, die Gebäudekomplexe planmäßig zu durchkämmen. Der Gegner wurde gezwungen, sich von den Dächern und höher gelegenen Stützpunkten in die Keller, Bunker und Kanäle zurückzuziehen. Um ein Entweichen in die Kanalisation zu verhindern, wurde alsbald das Kanalnetz unterhalb des jüdischen Wohnbezirkes mit Wasser angestaut, was aber von den Juden zum größten Teil durch Sprengungen von Absperrschiebern illusorisch gemacht wurde. Am Abend des ersten Tages wurde auf größeren Widerstand gestoßen, der aber von einer besonders angesetzten Kampfgruppe rasch gebrochen werden konnte. Beim weiteren Einsatz gelang es, die Juden aus ihren eingerichteten Widerstandsnestern, Schützenlöchern usw. zu vertreiben und im Laufe des 20. und 21. April den größten Teil des sogenannten Restghettos soweit in die Hand zu bekommen, daß von einem größeren erheblichen Widerstand innerhalb dieser Gebäudekomplexe nicht mehr gesprochen werden konnte.

Die Hauptkampfgruppe der Juden, die mit polnischen Banditen vermengt war, zog sich schon im Laufe des 1. bzw. 2. Tages auf den sogenannten Muranowskiplatz zurück. Dort war sie von einer größeren Anzahl polnischer Banditen verstärkt worden. Sie hatte den Plan, mit allen Mitteln sich im Ghetto festzusetzen, um ein Eindringen unsererseits zu verhindern. Es wurden die jüdische und die polnische Flagge als Aufruf zum Kampf gegen uns auf einem Betonhaus gehißt. Diese beiden Fahnen konnten aber schon am zweiten Tage des Einsatzes von einer besonderen Kampfgruppe erbeutet werden. Bei diesem Feuerkampf mit den Banditen fiel SS-Untersturmführer Dehmke, indem eine von ihm in der Hand gehaltene Granate durch feindlichen Beschuß zur Explosion kam und ihn tödlich verletzte.

Schon bald nach den ersten Tagen erkannte ich, daß der ursprünglich vorgesehene Plan nicht zur Durchführung zu bringen war, wenn die überall im Ghetto verteilt liegenden Rüstungs- und Wehrwirtschaftsbetriebe nicht aufgelöst würden. Es war deshalb notwendig, diese Betriebe unter Ansetzung eines angemessenen Termins zur Räumung und sofortigen Verlagerung aufzufordern. So wurde ein Betrieb nach dem anderen behandelt und dadurch in kürzester Frist erreicht, daß die den Juden und Banditen sich bietende Möglichkeit, immer wieder in diese von der Wehrmacht betreuten Betriebe hinüberzuwechseln, genommen wurde. Um entscheiden zu können, in welcher Zeit diese Betriebe geräumt werden konnten, waren eingehende Besichtigungen notwendig. Die bei diesen Besichtigungen festgestellten Zustände sind unbeschreiblich. Ich kann mir nicht vorstellen, daß irgendwo anders ein größerer Wirrwarr bestanden haben kann als in dem Warschauer Ghetto. Die Juden hatten alles in ihren Händen, von chemischen Mitteln zur Anfertigung von Sprengstoffen angefangen bis zu Bekleidungs- und Ausrüstungsstücken der Wehrmacht. Die Betriebsführer hatten in ihren Betrieben so wenig Übersicht, daß es den Juden möglich war, innerhalb dieser Betriebe Kampfmittel aller Art, insbesondere Wurfgranaten und Molotow-Cocktails[20]) usw. herzustellen.

Ferner ist es den Juden gelungen, in diesen Betrieben Widerstandsnester einzurichten. Ein derartiges Widerstandsnest mußte bereits am zweiten Tage in einem Betrieb der Heeresunterkunftsverwaltung durch Einsatz eines Pionierzuges mit Flammenwerfern und Artilleriebeschuß bekämpft werden. Die Juden hatten sich in diesem Betrieb derartig eingenistet, daß es nicht möglich war, sie zum freiwilligen Verlassen der Betriebsstätte zu bewegen, weshalb ich mich entschloß, den Betrieb am nächsten Tage durch Feuer zu vernichten.

Die Betriebsführer dieser Betriebe, die meistens von einem Offizier der Wehrmacht noch betreut wurden, waren in fast allen Fällen nicht in der Lage, konkrete Angaben über die Bestände und den Ort der Lagerung dieser Bestände zu machen. Die von ihnen gemachten Angaben über die Zahl der bei ihnen beschäftigten Juden stimmte in keinem Falle. Es mußte immer wieder festgestellt werden, daß in diesen Häuserlabyrinthen, die als Wohnblocks zu den Rüstungsbetrieben gehörten, reiche Juden unter dem Deckmantel eines Rüstungsarbeiters mit ihren Familien Unterkunft gefunden hatten und dort ein herrliches Leben führten. Trotz aller ergangenen Befehle, die Juden zum Verlassen der Betriebe aufzufordern, mußte mehrfach festgestellt werden, daß Betriebsführer die Juden in der Erwartung einschlossen, daß die Aktion nur wenige Tage dauern würde, um dann mit den ihnen verbleibenden Juden weiterzuarbeiten. Nach Aussagen festgenommener Juden sollen Firmeninhaber mit Juden Zechgelage veranstaltet haben. Hierbei sollen auch Frauen eine große Rolle gespielt haben. Die Juden sollen bestrebt gewesen sein, mit Offizieren und Männern der Wehrmacht guten Verkehr zu unterhalten. Es seien öfter Zechgelage vorgekommen und im Laufe derselben zwischen Deutschen und Juden gemeinsame Geschäfte getätigt worden.

Die Zahl der in den ersten Tagen aus den Häusern herausgeholten und erfaßten Juden war verhältnismäßig gering. Es zeigte sich, daß sich die Juden in den Kanälen und besonders eingerichteten Bunkern versteckt hielten. Wenn in den ersten Tagen angenommen worden war, daß nur vereinzelte Bunker vorhanden seien, so zeigte sich doch im Laufe der Großaktion, daß das ganze Ghetto systematisch mit Kellern, Bunkern und Gängen versehen war. Diese Gänge und Bunker hatten in allen Fällen Zugänge zu der Kanalisation. Dadurch war ein ungestörter Verkehr unter der Erde zwischen den Juden möglich. Dieses Kanalnetz benutzten die Juden auch dazu, um unter der Erde in den arischen Teil der Stadt Warschau zu entkommen. Laufend trafen Meldungen ein, daß Juden sich durch die Kanallöcher zu entziehen versuchten. Unter dem Vorwand, Luftschutzkeller zu bauen, wurden seit dem Spätherbst 1942 in diesem ehemaligen jüdischen Wohnbezirk die Bunker errichtet. Sie sollten dazu dienen, sämtliche Juden bei der schon lange vermuteten neuen Umsiedlung aufzunehmen und von hier aus den Widerstand gegen die Einsatzkräfte zu organisieren. Durch Maueranschläge, Flugzettel und Flüsterpropaganda hatte die kommunistische Widerstandsbewegung[21]) im ehemaligen jüdischen Wohnbezirk auch erreicht, daß mit Beginn der neuen Großaktion die Bunker sofort bezogen wurden. Wie vorsorglich die Juden gearbeitet hatten, beweist die in vielen Fällen festgestellte geschickte Anlage der Bunker mit Wohneinrichtungen für ganze Familien, Wasch- und Badeeinrichtungen, Toilettenanlagen, Waffen- und Munitionskammern und großen Lebensmittelvorräten für mehrere Monate. Es gab besondere Bunker für arme und reiche Juden. Das Auffinden der einzelnen Bunker durch die Einsatzkräfte war infolge der Tarnung außerordentlich schwierig[22]) und in vielen Fällen nur durch Verrat seitens der Juden möglich.

Schon nach den ersten Tagen stand fest, daß die Juden keinesfalls mehr an eine freiwillige Umsiedlung dachten, sondern gewillt waren, sich mit allen Möglichkeiten und den ihnen zur Verfügung stehenden Waffen zur Wehr zu setzen. Es hatten sich unter polnisch-bolschewistischer Führung sogenannte Kampfgruppen gebildet, die bewaffnet waren und für die ihnen greifbaren Waffen jeden geforderten Preis zahlten[23]).

Während der Großaktion konnten Juden gefangen werden, die bereits nach Lublin bzw. Treblinka verlagert waren, dort ausbrachen und mit Waffen und Munition versehen in das Ghetto zurückkehrten. Die polnischen Banditen fanden im Ghetto immer wieder Unterschlupf und blieben dort fast unbehelligt, weil keine Kräfte vorhanden waren, in diesen Wirrwarr einzudringen. Während es zunächst möglich war, die an sich feigen Juden in größeren Massen einzufangen, gestaltete sich die Erfassung der Banditen und Juden in der zweiten Hälfte der Großaktion schon schwieriger. Es waren immer wieder Kampfgruppen von 20 bis 30 und mehr jüdischen Burschen im Alter von 18 bis 25 Jahren, die jeweils eine entsprechende Anzahl Weiber bei sich hatten, die neuen Widerstand entfachten. Diese Kampfgruppen hatten den Befehl, sich bis zum Letzten mit Waffengewalt zu verteidigen und sich gegebenenfalls der Gefangennahme durch Selbstmord zu entziehen. Einer solchen Kampfgruppe gelang es, aus einem Siel der Kanalisation in der sogenannten Prosta einen Lastkraftwagen zu besteigen und damit zu entkommen (etwa 30 bis 35 Banditen). Ein Bandit, der mit diesem Lastkraftwagen angekommen war, brachte zwei Handgranaten zur Entzündung, die das Zeichen für die sich im Kanal bereithaltenden Banditen waren, um aus dem Siel herauszuklettern. Die Banditen und Juden — es befanden sich darunter auch immer wieder polnische Banditen, die mit Karabinern, Handfeuerwaffen und einem LMG bewaffnet waren — bestiegen den Lkw und fuhren dann in unbekannter Richtung davon. Der letzte Mann dieser Bande, der Wache im Kanal und den Auftrag hatte, den Deckel der Kanalöffnung zu schließen, wurde gefangen. Von diesem stammen die vorstehend gemachten Angaben. Die angesetzte Fahndung nach dem Lastkraftwagen ist leider ergebnislos verlaufen.

Bei dem bewaffneten Widerstand waren die zu den Kampfgruppen gehörenden Weiber in gleicher Weise wie die Männer bewaffnet und zum Teil Angehörige der Haluzzenbewegung[24]). Es war keine Seltenheit, daß diese Weiber aus beiden Händen mit Pistolen feuerten. Immer wieder kam es vor, daß sie Pistolen und Handgranaten (polnische Eierhandgranaten) bis zum letzten Moment in ihren Schlüpfern verborgen hielten, um sie dann gegen die Männer der Waffen-SS, Polizei und Wehrmacht anzuwenden.

Der von den Juden und Banditen geleistete Widerstand konnte nur durch energischen, unermüdlichen Tag- und Nachteinsatz der Stoßtrupps gebrochen werden. Am 23. April 1943 erging vom Reichsführer-SS über den Höheren SS- und Polizeiführer Ost[25]) in Krakau der Befehl, die Durchkämmung des Ghettos in Warschau mit größter Härte und unnachsichtlicher Zähigkeit zu vollziehen. Ich entschloß mich deshalb, nunmehr die totale Vernichtung des jüdischen Wohnbezirks durch Abbrennen sämtlicher Wohnblocks, auch der Wohnblocks bei den Rüstungsbetrieben, vorzunehmen. Es wurde systematisch ein Betrieb nach dem anderen geräumt und anschließend durch Feuer vernichtet. Fast immer kamen dann die Juden aus ihren Verstecken und Bunkern heraus. Es war nicht selten, daß die Juden in den brennenden Häusern sich so lange aufhielten, bis sie es wegen der Hitze und aus Angst vor dem Verbrennungstod vorzogen, aus den Stockwerken herauszuspringen, nachdem sie vorher Matratzen und andere Polstersachen aus den brennenden Häusern auf die Straße geworfen hatten. Mit gebrochenen Knochen versuchten sie dann noch, über die Straße in Häuserblocks zu kriechen, die noch nicht oder nur teilweise in Flammen standen. Oft wechselten die Juden auch ihre Verstecke während der Nacht, indem sie sich in bereits abgebrannte Ruinen verzogen und dort solange Unterschlupf fanden, bis sie von den einzelnen Stoßtrupps aufgefunden wurden. Auch der Aufenthalt in den Kanälen war schon nach den ersten acht Tagen kein angenehmer mehr. Häufig konnten auf der Straße durch die Schächte laute Stimmen aus den Kanälen heraus gehört werden. Mutig kletterten dann die Männer der Waffen-SS oder der Polizei oder Pioniere der Wehrmacht in die Schächte hinein, um die Juden herauszuholen, und nicht selten stolperten sie dann über bereits verendete Juden, oder sie wurden beschossen. Immer mußten Nebelkerzen in Anwendung gebracht werden, um die Juden herauszutreiben. So wurden an einem Tage 183 Kanaleinsteiglöcher geöffnet und in diese zu einer festgelegten X-Zeit Nebelkerzen herabgelassen mit dem Erfolg, daß die Banditen — vor dem angeblichen Gas flüchtend — im Zentrum des ehemaligen jüdischen Wohnbezirks zusammenliefen und aus den dort befindlichen Kanalöffnungen herausgeholt werden konnten. Zahlreiche Juden, die nicht gezählt werden konnten, wurden in Kanälen und Bunkern durch Sprengungen erledigt.

Je länger der Widerstand andauerte, desto härter wurden die Männer der Waffen-ᛋᛋ, der Polizei und der Wehrmacht, die auch hier in treuer Waffenbrüderschaft unermüdlich an die Erfüllung ihrer Aufgaben herangingen und stets beispielhaft und vorbildlich ihren Mann standen. Der Einsatz ging oft vom frühen Morgen bis in die späten Nachtstunden. Nächtliche Spähtrupps, mit Lappen um die Füße gewickelt, blieben den Juden auf den Fersen und hielten sie ohne Unterbrechung unter Druck. Nicht selten wurden Juden, welche die Nacht benutzten, um aus verlassenen Bunkern ihre Lebensmittelvorräte zu ergänzen oder mit Nachbargruppen Verbindung aufzunehmen bzw. Nachrichten auszutauschen, gestellt und erledigt.

Wenn man berücksichtigt, daß die Männer der Waffen-ᛋᛋ zum größten Teil vor ihrem Einsatz nur eine 3- bis 4wöchentliche Ausbildung hinter sich hatten, so muß der von ihnen gezeigte Schneid, Mut und die Einsatzfreudigkeit besonders anerkannt werden. Es ist festzustellen, daß auch die Pioniere der Wehrmacht die von ihnen vorgenommenen Sprengungen von Bunkern, Kanälen und Betonhäusern in unermüdlicher, einsatzfreudiger Arbeit vollbrachten. Offiziere und Männer der Polizei, die zu einem großen Teil bereits Fronterfahrungen hatten, bewährten sich erneut durch beispielhaftes Draufgängertum.

Nur durch den ununterbrochenen und unermüdlichen Einsatz sämtlicher Kräfte ist es gelungen, insgesamt 56 065 Juden zu erfassen bzw. nachweislich zu vernichten. Dieser Zahl hinzuzusetzen sind noch die Juden, die durch Sprengungen, Brände, usw. ums Leben gekommen sind, aber zahlenmäßig nicht erfaßt werden konnten.

Schon während der Großaktion wurde die arische Bevölkerung durch Plakatanschläge darauf hingewiesen, daß das Betreten des ehemaligen jüdischen Wohnbezirks strengstens verboten ist und daß jeder, der ohne einen gültigen Ausweis im ehemaligen jüdischen Wohnbezirk angetroffen, erschossen wird. Gleichzeitig wurde mit diesen Plakatanschlägen die arische Bevölkerung nochmals darüber belehrt, daß jeder, der einem Juden wissentlich Unterschlupf gewährt, insbesondere den Juden außerhalb des jüdischen Wohnbezirks unterbringt, beköstigt oder verbirgt, mit dem Tode bestraft wird.

Der polnischen Polizei wurde genehmigt, jedem polnischen Polizisten im Falle der Festnahme eines Juden im arischen Teil der Stadt Warschau $^{1}/_{3}$ des Barvermögens des betreffenden Juden auszuhändigen. Diese Maßnahme hat bereits Erfolge aufgewiesen.

Die polnische Bevölkerung hat die gegen die Juden durchgeführten Maßnahmen im Großen und Ganzen begrüßt. Gegen Ende der Großaktion richtete der Gouverneur[26]) einen besonderen Aufruf, der dem Unterzeichneten vor Bekanntgabe zur Genehmigung vorgelegt wurde, an die polnische Bevölkerung, mit welchem diese unter Hinweis auf die in letzter Zeit erfolgten Mordanschläge in dem Gebiet der Stadt Warschau und auf die

Massengräber in Katyn über die Gründe zur Vernichtung des ehemaligen jüdischen Wohnbezirks aufgeklärt und zum Kampf gegen kommunistische Agenten und Juden aufgefordert wird (siehe beiliegendes Plakat)[27]).

Die Großaktion wurde am 16. Mai 1943 mit der Sprengung der Warschauer Synagoge[28]) um 20.15 Uhr beendet.

Nunmehr befindet sich in dem ehemaligen jüdischen Wohnbezirk kein Betrieb mehr. Es ist alles, was an Werten, Rohstoffen und Maschinen vorhanden war, abtransportiert und verlagert worden. Alles, was an Gebäuden und sonst vorhanden war, ist vernichtet. Eine Ausnahme hiervon macht nur das sogenannte Dzielna-Gefängnis der Sicherheitspolizei, welches von der Vernichtung ausgeschlossen wurde.

III

Da auch nach Durchführung der Großaktion damit zu rechnen ist, daß sich unter den Trümmern des ehemaligen jüdischen Wohnbezirks immer noch vereinzelte Juden aufhalten, muß dieses Gebiet in der nächsten Zeit gegen das arische Wohngebiet fest abgeriegelt sein und bewacht werden. Zu diesem Zweck ist das Polizei-Bataillon III/23 eingesetzt. Dieses Polizeibataillon hat den Auftrag, den ehemaligen jüdischen Wohnbezirk zu überwachen, insbesondere darauf zu achten, daß niemand in das ehemalige Ghetto hineinkommt, und jeden, der sich unberechtigt darin aufhält, sofort zu erschießen. Der Kommandeur des Polizei-Bataillons erhält laufend weitere Weisungen unmittelbar vom ᛋᛋ- und Polizeiführer. Es muß auf diese Weise erreicht werden, die evtl. noch vorhandenen kleinen Überreste der Juden unter ständigem Druck zu halten und zu vernichten. Durch Vernichtung aller Gebäude und Schlupfwinkel und durch Abdrosselung des Wassers muß den noch verbliebenen Juden und Banditen jede weitere Daseinsmöglichkeit genommen werden.

Es wird vorgeschlagen, das Dzielna-Gefängnis zu einem KZ[29]) zu machen und durch die Häftlinge die Millionen von Backsteinen, den Eisenschrott und andere Materialien auszubauen, zu sammeln und der Verwertung zuzuführen[30]).

Warschau, den 16. Mai 1943.

Der ᛋᛋ- und Polizeiführer im Distrikt Warschau

gez.: Stroop

ᛋᛋ-Brigadeführer und Generalmajor der Polizei

Erläuterungen und Dokumentation

[1]) Der erste Teil dieses Berichts ist die Wiederholung von Angaben aus einem Vortrag, den der Leiter der Umsiedlungs-Abteilung beim Chef des Distrikts Warschau, Waldemar Schön, am 20. Januar 1941 hielt. (Siehe *Berenstein*, Seiten 99–104.)

[2]) Diese Feststellung gehörte gewissermaßen in die nationalsozialistische Fibel. Wie viele NS-Behauptungen ist sie jedoch völlig falsch interpretiert. Zunächst war das Ghetto im Mittelalter keine „arische" Beschränkung, und ein getaufter Jude lebte überhaupt nicht im Ghetto. Außerdem waren die Juden damals selbst oft für ein Ghetto, um darin von äußeren Einflüssen ungestört ihrer Eigenart leben und diese erhalten zu können. Veronas Juden feierten beispielsweise alljährlich den Tag der Ghettogründung, und viele berühmte Rabbiner schreiben stolz, daß sie bei der Gründung eines Ghettos mitwirkten.

[3]) Der Gouverneur im Distrikt Warschau, Dr. Ludwig Fischer, betonte schon Ende 1939 auf einer Regierungssitzung im Generalgouvernement, daß ein Ghetto für die Juden eingerichtet werden müsse. Und im Protokoll heißt es: „Herr Generalgouverneur (Frank) billigte diese Maßnahme." (Siehe *Wulf* I, Seite 18.)

Am 12. September 1940 erklärte Dr. Hans Frank dann auf einer Sitzung der Abteilungsleiter in Krakau, er habe genehmigt, das Warschauer Ghetto zu schließen, „vor allem, weil festgestellt ist, daß die Gefahr von den 500 000 Juden so groß ist, daß die Möglichkeit des Herumtreibens unterbunden werden muß". (Siehe *Franks Tagebücher*, September 1940.)

[4]) Der Distrikt Lublin lag im südöstlichen Teil des damaligen Generalgouvernements. Sofort nach der Besetzung Polens diskutierten hohe Nazi-Kreise schon über ein sogenanntes „Reservat" in der Gegend Lublins für die europäischen Juden. (Ausführliches darüber in Dr. Philip Friedman „The Lublin Reservation and the Madagaskar Plan" in *Yivo* 1953, Band XXXVII, Seiten 5–36.)

Im Oktober 1939 erschienen schon 1672 Wiener Juden im „Reservat Lublin". (Siehe *Yivo*, Band XXVII 1940, Seiten 154–157.) Ende November 1939 trafen aus der Tschechoslowakei ebenfalls einige Tausend Juden dort ein. (Siehe S. Segal „The New Order in Poland", New York 1942, Seite 233 und „Czechoslovakia fights back", Washington D. C. 1943, Seiten 110–111.)

Von Oktober 1939 bis Juli 1940 wurden aus dem „Warthegau" die Juden von 50 jüdischen Gemeinden nach Lublin transportiert. (Siehe J. Trunk, „Studie zur Geschichte der Juden im Wartheland 1939–1944" in *Bleter*, Band II 1949, Seiten 77–78.)

Wie der Bericht über eine Konferenz bei Reinhard Heydrich in Berlin am 30. Januar 1940 besagt, sollten eigentlich schon 78 000 Juden ins „Reservat" umgesiedelt worden sein. (Siehe NO – 5322.) Im Frühjahr wurde jedoch dann die ganze „Reservat-Aktion" eingestellt, weil Göring, Himmler und der Höhere SS- und Polizeiführer im Generalgouvernement, Friedrich Krüger, veranlaßten, daß es mit dem „Reservat Lublin" ein Ende hatte. (Siehe a. a. O. Trunk, Seiten 82 und 90 sowie „Nazi-Conspiracy and Aggression", Washington D. C. 1948, Band III, Seite 720.) Wahrscheinlich war damals die Reservat-Idee schon überholt, weil die „Endlösung" aufzublühen begann.

[5]) Der Kreis Skiernewice gehörte zum Generalgouvernement, während der Kreis Lowicz ein Teil des Warthegaus war, der dem Altreich einverleibt wurde. Der Kreishauptmann von Lowicz, Dr. H. W. Schwender, hat laut Polizeiverordnung vom 7. Mai 1940 das Ghetto eingeführt. (Siehe *Biuletyn*, Seite 133.)

[6]) Die Gründungsverordnung für das Ghetto Warschau wurde am 2. Oktober 1940 von Dr. L. Fischer unterzeichnet (Amtsblatt des Chefs des Distrikts Warschau Nr. 10 am 11. November 1940). Sie lautet:

„1. Auf Grund der Verordnung über Aufenthaltsbeschränkungen im Generalgouvernement vom 13. September 1940 (V. Bl. G. G. I. S. 288) wird in der Stadt Warschau ein jüdischer Wohnbezirk gebildet, in dem die in der Stadt Warschau wohnenden oder nach dort zuziehenden Juden Wohnung zu nehmen haben. Der Wohnbezirk wird durch folgende Straßen von dem übrigen Stadtgebiet abgetrennt. (Hier folgt dann eine Aufstellung der betreffenden Straßen.)

2. Die in dem jüdischen Wohnbezirk wohnenden Polen haben ihre Wohnung bis zum 31. Oktober 1940 in das übrige Stadtgebiet zu verlegen. Wohnungen werden durch das Wohnungsamt der polnischen Stadtverwaltung nachgewiesen.

Polen, die zum genannten Zeitpunkt ihre Wohnung im jüdischen Wohnbezirk nicht aufgegeben haben, werden zwangsweise ausgesiedelt. In Verfolg der zwangsweisen Aussiedlung dürfen nur Flüchtlingsgepäck, Bettwäsche und Erinnerungsstücke mitgenommen werden. Polen dürfen sich im deutschen Wohnbezirk nicht niederlassen.

3. Die außerhalb des jüdischen Wohnbezirks wohnenden Juden haben ihre Wohnung bis zum 31. Oktober 1940 in den jüdischen Wohnbezirk zu verlegen. Sie dürfen nur Flüchtlingsgepäck und Bettwäsche mitnehmen. Wohnungen werden durch den Judenältesten zugeteilt.

4. Der kommissarische Bürgermeister der polnischen Stadtverwaltung und der Judenälteste sind für die geordnete Übersiedlung der Juden in den jüdischen Wohnbezirk und die rechtzeitige der Polen aus dem jüdischen Wohnbezirk nach einem noch festzulegenden, die etappenweise Räumung der einzelnen Polizeikommissariate vorsehenden Plan verantwortlich.

5. Der Beauftragte des Distriktschefs für die Stadt Warschau erteilt dem Judenältesten die zur Bildung und dauernden Abschließung des jüdischen Wohnbezirks im einzelnen erforderlichen Anweisungen.

6. Ausführungsbestimmungen zu dieser Anordnung erläßt der Beauftragte des Distriktchefs für die Stadt Warschau.

7. Wer dieser Anordnung oder den zu ihrer Durchführung erlassenen Bestimmungen zuwiderhandelt, wird nach den bestehenden Strafbestimmungen bestraft."

Auf unbefugtes Verlassen des Ghettos stand Todesstrafe (Verordnungsblatt für das Generalgouvernement 1941, Seite 595, Verordnung vom 15. Oktober 1941). Schon vier Wochen nach dem Erscheinen dieses Gesetzes hat das Sondergericht in Warschau mit Urteil vom 12. November 1941 acht Juden „für das ungerechtfertigte Verlassen des jüdischen Wohnbezirks in Warschau" zum Tode verurteilt. Das Urteil ist am 17. November 1941 bereits vollstreckt worden (Fotokopie des Anschlags in polnischer Sprache, siehe Seite 313). Auf einer Regierungssitzung am 16. Dezember 1941 in Krakau hat Dr. Frank ausdrücklich verlangt, daß die Todesstrafe für das Verlassen des Ghettos „mit aller Schärfe" verhängt werden solle. (*Wulf I*, Seite 27.)

Laut Verordnung vom 19. April 1941 ist dann ein Kommissar für das Ghetto Warschau ernannt worden und eine sogenannte „Transferstelle" eingerichtet (Verordnungsblatt für das Generalgouvernement 1941, Seite 211). Diese Transferstelle war ein deutsches Wirtschaftsamt, das zwischen der „arischen" Seite und dem Ghetto vermittelte. Die Gebühr bestand in 15 Prozent des Warenwertes, und das Büro lag auf der Krolewskastraße im Gebäude der ehemaligen Börse. Der Warenaustausch fand auf dem Umschlagplatz — Stawkistraße 6 — statt. Das Amt wurde im Dezember 1940 gegründet und war dann bis Anfang 1943 tätig. (Siehe *Bulletin*, Oktober—Dezember 1958, Nr. 28, Seite 27.)

Selbstverständlich machte die Transferstelle jede normale Lebensmittelzufuhr unmöglich, und so traf denn die vom Distrikt-Gouverneur Warschau, Dr. Ludwig Fischer, oft und gern benutzte Redensart: „Die Juden werden vor Hunger und Elend krepieren; dann bleibt vom ganzen Judenproblem nur noch ein Friedhof übrig", den Nagel auf den Kopf (The Black Book, New York 1946, Seite 178).

Offiziell standen den Warschauer Ghettoinsassen täglich pro Kopf 300 Kalorien zu, doch selbst dieses monströse Minimum reduzierte man in der Praxis tatsächlich noch. Mitte 1941 sah die Kalorien-Verteilung in Warschau wie folgt aus: Deutsche täglich 2310, Ausländer 1790, Polen 634 und Juden 184 Kalorien. Genau umgekehrt waren die Proportionen bei der Bezahlung für jede Kalorie, nämlich: Deutsche zahlten 0,3 Zloty, Ausländer 0,8, Polen 2,6 und Juden gar 5,9 Zloty pro Kalorie. (Siehe *Mark I*, Seite 58.) Ausführliche Angaben hierzu in „Maladie de Famine", Warschau 1946. Das ist eine wissenschaftliche Sammelarbeit über den Hunger und seine Auswirkungen, die 1942 im Warschauer Ghetto durchgeführt wurde. Die Wissenschaftler selbst sind größtenteils umgekommen, aber das Manuskript fand man nach dem Kriege und veröffentlichte es.

7) Vor Kriegsausbruch lebten in Warschau 359 827 Juden. (Siehe *Friedman I*, Seite 9.) Vier Wochen später sah das schon ganz anders aus. Auf deutschen Befehl mußte der Judenrat am 28. Oktober 1939 eine Volkszählung durchführen (Bericht des Judenrats vom 14. Februar 1940 und Bericht über die Zeit vom 7. Oktober 1939 bis 31. Dezember 1940 im *Archiv J. H. I.*). Laut Statistik des Judenrats lebten am 15. März 1941 im Warschauer Ghetto etwa 445 000 Menschen. Die deutschen Behörden aber schätzten die Ghetto-Insassen auf rund 500 000 (Krakauer Zeitung vom 18. November 1941, *Wulf I*, Seite 20).

Zwei Mitarbeiter des Jüdischen Historischen Instituts in Warschau – Frau Tatjana Berenstein und Adam Rutkowski – gelangten nach gründlichen analytischen Untersuchungen jedoch zu dem wahrscheinlicheren Schluß, daß von Oktober 1939 bis Mai 1943 die nachstehenden Zahlen die richtigeren sind:

Im Ghetto Warschau lebten:	
am 28. Oktober 1939	360 000
Geburten Nov. 1939–Ende 1942	8 000
Umsiedlungen und Flüchtlinge von Nov. 1939–Dez. 1942	121 000
Gesamt:	489 000

Deportationen und Vernichtung:	
a) 22. 7.–21. 9. 1942	270 000
b) 18. 1.–22. 1. 1943	6 000
c) 19. 4.–16. 5. 1943	56 000
Gestorben Nov. 1939–April 1943	96 000
Arbeitslager-Deport. 1941–Juli 1942	17 900
Geflüchtet Nov. 1939–Mai 1943	42 500
Gesamt:	489 000

(Erschienen im *Bulletin*, April–Juni 1958, Nr. 26, Seiten 73–114.)

8) Stroops Angaben hinsichtlich der Raumverteilung sind falsch. Mitte 1942 kam im Warschauer Ghetto durchschnittlich ein Zimmer auf 13 Personen. (Siehe Dr. Manfred Laks „Ghetto Warschau – Fragmente und Zahlen" [polnisch], London 1942, Seite 11 und *Mark I*, Seite 300.) Zum Ghetto sind nämlich die Straßen gewählt, in denen schon vor dem Kriege die ärmsten Warschauer Juden wohnten. So war es von Anfang an schrecklich eng. Nach Schließung des Ghettos mußten dann doppelt so viele Menschen auf dem engen Raum leben, obwohl zehntausend polnische Familien den Distrikt verlassen hatten, denn statt ihrer zogen 140 000 Juden zu, welche vorher außerhalb des Ghettos wohnten. Zudem gab es im Ghetto nur 1350 bewohnbare Häuser. (Siehe *Neustadt*, Seite 26.) Die Umsiedlungen ins Warschauer Ghetto verschlimmerten die Lage noch erheblich. Im Frühjahr 1941 kamen 72 000 Juden hinzu, die bisher im links der Weichsel gelegenen Teil des Warschauer Distrikts lebten. (Siehe *Du Prel*, Seiten 72/73.) Sogar aus Danzig kamen Juden nach Warschau. (Siehe *Du Prel*, Seiten 207–213.) Die Umsiedlung aus kleinen in

große Ghettos diente nur der noch stärkeren Konzentration der Juden und erleichterte die späteren „Aussiedlungen", wobei dann alle auf einen Schlag erwischt wurden. Bei Kriegsausbruch 1939 lebten die polnischen Juden in etwa 1000 städtischen und dörflichen Gemeinden; 1942 hatten die deutschen Maßnahmen Polens Juden schon in 54 Städten konzentriert und aus den Dörfern waren sie selbstverständlich längst verschwunden. (Siehe *Friedmann I*, Seite 9.)

[9]) Rechtsanwalt Heinz Auerswald war vom 15. Mai 1941 bis Mitte 1942 „Kommissar für den jüdischen Wohnbezirk im Amt des Gouverneurs im Distrikt Warschau". (Siehe Seite 313.)

[10]) Verordnungsblatt für das Generalgouvernement 1941, S. 211.

[11]) Es handelt sich um die sogenannte „große Aussiedlung" ins Vernichtungslager Treblinka. Der Augenzeuge M. Reich erzählt, daß am 22. Juli 1942, etwa um 9 Uhr morgens, eine Anzahl Pkws und zwei Lkws voll ukrainischer Soldaten ins Ghetto kamen. Kurz darauf war das Gebäude des Judenrats umstellt und die Eingänge besetzt. Zehn SS-Leute gingen sofort in den ersten Stock zum Vorsitzenden des Judenrats Adam Czerniakow. Im ganzen Gebäude war es totenstill, denn jeder meinte, alle Mitglieder des Judenrats würden nun verhaftet werden, weil schon am Vortage damit begonnen worden war. Als Czerniakow dem SS-Hauptsturmführer Hermann Höfle Reich als seinen besten Schreiber nannte, glaubte Reich, er solle als Geisel mitgenommen werden. Er mußte dann aber nur das Protokoll bei dieser historischen Sitzung führen, welche das Schicksal der Warschauer Juden entschied. Von den übrigen SS-Leuten kannte Reich nur den SS-Hauptsturmführer und Leiter des Judenreferats beim Kommandeur der Sipo und des SD im Distrikt Warschau, Karl Georg Brandt, den seitens der Gestapo eingesetzten „Dauerbeschützer" des Warschauer Ghettos. Den SS-Leuten gegenüber, auf der anderen Tischseite, saßen vom Judenrat der Vorsitzende Czerniakow, sein Stellvertreter Lichtenbaum, Dr. Wielikowski und ein paar andere. Auch der Leiter des Jüdischen Ordnungsdienstes, Jacob Lejkin, dessen Todesurteil die Jüdische Kampforganisation später aussprach und vollstreckte, war anwesend. Lejkin ist eine der finstersten Gestalten im Warschauer Ghetto gewesen. Auch sein Adjutant saß am Tisch und der Generalsekretär des Judenrates, Z. Warman. (Siehe *Kermisz I*, Seiten 227–229.) Höfles Befehl an den Judenrat lautete am 22. Juli: „Alle jüdischen Personen, gleichgültig welchen Alters und Geschlechts, welche in Warschau wohnen, werden nach dem Osten umgesiedelt." Dann wurde aufgezählt, welche Juden von dieser Maßnahme nicht betroffen sein sollten. Dazu gehörten der Judenrat, die bei deutschen Dienststellen Beschäftigten, bei deutschen Firmen Arbeitenden, das Personal jüdischer Krankenhäuser und Desinfektionstrupps, der Jüdische Ordnungsdienst, die nächsten Familienangehörigen der bei deutschen Behörden oder Firmen Arbeitenden und nicht entlassungsfähige Kranke in Krankenhäusern. Unter 3.) heißt es im Befehl: „Jeder jüdische Umsiedler darf von seinem Eigentum 15 kg als Reisegepäck mitnehmen. Es können sämtliche Wertsachen, Gold, Schmuck, Geld usw. mitgenommen werden. Verpflegung ist für drei Tage mitzunehmen", und bei 4.) steht: „Beginn der Umsiedlung am 22. 7. 1942 um 11 Uhr". Natürlich war der Judenrat dafür verantwortlich, daß täglich die benötigte Anzahl Seelen zum Transport bereitstand, pünktlich zum Sammelplatz marschierte und das Krankenhaus in der Stawkistraße zum Sammelplatz für die Evakuierung bereit war. Dem Judenrat standen 1000 Mann des jüdischen Ordnungsdienstes zur Verfügung, und er durfte zunächst sogar selbst die zur Umsiedlung Verdammten bestimmen. Später erst sollte jeweils vorgeschrieben werden, welche Straßen oder Häuserblocks an der Reihe waren. Die Kranken des Krankenhauses auf der Stawkistraße mußten selbstverständlich vom Judenrat anderswo untergebracht werden, ebenso hatte er seuchenfreie zurückgelassene Vermögenswerte der Umgesiedelten zu sammeln, zu registrieren und an einen bestimmten Platz zu schaffen. Alle in deutschen

Betrieben oder sonst im deutschen Interesse arbeitende Juden sollten während der Umsiedlungsaktion ordnungsgemäß ihrer Arbeit nachgehen. Das Elaborat endete mit Punkt VIII: Strafen:

„a) Jede jüdische Person, die mit Beginn der Umsiedlung das Ghetto verläßt, ohne dem unter Ziff. 2 a und c aufgeführten Personenkreis anzugehören und soweit sie dazu nicht berechtigt war, wird erschossen.

b) Jede jüdische Person, die eine Handlung unternimmt, die geeignet ist, die Umsiedlungsmaßnahmen zu umgehen oder zu stören, wird erschossen.

c) Jede jüdische Person, die Mithilfe bei einer Handlung ausübt, die geeignet ist, die Umsiedlungsmaßnahmen zu umgehen oder zu stören, wird erschossen.

d) Alle Juden, die nach Abschluß der Umsiedlung in Warschau angetroffen werden, ohne den unter 2a bis h aufgeführten Personenkreis anzugehören, werden erschossen.

Dem Judenrat wird eröffnet, daß, falls die ihm erteilten Befehle und Auflagen nicht 100 % durchgeführt werden, jeweils eine entsprechende Anzahl der inzwischen festgenommenen Geisel erschossen wird.

Diktiert vom Beauftragten für die Umsiedlung." *(Archiv Ringelblum.)*

Im Zusammenhang mit dieser „Aussiedlung" in das Vernichtungslager Treblinka schrieb der Chef des Persönlichen Stabes und Adjutant Heinrich Himmlers, SS-Obergruppenführer und General der Waffen-SS Karl Wolff am 13. August 1942 an den Unterstaatssekretär im Reichsverkehrsministerium und stellvertretenden Generaldirektor der Deutschen Reichsbahn, Dr. Ing. Theodor Ganzenmüller, wie folgt: „Mit besonderer Freude habe ich von Ihrer Mitteilung Kenntnis genommen, daß nun schon seit vierzehn Tagen täglich ein Zug mit je 5000 Angehörigen des Auserwählten Volkes nach Treblinka fährt. Ich habe von mir aus mit den beteiligten Stellen Fühlung genommen, so daß eine reibungslose Durchführung der gesamten Maßnahmen gewährleistet erscheint." *(Wulf I,* Seite 51.)

Nebenbei bemerkt hatte übrigens schon im Jahre 1941 der Leiter der Hauptabteilung Wirtschaft in der Generalgouvernementsregierung, der auch Leiter der Vierjahresplan-Dienststelle im Generalgouvernement war, Dr. Walter Emmerich, auf einer Regierungssitzung bei einem Vortrag über das Ghetto Warschau gesagt, „es sei eben ein vorübergehendes Konzentrationslager bis zu dem Zeitpunkt, in welchem die Juden abgeschoben werden können". *(Franks Tagebücher,* Regierungssitzung am 10. März 1941.)

[12]) Das war vom 18.–22. Januar 1943. Eigentlich wollte der damalige SS- und Polizeiführer im Distrikt Warschau, Ferdinand von Sammern-Frankenegg, 16 000 jüdische Arbeiter in die Lubliner Lager umsiedeln. Wenn dann nur 6000 umgesiedelt worden sind, ist dies dem ersten Widerstand der Jüdischen Kampf-Organisation im Ghetto Warschau zu verdanken, denn die erste Verteidigung mit der Waffe in der Hand überraschte die Deutschen derartig, daß sie die Umsiedlung nicht wie vorgesehen durchführten. Jener erste Widerstand ist auf die Initiative der zionistischen Jugendorganisation „Hechalutz" zurückzuführen. Sie berief auch alle politischen Untergrundparteien im März 1942 schon zur Beratung ein, und auf ihr wurde die Schaffung einer jüdischen Kampf-Organisation vorgeschlagen, um dann bei der nächsten – ebenfalls von der „Hechalutz" organisierten Konferenz – am 28. Juli 1942 beschlossen zu werden. Auch die Bezeichnung „Zydowska Organizacja Bojowa (Z O B)" – eben Jüdische Kampf-Organisation – entstand damals. Dem Bericht der jüdischen Untergrundbewegung vom März 1944, der am 24. Mai von Warschau nach London gelangt war, ist zu entnehmen, daß im Juli 1942 die Bewaffnung der Jüdischen Kampf-Organisation im Ghetto Warschau noch in einem einzigen Revolver bestand. Die neu gegründete Organisation stand von Anfang an drei Hauptaufgaben gegenüber: der Aufstellung von Kampfgruppen, der Waffenbeschaffung und der Aufklärung der Bevölkerung über die tatsächliche Lage der Juden.

Man bereitete die erste Aktion gegen die Deutschen am 22. Januar 1943 vor. Unverhofft begann die Umsiedlung dann aber bereits am 18. Januar, und so kam es da schon zur Feuertaufe der Jüdischen Kampf-Organisation. Auf der Mila- und Zamenhofastraße, sowie an der Ecke Zamenhofa- und Niskastraße fanden erbitterte Kämpfe statt, bei denen es auf deutscher Seite ebenfalls Tote und Verwundete gab. (Siehe: *Edelman*, S. 46/47; *Neustadt*, S. 149–151; *Kermisz II*, S. 30–35; *Sefer*, S. 126–134; *Mark I*, S. 178–216; *Mark II*, S. 127–137; *Turkow I*, S. 459–464; *Friedman II*, S. 219–225; *Wulf I*, S. 67–74).

Schon am 18. Januar erschien ein kurzer Aufruf der Jüdischen Kampf-Organisation an die Bevölkerung: „Juden! Der Besatzer begann den zweiten Akt Eurer Vernichtung. Geht nicht willenlos in den Tod! Wehrt Euch! Nehmt Beile oder Messer zur Hand, verbarrikadiert Eure Häuser! Sollen sie dann versuchen, Euch zu holen! Nur im Kampf besteht eine Möglichkeit der Rettung. Kämpft also!“ *(Archiv Ringelblum.)*

Am 18. Januar wandten sich die Deutschen an den Judenrat und verlangten, er solle die Umsiedlungsaktion durchführen. Der damalige Vorsitzende MarcLichtenbaum gab die bezeichnende Antwort: „Ich bin im Ghetto machtlos; hier regieren andere.“ *(J. Cukerman „Przelom“* [polnisch], Warschau, Nr. 17, 19. April 1948.)

Diese völlig neue Situation überraschte die Deutschen gewaltig, denn noch bei einer Sitzung der Generalgouvernements-Regierung am 15. und 16. Oktober 1941 in Warschau hatte der SS- und Polizeiführer des Warschauer Distrikts, Wiegand, erklärt, die Juden seien in ihrem halbverhungerten Zustand gar nicht fähig, an Widerstand überhaupt nur zu denken. Hans Frank hatte dem zugestimmt. *(Franks Tagebücher*, Oktober 1941.)

Aber die Lage im Ghetto war inzwischen sowohl psychologisch als auch materiell grundsätzlich anders geworden. Am 27. Januar 1943 erschien im „Informations-Bulletin“ der Jüdischen Kampf-Organisaton folgender Aufruf: „Im Hinblick auf die letzten Ereignisse im Ghetto rufen wir zum Durchhalten auf. Am besten geschieht das durch Widerstand mit der Waffe in der Hand. Die Stunde der Erlösung vom Joch unseres schlimmsten Feindes ist nahe, denn er erlebt eine Niederlage nach der anderen. Er hat nichts mehr zu verlieren und will uns jetzt deshalb auf so barbarische Weise vernichten, wie die Geschichte sie kaum kennt. Brüder, lassen wir uns doch nicht wie die Schafe zur Schlachtbank führen! Wer erst in die Waggons einsteigt, der ist für immer verloren. Die Hoffnung auf ein Entkommen ist gering, aber darum kämpfen wir ja jetzt hier. Jedes Haus muß zur Festung werden!“ (*Wulf I*, S. 73–74.)

[13]) Himmler kam am 9. Januar 1943 nach Warschau (Siehe *Mark I*, S. 181–182) und fuhr durch die Stadt, zwei Panzerspähwagen vor ihm und zwei mit ausgefahrenen Rohren hinterdrein. In der Mitte der Kolonne saß er von vier bewaffneten SS-Offizieren beschützt in seinem Pkw. Dabei waren die Straßen Warschaus menschenleer. (Untergrundzeitung „Wiadomosci“ Nr. 6 vom 9.–15. Januar 1943, im *Archiv J. H. I.*)

[14]) SS-Oberführer Dr. Ferdinand Sammern von Frankenegg war von Beruf Rechtsanwalt, aber auch SS-Brigadeführer und Generalmajor der Polizei. Von 1942 bis April 1943 war er SS- und Polizeiführer im Distrikt Warschau. Am 23. April 1943 ist er zum Polizeigebietsführer in Essegg (Jugoslawien) ernannt worden. (Siehe Seite 239.)

[15]) Über diese Angelegenheit schrieb Himmler im Januar 1943 an SS-Obergruppenführer Friedrich Wilhelm Krüger, den Höheren SS- und Polizeiführer im Generalgouvernement: „Lieber Krüger! Ich war vorgestern in Warschau. Da ich nicht sicher wußte, ob ich dorthin komme, habe ich Dich nicht verständigt. Ich habe mir den örtlichen Mann der Heeres-Rüstungs-Inspektion, einen Oberst Fretter, kommen lassen.

In Warschau befinden sich noch rund 40 000 Juden. Von diesen werden 8000 in den nächsten Tagen abgefahren. 32 000 sind noch in sogenannten Rüstungsbetrieben. Davon sind rund 24 110 in Textil- und Pelzbetrieben, insbesondere bei der Firma Walter C. Többens KG, Warschau.

Ich habe dem Oberst Fretter den Auftrag gegeben, dem Rüstungs-Inspekteur, Generalleutnant Schindler, mitzuteilen, daß ich erstaunt sei, daß meine Anweisungen bezüglich der Juden nicht befolgt würden. Ich habe nunmehr noch einmal eine Frist bis 15. 2. 1943 gestellt, in der folgende Dinge zu erfüllen sind:

1. Sofortige Ausschaltung der privaten Firmen. Ich halte es für unbedingt notwendig, daß dafür gesorgt wird, daß diese sich hier unabkömmlich gemacht habenden Besitzer tunlichst eingezogen und an die Front gebracht werden.

2. Das Reichssicherheitshauptamt beauftrage ich, mit Hilfe von Buchprüfern die Geschäfte und Gewinne der Firma Walter C. Többens KG Warschau einmal genauestens unter die Lupe zu nehmen. Wenn ich nicht irre, hat sich hier im Verlaufe von drei Jahren ein früher besitzloser Mann zum wohlhabenden Besitzer – wenn nicht sogar schon zum Millionär – entwickelt, und zwar nur dadurch, daß wir, der Staat, ihm die billige jüdische Arbeitskraft zutrieben.

3. Sofortige Übernahme der ganzen 16 000 Juden in ein KZ, am besten nach Lublin. Garantie an die Rüstungsinspektion, dasselbe hinsichtlich Anzahl und bezüglich der Termine zu leisten und zu liefern, was bisher geleistet wurde. Ich glaube, daß es außerdem zu billigeren Preisen gemacht werden kann.

4. Dasselbe gilt für eine Anzahl kleinerer Ghetto-Betriebe, die Teile von Maschinen oder Flugzeugen machen, die auch im Stammlager gemacht werden können ...“ *(Archiv Warschau.)*

Zu diesem Brief Himmlers noch zwei Erläuterungen:

a) Generalleutnant Schindler war Rüstungsinspekteur im Generalgouvernement. Auf einer Regierungssitzung, die vier Monate nach Himmlers Warschauer Besuch in Krakau stattfand, äußerte Krüger, er habe „neulich erst wieder den Befehl erhalten, in ganz kurzer Zeit die Entjudung durchzuführen“. Ferner meinte er, „der Reichsführer-SS wünsche, daß auch die Beschäftigung der Juden aufhöre. Er habe mit Generalleutnant Schindler eingehend über diese Frage gesprochen und glaube nun, daß dieser Wunsch des Reichsführers-SS wohl im Endeffekt nicht erfüllt werden könne“. *(Franks Tagebücher,* 31. 5. 43.)

b) Walter Caspar Josef Többens, den Himmler so verdächtigt, war Mitinhaber der Ghetto-Firma Schultz & Többens. Er wurde am 19. Mai 1909 in Meppen geboren, war aber ein deutscher Unternehmer, der, nachdem das geschlossene Ghetto in Warschau geschaffen worden war, alle Schneider- und Kürschnerwerkstätten in seiner Hand vereinigte, die den Juden fortgenommen wurden. In ihnen beschäftigte er dann Juden als Zwangsarbeiter, und die Werkstätten führten Wehrmacht- und SS-Aufträge aus. Többens machte damit ein großes Vermögen. Auch aus anderen unzulässigen Betriebsamkeiten zog er Verdienste. Unter anderem nahm er von Juden große Summen entgegen und versprach ihnen dafür, sie vor der Aussiedlung zu schützen. (*Biuletyn,* Seite 175.) Weitere Angaben siehe Seite 336.

Am 15. Januar 1943 schrieb Himmler noch einen zweiten Brief an Krüger nach Krakau und ebenso an den SS-Obergruppenführer Oswald Pohl, den Chef des SS-Wirtschaftsverwaltungs-Hauptamts (WVHA). Beide Schreiben besagten, er habe bei seinem Warschauer Aufenthalt auch die Lagerhäuser mit den bei der Judenauswanderung übernommenen Gütern besichtigt und ersuche, schriftliche Abmachungen mit dem Wirtschaftsminister über jedes einzelne Gut zu treffen, denn alles könne doch wohl der deutschen Wirtschaft zugeführt werden. In Warschau lagerten beispielsweise Millionen von Uhrgläsern. Sie und anderes könne man nun legal vom Wirtschaftsminister kaufen oder sich zuteilen lassen; auch Damenpelze und Nähmaschinen. Außerdem seien keine richtigen Verwaltungsführer abgestellt, sondern die Höheren ᛋᛋ- und Polizeiführer zu Beauftragten Pohls gemacht worden. Sie allein könnten damit aber gar nicht fertig werden. Vom gleichen Tage ab hätten hinfort die beauftragten Kommandeure und Verwaltungsführer zu unterzeichnen, wenn es sich um eine Abgabe an die Volksdeutsche Mittelstelle handele. Ein sehr netter und einen ausgezeichneten Eindruck machender Verwaltungsführer in Warschau sei von ᛋᛋ-Oberführer von Sammern vernünftigerweise von der Kavallerie-Brigade zu Hilfe geholt worden. Leider sei er jedoch nicht rechtmäßig eingesetzt worden. Daran möge sich Obergruppenführer Pohl ein Beispiel nehmen, denn – schrieb Himmler – „größte Genauigkeit jetzt, erspart uns viel Ärger später". (*Berenstein*, S. 181–182.)

Überhaupt war Himmler nach seinem Besuch im Januar 1943 noch lange mit den Warschauer Juden beschäftigt. Seine Überlegungen gipfelten schließlich in dem Befehl vom 16. Februar für ᛋᛋ-Obergruppenführer Krüger: „Auf jeden Fall muß erreicht werden, daß der für 500 000 Untermenschen bisher vorhandene Wohnraum, der für Deutsche niemals geeignet ist, von der Bildfläche verschwindet." (*Wulf II*, S. 17, Fotokopie.)

[16]) Am 14. März 1943 wandte sich die Jüdische Kampf-Organisation an die Bevölkerung mit Aufrufen, den deutschen Anordnungen nicht Folge zu leisten und sich nicht freiwillig zur Arbeit nach außerhalb zu melden. Viele deutsche Fabrikbesitzer wollten nämlich die jüdischen Arbeiter veranlassen, freiwillig außerhalb Warschaus zu arbeiten, da die Stadt „von Juden gesäubert werde". (*Neustadt*, S. 156–158.)

Der bereits erwähnte Többens (siehe [15]) tat nämlich entgegen Stroops Behauptung, „die Betriebsführer widersetzten sich in jeder Weise der Verlagerung", alles, seine jüdischen Arbeiter irrezuführen. Nachdem der obenerwähnte Aufruf der Jüdischen Kampf-Organisation erschienen war, wandte auch Többens sich sofort mit einem Aufruf an seine jüdischen Sklaven, nannte sie allerdings „jüdische Rüstungsarbeiter im jüdischen Wohnviertel", und begann mit den Worten: „Ich will den Aufruf der Jüdischen Kampf-Organisation aus der Nacht vom 14. zum 15. März beantworten und möchte kategorisch feststellen, daß erstens keine Deportation stattfindet, zweitens weder Herr Schultz noch ich den Befehl erhielten, so eine Deportation durchzuführen; drittens versichere ich, daß der letzte Transport mit Deportierten nicht verschwunden ist. Es ist eine Schande, daß die Rüstungsarbeiter der Többenswerke nicht auf mich gehört haben." Des weiteren bedauerte Többens die Verlagerung einiger seiner Werkstätten, um so Transportgelegenheiten auszunutzen, erklärte jedoch, die Namen der in Trawniki Angekommenen sollten sofort ermittelt werden, damit ihr Gepäck nachgeschickt werden könne. Über die mit dem zweiten Transport nach Poniatowo Verlagerten stehe ebenfalls jede Auskunft zur Verfügung. „Jüdische Rüstungsarbeiter!" fuhr Többens fort, „glaubt doch denen nicht, die Euch in die Irre führen wollen. Das Leben in den unterirdischen Befestigungen ist recht unsicher, ebenso wie das Leben jedes Juden im arischen Viertel der Stadt. So eine Unsicherheit schadet nur der Moral der Rüstungsarbeiter, die an geordnete Arbeit gewöhnt sind ... Geht nach Trawniki und Poniatowo. Dort könnt Ihr das Ende des Krieges erleben. Die Führer der Jüdischen Kampf-Organisation können Euch nicht helfen." Deren Versprechungen seien nur Tricks, meinte Többens und riet: „Vertraut lieber auf die deutschen Werkführer, die mit Eurer Hilfe in Trawniki und Poniatowo für die Rüstung arbeiten. Nehmt Eure Frauen und Kinder mit dorthin, denn deren Wohlergehen liegt ja auch uns am Herzen." Der Aufruf war unterzeichnet: Walter C. Többens, Leiter der Firmenverlagerung aus dem Ghetto Warschau. (*Friedman II*, S. 224–225.)

[17]) ᛋᛋ-Oberführer Ferdinand Sammern von Frankenegg. (Siehe Seite 239.)

[18]) Erläuterungen und Dokumentation zu den Kämpfen selbst, die im Warschauer Ghetto stattfanden, befinden sich nach jeder einzelnen „Täglichen Meldung" vom 19. April bis 16. Mai 1943. (Siehe Seiten 93–179.)

[19]) Stroop wiederholt dauernd „Juden und die polnischen Banditen", „Juden mit polnischen Banditen" oder „Juden und Banditen", um den Eindruck zu erwecken, daß dieser Aufstand keine rein jüdische Angelegenheit war. Die Täuschungstaktik ging so weit, daß die Gestapo durch ihre Agenten im „arischen" Viertel Gerüchte ausstreuen ließ, deutsche Deserteure seien am Ghetto-Aufstand beteiligt. (Untergrund-Bulletin des polnischen „Zegota"-Rat und Hilfe für Juden – vom 27. April 1943. Fotokopien in „Jediot Yad Vashem" (hebräisch), Jerusalem, Nr. 15/16, April 1958.)

[20]) Es waren Flaschen mit flüssigem Sprengstoff, die statt der Handgranaten benutzt wurden, welche sehr knapp waren.

[21]) Kommunistische Widerstandsbewegung. Es ist eins von Stroops Täuschungsmanövern (siehe [19]). Von den 22 Kampfgruppen der Jüdischen Kampf-Organisation waren 14 zionistisch und 4 von der jüdisch-sozialdemokratischen Partei „Bund". (*Neustadt*, S. 47.) Im Stab der Jüdischen Kampf-Organisation waren 4 der 6 Mitglieder Zionisten, 1 Mitglied der jüdisch-sozialdemokratischen Partei „Bund". Kommandant war der Zionist Mordechai Anielewicz, sein Stellvertreter der Zionist Icchak Cukermann. (*Neustadt*, S. 146.)

[22]) Ein Überlebender berichtet: „In der kurzen Atempause vom 18. Januar bis 19. April konzentrierte die jüdische Bevölkerung alle Kräfte auf den Bunkerbau. Wie wild wurden Stollen gegraben. Tags suchten die Juden in den Ruinen Bretter, Steine und anderes Baumaterial zusammen, während nachts gebaut wurde. Unsere Kraft, Gaben und Findigkeit verwandten wir darauf, Bunker mit höchstmöglicher Stabilität und doch einigem Komfort zu schaffen. Wir mußten so tief wie möglich graben und den Eingang gut tarnen. Meistens hatte jeder Bunker mehrere Eingänge, um entwischen zu können, falls die Deutschen einen Eingang entdeckten." (*Borzykowski*, S. 29.)

Diese Bunker und andere unterirdische Verstecke waren nicht etwa eine Besonderheit des Warschauer Ghettos, sondern in fast allen Ghettos üblich. Überall strebten die Juden danach, sich auf diese Weise vor der „Aussiedlung" zu retten. Im Bericht des SS- und Polizeiführers Galizien, SS-Gruppenführer Friedrich Katzmann, vom 30. Juni 1943 über die Liquidation von 434 329 Juden, steht auf Seite 24 des Originals: „Bei den Aktionen, ergaben sich auch noch sonstige ungeheure Schwierigkeiten, da sich die Juden unter allen Umständen der Aussiedlung zu entziehen trachteten. Sie versuchten nicht nur zu flüchten, sondern versteckten sich in allen nur denkbaren Winkeln, in Abflußkanälen, in Kaminen, selbst in Jauchegruben usw. Sie verbarrikadierten sich in Katakombengängen, in zu Bunkern ausgebauten Kellern, in Erdlöchern, in raffinierten Verstecken auf Böden und in Schuppen, in Möbeln usw." Dem Bericht sind auch 27 Fotografien von Verstecken aller Art beigefügt. (Dokument L – 18, Original im *Archiv Warschau.*)

[23]) Für einen Revolver zahlte die Jüdische Kampf-Organisation 10 000 bis 15 000 Zloty. (*Neustadt*, S. 153–154.) Den Wohlhabenden erlegte die Jüdische Kampf-Organisation Kontributionen auf, um davon Waffen zu kaufen. Sogar der Judenrat wurde gezwungen, 250 000 Zloty beizusteuern. (*Kermisz*, S. 43; *Borzykowski*, S. 34.)

[24]) Chalutz: Zionistische Jugendorganisation, welche die auswandernde Jugend auf Palästina vorbereitete. Die erste Gruppe ist 1905 in Odessa gegründet worden. 1921

wurde gelegentlich des XII. Zionistenkongresses der Weltverband der Chalutzim gegründet, dessen Hauptaufgabe darin bestand, jüdische Jugendliche auf die Einwanderung nach dem damaligen Palästina und auf ihren dortigen Beruf vorzubereiten. (Hachschara.) 1935 hatte die Bewegung in Polen ungefähr 50 000 Mitglieder. (Laut Brief des Institute of Jewish Research, New York v. 27. 12. 1960.)

[25]) ᛋᛋ-Obergruppenführer und General der Waffen-ᛋᛋ und der Polizei, Friedrich-Wilhelm Krüger; vom 3. Januar 1939 bis November 1943 Höherer ᛋᛋ- und Polizeiführer im Generalgouvernement. Vom 7. Mai 1942 an Staatssekretär für das Sicherheitswesen im Generalgouvernement. (Siehe Seite 225.)

[26]) Dr. Ludwig Fischer, Gouverneur des Distrikts Warschau. (Siehe Seite 311.)

[27]) Beim Originalbericht im *Archiv Warschau* fehlt das. Das Plakat ist in polnischer und deutscher Sprache veröffentlicht worden. Der Text lautet: „An die Bevölkerung Warschaus! In letzter Zeit wurde eine ganze Reihe von Mordanschlägen im Gebiet der Stadt Warschau verübt. Hinter diesen Mordanschlägen stand dieselbe Hand, deren Werk die Massengräber der polnischen Offiziere in Katyn sind. Alle diese kommunistischen Banditen haben ihren Unterschlupf im ehemaligen jüdischen Wohnbezirk Warschaus gefunden und sind dort weitgehender Hilfe und voller Unterstützung begegnet. Der ehemalige jüdische Wohnbezirk wurde dadurch zum Nest aller Anhänger der bolschewistischen Ideologie, die mit allen Mitteln versucht, Unruhe und Zersetzung innerhalb der Bevölkerung zu verbreiten. Der ehemalige jüdische Wohnbezirk wird vernichtet und mit ihm gleichzeitig die Hoffnungen der Kommune, die sich in dem Glauben wiegte, daß die Tage der Blutherrschaft des bolschewistischen Systems auch einmal in diesem Lande kommen werden. Aufgabe eines jeden ist es in diesem Augenblick, den kommunistischen Agenten und Juden ihre Provokation unmöglich zu machen. Jeder Jude und Bolschewist, der heute noch in der Freiheit lebt, ist der gefährlichste Feind der Bevölkerung. Keinerlei ethische Rücksichten dürfen in diesem Augenblick ein Hindernis bei der Vernichtung des Bolschewismus sein, der mit dem typischen Terrorangriff auf Warschau wieder sein wahres Gesicht enthüllt hat. Die Zivilbevölkerung beklagt wiederum zahlreiche Todesopfer und größere Sachschäden an Privateigentum. Wer die Behörden benachrichtigt, wo sich ein kommunistischer Agent oder Jude noch auf freiem Fuß bewegt, erfüllt nur eine selbstverständliche Pflicht sich selbst und den Seinen gegenüber.

Warschau, den 13. Mai 1943 gez. Dr. Fischer"
(*Biuletyn*, S. 144 – Fotokopie.)

[28]) Auf der Tlomackistraße vom Architekten Leonard Marconi 1878 erbaut mit etwa 2 000 Plätzen. (Dr. Jacob Shatzki, „Die Geschichte der Juden in Warschau" (yiddisch), New York 1949, Band III, S. 162–163.)

[29]) Hinsichtlich dieses Dzielna-Gefängnisses hatte Heinrich Himmler auf seiner Feld-Kommandostelle am 11. Juni 1943 wie folgt befohlen: „Ich ordne an, daß das Dzielna-Gefängnis im ehemaligen Ghetto Warschau in ein Konzentrationslager umzuwandeln ist. Durch die Häftlinge sind die Millionen von Bausteinen, der Eisenschrott und andere Materialien des ehemaligen Ghettos zu sammeln und zu bergen. Für eine sichere Bewachung der Häftlinge bei dieser Arbeit ist besondere Sorge zu tragen. Den Höheren ᛋᛋ- und Polizeiführer Ost und den ᛋᛋ- und Polizeiführer Warschau weise ich an, bei diesen Aufräumungsarbeiten dafür zu sorgen, daß das Stadtgebiet des ehemaligen Ghettos restlos eingeebnet, jeder Keller und jede Kanalisation zugeschüttet wird. Nach Abschluß dieser Arbeiten ist auf diese Fläche Mutterboden aufzutragen und ein großer Park anzulegen. (*Archiv Document Centre.*)

[30]) Am 19. April 1944 – genau ein Jahr nach Ausbruch des Aufstandes im Warschauer Ghetto – schickte Dr. Ing. Heinz Kammler, SS-Gruppenführer und Chef der Amtsgruppe C im SS-Wirtschaftsverwaltungshauptamt (WVHA) Himmler einen Bericht über die Arbeiten beim Abbau und der Einebnung des einstigen Ghettoterrains in Warschau. In ihm heißt es wörtlich:

„1. Geleistete Arbeiten:
Insgesamt sind 12 Millionen cbm. Umbautenraum abzubrechen. Davon sind bisher 6 730 000 cbm. abgebrochen und gesprengt. Aus diesem Abbruch wurden bisher an Materialien abgeliefert:

22,5 Mill. Mauersteine
5 006 to Eisenschrott, teils gelagert, teils sofort der Verhüttung zugeführt
645 to Nutzeisen gelagert
76 to Kupfer, Messing und Bleischrott.

2. Eingesetzte Arbeitskräfte:

	65	Reichsdeutsche
	2 430	Polen
	2 180	Häftlinge
	4 675	

3. Bisher durch die eingesetzten Firmen angeliefertes Gerät:

13 Bagger, eingesetzt 7, Rest in Montage
22 Loks
420 Kipploren
28,7 klm. Gleise, davon verlegt 16,5 klm, noch zu verlegen 12,2 klm.

Durch die schlechte Waggongestellung fehlen den einzelnen Firmen noch immer Teile ihres Großgeräts, so daß dieses immer noch nicht voll eingesetzt werden kann.

4. Abfuhr des gesprengten Materials:

52 000 cbm. Schutt auf Halde
8 000 „ Schutt durch Straßenbahn und Ostbahn abgefahren.

Da z. Zt. durch Sperre des Lagers Häftlinge zum Beladen der Straßenbahnen nicht gestellt werden können, mußte die Schuttabfuhr durch die Straßenbahnen vorübergehend eingestellt werden.

Ebenso wurde die Abfuhr der Schuttmassen durch die Ostbahn eingestellt, da augenblicklich umfangreiche Umbau- bzw. Erweiterungsarbeiten an den Anschlußgleisen vorgenommen werden. Der Abtransport der Schuttmassen nach der Kippe mit drei Bahnen ist weiter ausgebaut worden. Die Tagesleistung beträgt z .Zt. 1100 cbm. Schuttmassen.

5. Bau des KLs:
Bauabschnitt I ist zu 98 % fertiggestellt; Bauabschnitt II ist zu 75 % fertiggestellt; auf Durchführung des Bauabschnitts III wurde bereits, wie im letzten Bericht schon dargelegt, verzichtet.

6. Termin:
Der Termin zum 1. August 1944 wird im Bezug auf den Gesamtabbruch, d. h. das Sprengen der Häuser, eingehalten werden können. Der Abtransport der Schuttmassen wird, wie im letzten Bericht schon dargelegt, nicht restlos möglich sein. Ein Teil der anfallenden Massen wird daher an Ort und Stelle einplaniert und soweit als möglich mit Asche und Fäkalien überworfen und angesät. Durch die noch bestehende Quarantäne im Lager können nicht genügend Häftlinge als Arbeitskräfte eingesetzt werden. Dieser Mangel wird z. Zt. durch erhöhten Einsatz von polnischen Arbeitskräften überbrückt.

Der Amtsgruppenchef C:
Kammler
SS-Gruppenführer und Generalleutnant der Waffen-SS"

(*Berenstein*, S. 190–192.)

TÄGLICHE MELDUNGEN[1)]

Die Kämpfe am Montag, dem 19., und Dienstag, dem 20. April 1943

I

Abschrift

Fernschreiben

Absender: Der ϟϟ- und Polizeiführer im Distrikt Warschau

Warschau, den 20. 4. 43

Az.: I ab — St/Gr. 16 07 — Tgb.Nr. 516/43 geh.

Betr.: Ghettoaktion

An den

Höheren ϟϟ- und Polizeiführer Ost

Krakau

Verlauf der Aktion im Ghetto am 19. 4. 43:

Abschließung des Ghettos ab 3.00 Uhr. Um 6.00 Uhr Ansetzen der Waffen-ϟϟ in Stärke von 16/850 zur Durchkämmung des Restghettos. Sofort nach Antreten der Einheiten starker planmäßiger Feuerüberfall der Juden und Banditen. Der eingesetzte Panzer und die beiden SPW wurden mit Molotow-Cocktails (Brandflaschen) beworfen. Panzer brannte 2×. Bei

---

[1)] Erläuterungen und Dokumentation nach jeder einzelnen „Täglichen Meldung", bzw. nach zwei Meldungen, falls diese vom gleichen Tage sind.
Die Überschriften bei jeder Meldung stammen vom Herausgeber.

diesem Feuerüberfall des Gegners wurde zunächst ein Ausweichen der eingesetzten Verbände bewirkt. Verluste beim ersten Einsatz 12 Männer (6 ᛋᛋ-Männer, 6 Trawnickimänner). Etwa 8.00 Uhr zweiter Einsatz der Verbände unter Kommando des Unterzeichneten. Trotz Wiederholung eines geringeren Feuerüberfalls hatte dieser Einsatz den Erfolg, daß die Gebäudekomplexe planmäßig durchkämmt werden konnten. Es wurde erreicht, daß der Gegner sich von den Dächern und höher gelegen eingerichteten Stützpunkten in die Keller bzw. Bunker und Kanäle zurückzog. Bei der Durchkämmung wurden nur etwa 200 Juden erfaßt. Anschließend wurden Stoßtrupps auf bekannte Bunker angesetzt mit dem Auftrag, die Insassen hervorzuholen, die Bunker zu zerstören. Judenerfassung hierdurch etwa 380. Es wurde der Aufenthalt der Juden in der Kanalisation festgestellt. Die vollkommene Unterwassersetzung wurde durchgeführt, damit Aufenthalt unmöglich. Gegen 17.30 Uhr wurde auf sehr starken Widerstand einer Häusergruppe, auch MG.-Feuer, gestoßen. Eine besondere Kampfgruppe zwang den Gegner nieder, drang in die Häuser ein, ohne den Gegner selbst zu fassen. Die Juden und Verbrecher setzten sich von Stützpunkt zu Stützpunkt zur Wehr, wichen im letzten Moment durch Flucht über Dachböden oder unterirdische Gänge aus. Gegen 20.30 Uhr wurde äußere Absperrung verstärkt. Sämtliche Einheiten aus dem Ghetto wurden herausgezogen und in ihre Quartiere entlassen. Verstärkung der Absperrung durch 250 Männer der Waffen-ᛋᛋ.

Fortsetzung der Aktion am 20. 4. 43.

Zur Verfügung stehende Kräfte:

	ᛋᛋ-Pz.Gren.Ers.Batl.	6/400
	ᛋᛋ-Kav.Ersatz-Abt.	10/450
	Orpo	6/165
	SD	2/48
	Trawnickimänner	1/150
Wehrmacht:	1 10 cm Haubitze	1/7
	1 Flammenwerfer	1
	Pioniere	2/16
	San.Staffel	1/1
	3 Flak 2,28 cm	2/24
	1 franz. Panzer d. W-ᛋᛋ	
	2 SPW d. W-ᛋᛋ	
	zus.	31/1262

Die Führung der heutigen Aktion[1]) habe ich Herrn Major d. Sch. Sternhagel übertragen, der von Fall zu Fall von mir weitere Weisungen erhält.

7.00 Uhr wurden 9 Stoßtrupps in Stärke von je 1/36 aus gemischten Verbänden eingesetzt, um eine intensive Durchkämmung und Durchsuchung des Restghettos durchzuführen. Diese Durchsuchung, deren erstes Ziel um 11.00 Uhr erreicht werden soll, ist noch

[1]) Bisher berichtete Stroop über den 19., aber von nun an über den 20. April.

im Gange. Inzwischen ist festgestellt, daß in dem unbewohnten, aber noch nicht freigegebenen Ghetto, in dem sich einige Rüstungsbetriebe und dergl. befinden, sich mehrere Widerstandsnester befinden, die sogar verhindern, daß der in der Nähe abgestellte Panzer anlaufen konnte. 2 Stoßtrupps kämpften diese Widerstandsnester nieder und bahnten den Weg für die Besatzung des Panzers. Bei diesem Unternehmen sind bereits 2 Verletzte (Waffen-ϟϟ) zu verzeichnen.

Gegner hält sich gegenüber gestern stark zurück, da ihm selbstverständlich die Zuteilung schwerer Waffen bekannt geworden ist.

Ich beabsichtige, Durchkämmung des Restghettos restlos durchzuführen, um anschließend das sog. unbewohnte, aber noch nicht freigegebene Ghetto in gleicher Weise zu säubern. Es ist inzwischen festgestellt, daß sich in diesem Teil des Ghettos mindestens 10—12 Bunker befinden, sogar in Rüstungsbetrieben. Erschwert wird die ganze Aktion durch die sich noch im Ghetto befindenden Betriebe, die wegen der sich in diesen befindenden Maschinen und Werkzeuge hinsichtlich Beschuß und Brandgefahr geschützt werden müssen.

Weitere Meldung erfolgt heute abend.

Der ϟϟ- und Polizeiführer im Distrikt Warschau

gez.: S t r o o p

ϟϟ-Brigadeführer und Generalmajor der Polizei

F. d. R. A.:
J e s u i t e r
ϟϟ-Sturmbannführer

II

Abschrift

Fernschreiben

Absender: Der ᛋᛋ- und Polizeiführer im Distrikt Warschau

Warschau, den 20. 4. 43

Akz.: I ab –St/Gr–16 07 –Tgb.Nr. 517/43 geh.

Betr.: Ghettoaktion

An den

Höheren ᛋᛋ- und Polizeiführer Ost

ᛋᛋ-Obergruppenführer und General der Polizei Krüger
o.V.i.A.:

Krakau

Im Anschluß an das FS v. 20. 4. 43 – Az. Iab St/Gr 16 07, betr. Ghettoaktion, melde ich wie folgt:

Die in dem unbewohnten und noch nicht freigegebenen Ghetto festgestellten Widerstandsnester wurden durch eine Kampfgruppe der Wehrmacht – Pionierzug und Flammenwerfer – niedergekämpft. Die Wehrmacht hatte bei diesem Einsatz einen Verletzten durch Lungenschuß. Neun Stoßtrupps drangen bis zu der nördlichen Grenze des Ghettos vor. 9 Bunker wurden festgestellt, die sich zur Wehr setzenden Insassen niedergekämpft, Bunker gesprengt. Die hierbei eingetretenen Verluste des Gegners sind nur unbestimmt zu ermitteln. Insgesamt wurden durch die Tätigkeit der 9 Stoßtrupps heute 505 Juden erfaßt, die, soweit arbeitsfähig, für die Verlagerung nach Poniatowo[1]) sichergestellt wurden. Etwa gegen 15.00 Uhr setzte ich durch, daß der von der Heeresunterkunftsverwaltung belegte Block, angeblich mit 4000 Juden belegt, sofort geräumt wurde. Der deutsche Verwalter wurde aufgefordert, die jüdischen Arbeiter zum freiwilligen Verlassen aufzufordern. Diesem Ersuchen folgten nur 28 Juden. Darauf entschloß ich mich, mit Gewalt den Häuserblock zu räumen bzw. zu sprengen. Die hierbei eingesetzte Flak – 3 Geschütze (2 cm) – hatte 2 Tote. Die angesetzte 10-cm-Haubitze hat die Banden aus ihren starken Befestigungen verdrängt und, soweit festgestellt werden konnte, diesen auch Verluste beigebracht. Wegen Eintritt der Dunkelheit mußte diese Aktion abgebrochen werden. Am 21. 4. 43 wird dieses Widerstandsnest, das, soweit möglich, die Nacht über abgeriegelt bleibt, erneut angegriffen.

---

[1]) Poniatowo liegt im Distrikt Lublin. Bis 1941 befand sich dort nur ein Lager für sowjetische Gefangene; ab 1942 wurde es zu einem Lager für Juden. Als schließlich sämtliche Lager im Lubliner Gebiet „aufgelöst" waren – die Aktion begann am 3. November 1943 – sind in Poniatowo etwa 15 000 Juden umgebracht worden. (*Blumental*, S. 257–266 und *Neustadt*, S. 105–127, 178–186.)

Bei der heutigen Aktion wurden außer den gemeldeten Juden erhebliche Bestände an Brandflaschen, Handgranaten, Munition, Militärwaffenröcken und Ausrüstungsstücken erbeutet.

Verluste: 2 Tote (Wehrmacht)
7 Verwundete (6 Waffen-SS, 1 Trawnickimann)

In einem Falle hatten die Banditen Tretminen gelegt.

Ich habe durchgesetzt, daß die Betriebe W. C. Többens, Schultz u. Co. und Hoffmann am 21. 4. 43 mit der gesamten Belegschaft ab 6.00 Uhr abmarschbereit zu stehen haben, um endlich eine klare Linie für die Bereinigung im Ghetto zu bekommen. Der Treuhänder der Többens hat sich verpflichtet, die Juden, etwa 4—5000, freiwillig auf den bestimmten Sammelplatz zum Abtransport zu führen. Gelingt wie im Falle Heeresunterkunftsverwaltung die freiwillige Herausführung nicht, werde ich mit Gewalt auch diesen Teil des Ghettos bereinigen.

Ich bestätige den mir von Obergruppenführer heute fernmündlich gegebenen Auftrag mit allen Vollmachten.

Nächste Meldung am 21. 4. 43, mittags.

Der SS- und Polizeiführer im Distrikt Warschau

gez.: Stroop

SS-Brigadeführer und Generalmajor der Polizei

F.d.R.d.A.:
gez.: Jesuiter
SS-Sturmbannführer

ANHANG ZUM 19. APRIL

Aus dem Geheimbericht des jüdischen Untergrunds vom 19. März 1944, der am 24. Mai durch Kurier nach London gelangte[1]).

„Um 2 Uhr früh in der Nacht zum 19. April haben die Deutschen die Ghettomauer umstellt, und zwar mit deutschen, ukrainischen und lettischen Truppen. Alle 25 m stand ein Posten. Einzeln, aber auch zu zweit oder zu dritt betraten sie das noch nicht geräumte Ghetto. Unsere Späher hatten schon um 2.30 Uhr die ersten Berichte über die Zusammenziehung größerer Einheiten im Ghettogebiet überbracht. Um 4 Uhr waren daher unsere Kampfgruppen auf ihren Posten, aber erst um 6 Uhr marschierten etwa 2000 schwerbewaffnete SS-Leute ins Ghetto ein und brachten Panzer, Schnellfeuerwaffen, drei Munitionswagen und Sanitätswagen mit. Der deutsche »Umsiedlungsstab«, bestehend aus SS- und Gestapooffizieren, befand sich ebenfalls dabei . . .

---

[1]) Weitere Fragmente dieses Berichts werden nur noch als „Geheimbericht des Jüdischen Untergrunds" bezeichnet.

... Juden ließen sich nirgends blicken. Der erste Zusammenstoß fand auf der Nalewkistraße statt, wo zwei jüdische Kampfgruppen die Straße verteidigten.

Die Deutschen kamen durch das Tor Gesia-Zamenhofastraße herein und marschierten in Richtung Muranowplatz. Die jüdischen Kampfgruppen am Tor ließen sie vorbei, ohne das Feuer zu eröffnen, bis sie die Ecke Zamenhofa- und Milastraße erreichten. Dann schossen die dort Stationierten. Erst als sich die Deutschen zurückzogen, feuerte auch die Kampfgruppe am Tor." (*Neustadt*, S. 159.)

Der jüdische Kämpfer Simche Rathauser (Pseudonym: Kazik):

„19. April:

Um 4 Uhr früh sahen wir um die Ecke Nalewkistraße lange Reihen Nazis ins Ghetto einmarschieren. Dem endlosen Zug folgten Panzer und Panzerspähwagen sowie leichte Waffen und zuletzt ein paar hundert Mann Waffen-SS auf Fahrrädern. »Als zögen sie in den Krieg«, sagte ich zu meiner Kameradin Zipora Lerer auf unserem Posten. Plötzlich hielt ich uns für viel zu schwach, um etwas gegen eine so schwer bewaffnete Truppe auszurichten. Wie sollten wir gegen Panzer und Panzerspähwagen kämpfen? Wir hatten nur einen Revolver und bestenfalls eine Handgranate. Aber wir verloren den Mut dennoch nicht, sondern sahen unseren Mördern entgegen, um endlich mit ihnen abzurechnen. Vom Zentralghetto drang Maschinengewehrfeuer und das Krepieren der Granaten zu uns herüber." (*Neustadt*, S. 273.)

Der jüdische Kämpfer Tuwia Borzykowski:

„19. April:

a) Plötzlich meldete eine Späherin, daß aus der Muranowskastraße Panzer anrollen und vom Dreieck Gesia-, Nalewki- und Franciszkanskastraße deutsche Truppen vorrücken. Sie schwärmen aus und halten sich im Schutz der Häuser. Unser Kommandant Zacharia Artstein gibt den Feuerbefehl und sagt dazu: »Wer am Leben bleiben will, sollte sich in eine Befestigung der Kampf-Organisation zurückziehen!« Er hatte es kaum gesagt, als auch schon von allen Seiten eine schreckliche Kanonade einsetzte, die uns taub machte. Die Deutschen hatten an der Ecke Nalewki- und Franciszkanskastraße eine Barrikade errichtet und beschossen daraus unsere Stellungen. Nach ununterbrochenem halbstündigen Feuer konnten wir erfreut feststellen, daß durch unsere Kugeln oder Handgranaten Deutsche verwundet oder getötet worden waren, während keiner unserer Kämpfer fiel, weil die Deutschen sich nicht aus der Deckung heraustrauten und blind drauflos schossen. Wir aber nahmen unser Ziel stets sehr genau aufs Korn." (*Neustadt*, S. 287.)

„b) Am 19. April abends ging ich ins Haus Kurzastraße 4, um ein paar Taschenlampenbatterien für meine Kampfgruppe zu organisieren. Ich hatte schon einige Behausungen durchstöbert, als ich die Wohnung von Rabbi Mayzel betrat und mir schon auf der Schwelle klar wurde, daß wir Ostern, den ersten Seder-Abend, hatten.

Dabei sah es aus, als hätte gerade ein Pogrom stattgefunden. Das Bett war zerwühlt. Stühle und allerlei Gegenstände lagen auf dem Fußboden. Das Fensterglas war zersplittert. All das mußte geschehen sein, bevor die Bewohner aus dem Bunker heimkehrten. Nur der Tisch mitten im Zimmer machte einen festlichen Eindruck. Bei der sonstigen Unordnung fiel das besonders auf.

Der Wein in den Bechern leuchtete so rot wie das Blut der Juden, die noch am Abend vor Ostern ihr Leben lassen sollten. Der Rabbi las die »Haggadah«, obwohl es draußen noch ununterbrochen schoß und Granaten einschlugen. Übrigens hielt das die ganze Nacht an. Durchs Fenster fiel der Feuerschein der ringsum brennenden Häuser herein und flackerte über die Gesichter der im Dunkeln am Sedertisch sitzenden Menschen. Als der Rabbi las: »Ergieße deinen Zorn über uns!« weinten er und alle Anwesenden laut. Ich spürte, es war das Weinen der zum Tode Verdammten, die sich zwar mit dem Gedanken an den Tod längst abgefunden hatten, aber die Stunde des Todes fürchteten. Der Rabbi gedachte jener, welche die erste Seder-Nacht nicht mehr erlebten, der Klang seiner Stimme aber verriet, daß er um Überleben bis zur zweiten Seder-Nacht betete.“ (*Bozykowski*, Seite 11.)

Der jüdische Kämpfer Leon Najberg (Pseudonym: Marian):

„Um 4.30 Uhr früh geschah folgendes: *Konrad* von der Werterfassung führte mit seinen Leuten einige hundert Juden angeblich zur Arbeit, tatsächlich jedoch zum *Umschlagplatz*. Um 5 Uhr sind sie von einer jüdischen Kampfgruppe dort wieder befreit worden. Konrad mußte flüchten und kam kaum mit dem Leben davon. Bei der Schießerei gab es Tote und Verwundete. Bei dem Durcheinander gelang es einigen Juden, in den »arischen« Stadtteil zu flüchten.“ (*Kermisz*, Seiten 336—337 — gekürzt.)

Bemerkungen hierzu:

1. SS-Obersturmführer Franz Konrad war seit Mitte 1942 Leiter der sogenannten Werterfassung, einer SS-Behörde, die sich mit Sammlung, Sortieren und Verkauf von Vermögenswerten befaßte, die ausgesiedelte Juden zurücklassen mußten. (Siehe Seite 254.)

2. Umschlagplatz: Die Sammelstelle, von der aus die Deportationen stattfanden.

Jonas Turkow über das Ghetto Warschau:

„An den Kämpfen nahmen auch wilde Kampfgruppen teil, die eigentlich nicht zur Jüdischen Kampf-Organisation gehörten. Viele hatten sich deutsche Uniformen beschafft und schlichen sich damit in die deutschen Reihen, um zu töten. So kam es oft vor, daß die Deutschen auf eigene Spähtrupps schossen, weil sie meinten, das seien in Wirklichkeit verkleidete jüdische Kämpfer.“ (*Turkow II*, S. 62.)

Kommuniqué Nr. 1 der Jüdischen Kampf-Organisation:

„19. April 1943: Heute am Montag begannen die Deutschen eine neue tödliche Aktion im Ghetto Warschau. Schon um 4 Uhr früh drang von der Ghettomauer starkes Maschinengewehr- und Gewehrfeuer sowie das Explodieren der Granaten herüber. Panzerwagen rollten ins Ghetto. Die Aktion wurde von SS und deutscher Militärpolizei durchgeführt, während die polnische Polizei aus dem Ghetto herausgezogen wurde und die Ghettomauer von draußen bewachte. Das Ghetto macht den Eindruck einer belagerten Festung; es ist von Militärpolizei umstellt. Feldmarschmäßig ausgerüstet stehen die Posten nahe beieinander und aller Waffen zielen wie die der polnischen Polizei auf die Ghettomauer. Die Aktion gilt dem sogenannten Zentralghetto.

Die aktiven Elemente der jüdischen Gemeinde sind in der Jüdischen Kampf-Organisation zusammengefaßt. In vielen Gebäuden wird erbittert Widerstand geleistet. Es finden daher heftige Kämpfe zwischen den Ghetto-Insassen und den Deutschen statt.

Mittags bringen mehrere Wagen vom Deutschen Roten Kreuz tote und verwundete Militärpolizisten oder SS-Leute aus dem Ghetto hinaus. Der jüdische Widerstand nimmt ständig zu und ist viel stärker als im Januar des Jahres.

Dicke Rauchschwaden liegen über dem Ghetto, denn durch den gegenseitigen Beschuß brach in vielen Gebäuden Feuer aus. Das wahre Ziel dieser Aktion dürfte die völlige Ausrottung der Juden und die Auflösung des Warschauer Ghettos — dem Zentrum der Jüdischen Kampf-Organisation — sein. Zum Zeitpunkt, da wir dieses Bulletin hinausschicken, dauert der Kampf noch mit unverminderter Stärke an." (*Friedman II*, S. 238.)

Bemerkung:

Die Jüdische Kampf-Organisation veröffentlichte dieses Bulletin für den 19. und 20. April 1943. Außerdem gab sie laufend Lageberichte heraus.

Aus dem Lagebericht der Jüdischen Kampf-Organisation:

„20. April:

1. In der Nacht zum 19. April 1943 drangen Abteilungen der Waffen-SS, des SD und der Gendarmerie ins Ghetto ein ... Die Juden kamen dem Befehl, sich zum Umschlagplatz zu begeben, nicht nach. Das war das Signal zum Kampf. Die Kader der Jüdischen Kampf-Organisation besetzten ihre Posten schnell, und von da an unterstand die Ghettobevölkerung dem Befehl der Kampf-Organisation.

2. Hauptsächlich kam es am Ghetto-Süd-Tor und auf der Nalewkistraße zu Kampfhandlungen. Dort hatten jüdische Kämpfer Fabriken in Brand gesteckt, in denen für Deutsche gearbeitet wurde, wie die Matratzenfabrik. Als die Feuerwehr löschen wollte, versuchten jüdische Kämpfer, das zu verhindern.

4. Heute am 20. April wurde bekannt, daß von den 5 Panzern, welche gestern ins Ghetto kamen, zwei ausbrannten ...

... Auf den Häusern flattern Fahnen. Eine hat die Aufschrift: Wir werden bis zum Schluß kämpfen ...

6. Am 20. April frühmorgens führten die Deutschen schon die ersten »Kriegsgefangenen« — einige Hundert Frauen und Kinder — ab. Sie waren erschöpft und Entsetzen stand in ihren Augen ..." *(Archiv J. H. I.)*

Kurze Aufrufe der Jüdischen Kampf-Organisation an der Ghettomauer:

„Ehrenvoll fallen!"

„Auf zum Kampf! Frauen und Kinder ins Versteck!" *(Borzykowski,* S. 4.)

„Brüder! Die Stunde des Kampfes gegen den Besatzer, die Stunde der Rache ist gekommen. Jeder, der eine Waffe führen kann, gehört in die Reihen der Kämpfer. Auch die Alten und Frauen können helfen!" *(Mark II,* S. 154.)

ANHANG ZUM 20. APRIL

Aus dem Geheimbericht des Jüdischen Untergrunds:

„20. April:

Der zweite Tag der Aktion begann mit dem Aufmarsch größerer ϟϟ-Einheiten auf der arischen Seite. Nachmittags um 3 Uhr erschien dann eine 300 Mann starke ϟϟ-Abteilung vor dem Tor der Bürstenwerkstätte. Unsere Kämpfer schalteten die elektrische Zündung der Mine ein und sie explodierte genau dort, wo die ϟϟ stand. Alle flüchteten, aber zwei Stunden später kamen sie einzeln sehr vorsichtig und stets im Anschlag zurück. Wir griffen mit Handgranaten und Zündflaschen an. Kurz danach schafften die Deutschen Artillerie heran und nahmen unseren Häuserblock von allen Seiten unter Beschuß. Zwei höhere ϟϟ-Offiziere stellten sich vor die Bürstenmacherwerkstätten und forderten die jüdischen Kämpfer auf, die Waffen niederzulegen. Sie schlugen eine viertelstündige Kampfpause zur Beratung vor. Falls wir die Waffen nicht niederlegten, drohten sie mit dem Beschuß des ganzen Viertels. Wir antworteten mit Schüssen.

Am zweiten Tag zündeten die Deutschen Häuser, in denen sie auf Widerstand stießen, an. So machten Sie es in der Nalewkistraße 33, 35 und 37, der Milastraße 19 und 28, der Zamenhofastraße 28 und dem ganzen Block der Bürstenmacherwerkstätten. Dafür setzten die jüdischen Kämpfer das Lager der Werterfassung in Brand, dessen Wert einige Millionen Zloty betrug." *(Neustadt,* S. 160—162.)

Der jüdische Kämpfer Rathauser:

a) „Dienstag, den 20. April 1943:

Wir beziehen unsere Stellungen und warten. So vergehen zwei Stunden, in denen sich die Deutschen versammeln und beraten. Mehrere höhere Offiziere kamen angefahren. Plötzlich hören wir am Tor Stimmen und sehen, wie die Deutschen im Gänsemarsch, das Gewehr schußbereit und mit besorgten Gesichtern den Hof betreten. Eigentlich gehen sie nicht, sondern eilen im Laufschritt im Schutz der Häuser herbei. Mein Freund und ich lassen die ersten sechs Mann vorüber. Für so eine kleine Gruppe ist uns die Handgranate zu schade, denn wir besitzen nur zwei Handgranaten eigener Fabrikation und zehn Flaschen mit flüssigem Zündstoff sowie unsere Stutzen. Als dann eine ganze Rotte auftaucht, ziehe ich die Handgranate ab und rufe meinem Freunde zu: „Salomon, zünd an!"

Die Explosion verursacht etliche Tote, und als wir die Zündflaschen schleudern, stehen gleich mehrere Soldaten in Flammen. Wir haben nur noch eine Handgranate, die wir uns für später aufsparen wollen, und müssen uns zurückziehen, weil ein wahrer Kugelregen auf uns herniederprasselt. Deshalb steigen wir höher hinauf und beziehen mit anderen Kämpfern gemeinsam eine neue Stellung. Unten wird es still. Alle Soldaten sind verschwunden.

Eine halbe Stunde später erscheinen sie jedoch erneut. Wir empfangen sie mit Zündflaschen und Handgranaten. Sie feuern schnell eine Salve und ziehen sich sofort wieder zurück, ohne Tote und Verwundete mitzunehmen. Aber ein Soldat entdeckt eines unserer Mädchen und ruft: „Sieh mal, eine Frau!" Das Mädchen hält aus, obwohl sofort alle auf es schießen. Einer unserer Kämpfer oben auf dem Boden nimmt die Posten an der Mauer aufs Korn.

Kurz darauf erscheint im Hof des Blocks Swietojerskastraße 32 und Walowastraße 6 Dr. Laus, einer der Direktoren der Bürstenfabrik. Zwei Uniformierte begleiten ihn und machen mit den Gewehren Zeichen, daß sie in friedlicher Absicht kommen. Dr. Laus fordert die Kampf-Organisation auf, die Waffen innerhalb von 15 Minuten zu strecken. Wir antworten mit Schüssen. Einer der Soldaten fällt, und Dr. Laus rennt davon." (*Neustadt*, S. 273—276.)

(Wahrscheinlich handelt es sich hier um Dr. *Lautz*, der bei Kriegsausbruch eine Art Geschäftsführer für das Generalgouvernement war. Dr. *Lautz* protegierte in Polen Walter Caspar Toebbens und wurde sein Partner bei den Millionen-Geschäften im Ghetto Warschau — Bemerkung des Herausgebers.)

b) „Die Kampfgruppen-Kommandanten hatten den Befehl gegeben, nur auf größere deutsche Gruppen zu schießen, da wir so wenig Waffen haben." (S. Rathauser in „Dos naje Lebn", Lodz Nr. 2, 19. 4. 45.)

Der jüdische Kämpfer Leon Najberg:

„Heute kamen die Deutschen ins Ghetto und erschossen alle Kranken des Krankenhauses auf der Gesiastraße 6, darunter auch den Redakteur Michal Gluski." (*Kermisz I*, S. 333.)

Der Tod von Michal Klepfisz:

Am 20. fiel Michal Klepfisz, der vor dem Kriege das Polytechnikum in Warschau besucht hatte. Er stellte die von Stroop erwähnten „Molotow-Cocktails" her. Seine Kameraden begruben ihn am nächsten Morgen, dem 21. April, um 4 Uhr früh im dritten Hof des Hauses Swietozerskastraße 34. Über sein Grab wurde ein Ehrensalut geschossen." (*Mark I*, S. 293.)

Im März 1944 hat ihm die polnische Exilregierung nachträglich in London den Orden „Virtuti Militari" verliehen. (Rzeczpospolita Polska, London, 28. April 1944.)

Aus dem Kommuniqé Nr. 3 der Jüdischen Kampf-Organisation:

„Die den Widerstand im Warschauer Ghetto führende Jüdische Kampf-Organisation hat das Ultimatum der Deutschen, bis Dienstag morgen die Waffen zu strecken, abgelehnt. Nach einigen verhältnismäßig ruhigen Stunden flammte der Kampf wieder auf. Die Deutschen brachten Verstärkung, Panzer, Feldartillerie und Panzerabwehrwaffen ins Ghetto. Dienstag dauerte das Feuer unvermindert bis zum Abend an. Auch außerhalb des Ghettos waren die angrenzenden Straßen, so die Bonifraterska, die Franciszkanska und die Swietojerska voller Truppen und SS-Männer. Auf allen Plätzen waren Geschütze aufgefahren und auf den Dächern schwere Maschinengewehre in Stellung gebracht. Letztere schossen etwa um 4 oder 5 Uhr nachmittags starkes Sperrfeuer. Dutzende von Meilen entfernt war das Krepieren der Granaten zu hören. Überall brach Feuer aus, aber niemand kümmerte sich um die Löschung. Dicke Rauchsäulen stiegen aus dem Ghetto auf ...

Auf dem Dach eines Gebäudes der Muranowkskastraße hißte die Jüdische Kampf-Organisation sowohl die rot-weiße als auch die blau-weiße Flagge. Ein Aufruf zum Kampf stand auf der Fahne, welche vom Dach eines anderen Hauses flatterte. Am Ende der Sapierzynskastraße erkletterten jüdische Kämpfer die Ghettomauer und warfen von dort ein paar Handgranaten. Mehrere SS-Leute, Militärpolizisten und einige Mann von der blauen Polizei (polnische Polizisten, die mit dem Besatzer kollaborierten. — Anmerkung des Herausgebers) wurden von ihnen zerrissen.

Am Dienstagnachmittag verstärkten die Deutschen die Belagerung des Ghettos. Sie schalteten Strom, Wasser und Gas für das ganze Viertel ab. Polizeihundmeuten wurden eingesetzt, um Versteckte in ihren Schlupfwinkeln aufzuspüren." (*Archiv J. H. I.*)

Die Kämpfe am Mittwoch, dem 21. April 1943

I

Abschrift

Fernschreiben

Absender: Der *ƒƒ- und Polizeiführer im Distrikt Warschau*

Akz.: *I ab — St/Gr.—16 07 Tgb. Nr. 527/43 geh.* *Warschau, den 21. 4. 43*

Betr.: *Ghettoaktion*

An den

Höheren ƒƒ- und Polizeiführer Ost

ƒƒ-Obergruppenführer und General der Polizei Krüger

o. V. i. A.

Krakau

Verlauf der Ghettoaktion am 21. 4. 43:

Im Anschluß an die heute gegen 14.00 Uhr erfolgte telefonische Meldung berichte ich wie folgt:

Zur Verfügung stehende Kräfte wie am 20. 4. 43.

Beginn der Aktion: 7.00 Uhr — die Absperrung des gesamten Ghettos besteht seit Beginn der Aktion am 19. 4. 43 unverändert fortlaufend —

Da Teilaktion im Gebäudekomplex HUV[1]) im ostwärtigen Teil des Ghettos am Vorabend wegen Eintritt der Dunkelheit abgebrochen werden mußte, wurde eine Kampfgruppe,

[1]) HUV = Heeresunterkunftsverwaltung.

verstärkt durch Pioniere und schwere Waffen, zur angegebenen Zeit erneut eingesetzt. Nach Durchkämmung des riesigen Häuserblocks, bei der sich herausstellte, daß eine Unmenge von Bunkern und unterirdischen Gängen vorhanden waren, wurden etwa 60 Juden erfaßt. Trotz aller Anstrengungen konnten von den sich in dem Block befindlichen 7—800 Juden mehr nicht erfaßt werden. Diese zogen sich von Schlupfwinkel zu Schlupfwinkel durch unterirdische Gänge, von Zeit zu Zeit feuernd, immer wieder zurück. Ich entschloß mich daher, soweit die Gänge bekannt waren, diese zu sprengen und dann den gesamten Block in Brand zu stecken. Erst nachdem das Feuer einen erheblichen Umfang angenommen hatte, kamen schreiende Juden zum Vorschein, die sofort ausgesiedelt wurden. Verluste traten bei dieser Aktion nicht ein. Es ist Vorsorge getroffen, daß das entstandene Großfeuer lokalisiert bleibt.

Das Gros der Kräfte wurde zur Säuberung des sog. unbewohnten, aber noch nicht freigegebenen Ghettos von Süden nach Norden angesetzt. Vor Beginn dieser Aktion wurden aus ehem. Rüko-[1]*) Betrieben 5200 Juden erfaßt und unter Bedeckung nach dem zur Umlagerung vorgesehenen Verladebahnhof verbracht. Es wurden drei Durchsuchungs-Kommandos gebildet, die besondere Stoßtrupps zugeteilt erhielten, um die bereits bekannten Bunker zu bekämpfen bezw. zu sprengen. Dieses Unternehmen mußte nach Durchkämmung der Hälfte des vorbezeichneten Raumes wegen Eintritt der Dunkelheit abgebrochen werden. Fortsetzung am 22. 4. 43, 7.00 Uhr.*

Außer den zu verlagernden Juden wurden 150 Juden bezw. Banditen kampfmäßig erledigt, etwa 80 Banditen wurden innerhalb der Bunker durch Sprengung vernichtet. Der Gegner kämpfte heute mit den gleichen Waffen wie am Vortage, insbesondere mit selbstgefertigten Sprengkörpern. Muster sind beim ϟϟ- und Polizeiführer zurückbehalten.

Festgestellt wurden erstmalig Angehörige der jüd. weibl. Kampforganisation (Halutzenbewegung). Erbeutet wurden: Gewehre, Pistolen, Handgranaten, Sprengkörper, Pferde und ϟϟ-Uniformstücke.

Eigene Verluste: 2 Orpo, 2 ϟϟ-Angehörige, 1 Trawnikimann (Verwundungen leichter Art).

Der ϟϟ- und Polizeiführer im Distrikt Warschau

gez.: S t r o o p

ϟϟ-Brigadeführer und Generalmajor der Polizei

F. d. R. d. A.:
J e s u i t e r
ϟϟ-Sturmbannführer

---

[1]) Rüstungskommissar.

II

Abschrift

Fernschreiben

Absender: Der SS- und Polizeiführer im Distrikt Warschau

Warschau, den 22. April 1943

Akz.: I ab St/Gr. — 16 07 Tgb. Nr. 530/43 geh.

Betr.: Ghettoaktion — Nachtrag zu Abs. 1 v. 21. 4. 43

An den

Höheren SS- und Polizeiführer Ost

SS-Obergruppenführer und General der Polizei Krüger

o. V. i. A.

Krakau

Die Anlegung des Brandes hatte im Laufe der Nacht das Ergebnis, daß die unter den Dächern bezw. in den Kellern und sonstigen Schlupfwinkeln trotz aller Durchsuchungsaktionen noch verborgenen Juden sich an den äußeren Fronten des Häuserblocks zeigten, um dem Feuer irgendwie zu entgehen. In Massen — ganze Familien — sprangen die Juden, schon vom Feuer erfaßt, aus dem Fenster oder versuchten sich durch aneinandergeknüpfte Bettlaken usw. herabzulassen. Es war Vorsorge getroffen, daß diese sowohl auch die anderen Juden sofort liquidiert wurden. Die ganze Nacht über wurde wiederum aus angeblich freien Gebäuden geschossen. Verluste in der Absperrkette traten nicht ein.

Für die Verlagerung wurden 5300 Juden erfaßt und abtransportiert.

Der SS- und Polizeiführer im Distrikt Warschau

gez.: Stroop

SS-Brigadeführer u. Generalmajor d. Polizei

F. d. R. d. A.:
Jesuiter
SS-Sturmbannführer

ANHANG ZUM 21. APRIL

Der jüdische Kämpfer S. Rathauser:

„21. April:

Den ganzen Tag patrouillierten unsere Kämpfer, aber die Deutschen zeigten sich nicht wieder. Viele Juden sind bei lebendigem Leibe verbrannt, weil ihre Häuser angezündet wurden. Das ganze Viertel ist von einem Flammenmeer umgeben. Bei Nacht verlassen wir unsere Posten und versuchen, ins Zentralghetto hineinzugelangen. Die Hitze ist unbeschreiblich. Überall knistert es in den brennenden Häusern. Mit nassen Tüchern vor dem Mund laufen wir einer hinter dem anderen und gelangen so auf den Hof der Franziskanskastraße 21, von wo wir in die gegenüberliegende Nummer 20 wollen. Da wir lettische, ukrainische und deutsche Streifen erblicken, teilte unsere Gruppe sich. Kaum sind die ersten fünf Mann drüben angekommen, gebe ich den nächsten fünf das Zeichen. Auch sie schaffen es. Dann ist es an mir, und nach mir kommen nochmals zwei Gruppen. Wir alle landen im Schutzkeller der Franziskanskastraße 30." (*Neustadt*, S. 276.)

Der jüdische Kämpfer Marek Edelman:

„In der Nacht zum 22. April griffen jüdische Kampfgruppen die Deutschen auf dem Fabrikgebäude von Többens und Schultz an. Sie hatten viele Tote und Verwundete. Es ging hauptsächlich darum, das Eindringen der Truppen ins Zentralghetto zu verhindern. Die jüdischen Kämpfer Rozowski und Szlamek haben eine 2-kg-Bombe auf ein vorüberfahrendes vollbesetztes ϟϟ-Auto geworfen." (*Edelman*, S. 60.)

Aus dem Kommuniqué Nr. 4 der Jüdischen Kampf-Organisation:

„Mittwoch, den 21. April 1943:

Wieder rollen Panzer ins Ghetto und werden mit Zündflaschen beworfen. Das starke Artilleriefeuer dauert an. Auf der Zamenhofastraße beschossen jüdische Kämpfer einen ϟϟ-Trupp, und in der Lesznostraße warfen sie Handgranaten in eine marschierende ϟϟ-Abteilung. Auf der Mila- und der Niskastraße finden Kämpfe statt. Die Frauen der Kampf-Organisation kämpfen heldenhaft." (*Mark II*, S. 159.)

Lagebericht Nr. 2 der Jüdischen Kampf-Organisation:

„21. April 1943:

1. Nach der bei der Erstürmung der Häuser erlittenen Niederlage haben die deutschen Infanterieabteilungen mit ihren fremden Hilfsvölkern nachts das Ghetto wieder völlig geräumt. Die Zahl der durch die Besatzer getöteten schutzlosen Alten, Frauen und Kinder

ist jedoch riesenhaft. Dagegen sind die Verluste bei den Kämpfenden in keiner Weise größer als bei den Deutschen. Vor den Kanalausgängen stehen schwerbewaffnete deutsche Posten. Die Belagerung führt die Wehrmacht durch.

2. Frühmorgens wurden Panzerabwehrgeschütze und Feldartillerie um das Ghetto herum in Stellung gebracht. Nachmittags fuhren auch noch schwere Haubitzen auf. Solcherweise eingekesselt, ist das Ghetto schwer beschossen worden, besonders in den Nachmittags- und Abendstunden nahm das Feuer zu. Doch selbst dieser starke Beschuß schwächt den Mut der Bevölkerung im Ghetto nicht. Bis jetzt sind Haltung, Disziplin und Verteidigungsorganisation musterhaft. Wenn die Kämpfenden nur sparsam von der Waffe Gebrauch machen, so wegen des Mangels an Munition.

3. Wieder steckten die Kämpfenden deutsche Fabriken und Lagerhäuser in Brand, so auch die große Gerberei auf der Swietojerskastraße. Weil die Kämpfer mit Gewehr und Maschinenpistole aus Häusern am Ghettorand sie beschießen, gibt es auch Verluste bei der Bemannung der Geschütze jenseits der Mauer. Einstweilen lassen es die Deutschen im allgemeinen zu, daß sich die Polen in gewissem Abstand um die Geschütze draußen sammeln. Sie meinen — und das mit Recht — es würde die Ghettokämpfer zu größerer Vorsicht veranlassen und sie würden sparsamer feuern.

4. Hartnäckig anhaltenden Meldungen zufolge sollen die Deutschen heute die Häftlinge aus dem Paviak-Gefängnis evakuiert haben, weil sie fürchten, die Ghettokämpfer könnten es erobern." (*Wulf I*, S. 81/82.)

Der Betriebsführer Többens am gleichen Tage:

„Auf Grund meiner Bevollmächtigung durch den SS- und Polizeiführer im Distrikt Lublin, SS-Gruppenführer und Generalleutnant der Polizei Globocnik, laut Schreiben vom 12. März 1943, reg. 5423/43—Mi/Oll., sowie im Einvernehmen mit dem SS- und Polizeiführer im Distrikt Warschau, Brigadeführer und Generalmajor der Polizei Stroop, teile ich Ihnen folgendes mit:

1. Die Verlegung sämtlicher jüdischer Arbeitskräfte erfolgt am 21. April 1943. Abmarsch 6 Uhr morgens.
2. Die Materialien und Maschinen kommen nach besonderer Anweisung von mir zum Versand.
3. Persönliches Eigentum der jüdischen Arbeiter kann wie bisher mitgenommen werden. Höchstgewicht pro Person 15 kg.
4. Verpflegung ist vom Betrieb mitzugeben für zwei Tage.
5. Einige Polizeikräfte stehen zur Verfügung, die dem Betrieb von mir ab heute abend 18 Uhr zugeteilt werden. Diese müssen von dem Betrieb verpflegt werden.
6. Ein kleiner Prozentsatz jüdischer Arbeitskräfte verbleibt zur Sicherung und zum Abtransport des Materials und der Maschinen in Warschau, ausgestattet mit einem Sonderausweis von mir, der vom Sicherheitsdienst abgestempelt wird.

a) Die Arbeiter der Firma W. C. Többens (Block Gerichtstr.) und Karl Georg Schultz sammeln sich zur Abfahrt auf der Straßenseite des Sperrbezirks.

b) Die Arbeiter der Firma Schultz & Co. GmbH., Bernhard Hallmann & Co. KG., Oskar Schilling & Co., W. Hofmann, Curt Röhrich GmbH. sammeln sich auf der Straße Nowolipie zum Abtransport.

c) Die Arbeiter der Firma Hermann Brauer sammeln sich auf dem Fabrikhof dieser Firma, Nalewkistraße 38.

d) Die Arbeiter der Firma Heeresstandortverwaltung, E. Welk, G. Gerlach, Julian Kudasiewicz sammeln sich auf dem Hof S-to Jerska 32.

e) Die Arbeiter der Firma W. v. Schöne sammeln sich auf dem Fabrikhof Hühnerstraße. Ich mache ausdrücklich die Betriebsführung darauf aufmerksam, daß Arbeiter, die nach dem Abmarsch noch im Sperrbezirk angetroffen werden und nicht mit dem obenbezeichneten Sonderausweis ausgestattet sind, standrechtlich erschossen werden.

f) Ich fordere die Betriebsführung der einzelnen Betriebe hiermit endgültig auf, sich für den reibungslosen Abtransport restlos einzusetzen unter gleichzeitiger Sicherung der vorhandenen Materialien und Maschinen.

g) Obige Anordnung wird getroffen, weil die täglich größer werdenden Schwierigkeiten keine andere Lösung mehr zuließen.

21. IV. 1943 gez.: Walter C. Többens."

(*Berenstein*, S. 250/251.)

Der Kampf am Donnerstag, dem 22. April 1943

I

Abschrift

F e r n s c h r e i b e n

Absender: Der SS- und Polizeiführer im Distrikt Warschau

Warschau, den 22. April 1943

Akz.: I ab St/Gr. 16 07 – Tgb. Nr. 531/43 geh.

Betr.: Ghettoaktion

An den
Höheren SS- und Polizeiführer Ost

SS-Obergruppenführer und General der Polizei Krüger
o. V. i. A.

K r a k a u

Verlauf der Ghettoaktion am 22. 4. 43 bis 12 Uhr.

Mit einer Kampfgruppe wurde erneut in den nun zum größten Teil ausgebrannten bzw. noch brennenden Häuserblock eingedrungen, um sich noch immer dort aufhaltende Juden zu fassen. Weil aus einem Gebäudekomplex wiederum das Feuer auf die Männer der Waffen-SS eröffnet wurde, wurde auch hierin Feuer angelegt mit dem Erfolg, daß nunmehr eine größere Zahl von Banditen aus ihrem Schlupfwinkel aufgescheucht und auf der Flucht erschossen wurde. Außerdem wurden aus den Gebäudehöfen etwa 180 Juden erfaßt. Das Gros der Einheiten nahm im Anschluß der gestern erreichten Linie die Säuberung der nicht durchsuchten Gebäude des Ghettos vor. Diese Aktion ist z. Zt. noch im Gange. Wie an den Vortagen wurde örtlicher Widerstand gebrochen und die aufgefundenen Bunker gesprengt. Leider ist nicht zu verhindern, daß ein Teil der Banditen und Juden sich in den Kanälen unterhalb des Ghettos aufhält und kaum zu fassen ist, weil die Unterwassersetzung von diesen unterbrochen ist. Die Stadtverwaltung ist nicht in der Lage, diesen Übelstand zu beheben. Das Anbringen von Nebelkerzen und die Vermengung des Wassers mit Chreosot hatte ebenfalls nicht den gewünschten Erfolg. Verbindung mit der Wehrmacht tadellos.

Der ϟϟ- und Polizeiführer im Distrikt Warschau

gez.: Stroop

ϟϟ-Brigadeführer und Generalmajor der Polizei

F. d. R. d. A.:
Jesuiter
ϟϟ-Sturmbannführer

II

Abschrift

Fernschreiben

Absender: ϟϟ- und Polizeiführer im Distrikt Warschau

Warschau, den 22. 4. 1943

Akz.: I ab St/Gr. — 16 07 — Tgb. Nr. 532/43 geh.

Betr.: Ghettoaktion

An den
Höheren ϟϟ- und Polizeiführer Ost

ϟϟ-Obergruppenführer und General der Polizei Krüger
o. V. i. A.

Krakau

Verlauf der Ghettoaktion am 22. 4. 43. Meldung über die Aktion bis 12.00 Uhr ist bereits durch FS von heute erstattet.

Anschließend wird folgendes gemeldet:

Die schon erwähnte Durchsuchung der restlichen Gebäudekomplexe durch angesetzte Stoßtrupps, die teilweise Widerstand antrafen, hatte folgenden Erfolg: 1100 Juden zur Verlagerung erfaßt, 203 Banditen und Juden erschossen, 15 Bunker gesprengt. Es wurden erbeutet: 80 Brandflaschen und andere Beute.

Zur Verfügung stehende Kräfte: Wie durch FS v. 20. 4. 43 Tgb. Nr. 516/43 geh., gemeldet.

Eigene Verluste: SS-Untersturmführer Dehmke SS-Kav.Ers.Abt. (tot) feindl. Schuß in eine von ihm getragene Handgranate, 1 Wm. d. Polizei (Lungendurchschuß).

Bei Sprengungen der Bunker durch die Pioniere sind eine erhebliche Zahl von Juden und Banditen unter den Trümmern begraben. Es war in einer Reihe von Fällen notwendig, zur Ausräucherung der Banden Brände anzulegen.

Es ist noch zu melden, daß immer wieder Teile der eingesetzten Verbände seit gestern auch von außerhalb des Ghettos, also aus dem arischen Teil, beschossen werden. Sofort eindringenden Stoßtrupps gelang es in einem Falle, 35 poln. Banditen, Kommunisten, zu fassen, die sofort liquidiert wurden. Bei heute notwendigen Erschießungen ist es wiederholt vorgekommen, daß die Banditen mit dem Ruf „Hoch lebe Polen!" „Es lebe Moskau!" zusammenbrachen.

Die Aktion wird am 23. 4. 43, 7.00 Uhr fortgesetzt.

Der SS- und Polizeiführer im Distrikt Warschau

gez.: Stroop
SS-Brigadeführer und Generalmajor der Polizei

F. d. R. d. A.:
Jesuiter
SS-Sturmbannführer

ANHANG ZUM 22. APRIL

Der jüdische Kämpfer S. Rathauser:

„In der Nacht vom Donnerstag zum Freitag soll ein Spähtrupp Verbindung zu den im Zentralghetto operierenden Gruppen aufnehmen. Zwei gehen in Richtung Gesiastraße; Jurek Blonetz und ich gehen zur Nalewkistraße. Auf dem ganzen Weg liegen Leichen. Wenn wir nicht auf sie treten wollen, müssen wir springen. Vor dem Haus Nalewkistraße 36 stoßen wir auf eine Gruppe der Jüdischen Kampf-Organisation unter Befehl von Lutek Rotblat. So ist die Verbindung zum Stab der JKO hergestellt.

Luft, Wasser und Nahrungsmittel sind knapp, daher müssen wir die Schutzkeller dauernd wechseln." (*Neustadt*, S. 277.)

Der jüdische Kämpfer Schalom Grajek (Pseudonym: Stefan):

„Heute fiel Szymon Heller. Er hatte geschworen, nicht zu sterben, bevor er nicht fünf Deutsche getötet hatte. („Nasze Slowo", Lodz, April 1947.)

Bulletin Nr. 5 der Jüdischen Kampf-Organisation:

„Donnerstag, den 22. April 1943:

Dieser Tag zeichnete sich durch Riesenbrände in den Straßen Swietojerska, Franciszkanska, Walowa und Nalewki aus. Nachmittags griffen sie auch auf die Zamenhofa über. Das Feuer ist teils durch Sprengstoff, teils durch deutsche Artilleriegeschosse verursacht worden. Das Ghetto war den ganzen Tag in eine dichte Rauchwolke gehüllt, die von Stunde zu Stunde zunahm. In der Franciszkanska- und der Swietojerskastraße nahe der Ghettomauer wütete das Feuer am schlimmsten, aber in allen Ghettostraßen verbreitete sich der dicke Qualm. Zweifellos wollen die Deutschen das Ghetto einfach ausräuchern, weil sie inzwischen eingesehen haben, daß sie unseren Widerstand in offenem Kampf nicht brechen können. Tausende von Frauen und Kindern verbrannten in den Häusern bei lebendigem Leibe. Die schrecklichen Schreie und verzweifelten Hilferufe waren überall zu hören. Manche erschienen mit brennenden Kleidern wie lebendige Fackeln in den Fensterhöhlen, doch selbst das machte die jüdischen Kämpfer in ihrem Entschluß, auch weiterhin Widerstand zu leisten, nicht wankend.

Die Deutschen versuchen zu verhindern, daß Juden entkommen oder sich durch die Kanalisation mit den Kämpfenden in Verbindung setzen. Der Stadtverwaltung wurde befohlen, die Einstiege ins Kanalisations-System zu versperren. Manche Einstiege werden durch das deutsche Feuer sowieso zeitweise verschüttet oder zerstört."

(*Friedman II*, S. 240/241.)

Aus dem Lagebericht Nr. 3 der Jüdischen Kampf-Organisation vom 22. April:

„... Einige jüdische Kämpfer fielen den Deutschen lebend in die Hand und wurden von schwerbewaffneten Posten abgeführt. Wie sich das Bild verändert hat! Früher führten ein paar Deutsche große Mengen Juden ab; heute ist für ein paar Juden ein ganzer Trupp Deutscher erforderlich. Der Stab meldet, daß die Verluste auf jüdischer Seite nur 2–3 % betragen." (*Archiv J. H. I.*)

Brief des JKO-Stabes an seine Beauftragten auf der „arischen" Seite: (In Klammern die Bemerkungen des Herausgebers)

„Wir sind gesund. Habt Ihr die Lebensmittelpakete abgeschickt (Waffen)? Vergeßt die Eier nicht (Handgranaten)! Und nicht die Bonbons (Kugeln) sowie das Wichtige für die Tante (Maschinengewehr), Wurst (Revolver) braucht Ihr nicht zu schicken." (*Mark I*, S. 341.)

Der Aktionsverlauf am Freitag, dem 23. April 1943

Abschrift

Fernschreiben

Absender: Der ϟϟ- und Polizeiführer im Distrikt Warschau

Warschau, den 23. 4. 1943

Az.: I ab — St/Gr. — 16 07 — Tgb.Nr. 538/43 geh.

Betr.: Ghettoaktion

An den

Höheren ϟϟ- und Polizeiführer Ost

ϟϟ-Obergruppenführer und General der Polizei Krüger

o. V. i. A.

K r a k a u

Verlauf der Ghettoaktion am 23. 4. 43

Beginn: 7.00 Uhr.

Das gesamte ehemalige Ghetto war zur heutigen Durchkämmung in 24 Bezirke eingeteilt. In jeden Bezirk wurde ein verstärkter Durchsuchungs-Stoßtrupp mit besonderem Auftrag entsandt. Für die, den Durchsuchungs-Stoßtrupps gegebenen Aufträge hatten diese Zeit bis 16.00 Uhr.

Erfolg dieses Unternehmens: 600 Juden und Banditen aufgestöbert und erfaßt, und etwa 200 Juden und Banditen erschossen. 48 Bunker, teilweise raffiniertester Art, wurden gesprengt. Erbeutet wurden — außer Wertgegenständen, Geld — auch einige Gasmasken.

Es war den Einheiten bekanntgegeben, daß die Aktion mit dem heutigen Tage beendet werden sollte. Diese Mitteilung war bereits vormittags bei den Juden bekannt. Aus diesem

Grunde wurden nach etwa 1—1½stündiger Pause Durchsuchungs-Stoßtrupps erneut angesetzt mit dem Erfolg, daß, wie es stets der Fall ist, die Anwesenheit von Juden und Banditen in verschiedenen Blocks festgestellt wurde. Aus einem Gebäudekomplex wurden die Absperrmannschaften sogar beschossen. Eine besondere Kampfgruppe wurde hiergegen angesetzt, und zur Ausräucherung der Banditen sämtliche Gebäude in Brand gesetzt. Die Juden und Banditen hielten sich bis zum letzten Augenblick, um dann die Männer der Einheiten mit Feuer zu belegen. Sogar mit Karabinern wurde geschossen. Eine Anzahl der von Balkonen herunterschießenden Banditen wurde durch Schüsse zum Absturz gebracht.

Am heutigen Tage ist auch die angebliche Zentrale der „PPR"[1]) unbesetzt festgestellt und vernichtet worden. An diesem 5. Tage wurden sichtbar die größten Terroristen und Aktivisten gestellt, die es verstanden haben, sich jeder bisher stattgefundenen Überholung bzw. Verlagerung zu entziehen.

Nach Meldung eines Volksdeutschen sind wiederum Juden durch die Kanalisation in den arischen Stadtteil geflohen. Es wurde verraten, daß sich in einem Hause einige Juden aufhielten. Ein besonders motorisiert angesetzter Stoßtrupp drang in das Gebäude ein und konnte 3 Juden, darunter 2 Jüdinnen, noch festnehmen. Während dieser Aktion wurde der Lkw. mit einer Brandflasche und einem Sprengkörper beworfen, wodurch 2 Männer der Orpo durch Verwundung ausfielen.

Die ganze Aktion wird erschwert durch die mit allen Raffinessen vorgehenden Juden und Banditen; z. B. wurde festgestellt, daß in den Leichenwagen, mit denen die herumliegenden Toten gesammelt werden, gleichzeitig lebende Juden auf den jüdischen Friedhof gefahren werden und damit außerhalb des Ghettos entkommen. Durch ständige Kontrolle der Leichenwagen wird auch dieser Weg unterbunden.

Bei Abbruch der heutigen Unternehmung gegen 22.00 Uhr wurde festgestellt, daß wiederum etwa 30 Banditen in einen sog. Rüstungsbetrieb wechselten, um dort Unterschlupf zu finden. Da in diesem Betrieb große Werte der Wehrmacht lagern, ist dieser aufgefordert, bis 24. 4. mittags zu räumen, um dieses Häuserlabyrinth ebenfalls morgen in Angriff zu nehmen.

Zur Verlagerung aus den Betrieben wurden heute 3500 Juden erfaßt. Insgesamt wurden bis heute zur Verlagerung erfaßt bzw. bereits abtransportiert: 19 450 Juden. Von diesen Juden sind z. Zt. noch etwa 2500 zu verladen. Der nächste Zug fährt am 24. 4. 43 ab.

Kräfte wie am 22. 4. 43 — ohne 150 Trawnikimänner. Diese sind bereits dem KdO. zur Verstärkung für eine andere Aufgabe zugeteilt.

Eigene Verluste: 2 Pol.Wm. (SB) verwundet
1 Trawnikimann verwundet.

---

[1]) PPR = Polska Partia Robotnicza (Polnische Arbeiter-Partei), illegale kommunistische Partei, welche im Januar 1942 im besetzten Polen gegründet wurde. Ihr Einfluß im Ghetto Warschau war im Verhältnis zu den Aktivitäten der zionistischen Parteien und denen der jüdisch-sozialdemokratischen Partei „Bund" minimal. (Siehe auch Bemerkung Nr. 21 Seite 90.)

Fortsetzung der Aktion am 24. 4. 43, 10.00 Uhr. Dieser Zeitpunkt wurde gewählt, um die sich etwa noch im Ghetto befindenden Juden in dem Glauben zu lassen, daß die Aktion heute tatsächlich beendet wurde.

Der ᛋᛋ- und Polizeiführer im Distrikt Warschau

gez.: S t r o o p
ᛋᛋ-Brigadeführer u. Generalmajor der Polizei

F. d. R. d. A.:
J e s u i t e r
ᛋᛋ-Sturmbannführer

ANHANG ZUM 23. APRIL

M o r d e c h a i A n i e l e w i c z , K o m m a n d a n t d e r J K O , s c h r e i b t s e i n e m S t e l l v e r t r e t e r I c c h a k C u k e r m a n i n d i e „a r i s c h e" S t a d t s e i t e :

„Was wir erlebt haben, läßt sich mit Worten nicht beschreiben. Wir hätten es in unseren kühnsten Träumen nicht zu hoffen gewagt. Zweimal zwangen wir die Deutschen, das Ghetto fluchtartig zu verlassen. Eine unserer Gruppen hielt die Stellung 40 Minuten, eine andere sogar 6 Stunden. Eine unserer Minen vor den Bürstenmacherwerkstätten explodierte. Verschiedene Gruppen griffen die Deutschen an und schlugen sie auch in die Flucht. Schon unsere geringen Verluste sind ein Sieg. Am Maschinengewehr starb J. den Heldentod. Ich finde, wir leisten Großes. Es ist von Bedeutung.

Von heute ab gehen wir zur Partisanentaktik über. Noch in dieser Nacht gehen drei Spähtrupps hinaus, um Waffen zu erobern. Weil wir sie nur selten benutzen können, sind Revolver für uns zwecklos. Wir brauchen vielmehr Gewehre, Maschinengewehre, Handgranaten und Sprengstoff.

Die Lebensbedingungen im Ghetto zu schildern ist unmöglich. Nur wenige werden das ertragen; alle übrigen kommen früher oder später um. Ihr Schicksal ist schon besiegelt. In fast allen Bunkern sind Tausende von Juden versteckt, und man kann keine Kerze entzünden, weil die Luft fehlt. Sei mir gesund, mein Teurer! Vielleicht sehen wir uns ja noch wieder. Der Traum meines Lebens ist jedenfalls schon in Erfüllung gegangen, denn das Ghetto verteidigt sich. Wir Juden leisten mit der Waffe in der Hand Widerstand. Das ist Tatsache geworden, und ich kann bezeugen, wie heldenhaft Juden kämpfen.

Ghetto, 23. April 1943

Mordechai Anielewicz"

(„Dos Naje Lebn", Lodz, 19. April 1945)

Aufruf der JKO an die polnische Bevölkerung:

„Polnische Bürger, Soldaten der Freiheit!

Beim Lärm der Geschütze, mit denen die deutsche Armee unsere Häuser, Mütter, Frauen und Kinder bombardiert, dem Knattern der Maschinengewehre, die wir im Kampf von der SS eroberten, den Rauchschwaden und lodernden Flammen, angesichts der Ströme von Blut im Warschauer Ghetto, senden wir — die im Ghetto Eingeschlossenen — euch einen brüderlichen Gruß.

Wir wissen wohl, wie ihr mit bebenden Herzen und Tränen des Mitleids, aber voll Freude und Verstehen für unseren erfolgreichen Kampf, diesem Ringen zuschaut, das wir seit Tagen dem grausamen Besatzer liefern.

Ihr seht, jede Türschwelle des Ghettos wurde zur Festung und wird es bleiben. Wenn wir auch vielleicht alle bei diesem Kampf ums Leben kommen, ergeben werden wir uns nicht. Wir wollen gleich euch Rache nehmen und den Feind für seine Verbrechen strafen. Der Kampf geht um eure und unsere Freiheit. Um eure und unsere menschliche, soziale und nationale Ehre sowie Würde!

Wir wollen die Verbrechen von Auschwitz, Treblinka, Belzec und Majdanek rächen!

Es lebe die Blutsbrüderschaft im kämpfenden Polen! Es lebe die Freiheit! Tod den Mördern und Henkersknechten! Ein Kampf auf Leben und Tod gegen die Besatzungsmacht!
Am 23. April 1943

Jüdische Kampf-Organisation“

(*Wulf I*, S. 86.)

Der „Judenrat“ wird liquidiert

„Auf Grund von Augenzeugenberichten sind wir in der Lage bekanntzugeben, daß am Freitag, dem 23. April, sämtliche Mitglieder des Jüdischen Gemeinderates, die zu Beginn der Ausrottungsaktion am 19. April verhaftet worden waren und als Geisel in die Befehlsstelle auf der Zelaznastraße 103 gebracht und gefangengehalten wurden, zum Umschlagplatz transportiert worden sind. Man trieb sie auf dem Hof in der Nähe des Hauptbüros zusammen, und kurz darauf haben SS-Leute sie alle erschossen. Ihre Leichen warf man in die Abfallgrube. Es waren der Vorsitzende des Jüdischen Gemeinderates, Ingenieur Marek Lichtenbaum, sein Stellvertreter Dr. Gustav Wielikowski, Ingenieur Alfred Sztolcman und Ingenieur Stanislaw Szereszewski.“

Aus dem Kommuniqué der Jüdischen Kampf-Organisation vom 29. April 1943.

(*Friedman II*, S. 242—44.)

Am Samstag, dem 24. April 1943

Abschrift

F e r n s c h r e i b e n

Absender: Der SS- und Polizeiführer im Distrikt Warschau

Warschau, den 24. 4. 1943

Az.: I ab St/Wdt. – 16 07 Tgb.Nr. 545/43 geh.

Betr.: Ghettoaktion

An den

Höheren SS- und Polizeiführer Ost

SS-Obergruppenführer und General der Polizei Krüger
o. v. i. A.

K r a k a u

Verlauf der Aktion am 24. 4. 43, Beginn 10.00 Uhr

Zum Unterschied von den Vortagen wurden die heute wiederum gebildeten 24 Durchsuchungs-Stoßtrupps nicht von einer Seite, sondern gleichzeitig von allen Enden des Ghettos zur Durchkämmung angesetzt. Scheinbar sind die noch vorhandenen Juden dadurch, daß das Unternehmen erst um 10.00 Uhr begann, in dem Glauben gewesen, die Angelegenheit wäre am Vortage beendet worden. Der Erfolg der Durchsuchungsaktion war deswegen am heutigen Tage besonders erfolgreich. Der Erfolg beruhte aber auch auf der Tatsache, daß die Unterführer und Männer sich inzwischen an den hinterhältigen Kampf und an die Schliche der Juden und Banditen gewöhnt haben, vor allem große Geschicklichkeit in der Aufspürung von den unzähligen vorhandenen Bunkern bekommen haben. Nach Rückkehr der Stoßtrupps wurde heute gegen Abend ein besonderer Häuserblock im nordöstlichen Teil des ehemaligen Ghettos angepackt. In diesem Häuserlabyrinth befand sich eine sogenannte Rüstungsfirma, die angeblich Millionenwerte in Wehrmachtsgut zum Verarbeiten und Lagern haben sollte. Ich hatte der Wehrmacht am 23. 4. 43 gegen 21.00 Uhr Kenntnis von meiner Absicht gegeben mit dem Ersuchen, das Wehrmachtsgut bis 12.00 Uhr abzufahren. Da die Wehrmacht erst gegen 10.00 Uhr mit der Abfahrt begann, mußte ich eine Verlängerung bis 18.00 Uhr einräumen. Um 18.15 Uhr trat die Durchsuchungs-Kampfgruppe nach Abriegelung in die Gebäude ein und stellte die Anwesenheit einer großen Anzahl von Juden fest. Da diese Juden zum Teil Widerstand leisteten, gab ich den Befehl zum ausbrennen. Erst nachdem der Straßenzug und zu beiden Seiten sämtliche Höfe in hellen Flammen standen, kamen die Juden zum Teil brennend aus den Häuserblocks hervor, bzw. versuchten, sich durch einen Sprung aus den Fenstern oder von Balkonen auf die Straße, auf die sie vorher Betten, Decken und sonstige Teile geworfen hatten, zu retten. Immer wieder konnte man beobachten, daß trotz der großen Feuersnot Juden und Banditen es vorzogen, lieber wieder ins Feuer zurückzugehen, als in unsere Hände zu fallen. Immer wieder schossen die Juden bis fast zur Beendigung der Aktion, so daß noch fast am Ende dieses Tages die Pioniergruppe unter LMG.-Schutz in ein besonders starkes Betonhaus eindringen mußte.

Ende der heutigen Aktion: Am 25. 4. 43 um 1.45 Uhr.

Es wurden zur Verlagerung 1660 Juden eingebracht. Aus Bunkern wurden hervorgezogen 1814, erschossen ca. 330. Ungezählte Juden verbrannten oder kamen in den gesprengten Bunkern um. Es wurden 26 Bunker gesprengt und eine nicht gezählte Menge an Geldscheinen, hierunter besonders Dollars, eingebracht.

Eigene Kräfte: Wie am Vortage, weniger 50 Mann Waffen-SS.

Eigene Verluste: 2 SS-Männer und 1 Trawnikimann verwundet.

Insgesamt wurden bisher 25 000 Juden, die im ehem. jüd. Wohnbezirk gewohnt haben, durch die laufende Aktion erfaßt. Da über den Bestand an Juden nur unklare Schätzungen vorliegen, nehme ich an, daß sich im Ghetto nur noch ganz geringe Teile der Juden und Banditen aufhalten.

Fortsetzung der Aktion am 25. 4. 43 um 13.00 Uhr.

Ich bestätige den Empfang der FS. Nr. 1222 und 1223 vom 24. 4. 43. Soweit zu übersehen, wird die laufende große Aktion bis einschließlich 2. Ostertag andauern.

An den Außenmauern des Ghettos sind bereits heute Plakate angebracht, die bekanntgeben, daß jeder, der das ehem. Ghetto betritt, ohne sich legitimieren zu können, erschossen wird[1]*).*

Der SS- und Polizeiführer im Distrikt Warschau

gez. Stroop
SS-Brigadeführer u. Generalmajor d. Polizei

F. d. R. d. A.:
Jesuiter
SS-Sturmbannführer

[1]) Text des Plakats am Ende des Anhangs, Seite 120.

ANHANG ZUM 24. APRIL

D e r j ü d i s c h e K ä m p f e r T u w i a B o r z y k o w s k i :

„An diesem Tage beschäftigte sich die Jüdische Kampf-Organisation außer mit ihrer Partisanentätigkeit auch damit, die an besonders gefährdeten Stellen versteckten Juden in besser »gesicherten« Verstecken unterzubringen. So holten sie beispielsweise die in der Milastraße 29 Versteckten in die Milastraße 9." (*Borzykowski*, S. 73—76.)

L a g e b e r i c h t N r. 5 d e r J ü d i s c h e n K a m p f - O r g a n i s a t i o n :

„24. 4. 1943

1. Heute ist der fünfte Tag des verbissenen Kampfes, und das Ghetto wurde bisher nicht besiegt. Das »Säubern« der vom Feind eroberten Teile hält an, doch selbst dort noch liefern unsere Kämpfer heftige Partisanenkämpfe. In den Blocks gibt es immer noch Widerstandsnester. Nachdem sie die Häuser unterminiert haben, reißen die Deutschen sie einfach ein.

2. Im übrigen, noch recht großen Ghettoteil halten unsere straff organisierten Kampfgruppen die Verbindung zueinander aufrecht. Um die Okopowastraße herum und in der Powazekgegend machte der Feind überhaupt noch keinen Großangriff, sondern es fanden nur kleinere Zusammenstöße deutscher Abteilungen mit unseren Kampfgruppen statt. Bis zum Abend herrschte dort verhältnismäßige Ruhe, dann aber warfen Flugzeuge eine Anzahl Brandbomben, die hauptsächlich in der Muranowska-, der Gesia- und Nalewki- sowie der Okopowastraße Brände verursachten. Das Ghetto brennt. Auch unsere Kämpfer zünden deutsche Fabriken und Lagerhäuser an, so die große Uniformwerkstatt. Nachdem die Detonationen, das Rattern der Maschinengewehre und das Dröhnen der Geschütze während des Tages ein wenig nachgelassen hatten, begann alles zwischen 7 und 11 Uhr abends wieder verstärkt." (*Wulf I*, S. 82.)

S t r o o p s P l a k a t :

„H a l t ! S p e r r g e b i e t !

Das Betreten des ehemaligen jüdischen Wohnbezirks ist strengstens verboten. Jeder, der ohne einen neuen gültigen Ausweis im ehemaligen jüdischen Wohnbezirk angetroffen wird, wird erschossen.

Alle vor dem 23. April 1943 ausgestellten Ausweise zum Betreten des ehemaligen jüdischen Wohnbezirks haben ihre Gültigkeit verloren.

Warschau, den 23. April 1943.

Der SS- und Polizeiführer im Distrikt Warschau

gez.: S t r o o p

SS-Brigadeführer und Generalmajor der Polizei"

(*Neustadt*, S. 68 – Fotokopie.)

Die Kämpfe am Sonntag, dem 25. April 1943

I

Abschrift

Fernschreiben

Absender: Der SS- und Polizeiführer im Distrikt Warschau

Warschau, den 25. 4. 43

Akz.: I ab—St/Wdt.—1607 Tgb.Nr. 549/43 geh.

Betr.: Ghettoaktion

An den
Höheren SS- und Polizeiführer Ost

SS-Obergruppenführer und General der Polizei Krüger
o.V.i.A.

Krakau

Verlauf der Aktion am 25. 4. 43, Beginn 13.00 Uhr

Es wurden für den heutigen Tag 7 Durchkämmungs-Stoßtrupps gebildet, Stärke 1/70, denen je ein bestimmter Häuserblock zugewiesen wurde.

Auftrag: „Nochmalige Durchkämmung sämtlicher Gebäude, Feststellung von Bunkern und Sprengung derselben, sowie Erfassung der Juden. Dort, wo sie irgendwie Widerstand leisten oder die Bunker nicht erreicht werden können, sind die Gebäude niederzubrennen."

Neben der Tätigkeit dieser 7 Durchkämmungs-Stoßtrupps wurde ein besonderes Unternehmen gegen ein außerhalb der ehem. Ghettomauer liegendes Banditennest unternommen, welches nur von Polen bewohnt wurde.

Das heutige Unternehmen endete bei fast sämtlichen Stoßtrupps damit, daß Riesenbrände entstanden und dadurch die Juden zum Verlassen ihrer Verstecke und Schlupfwinkel veranlaßt wurden. Es wurden insgesamt 1690 Juden lebend erfaßt. Nach Erzählung der Juden sind hierunter mit Bestimmtheit abgesetzte Fallschirmspringer und solche Banditen, die von einer unbekannten Stelle mit Waffen beliefert wurden. 274 Juden wurden erschossen und wie an allen Tagen ungezählte Juden in gesprengten Bunkern verschüttet und, wie immer wieder festgestellt werden kann, verbrannt. Mit der heutigen Beute an Juden sind meines Erachtens ein sehr großer Teil der Banditen und niedrigsten Elemente des Ghettos erfaßt worden. Die sofortige Liquidierung wurde wegen Eintritt der Dunkelheit nicht mehr durchgeführt. Ich werde versuchen, für morgen einen Zug nach T II[1]) zu erhalten, andernfalls die Liquidierung morgen durchführen. Auch am heutigen Tage wurde wiederholt Widerstand mit Waffen geleistet und in einem Bunker 3 Pistolen und Sprengkörper erbeutet. Ferner wurden am heutigen Tage erhebliche Bestände an Papiergeld, Devisen, Goldmünzen und Schmuckgegenständen sichergestellt. Die Juden verfügen immer noch über erhebliche Vermögenswerte. Wenn gestern nacht das ehem. Ghetto von einem Feuerschein überzogen war, so ist heute abend ein riesiges Feuermeer zu sehen. Da bei den planmäßigen und regelmäßigen Durchkämmungen immer wieder Juden in großer Zahl aufgespürt werden, wird die Aktion am 26. 4. 43 fortgesetzt. Beginn 10.00 Uhr.

Mit dem heutigen Tage wurden insgesamt 27 464 Juden des ehem. jüd. Ghettos Warschau erfaßt.

Eigene Kräfte: Wie am Vortage.

Eigene Verluste: 3 Angehörige der Waffen-SS und ein Angehöriger der Sicherheitspolizei verwundet.

Bisherige Gesamtverluste:

Waffen-SS	*27 Verwundete*	*und 5 Tote, davon:*	
Ordnungspolizei . . .	*9 „*		
Sicherheitspolizei . . .	*4 „*	*Waffen-SS . . . . .*	*2 Tote*
Wehrmacht	*1 „*	*Wehrmacht . . . . .*	*2 „*
Trawniki-Männer . . .	*9 „*	*Trawniki-Männer . . .*	*1 „*
	50 Verwundete		*5 Tote*

Der SS- und Polizeiführer im Distrikt Warschau

gez. S t r o o p
SS-Brigadeführer u. Generalmajor d. Polizei

F. d. R. d. A.:
J e s u i t e r
SS-Sturmbannführer

---

1) T II = Vernichtungslager Treblinka II. Dort kamen ca. 700 000 Juden ums Leben. Treblinka I hingegen war nur ein Straflager für Polen. Treblinka ist ein Dorf im Kreis Sokolow, Distrikt Lublin. Über das Vernichtungslager ist noch während des Krieges unter deutscher Besatzung 1944 vom Jüdischen Untergrund eine Broschüre herausgegeben worden. Ihr Verfasser, Jankel Wiernick, war selbst Häftling dort und am Aufstand der jüdischen Häftlinge gegen die SS-Wache am 2. August 1943 beteiligt.

II

Abschrift

F e r n s c h r e i b e n

Absender: Der SS- und Polizeiführer im Distrikt Warschau

Warschau, den 26. 4. 43

A z.: I ab St/Wdt—16 07 — Tgb.Nr. 550/43 geh.

B e t r.: Ghetto-Großaktion-Ergänzungsmeldung

An den

Höheren SS- und Polizeiführer Ost

SS-Obergruppenführer und General der Polizei Krüger
o.V.i.A.

K r a k a u

1.) Die Aktion am 25. 4. 43 wurde um 22.00 Uhr beendet.

2.) Allgemeine Auswirkungen der Durchführung der Aktion:

Die in Warschau lebenden Polen sind stark beeindruckt über die Härte des Zupackens im ehem. jüd. Wohnbezirk. Wie aus den Ereignismeldungen zu ersehen, ist seit der laufenden Aktion eine allgemeine Beruhigung, abgesehen von kleineren Vorfällen, eingetreten, insbesondere im Stadtgebiet Warschau. Daraus ist zu folgern, daß die Banditen und Saboteure bisher im ehem. jüd. Wohnbezirk lebten und nunmehr vernichtet wurden.

Hierbei interessiert die Tatsache, daß beim Brand eines Gebäudes, in dem z. Zt. bearbeiteten Wohnbezirk, ein illegales Munitionslager in die Luft ging.

Der SS- und Polizeiführer im Distrikt Warschau

gez. S t r o o p

SS-Brigadeführer u. Generalmajor d. Polizei

Für die Richtigkeit:
J e s u i t e r
SS-Sturmbannführer

ANHANG ZUM 25. APRIL

Der jüdische Kämpfer Leon Najberg:

„Sonntag, den 25. April 1943:

Im Keller des Hauses Walowastraße 2 liegt der deutsche Jude Hosch. Er war im vierten Stock versteckt und erstickte fast im Qualm, als das Feuer ihn erreichte. Treppen gab es im ganzen Hause schon nicht mehr, deshalb sprang er in die Tiefe, brach sich die Arme, und sein Rückgrat ist ebenfalls verletzt. Gestern war er noch bei Bewußtsein und kroch in den Keller, aber heute liegt er in Agonie. Sein Gesicht ist völlig mit verkrustetem Blut beschmiert.

Auf dem Hof des Hauses Walowastraße 4 liegen die Leichen von zwei Kindern und einer Frau mit versengtem Haar und verunstalteten Gesichtern. Sie haben auch Schußverletzungen. Was gestern noch atmete, ist heute nur noch ein Haufen Knochen und Lumpen.

Die Leichen von Ingenieur Tojst, Szyer und zwei Unbekannten, die alle im Qualm erstickt sind, liegen im Keller der Swietojerskastraße 38." (*Kermisz I*, S. 340.)

Aus dem Lagebericht Nr. 6 der Jüdischen Kampf-Organisation:

„25. April 1943:

... Das ganze Ghetto brennt, aber die Deutschen lassen keine Feuerwehr herein. Sie legen Minen in die eroberten Häuser. Nachmittags warfen Flugzeuge wieder Brandbomben auf das Ghetto, die ein Dutzend Brände mehr verursachten. Abends war der Himmel über dem Ghetto hell vom Feuerschein." (*Mark I*, S. 170.)

Der Kampf am Montag, dem 26. April 1943

Abschrift

Fernschreiben

Absender: Der ϟϟ- und Polizeiführer im Distrikt Warschau

Warschau, den 26. 4. 43

Az.: I ab St/Wdt. — 1607 — Tgb.Nr. 551/43 geh.

Betr.: Ghettoaktion

An den
Höheren ϟϟ- und Polizeiführer Ost

ϟϟ-Obergruppenführer und General der Polizei Krüger
o.V.i.A.

Krakau

Beginn der Aktion 10.00 Uhr

Der gesamte ehem. jüd. Wohnbezirk wurde heute wiederum durch dieselben Durchsuchungs-Stoßtrupps mit denselben Bezirken durchkämmt. Hierbei wollte ich erreichen, daß die Führer in die ihnen nunmehr bekannten Straßenzüge bzw. Häuserblocks und Höfe gelangen, um immer weiter in das Wirrwarr von Bunkern und unterirdischen Gängen eindringen zu können. Fast ohne Ausnahme meldeten die Stoßtrupps Widerstände, die aber durch Erwiderung des Feuers oder durch Sprengung der Bunker restlos gebrochen wurden. Es zeigt sich immer mehr, daß nunmehr die Reihe an die zähesten und widerstandsfähigsten Juden und Banditen kommt. Es sind mehrfach Bunker gewaltsam geöffnet worden, deren Insassen seit der Dauer der Aktion nicht mehr an die Oberfläche gekommen waren. In einer Reihe von Fällen waren die Insassen der Bunker nach der erfolgten Sprengung kaum noch in der Lage, an die Oberfläche zu kriechen. Nach Aussagen der gefangenen Juden sollen in den Bunkern eine größere Anzahl der Insassen von der Hitze und dem Qualm und von den erfolgten Sprengungen irre geworden sein.

Es wurden verschiedene Juden festgenommen, die mit der polnischen Terroristengruppe enge Verbindung hielten und zusammen gearbeitet hatten. Außerhalb des ehem. jüd. Wohnbezirks wurden 29 Juden festgenommen.

Im Verlauf der heutigen Aktion wurden mehrere Häuserblocks niedergebrannt. Dieses ist die einzige und letzte Methode, um dieses Gesindel und Untermenschentum an die Oberfläche zu zwingen.

Es wurden wiederum Waffen, Brandflaschen, Sprengkörper und größere Mengen Geld und Devisen erbeutet.

Auch heute habe ich veranlaßt, daß mehrere sogen. Rüstungs- und wehrwirtschaftliche Betriebe unverzüglich ihre noch vorhandenen Bestände verlagern, damit auch diese Häuserblocks, in die nunmehr die Juden unter dem Schutze der Bewaffnung der deutschen Wehrmacht und Polizei herübergewechselt sind, ausgekämmt werden können. In einem Falle ergab sich dasselbe Bild wie schon öfter, daß hinter dem angeblichen Riesenbetrieb fast überhaupt keine Bestände und Werte vorhanden waren. Ein Betrieb wurde sofort geschlossen und die Juden verlagert.

Ergebnis der heutigen Unternehmung:

30 Juden verlagert, 1330 Juden aus Bunkern hervorgeholt und sofort vernichtet. 362 Juden im Kampf erschossen. Insges. heute erfaßt: 1722 Juden. Dadurch erhöhte sich die Gesamtzahl der erfaßten Juden auf 29 186. Außerdem sind mit Wahrscheinlichkeit in den 13 gesprengten Bunkern und durch Brände ungezählte Juden umgekommen.

Z. Zt. sind von den erfaßten Juden keine mehr in Warschau. Der vorgeschriebene Abtransport nach T II ist erfolgt.

Kräfte: Wie am Vortage.

Eigene Verluste: Keine.

Ende des heutigen Einsatzes um 21.45 Uhr, Fortsetzung am 27. 4. 43 um 9.00 Uhr.

Der SS- und Polizeiführer im Distrikt Warschau

gez. Stroop

SS-Brigadeführer u. Generalmajor d. Polizei

F. d. R.:
Jesuiter
SS-Sturmbannführer

Kampfhandlungen am Dienstag, dem 27. April 1943

Abschrift

Fernschreiben

Absender: Der SS- und Polizeiführer im Distrikt Warschau

Warschau, den 27. 4. 1943

Az.: I ab—St/Gr — 16 07 — Tgb.Nr. 555/43 geh.

Betr.: Ghettoaktion

An den
Höheren SS- und Polizeiführer Ost

SS-Obergruppenführer und General der Polizei Krüger
o.V.i.A.

Krakau

Verlauf der Aktion am 27. 4. 43, Beginn 9.00 Uhr:

Für das heute angesetzte Unternehmen wurden 24 Stoßtrupps gebildet, die wie an einigen Tagen der vergangenen Woche das ehem. jüdische Ghetto als kleine Durchkämmungs-Stoßtrupps zu durchsuchen hatten. Diese Durchkämmungs-Stoßtrupps holten 780 Juden aus Bunkern hervor und erschossen bei Widerstand 115 Juden. Beendigung dieses Unternehmens etwa 15.00 Uhr. Einige Stoßtrupps mußten weiterhin in Tätigkeit bleiben, da sie auf neue Bunker gestoßen waren.

Um 16.00 Uhr wurde eine besondere Kampfgruppe in Stärke von 320 Führern und Männern für die Bereinigung eines großen Häuserblocks beiderseitig der sog. Niskastr.

im Nordosten des ehem. jüd. Wohnbezirks angesetzt. Nach der Durchsuchung wurde der gesamte Block in Brand gesetzt, nachdem er vollkommen abgeriegelt war. Bei diesem Unternehmen wurde eine erhebliche Zahl von Juden erfaßt. Wie immer hielten sich diese bis zuletzt in den sich unter der Erde befindenden oder auf den Dachböden angebrachten Bunkern. Sie feuerten bis zum letzten Augenblick und sprangen dann nach vorherigem Herauswerfen von Betten, Matratzen usw. mitunter sogar aus dem 4. Stockwerk auf die Straße, aber erst dann, wenn ihnen durch das Feuer gar kein Ausweg mehr übrigblieb.

Insgesamt wurden heute im ehem. jüd. Wohnbezirk 2560 Juden erfaßt, davon 547 erschossen. Außerdem kamen wie immer zahlenmäßig nicht feststellbare Juden bei der Sprengung von Bunkern bzw. durch Feuer um. Die Gesamtzahl der bei der laufenden Aktion im ehem. jüdischen Wohnbezirk erfaßten Juden beträgt bis heute 31 746.

Auf Grund eines anonymen Schreibens wurde bekannt, daß anschließend, aber außerhalb am nordostwärtigen Teil des jüdischen Wohnbezirks sich in einem Häuserblock Juden in größerer Zahl befinden. Auf diese Gebäude wurde ein besonderer Stoßtrupp unter Führung von Oberleutnant d. Sch. D i e h l angesetzt. Der Stoßtrupp stellte eine Bande in einer Stärke von etwa 120 Mann, stark bewaffnet mit Pistolen, Gewehren, LMG., Handgranaten, fest, die sich zur Wehr setzte. Es gelang, 24 Banditen im Feuerkampf zu erledigen, 52 Banditen wurden festgenommen. Wegen Eintritt der Dunkelheit konnte der Rest nicht erfaßt bzw. vernichtet werden. Die Gebäudeteile sind aber sofort umstellt worden, so daß ein Ausweichen ohne weiteres nicht möglich ist. Fortsetzung der Bereinigung am morgigen Tage. Außerdem wurden 17 Polen, darunter 2 poln. Polizisten, festgenommen, die von dem Vorhandensein der Bande hätten wissen müssen. Bei diesem Unternehmen wurden u. a. erbeutet: 3 Gewehre, 12 Pistolen, teilweise größeren Kalibers, 100 poln. Eierhandgranaten, 27 deutsche Stahlhelme, eine ganze Anzahl deutscher Uniformstücke und -Mäntel, die sogar mit dem Band der Ostmedaille versehen waren, weitere gefüllte LMG-Magazine, 300 Schuß Munition usw. Der Führer des Stoßtrupps hatte es wegen der Verkleidung der Banditen in deutscher Uniform außerordentlich schwer. Er hat sich aber trotzdem mit großem Schneid durchgesetzt. Unter den erfaßten bzw. getöteten Banditen sind mit Bestimmtheit polnische Terroristen ermittelt. Heute gelang es u. a. auch, einen der Gründer und Führer der jüdisch-polnischen Wehrformation zu erfassen und zu liquidieren.

Das äußere Erscheinungsbild der jetzt zur Erfassung kommenden Juden zeigt, daß nun die Juden an die Reihe kommen, die die Führung des ganzen Widerstandes in den Händen hatten. Mit Beschimpfungen auf Deutschland und auf den Führer auf den Lippen und mit Flüchen auf die deutschen Soldaten[1]) stürzten sie sich aus den brennenden Fenstern und von den Balkonen.

---

[1]) Für diesen Tag ein Beispiel: Als der Bunker auf der Nowolipkistraße 41 gesprengt wurde, schlugen die Deutschen den jüdischen Kämpfern im Bunker gegenüber, Nr. 40, vor, sich zu ergeben. Die Kämpfer antworteten mit Schüssen. Als der Bunker im ungleichen Kampf dann auch endlich geknackt wurde, nahmen viele Kämpfer Zyankali.

Die jüdische Kämpferin Helene Sterling ging mit einer Spicknadel auf die Deutschen los, weil sie keine Munition mehr hatte und wurde auf der Stelle erschossen. (*Mark I,* Seite 358.)

Durch in die Kanalisation hinabgestiegene SS-Männer wurde festgestellt, daß die verendeten Juden in großer Anzahl vom Wasser fortgeschwemmt werden.

Eigene Kräfte:	Von 19— 7.00 Uhr Absperrdienst 288 deutsche Polizei 200 Trawnikimänner 140 poln. Polizei Von 7—19.00 Uhr 288 deutsche Polizei 250 Waffen-SS 140 poln. Polizei
Stärke der Einsatzkräfte:	3/115 deutsche Polizei 4/400 Waffen-SS 1/6 TN 2/30 Sipo 2/21 Pioniere
Eigene Verluste: 3 Verwundete, davon	2 Waffen-SS 1 Trawnikimann

Ende des Unternehmens: 23.00 Uhr.

Fortsetzung am 28. 4. 43 um 10.00 Uhr.

Der SS- und Polizeiführer im Distrikt Warschau

gez. Stroop
SS-Brigadeführer u. Generalmajor d. Polizei

Für die Richtigkeit:
Jesuiter
Stubaf.

ANHANG ZUM 27. APRIL

Aus dem Kommuniqué Nr. 6 der Jüdischen Kampf-Organisation

„Dienstag, den 27. April 1943:

... Mehrere Kämpfer kamen in der vergangenen Nacht aus ihren Schlupfwinkeln hervor, um Spähtrupps zu bilden, Deutsche umzubringen und hauptsächlich mehr Waffen zu erobern. Da man am 23. April zur Partisanentaktik übergegangen war, wurde vornehmlich nachts gekämpft. Die Ghettobevölkerung hielt sich möglichst in ihren Verstecken. Bald droht jedoch allen, entweder lebendig verbrannt zu werden oder durch Hand der Deutschen ums Leben zu kommen." (*Mark II*, S. 160—161.)

Ghettograd

„Der Widerstand, den die Jüdische Kampf-Organisation seit 9 Tagen leistet — anfangs Stellungskampf, jetzt Partisanentaktik — hat auf die polnische Bevölkerung Warschaus einen großen Eindruck gemacht. Die Polen nennen das Ghetto jetzt Ghettograd." (Erschienen im „Bulletin der Zegota" [Rat der Hilfe für Juden] vom 25. April 1943 — Original im Archiv Yad Vashem, Jerusalem.)

Aus dem Appell des Jüdischen Untergrunds an die Alliierten

„Heute ist der 9. Tag des Ghettokampfes. Wir werden von SS- und Wehrmachtformationen belagert, Artillerie und Flammenwerfer sind eingesetzt, Flugzeuge werfen Brandbomben auf die 40 000 im Ghetto. Wenn Widerstand geleistet wird, sprengen oder verminen die Deutschen ganze Häuserblocks. Das Ghetto brennt und Warschau ist voll Qualm. Verbrennen Männer, Frauen und Kinder nicht bei lebendigem Leibe, mordet man sie in Massen. Deutsche Posten bewachen die Einstiege zur Kanalisation ... Die polnische Bevölkerung staunt über den jüdischen Kampfgeist, aber die Deutschen sind wütend und beschämt. Die jüdischen Kämpfer richteten einen Aufruf an die polnische Bevölkerung Warschaus und die polnischen Arbeiter-Parteien haben ihnen ihre Hochachtung ausgesprochen. Nur die Alliierten aber könnten sofort und aktiv helfen. Wir wenden uns deshalb jetzt an die ganze Welt, und zwar im Namen der Millionen schon verbrannter, ermordeter oder lebendig begrabener, aber auch der noch kämpfenden Juden, die ebenfalls dem Untergang geweiht sind.

Es ist nämlich dringend erforderlich, daß eine gewaltige Vergeltung seitens der Alliierten den ruchlosen Feind jetzt sofort trifft und nicht erst irgendwann später, damit er begreift, wofür es die Vergeltung ist. Unsere Verbündeten sollten sich der Verantwortung endlich bewußt werden, welche sie tragen, wenn sie stillschweigend zuschauen, daß die Nazis ein bisher unvorstellbares Verbrechen begehen, indem sie ein ganzes Volk einfach ausrotten. Der tragische Epilog hat bereits begonnen.

Unser verzweifelter Aufstand — ohne Beispiel in der ganzen Geschichte der ins Ghetto Eingesperrten — müßte doch die übrige Welt endlich zu Taten anregen, die dem Ernst der Stunde entsprechen." (*Schwarzbart*, S. 10.)

Aktionen am Mittwoch, dem 28. April 1943

Abschrift

Fernschreiben

Absender: Der ᛋᛋ- und Polizeiführer im Distrikt Warschau

Warschau, den 28. 4. 1943

Az.: I ab—St/Gr — 16 07 Tgb.Nr. 562/43 geh.

Betr.: Ghettoaktion

An den
Höheren ᛋᛋ- und Polizeiführer Ost

ᛋᛋ-Obergruppenführer und General der Polizei Krüger
o.V.i.A.

Krakau

Verlauf der Aktion am 28. 4. 1943, Beginn 10.00 Uhr.

Zur Durchkämmung des Gesamtghettos wurden heute 10 Stoßtrupps angesetzt. Diese Stoßtrupps stellten in zäher Kleinarbeit wiederum eine ganze Anzahl von Bunkern fest, in denen sich die Juden, wie jetzt festgestellt wurde, schon seit Mitte vorigen Jahres zum Widerstand eingerichtet hatten. Insgesamt wurden 335 Juden mit Gewalt aus diesen Bunkern hervorgeholt. Neben diesen Unternehmungen wurde das Nest der jüdischen militärischen Organisation am Rande des Ghettos weiter in Angriff genommen. Es gelang, außer den gestern gefaßten Banditen heute weitere 10 Banditen zu erschießen, 9 festzunehmen und weitere Waffen, Munition und militärische Ausrüstungsgegenstände zu erbeuten.

Am Nachmittag wurde eine Kampfgruppe nochmals auf einen schon durchkämmten Häuserblock angesetzt und dieser im Verlauf dieser Unternehmung in Brand gesetzt. Wie an den Vortagen kamen auch heute die Juden unter der Gewalt des Feuers und der ungeheuren Rauchschwaden in Massen zum Vorschein. An einer anderen Stelle wurde von dem seitens der Wehrmacht zugeteilten Pionieroffizier in zäher Arbeit ein Bunker geöffnet, der seit Oktober v. J. eingerichtet und mit Wasserleitung, Klosett und elekt. Lichtleitungen und sonstigem Zubehör ausgestattet war, wurden 274 der einflußreichsten und reichsten Juden herausgezogen.

Auch heute wurde an verschiedenen Stellen heftiger Widerstand mit Waffengewalt festgestellt und gebrochen. Es ergibt sich nunmehr immer klarer, daß infolge der längeren Dauer der Aktion die wirklichen Terroristen und Aktivisten getroffen werden.

Ergebnis des heutigen Tages: 1655 Juden zur Verlagerung erfaßt, davon 110 im Kampf erschossen.

Weiter verbrannten viele Juden im Feuer bzw. wurde eine nicht feststellbare Anzahl von Juden durch Sprengungen in den einzelnen Bunkern vernichtet.

Durch die Erfolge des heutigen Tages erhöht sich die Zahl der insgesamt erfaßten bzw. vernichteten Juden auf 33 401. In dieser Zahl sind die verbrannten und in den Bunkern vernichteten Juden nicht erfaßt.

Eigene Kräfte: Wie am Vortage.

Verluste: 3 Verwundete (davon 1 Polizei, 2 Waffen-ᛋᛋ)

Ende der Aktion: 22.00 Uhr. Fortsetzung am 29. 4. 43, 10.00 Uhr.

Der ᛋᛋ- und Polizeiführer im Distrikt Warschau

gez. S t r o o p

ᛋᛋ-Brigadeführer und Generalmajor der Polizei

Für die Richtigkeit:
J e s u i t e r
ᛋᛋ-Sturmbannführer

ANHANG ZUM 28. APRIL

Aus dem Lagebericht der Jüdischen Kampf-Organisation

„Jetzt ist der Kampf ganz anders als noch vor ein paar Tagen, denn es handelt sich nur noch um eine sporadische Partisanentätigkeit. Die verschiedenen Widerstandsnester kämpfen ganz unabhängig voneinander. Die Deutschen aber versuchen, diese Gruppen einzukreisen oder Keile in sie zu treiben. Es kommt vor, daß selbst auf der gleichen Straße operierende Kampfgruppen keine Verbindung zueinander haben.

Abgesehen von der Übermacht des Feindes, schwächen und zersplittern noch zwei andere Faktoren die Kampfkraft der Widerständler im Ghetto. Zunächst einmal schwindet die ohnehin sehr karge Munition im Handumdrehen dahin! Und dann die Brände! Sie rufen Verwirrung hervor und lähmen die Kraft der Ghettokämpfer.

In den letzten Tagen begann der Feind damit, systematisch ganze Häuserblocks anzuzünden, um durch das Feuer den Zugang zu jenen Häusern abzuschneiden, in denen noch immer Widerstand geleistet oder erwartet wird." *(Friedman II*, S. 242.)

Kämpfe am Donnerstag, dem 29. April 1943

Abschrift

Fernschreiben

Absender: Der ϟϟ- und Polizeiführer im Distrikt Warschau

Warschau, den 29. 4. 1943

Az.: I ab–St/Gr – 16 07 – Tgb.Nr. 566/43 geh.

Betr.: Ghettoaktion

An den
Höheren ϟϟ- und Polizeiführer Ost

ϟϟ-Obergruppenführer und General der Polizei Krüger
o.V.i.A.

Krakau

Verlauf der Großaktion am 29. 4. 43, Beginn 10.00 Uhr:

Wie am Vortage Ansetzung von Durchkämmungs-Stoßtrupps, die insbesondere die frisch abgetrennten Häuserblocks zu durchsuchen hatten.

Eine größere Kampfgruppe wurde angesetzt zur Säuberung eines Häuserblocks (ehem. Betrieb Hallmann) und zur Vernichtung dieses Blocks durch Feuer. Insgesamt wurden 36 neue Wohnbunker festgestellt, aus diesen und sonstigen Verstecken sowie aus den brennenden Häusern 2359 Juden erfaßt, davon 106 im Kampf getötet.

Erbeutet wurden wiederum: 2 Gewehre, 10 Pistolen, 10 kg Sprengstoff und Munition verschiedener Art.

Bei der Sprengung eines großen Bunkers, bei der das gesamte Gebäude einstürzte, kamen die Banditen restlos um. Bei dem sich dann entwickelnden Feuer zeigten große Detonationen und Stichflammen, daß größere Bestände an Munition und Sprengstoff vorhanden gewesen sein müssen.

Einige Kanalschächte wurden gesprengt. Zwei außerhalb des Ghettos ermittelte Kanalschächte wurden ebenfalls durch Sprengungen bzw. Vermauerung unbrauchbar gemacht.

Aus den Aussagen verschiedener Bunkerbesatzungen geht hervor, daß diese Juden bereits 10 Tage nicht mehr aus denselben hervorgekommen sind und daß ihnen infolge der längeren Dauer der Großaktion die Lebensmittel usw. ausgehen. Weiter erklären die Juden, daß in der Nacht jüdische oder auch polnische Banditen, die schwarze Masken trügen, erschienen und die Bunker von außen vermauerten mit dem Hinweis, daß sie auf keinen Fall sich melden sollen, damit sie nachher weiter im Ghetto wohnen können. Die Räumung einiger Rüstungsbetriebe geht nur langsam vor sich. In manchen Fällen hat es den Anschein, als geschieht dies absichtlich. So habe ich festgestellt, daß in einem Betrieb (Schulz & Co), den ich am 2. Osterfeiertag besichtigte und daraufhin die Anweisung gab, sofort mit der Räumung zu beginnen, und zwar innerhalb 3 Tagen, bis heute, Donnerstag, noch nichts geschehen war.

Eigene Kräfte: Wie am Vortage.

Eigene Verluste: Keine.

Ende des Unternehmens um 21 Uhr. Fortsetzung der Großaktion am 30. 4. 1943, 9.00 Uhr.

Insgesamt erfaßt bzw. vernichtet: 35 760

Der ϟϟ- und Polizeiführer im Distrikt Warschau

gez.: S t r o o p

ϟϟ-Brigadeführer und Generalmajor der Polizei

F. d. R.
J e s u i t e r
ϟϟ-Sturmbannführer

ANHANG ZUM 29. APRIL

Der jüdische Kämpfer Schalom Grajek:

„Durch den Kanal auf der Lesznostraße 56 sind vierzig jüdische Kämpfer aus dem Ghetto entkommen, um sich den Partisanen in den Wäldern anzuschließen." (*Neustadt*, S. 338.)

„Als Verbindungsmann fungierte die Kämpferin Regina Fuden (Pseudonym: Lilith) zwischen Ghetto und »arischer« Seite. Sie erkundete dann auch, ob der Weg frei war — und es dauerte Stunden, bevor sie zurückkam — ob der Weg in die Freiheit ungefährlich war. Dann führte sie die Gruppe selbst hinüber. Als alle vierzig Mann wohlbehalten drüben angelangt waren, kehrte sie ins Ghetto zurück und ist dort mit 22 Jahren gefallen." (*Neustadt*, S. 580.)

Aus dem Kommuniqué Nr. 7 der Jüdischen Kampf-Organisation

„Donnerstag, der 29. April 1943:

... In den letzten Tagen wurde die Liquidationsaktion bei Többens & Schultz verstärkt.

In den Werkstätten von Schultz & Co. leisteten die Arbeiter aktiven Widerstand. Drei jüdische Kämpfer sind dabei gefallen und fünf verwundet worden." (*Mark II*, S. 161.)

Kampfhandlungen am Freitag, dem 30. April 1943

Abschrift

Fernschreiben

Absender: Der ϟϟ- und Polizeiführer im Distrikt Warschau

Warschau, den 30. 4. 1943

Az. I ab — St/Gr — 16 07 — Tgb.Nr. 579/43 geh.

Betr.: Ghettoaktion

An den
Höheren ϟϟ- und Polizeiführer Ost

ϟϟ-Obergruppenführer und General der Polizei Krüger
o. V. i. A.

Krakau

Verlauf der Großaktion am 30. 4. 43, Beginn 9.00 Uhr.

Mit der Durchkämmung mittels Durchkämmungs-Stoßtrupps wurde heute fortgefahren. Obwohl riesige Häuserblocks bisher vollkommen ausgebrannt sind, halten sich die Juden in den 2—3 m sich unter der Erde befindenden Bunkern weiter auf. In vielen Fällen ist es nur möglich, diese Bunker zu finden, wenn ein bereits gefaßter Jude irgendeinen Hinweis gibt. Es wurde durch Aussagen von Juden, die sich in den letzten Tagen wiederholten, festgestellt, daß nachts bewaffnete Juden aus irgend einem Schlupfwinkel oder Bunker hervorkommen und die Juden mit Erschießen bedrohen, wenn sie sich irgendwie bemerkbar machen. Es konnte einwandfrei festgestellt werden, daß mehrere Bunker von außen von den Banditen verschlossen wurden, um hierdurch ihrer Anordnung Nachdruck zu geben. Insgesamt wurden heute 30 Bunker festgestellt, geleert und gesprengt. Wiederum wurde eine große Anzahl von Banditen und Untermenschen mit erfaßt. Neben der Durchkämmungsaktion durch kleinere Stoßtrupps waren zwei größere Kampfgruppen auf verschiedene zusammenhängende Häuserblocks zur Durchkämmung und Vernichtung durch Feuer angesetzt.

Insgesamt wurden heute 1599 Juden erfaßt, davon 179 im Kampf erschossen. Damit erhöht sich die Gesamtzahl der bisher erfaßten Juden auf 37 359.

Verladen wurden heute 3855 Juden. Bei den in den letzten Tagen erfaßten Juden ist die Zahl der bewaffneten erheblich gestiegen. So wurden heute Waffen und insbesondere auch deutsche Uniformstücke bei den Juden erbeutet. Das außerdem heute angesetzte Unternehmen im Fort Traugutta ist negativ verlaufen. Soweit unterirdische Ausgänge ermittelt werden konnten, sind diese entweder besetzt oder gesprengt worden. Zur Bekämpfung eines Gebäudes mußte heute ein Geschütz herangezogen werden.

Eigene Kräfte (Einsatzkräfte):	Polizei	5/133
	Sipo	3/36
	Waffen-SS	6/432
	Pioniere	2/40
	Stab	3/7
Absperrkräfte:	Waffen-SS	3/310
	Deutsche Pol	2/89
	Trawniki	200
	außerdem poln. Polizei	

Eigene Verluste: 1 Verwundeter (Schutzpolizei)

Ende der heutigen Großaktion: 21.00 Uhr.

Fortsetzung am 1. 5. 1943, 9.00 Uhr.

Der SS- und Polizeiführer im Distrikt Warschau

gez. Stroop

SS-Brigadeführer und Generalmajor der Polizei

Für die Richtigkeit:

Jesuiter

SS-Sturmbannführer

ANHANG ZUM 30. APRIL

Der jüdische Kämpfer S. Rathauser:

„Ich erhielt vom Stab den Befehl, Verbindung zu Antek (Icchak Cukerman) aufzunehmen drüben auf der arischen Seite.

Nachts am 30. April machten einige Kameraden und ich uns durch einen unterirdischen Gang von der Muranowskastraße aus auf den Weg. Um drüben nachts nicht auf der Straße aufzufallen, betrat ich ein Haus und verbrachte darin die Nacht. Am Morgen begab ich mich dann auf die Suche. Ich traf einen polnischen Straßenbahnschaffner, der mir erzählte, man habe ausgerechnet in jenem Haus, in dem ich die Nacht verbrachte, sechzig versteckte Juden entdeckt und abgeführt.

Noch am 30. April nahm ich jedoch Verbindung zu Antek auf und erfuhr von ihm, daß keine Hilfe von draußen zu erwarten sei. Die Ghettokämpfer müßten sich allein auf die eigene Kraft verlassen[1]).“ (*Neustadt*, Seiten 278—279.)

---

[1]) *Rathauser kehrte am 8. Mai 1943 ins Ghetto zurück und holte wiederum eine Gruppe der Ghettokämpfer auf die „arische“ Seite hinüber.*

Der Kampf am Samstag, dem 1. Mai 1943

Abschrift

Fernschreiben

Absender: Der ᛋᛋ- und Polizeiführer im Distrikt Warschau

Warschau, den 1. Mai 1943

Az.: I ab — St/Gr 16 07 — Tgb.Nr. 583/43 geh.

Betr.: Ghetto-Großaktion

An den

Höheren ᛋᛋ- und Polizeiführer Ost

ᛋᛋ-Obergruppenführer und General der Polizei Krüger

o.V.i.A.

Krakau

Verlauf der Großaktion am 1. 5. 1943, Beginn 9.00 Uhr.

Ansetzung von 10 Durchkämmungs-Stoßtrupps, außerdem Ansetzung einer größeren Kampfgruppe zur Durchkämmung eines Häuserblocks mit dem weiteren Auftrag, diesen Häuserblock durch Brand zu vernichten. In diesem Häuserblock befand sich ebenfalls ein sog. Rüstungsbetrieb, der, obwohl Zeit genug vorhanden, noch nicht ganz geräumt war. Er wurde in die Durchführung des Auftrages mit einbezogen.

Bei den heute angesetzten Unternehmungen wurden insgesamt 1026 Juden erfaßt, davon 245 im Kampf bzw. bei Widerstand getötet. Auch wurden eine große Anzahl ausgesprochener Banditen und Rädelsführer gefangen. In einem Falle gab ein bereits zum Abtransport bereitgestellter Jude 3 Schuß auf einen Polizeioberleutnant ab, die jedoch fehlgingen. Die heute erfaßten Juden wurden restlos nur mit Gewalt aus Bunkern hervorgeholt. Irgendwelche freiwillige Meldungen aus den geöffneten Bunkern waren heute nicht zu verzeichnen. Eine größere Anzahl der erfaßten Juden wurde aus der Kanalisation herausgeholt. Die systematische Sprengung bzw. Verschüttung der Kanalausgänge wurde fortgesetzt.

In einem Falle hatten die Pioniere eine stärkere geballte Ladung angelegt und mußten zu einer Nachbaröffnung gehen, um dort irgendwelche Verrichtungen vorzunehmen. Inzwischen war ein Jude aus dem Kanal hervorgestoßen, hatte die Zündung von der geballten Ladung entfernt und diese entwendet. Es gelang im weiteren Verfolg dieses Teilunternehmens, den Juden später mit der geballten Ladung zu fassen.

Um die Bewegungen der Juden in der Nacht festzustellen, habe ich heute erstmalig 5 Spähtrupps in Stärke von je 1/9 für die Dauer der Nacht in unregelmäßigen Abständen angesetzt.

Allgemein ist festzustellen, daß die Auffindung der sich noch in sog. Bunkern, Höhlen und im Kanalnetz befindlichen Juden äußerste Aufmerksamkeit und Anstrengung seitens der eingesetzten Männer bedarf. Es ist zu erwarten, daß nunmehr die Reste der ehemaligen Insassen des Ghettos erfaßt werden. Die Gesamtzahl der bisher erfaßten Juden hat sich auf 38 385 erhöht. Nicht einbegriffen sind die verbrannten und in den Bunkern umgekommenen Juden. Ein Stoßtrupp stellte fest, daß in einem Hauptkanal unter dem Ghetto eine nicht festzustellende Anzahl von Leichen schwammen.

Außerhalb des Ghettos in der näheren Umgebung der Stadt Warschau wurden durch Gendarmerie seit Beginn der Großaktion 150 Juden erschossen, die nachweislich aus Warschau geflüchtet waren.

Erbeutet wurden wiederum Pistolen und Sprengstoff.

Eigene Kräfte:

E i n s a t z k r ä f t e :

Deutsche Polizei	4/102
Waffen-SS	7/350
Pioniere (Wehrm.)	2/38
TN	1/6
Sipo	2/1

A b s p e r r k r ä f t e :

Waffen-SS	300
Deutsche Polizei	1/71
Trawniki	250

Eigene Verluste: 1 Angeh. d. Orpo — gestern verwundet — ist seinen Verletzungen erlegen.

Ende der heutigen Großaktion: 22.00 Uhr. Fortsetzung am 2. 5. 1943, 10.00 Uhr.

Der SS- und Polizeiführer im Distrikt Warschau

gez.: Stroop

SS-Brigadeführer u. Generalmajor der Polizei

Für die Richtigkeit:
Jesuiter
SS-Sturmbannführer

ANHANG ZUM 1. MAI

Der jüdische Kämpfer Tuwia Borzykowski:

„Eine Abteilung jüdischer Kämpfer, die aus verschiedenen Kampfgruppen zusammengewürfelt war, befand sich auf der Franciszkanskastraße 30. Bei einem erbitterten Gefecht mit den Deutschen fielen sie fast alle. Unter ihnen auch der frühere Unteroffizier der polnischen Armee, Abraham Diamant, und zwei noch ganz junge Kämpfer: Abraham Eger und L. Blones." (*Borzykowski*, S. 105—108 — Siehe auch Anhang zum 2. und 3. Mai.)

Am Sonntag, dem 2. Mai 1943

Abschrift

Fernschreiben

Absender: Der SS- und Polizeiführer im Distrikt Warschau

Az.: I ab. — St/Gr — 16 07 — Tgb.Nr. 584/43 geh. Warschau, den 2. Mai 1943

Betr.: Ghetto-Großaktion

An den
Höheren SS- und Polizeiführer Ost

SS-Obergruppenführer und General der Polizei Krüger
o. V. i. A.

Krakau

Verlauf der Großaktion am 2. 5. 43. Beginn 10.00 Uhr:

Durchkämmung des gesamten Gebietes des ehem. Ghettos durch 9 Stoßtrupps, außerdem Ansetzung einer größeren Abteilung zur Säuberung bzw. Vernichtung eines Häuserblocks, der sich um die beiden Rüstungsbetriebe Transavia und Wischniewski gruppiert. Die Stoßtrupps nahmen, um neue Bunker festzustellen, zu ihren Unternehmungen am Vortage gefaßte Juden mit, die als Wegweiser dienten. Diese Unternehmungen der Durchkämmungs-Stoßtrupps brachten 944 Juden aus Bunkern hervor; erschossen wurden bei dieser Gelegenheit weitere 235 Juden. Bei der Vernichtung des vorgenannten Häuserblocks wurden 120 Juden gefaßt und ungezählte Juden, die infolge des Brandes aus dem Dachgeschoß auf die inneren Höfe absprangen, vernichtet. Weiter sind viele Juden in den Flammen umgekommen bzw. wurden eine weitere Anzahl von Juden durch vorgenommene Sprengungen von

Bunkern und Kanalöffnungen ebenfalls vernichtet. Zwei Rüstungsbetrieben wurden die Juden entzogen und die Betriebsführer aufgefordert, innerhalb einer kurzfristigen Zeit zu räumen.

Insgesamt wurden am heutigen Tage erfaßt 1852 Juden. Die Gesamtzahl der erfaßten Juden erhöht sich damit auf 40 237 Juden.

Es wurden 27 Bunker festgestellt, gewaltsam geöffnet und zerstört, Waffen und Munition erbeutet. Durch Beschießung der äußeren Absperrung und durch den Angriff aus einer Kanalöffnung außerhalb des ehem. jüdischen Wohnbezirks ausbrechender Juden sind insgesamt 7 Ausfälle entstanden, davon 4 Orpo und 3 poln. Polizisten. Die in der Nacht angesetzten Spähtrupps der Waffen-SS fanden teilweise bewaffneten Widerstand, bei den sich aus den Löchern und Bunkern unter dem Schutz der Dunkelheit hervorwagenden Juden. Eigene Verluste traten hierbei nicht ein. Dagegen wurde eine größere Anzahl von Juden erschossen bzw. verwundet.

Eigene Kräfte:

Einsatzkräfte:	*Deutsche Polizei*	*3/98*
	TN	*1/6*
	Sicherheitspolizei	*3/12*
	Pioniere (Wehrm.)	*2/37*
	SS-Gren.	*11/409*
	SS-Kavallerie	*3/7*
Absperrkräfte:	*Deutsche Polizei*	*2/9*
	SS-Grenadiere	*1/300*
	Trawniki	*200*
Eigene Verluste:	*4 Orpo verwundet*	
	3 poln. Polizei verwundet.	

Der heutigen Großaktion wohnte der Höhere SS-und Polizeiführer Ost, SS-Obergruppenführer und General der Polizei Krüger, bei.

Ende der Aktion: 20.00 Uhr. Fortsetzung am 3. 5. 43, 9,00 Uhr.

Der SS- und Polizeiführer im Distrikt Warschau
gez.: Stroop
SS-Brigadeführer u. Generalmajor der Polizei

Für die Richtigkeit:
Jesuiter
SS-Sturmbannführer

ANHANG ZUM 2. MAI

Weitere Kämpfe um die Franciszkanskastraße 30

Auch am 2. Mai fanden erbitterte Kämpfe um das Haus Franciszkanskastraße 30 statt, bei denen die heldenhaft kämpfende Deborah Baran einen Tag später fallen sollte. *(Neustadt, S. 355.)*

Das Ergebnis vom Montag, dem 3. Mai 1943

Abschrift

F e r n s c h r e i b e n

Absender: Der SS- und Polizeiführer im Distrikt Warschau

Warschau, den 3. Mai 1943

Az.: I ab — Str/Gr. — 16 07 — Tgb.Nr. 597/43 geh.

Betr.: Ghetto-Großaktion

An den
Höheren SS- und Polizeiführer Ost

SS-Obergruppenführer und General der Polizei Krüger
o. V. i. A.

K r a k a u

Verlauf der Großaktion am 3. 5. 43, Beginn 9.00 Uhr.

Die Durchkämmung des ehem. jüdischen Ghettos am heutigen Tage, bei der wiederum 19 Bunker ermittelt wurden, hatte folgendes Ergebnis:

Aus Bunkern erfaßt	*1 392 Juden*
erschossen	*95 „*
aus ehem. Rüstungsbetrieben umgelagert	*177 „*
Dadurch erhöht sich die Gesamtzahl der bisher erfaßten Juden auf	*41 806 Juden.*

In den meisten Fällen leisteten die Juden mit der Waffe in der Hand vor Verlassen des Bunkers Widerstand. Dadurch sind 2 Ausfälle durch Verwundung zu verzeichnen. Die Juden und Banditen feuerten teilweise mit beiden Händen aus Pistolen.

Da heute in mehreren Fällen festgestellt wurde, daß Jüdinnen Pistolen in ihren Schlüpfern verborgen hatten, wurden ab heute sämtliche Juden und Banditen aufgefordert, sich restlos zur Durchsuchung zu entkleiden.

Erbeutet wurden u. a. 1 deutsches Gewehr, Modell 98, 2 Pistolen 08 und andere Kaliber, weiter selbstgefertigte Handgranaten. Erst nach Abbrennen von mehreren Nebelkerzen sind die Juden zum Verlassen ihrer Bunker zu bewegen. Nach gestern und heute gemachten Aussagen wurden im letzten Halbjahr 1942 die Juden aufgefordert, Luftschutzkeller zu bauen. Unter der Tarnung, Luftschutzkeller zu bauen, wurde bereits damals mit dem Bau der jetzt von den Juden bezogenen Bunker begonnen, um diese bei einer Aktion benutzen zu können.

Einige der im Ghetto angesetzten Spähtrupps wurden in der letzten Nacht beschossen. Ein Ausfall durch Verwundung. Diese Spähtrupps meldeten, daß bewaffnete Banditen in Gruppen durch das ehem. Ghetto marschierten.

Kräfte: Wie am Vortage.

Eigene Verluste: 3 ϟϟ-Männer verwundet.

Ende des heutigen Unternehmens: 21.00 Uhr, Fortsetzung am 4. 5. 43 um 9.00 Uhr.

Verladen wurden: 3019 Juden.

Der ϟϟ- und Polizeiführer im Distrikt Warschau

gez. S t r o o p
ϟϟ-Brigadeführer u. Generalmajor d. Polizei

F. d. Richtigkeit:
J e s u i t e r
ϟϟ-Sturmbannführer

ANHANG ZUM 3. MAI

S c h w e r e V e r l u s t e

Und noch immer wird auf der Franciszkanskastraße 30 gekämpft. Der siebzehnjährige Shanan Lent und die dreiundzwanzigjährige Cypora Lehrer sind dort gefallen.

Überhaupt fiel die Hälfte der Kämpfer an diesem Tage. Die Überlebenden sind teilweise zur Franciszkanskastraße 22 hinüber ausgewichen, teilweise aber auch in den Stabsbunker auf der Milastraße 18 gegangen. (*Neustadt*, S. 506 und *Edelman*, S. 62.)

Das Geschehen am Dienstag, dem 4. Mai 1943

Abschrift

F e r n s c h r e i b e n

Absender: Der SS- und Polizeiführer im Distrikt Warschau

Warschau, den 4. 5. 1943

Az.: I ab — St/Gr — 16 07 — Tgb.Nr. 603/43 geh.

B e t r.: Ghetto-Großaktion

An den
Höheren SS- und Polizeiführer Ost

SS-Obergruppenführer und General der Polizei Krüger
o. V. i. A.

K r a k a u

Verlauf der Großaktion am 4. 5. 1943, Beginn 9.00 Uhr.

Zur Aushebung von Bunkern wurde ein Stoßtrupp in Stärke von 1/60, der durch das Pionierkommando der Wehrmacht verstärkt wurde, angesetzt. Dieser Stoßtrupp brachte 550 Juden aus Bunkern und erschoß 188 Juden im Kampf. Die Feststellung der Bunker macht immer größere Schwierigkeiten. Die Bunker sind oft nur durch Verrat anderer Juden aufzuspüren. Der Aufforderung, die Bunker freiwillig zu verlassen, wird fast in keinem Falle Folge geleistet, lediglich die immer wieder zur Anwendung kommenden Nebelkerzen zwingen die Juden dazu.

Zur Durchkämmung, Säuberung und Vernichtung zweier großer Häuserblocks der ehemaligen Firmen Többens, Schulz u. Co. u. a. wurden die Hauptkräfte gegen 11.00 Uhr angesetzt. Nachdem diese Blocks vollkommen abgeriegelt waren, wurden zunächst die sich noch darin befindenden Juden zur freiwilligen Meldung aufgefordert. Hierdurch wurden 456 Juden zur Verlagerung erfaßt. Erst nachdem die Häuserblocks durch Feuer der Vernichtung entgegengingen, kamen eine erhebliche Anzahl von Juden durch das Feuer und den Rauch gezwungen zum Vorschein. Immer wieder versuchten die Juden selbst durch brennende Gebäude hindurchzuwechseln. Ungezählte Juden, die sich während der Feuersbrunst auf den Dächern zeigten, sind in den Flammen umgekommen. Andere kamen erst im letzten Augenblick in den höchsten Stockwerken zum Vorschein und konnten sich nur durch Abspringen vor dem Verbrennungstod retten. Es wurden am heutigen Tage insgesamt 2283 Juden erfaßt, davon 204 erschossen, ungezählte Juden in Bunkern und durch Feuer vernichtet. Die Gesamtzahl der bisher erfaßten Juden erhöht sich auf 44 089.

Wie aus Aussagen der Juden hervorgeht, ist heute ein Teil des Kopfes der sog. „Partei"[1]) erfaßt worden. Ein Angehöriger der Führung der Bande wird morgen dazu verwandt, um weitere gesicherte Bunker mit bewaffneten Insassen auszuheben. Bei der Räumung der Rüstungsbetriebe konnte erneut festgestellt werden, daß statt des sogen. wertvollen Heeresgutes Lappalien, wie alte Möbel und sonstige requirierte Sachen abgefahren wurden. Es wurde sofort an Ort und Stelle dagegen eingeschritten.

Die in der Nacht im ehem. jüdischen Wohnbezirk sich bewegenden Spähtrupps meldeten erneut von Bewegungen der Juden in den abgebrannten und zertrümmerten Straßen und Höfen. Damit die Spähtrupps die Juden besser überraschen können, haben diese nachts ihr Schuhwerk mit Lappen und sonstigem Material umwickelt. Bei Zusammenstößen der Spähtrupps mit Juden wurden 30 Juden erschossen.

Erbeutet wurden heute 1 Karabiner, 3 Pistolen und Munition. Bei dem Brand explodierte eine größere Menge gelagerter Munition.

Eigene Kräfte:

Einsatzkräfte:	
Deutsche Polizei	4/101
TN	1/6
Sipo	2/14
Pioniere	2/41
Waffen-ϟϟ	11/407

Absperrkräfte:	bei Tag	bei Nacht
Deutsche Polizei	2/87	1/11
Waffen-ϟϟ	25	1/300
Trawniki	200	
Poln. Polizei	1/180	1/180

Eigene Verluste: keine.

Ende des Unternehmens: 23.30 Uhr, Fortsetzung am 5. 5. 43 um 10.00 Uhr.

Der ϟϟ- und Polizeiführer im Distrikt Warschau
gez.: Stroop
ϟϟ-Brigadeführer u. Generalmajor der Polizei

Für die Richtigkeit:
Jesuiter
ϟϟ-Sturmbannführer

[1]) Stroop wiederholt stets „Partei", „Parteileitung", „PPR", „ZZW" und dergleichen. Im Prinzip handelt es sich da immer um die Jüdische Kampf-Organisation oder deren Stab.

Mittwoch, der 5. Mai 1943

Abschrift

F e r n s c h r e i b e n

Absender: Der SS- und Polizeiführer im Distrikt Warschau

Warschau, den 5. 5. 1943

A k z.: I ab-St/Gr—16 07—Tgb.Nr. 607/43 geh.

B e t r.: Ghetto-Großaktion

An den
Höheren SS- und Polizeiführer Ost

SS-Obergruppenführer und General der Polizei Krüger
o. V. i. A.

K r a k a u

Verlauf der Großaktion am 5. 5. 43, Beginn 10.00 Uhr.

Bei der heutigen Großaktion hatte es zunächst den Anschein, als wenn die angesetzten Stoßtrupps weniger Erfolg haben würden. Am Ende des heutigen Unternehmens zeigte sich jedoch, daß auf Grund von Verrat und durch den Spürsinn der Männer eine erhebliche Zahl weiterer Bunker festgestellt wurde. Von diesen Bunkern wurden 40 zerstört. Soweit möglich, wurden die sich in diesen Bunkern befindenden Juden erfaßt (insges. 1070). Von den Durchkämmungs-Stoßtrupps wurden etwa 126 Juden erschossen. Auch heute leisteten die Juden, bevor sie gefangen wurden, an verschiedenen Stellen Widerstand. In mehreren Fällen wurden die Öffnungen (Luken) zu den Bunkern von innen mit Gewalt zugehalten bzw. verriegelt, so daß nur mit einer starken Sprengung die Öffnung erzwungen und die Bunkerinsassen vernichtet werden konnten. Wiederum wurden heute Waffen und Munition erbeutet, darunter 1 Pistole 08. Aus einem noch bestehenden Betriebe (sog. Prosta) wurden 2850 Juden zur Umlagerung erfaßt. Diese Zahl war schon in der bisher angegebenen Gesamterfassung enthalten, so daß sich die Gesamtzahl um 1070 auf 45 159 erhöht.

Eigene Kräfte: wie am Vortage.

Eigene Verluste: 1 ϟϟ-Mann verwundet, 1 Orpo verwundet.

Bisherige Gesamtverluste: 8 Tote, 55 Verwundete.

Ende der Aktion: 22.00 Uhr, Fortsetzung am 6. 5. 43, 9.30 Uhr.

Der ϟϟ- und Polizeiführer im Distrikt Warschau

gez.: Stroop
Der ϟϟ- und Polizeiführer im Distrikt Warschau

F. d. R.:
Jesuiter
ϟϟ-Sturmbannführer

Der Kampf am Donnerstag, dem 6. Mai 1943

Abschrift

F e r n s c h r e i b e n

Absender: Der ᛋᛋ- und Polizeiführer im Distrikt Warschau

Warschau, den 6. 5. 1943

A z.: I ab St/Gr. 16 07—Tgb.Nr. 614/43 geh.

B e t r.: Ghetto-Großaktion

An den
Höheren ᛋᛋ- und Polizeiführer Ost

ᛋᛋ-Obergruppenführer und General der Polizei Krüger
o. V. i. A.

K r a k a u

Verlauf der Großaktion am 6. 5. 43, Beginn 9.30 Uhr.

Heute wurden insbesondere die Häuserblocks durchkämmt, die am 4. 5. durch Feuer vernichtet wurden. Obwohl kaum zu erwarten war, daß hier noch Menschen lebend angetroffen würden, wurde eine ganze Anzahl von Bunkern, in denen sich eine glühende Hitze entwickelt hatte, festgestellt. Aus diesen Bunkern und aus in anderen Teilen des Ghettos festgestellten wurden insgesamt 1553 Juden erfaßt. Beim Widerstand und bei einem sich entwickelnden Feuergefecht wurden 356 Juden erschossen. Bei diesem Feuergefecht schossen die Juden aus Pistolen 08 und anderen Kalibern und warfen mit poln. Eierhandgranaten. Hierbei wurde ein ᛋᛋ-Unterscharführer verwundet. Insgesamt wurden 47 Bunker zerstört.

2 Männer der äußeren Absperrung fielen durch Verwundung aus. Anscheinend kommen die aus dem Ghetto ausgebrochenen Juden jetzt mit dem Vorsatz zurück, die Ghettojuden mit Gewalt zu entlasten bzw. zu befreien. 1 Jude, der aus Lublin entwichen war, wurde kurz vor der Ghettomauer erfaßt. Er war wie folgt bewaffnet: 1 Pistole 08, Reservemunition in größerer Anzahl, 2 poln. Eierhandgranaten. Es ist bisher nicht einwandfrei festgestellt, daß die sogen. „Parteileitung" der Juden („PPR") erfaßt oder vernichtet wurde.

Die Spur der Banditen ist bekannt[1]*). Hoffentlich wird es bei dem morgigen Unternehmen gelingen, diese sog. Parteileitung auszuheben. Um die sich an das Ghetto herandrängenden Juden und Banditen mit größerer Sicherheit abfangen zu können, sind Sicherungen der äußeren Absperrung weiter in den arischen Teil vorgeschoben. Das ehem. Zwerg-Ghetto Prosta wurde heute durch Durchkämmungs-Stoßtrupps durchsucht. Es gelang die Erfassung von zurückgebliebenen Juden. Der Firma Többens wurde aufgegeben, dieses Zwerg-Ghetto bis zum 10. 5. 43, mittags, zu räumen. Zur vorläufigen Lagerung der Rohstoffe usw. wurde die sog. Bibliothek außerhalb des Ghettos zur Verfügung gestellt*[2]*).*

Die Gesamtzahl der bisher erfaßten Juden erhöht sich auf 47 068.

Die poln. Polizei bemüht sich, angespornt durch die ausgezahlten Geldbelohnungen, jeden, sich im Stadtbild zeigenden Juden bei der Befehlsstelle abzuliefern. Es gehen anonyme Briefe an den Unterzeichneten ein, in denen auf das Vorhandensein von Juden im arischen Teil aufmerksam gemacht wird. Ein anonymer Brief befaßt sich mit einem Vergleich zwischen Katyn und der Großaktion im Ghetto.

Eigene Kräfte:

Einsatzkräfte:

Deutsche Polizei	*4/101*
TN	*1/6*
Sipo	*2/14*
Pioniere (WH)	*3/72*
Waffen-ϟϟ	*10/500*

Absperrkräfte:

	bei Tag	*bei Nacht*
Deutsche Polizei	*2/87*	*1/11*
Waffen-ϟϟ	*25*	*1/300*
Trawniki	*200*	
poln. Polizei	*1/180*	*1/180*

Eigene Verluste: 1 Orpo tot
1 Orpo schwer verwundet
1 ϟϟ-Unterscharführer leichter verwundet

Ende der Aktion:* 21.00 *Uhr, Fortsetzung am* 7. 5. 43 *um* 9.30 *Uhr.

Der ϟϟ- und Polizeiführer im Distrikt Warschau
gez.: Stroop
ϟϟ-Brigadeführer u. Generalmajor der Polizei

F. d. R.:
Jesuiter
ϟϟ-Sturmbannführer

ANHANG ZUM 6. MAI

An diesem Tage wurde der Bunker der Jüdischen Kampf-Organisation auf der Ogrodowastraße 29, welcher schon außerhalb der Ghettomauer lag, entdeckt. (*Neustadt*, S. 636, 661 u. 678.)

---

[1]) Stroop meint den Stab der Jüdischen Kampf-Organisation auf der Milastraße 18. Erst am 8. Mai ist dieser Bunker entdeckt worden (siehe Anhang zum 8. 5. 43). Seite 157ff.

[2]) Das Judaistische Institut auf der Tlomackiestraße 5.

Der Kampf am Freitag, dem 7. Mai 1943

Abschrift

F e r n s c h r e i b e n

Absender: Der ϟϟ- und Polizeiführer im Distrikt Warschau

Warschau, den 7. 5. 43

A z.: I ab St/Gr—16 07—Tgb.Nr. 616/43 geh.

B e t r.: Ghetto-Großaktion

An den
Höheren ϟϟ- und Polizeiführer Ost

ϟϟ-Obergruppenführer und General der Polizei Krüger
o. V. i. A.

K r a k a u

Verlauf der Großaktion am 7. 5. 43, Beginn 10.00 Uhr.

Die angesetzten Durchkämmungs-Stoßtrupps hatten heute folgende Erfolge zu verzeichnen: 49 Bunker festgestellt. Zum Teil wurden die Juden erfaßt. Eine größere, nicht bekannte Zahl von Juden, die sich weigerte, die Bunker zu verlassen und bewaffneten Widerstand leistete, ist in den gesprengten Bunkern umgekommen. Insgesamt wurden heute 1019 Juden lebend erfaßt, 255 erschossen. Die Gesamtzahl der bisher erfaßten Juden erhöht sich auf 48 342.

Heute wurde wiederum verschiedentlich auf bewaffneten Widerstand gestoßen, wobei 1 ϟϟ-Mann durch Verwundung ausfiel. Erbeutet wurden 4 Pistolen versch. Kalibers und Munitionsbestände.

Die Lage des Bunkers der sogen. engeren „Parteileitung" ist nunmehr bekannt. Er soll morgen mit Gewalt geöffnet werden.

Die Juden sagen aus, daß sie nachts an die frische Luft kommen, da ein ununterbrochener Aufenthalt in ihren Bunkern für sie durch die längere Dauer der Aktion unerträglich wird. Durchschnittlich werden durch die Stoßtrupps in jeder Nacht 30—50 Juden erschossen. Nach diesen Aussagen muß angenommen werden, daß immer noch eine größere Zahl von Juden sich unterirdisch im Ghetto aufhält. Heute wurde ein Betongebäude, das durch Feuer nicht zu vernichten war, gesprengt. Hierbei wurde festgestellt, daß das Sprengen von Häusern ungemein langwierig ist und eine Riesenmenge an Munition erfordert. Die einzige und beste Methode zur Vernichtung der Juden ist daher immer noch die Anlegung von Bränden.

Eigene Kräfte: wie am Vortage.

Eigene Verluste: 1 Angeh. d. Waffen-SS verwundet.

Ende der Aktion: 21.00 Uhr, Fortsetzung am 8. 5. 43, um 10.00 Uhr.

Der SS- und Polizeiführer im Distrikt Warschau

gez.: Stroop
SS-Brigadeführer und Generalmajor der Polizei

F. d. R.:
Jesuiter
SS-Sturmbannführer

ANHANG ZUM 7. MAI

Weitere schwere Verluste

An diesem Tage sollte die 22jährige Wanda Chron eine Gruppe jüdischer Kämpfer auf die „arische" Seite hinüberführen, die drüben Waffen beschaffen wollten. Sie selbst und die der Gruppe ebenfalls angehörende Lilka Zimka kamen dabei ums Leben.

Die Gruppe ging durch das Kanalsystem und wollte in der Bielanskastraße aussteigen, verirrte sich jedoch und kam gegenüber dem Krasinskigarten heraus, wo sie auf deutsche Soldaten und polnische Polizei stieß und größtenteils ums Leben kam.

Indessen versuchte eine andere Gruppe vom Haus 74 ins Haus 71 der Lesznostraße zu gelangen, weil letzteres schon auf der „arischen" Seite lag. Auch diese Gruppe wurde erwischt, und die 22jährige Rosa Rosenfeld fiel dabei. (*Neustadt*, S. 343, 464, 552, 657).

Die Kämpfe am Samstag, dem 8. Mai 1943

Abschrift

Fernschreiben

Absender: Der ϟϟ- und Polizeiführer im Distrikt Warschau

Warschau, den 8. Mai 43

Az.: I ab St/Gr — 16 07 — Tgb.Nr. 624/43 geh.

Betr.: Ghetto-Großaktion

An den
Höheren ϟϟ- und Polizeiführer Ost

ϟϟ-Obergruppenführer und General der Polizei Krüger
o. V. i. A.

Krakau

Verlauf der Aktion am 8. 5. 43, 10.00 Uhr.

Das gesamte Gebiet des ehem. jüdischen Ghettos wurde heute von Durchkämmungs-Stoßtrupps nach vorhandenen Bunkern und Juden durchsucht. Wie schon vor einigen Tagen gemeldet, halten sich z. Zt. noch das Untermenschentum, die Banditen und Terroristen in Bunkern auf, in denen durch die Brände die Hitze unerträglich geworden ist. Diese Kreaturen wissen nun genau, daß es nur eines gibt, entweder sich verborgen zu halten, so lange es geht, oder an die Erdoberfläche zu kommen, dabei aber den Versuch zu machen, möglichst die sie bedrängenden Männer der Waffen-ϟϟ, der Polizei und der Wehrmacht zu verwunden bzw. umzulegen.

Die im gestrigen FS gemeldete Auffindung der Lage des Bunkers der sog. engeren „Parteileitung“ wurde am heutigen Tage weiter verfolgt. Es ist gelungen, den Bunker der Parteileitung zu öffnen und etwa 60 Banditen, die schwer bewaffnet waren, zu packen. Es gelang, den stellv. Leiter der jüdischen militärischen Organisation „ZWZ“ und seinen sog. Stabschef zu fangen und zu liquidieren[1]). In diesem Bunker waren etwa 200 Juden untergebracht, 60 davon wurden erfaßt, 140 durch große Einwirkung von Nebelkerzen und durch Anlegung großer Sprengladungen an verschiedenen Stellen vernichtet. Durch die Nebelkerzen waren bereits ungezählte Tote von den hervorgebrachten Juden gemeldet. Wenn der Kampf gegen die Juden und Banditen in den ersten 6 Tagen schwer war, so muß festgestellt werden, daß nunmehr die Juden und Jüdinnen erfaßt werden, die die Träger des Kampfes dieser Tage waren. Es wird kein Bunker mehr geöffnet, ohne daß von den sich darin befindlichen Juden mit den ihnen zur Verfügung stehenden Waffen, 1 LMG., Pistolen und Handgranaten, Widerstand geleistet wird. Heute wurden wiederum eine ganze Anzahl Jüdinnen erfaßt, die in ihren Schlüpfern entsicherte und geladene Pistolen trugen.

Nach gemachten Aussagen sollen sich noch etwa 3—4000 Juden in den unterirdischen Löchern, Kanälen und Bunkern aufhalten. Der Unterzeichnete ist entschlossen, die Großaktion nicht eher zu beenden, bis auch der letzte Jude vernichtet ist.

Insgesamt wurden heute aus Bunkern 1091 Juden erfaßt, im Feuerkampf wurden etwa 280 Juden erschossen, ungezählte Juden in den 43 gesprengten Bunkern vernichtet. Die Gesamtzahl der erfaßten Juden erhöht sich auf 49 712. Die noch nicht durch Feuer vernichteten Gebäude wurden heute angezündet und dabei festgestellt, daß sich immer noch vereinzelte Juden irgendwie im Mauerwerk oder in den Treppenhäusern versteckt halten.

Eigene Kräfte:

Einsatzkräfte:	*Deutsche Polizei*	*4/101*
	TN	*1/6*
	Sipo	*2/14*
	Pioniere (WH)	*3/69*
	Waffen-SS	*13/527*

Absperrkräfte:		*bei Tag*	*bei Nacht*
	Deutsche Polizei	*1/87*	*1/36*
	Waffen-SS	—	*1/300*
	Trawniki	*160*	—
	poln. Polizei	*160*	*160*

Eigene Verluste: *2 Waffen-SS tot*
2 Waffen-SS verwundet
1 Pionier verwundet

---

[1]) Stroop wiederholt nochmals, es handele sich um die ZWZ. In Wirklichkeit geht es aber um den Bunker in der Milastraße 18, in dem sich der Stab der Jüdischen Kampf-Organisation aufhielt. Über diesen Bunker gibt es einen ausführlichen Bericht des Kämpfers Tuwia Borzykowski und andere. (Siehe Anhang zum 8. Mai 1943, S. 157–158.)

Ein am 7. 5. 43 verwundeter Angehöriger der Orpo ist heute seinen Verletzungen erlegen.

Erbeutet wurden etwa 15—20 Pistolen versch. Kalibers, größere Bestände an Pistolen- und Gewehrmunition, außerdem eine Anzahl von den in den ehem. Rüstungsbetrieben selbstgefertigten Handgranaten.

Ende der Aktion: 21.30 Uhr, Fortsetzung am 9. 5. 43, um 10.00 Uhr.

Der ϟϟ- und Polizeiführer im Distrikt Warschau

gez.: Stroop
ϟϟ-Brigadeführer und Generalmajor der Polizei

F. d. R.:
Jesuiter
ϟϟ-Sturmbannführer

ANHANG ZUM 8. MAI

Stabsbunker der J. K. O.

„Der Bunker auf der Milastraße hatte ein außerordentlich weitverzweigtes Kellersystem, das sich unter den Ruinen ganzer Häuserblocks hinzog. Herren dieses Kellers waren eigentlich die „Schweren Jungen", Unterweltler, Diebe und Banditen. Ihr Anführer war Schmul Asher, ein sehr wohlhabender Kerl mit dickem Bauch, Stiernacken und ordinärer Sprache. Doch seine ganze Bande hatte sich gleich Asher in vielen Jahren leichter Verdienste beachtliche Vermögen zusammengerafft. Die Unterweltler bauten sich den Bunker gemütlich aus und verfügten praktisch über alles; sogar elektrisches Licht, Wasserleitung und richtige Küchen waren vorhanden. Selbstverständlich gewährleisteten die unerschöpflichen Gelder auch ungeheure Lebensmittelvorräte.

In diesem weitschweifigen, geschickt verästelten Bunker konnte man sich leicht verirren und oft lange verschwunden bleiben.

Allerdings erlaubten nur die engen, langen Gänge, welche die einzelnen Keller verbanden, aufrecht zu stehen. Sonst hieß es, gebückt herumkriechen der niedrigen Decken wegen.

Jeder Bunker und jedes einzelne unterirdische Gewölbe hatte einen Namen, der gewissermaßen als Adresse galt und das Zurechtfinden im Keller-Labyrinth wesentlich erleichterte. Die Namen waren für die ganze Zeit und die Lage der Juden bezeichnend. Sie lauteten beispielsweise: Treblinka, Trawniki, Poniatowo, Piaski usw., was berüchtigte Todeslager der Nazis waren.

Um die Bedeutung des Namens Treblinka recht zu verstehen, genügte es vollauf, wenige Minuten in dem betreffenden Raum zu sein, der normalerweise höchstens für 8—10 Menschen Platz bot. Meistens beherbergte er jedoch dreißig. Die unerträgliche Hitze erreichte oft 60—70 Grad Celsius. Jeder schwamm buchstäblich im eigenen und der anderen Schweiß. Dauernd mußte man das Handtuch benutzen, um die halbnackten Körper zu trocknen.

Als die Kommandanten der Jüdischen Kampf-Organisation den Bunker eines Tages betraten, wurden sie mit Achtung und Ehrfurcht empfangen. Sogleich erklärten sich die Bandenchefs bereit, ihren Besitz mit der Kampf-Organisation zu teilen und ihr auch sonst jede nur mögliche Hilfe zu leisten.

Als dann fast alle Stützpunkte der Kampfgruppen bereits zerstört waren, strömten auch Mitglieder anderer Organisationen in den Bunker der Milastraße und wurden ebenfalls gastfreundlich empfangen. Als dieser Bunker schließlich als einziger erhalten blieb, suchten auch Zivilisten dort Zuflucht. Ihre Schlupfwinkel waren zerstört oder sie hatten die Keller der brennenden Häuser verlassen müssen.

Durch die ungeheuren Menschenmassen wurde die Verpflegungslage allerdings katastrophal. Die Hauptnahrungsmittel wie Brot und Kartoffeln fehlten gänzlich. Nur Mehl, Erbsen oder Grütze waren noch vorhanden. Damit allein konnte man jedoch nicht Hunderte von Menschen ernähren. Außerdem war die Zeit, welche zum Kochen zur Verfügung stand, viel zu kurz, denn nur nachts war das möglich . . .

. . . Die Bunker-Bewohner ließen sich in zwei Gruppen einteilen: Entweder sie fürchteten sich schon vor dem eigenen Schatten, neigten zu erregten Ausbrüchen, stifteten überall Unruhe und Verwirrung, oder aber bei ihnen verlief alles reibungslos, sie waren straff organisiert und es herrschte stets vollste Harmonie . . .

. . . Sobald es abends dunkel wurde, begann ein emsiges Leben im Bunker in der Milastraße. Die Gruppenkommandanten hielten Besprechungen ab, legten den Schlachtplan für die Nacht fest und erteilten ihre sonstigen Befehle. Auch die Truppführer kamen zu Beratungen zusammen und teilten dann ihre Leute ein." (*Borzykowski*, S. 91—100.)

Die letzten Minuten des J. K. O.-Stabes und der Aktiven

Wie der Kommandant Mordechai Anielewicz und seine Getreuen von der J. K. O. im Bunker der Milastraße 18 umkamen, berichtet die Kämpferin Cywia Lubetkin: „Am 8. Mai entdeckten die Deutschen endlich den Bunker. Nachdem sie Verstärkung erhalten hatten, veranstalteten sie eine Razzia und riegelten das ganze Gelände ab. Erst nach zweistündigem Kampf gelang es ihnen aber, ein paar bewaffnete Insurgenten aufzugreifen. Sie erkannten, daß sie diese Stellung nicht mit Gewalt zu nehmen vermochten. Da warfen sie Rauchbomben in den Kellereingang, und davor legten sie Sprengstoff . . .

. . . Die Bande der »Schweren Jungen« und die Zivilisten ergaben sich den Deutschen, aber die Kampf-Organisation tat dies nicht, obwohl die Deutschen wiederholt versicherten, jeder sich freiwillig Ergebende käme nur für den Arbeitseinsatz in Frage, während alle anderen sofort erschossen würden.

Unsere Kämpfer verschanzten sich am Eingang und erwarteten die Deutschen dort. Diese gingen schließlich dazu über, Gas in den Keller einströmen zu lassen. Aber immer nur in kleinen Mengen, um dann eine Weile zu warten. Wahrscheinlich hofften sie, durch langsames Erstickenlassen schneller ans Ziel zu gelangen. Die übriggebliebenen 120 Kämpfer hatten also einen schrecklichen Tod vor Augen.

Aryeh Wilner rief als erster: »Machen wir doch lieber selbst mit uns Schluß! Ihnen sollten wir nicht lebend in die Hände fallen!«

Dann begannen die Selbstmorde. Einige Revolver hatten Ladehemmung. Die Besitzer baten Kameraden, sie zu töten, was jedoch niemand tun wollte.

Lutek Rotblat schoß viermal auf seine Mutter, die sich selbst dann noch bewegte.

Plötzlich wurde ein versteckt liegender Ausgang entdeckt. Leider entkamen durch ihn nur wenige. Alle anderen erstickten qualvoll langsam am Gas.

So kam der Tod zu den tapfersten jüdischen Kämpfern, etwa 100. Unter ihnen befand sich auch Mordechai Anielewicz, unser stattlicher Kommandant, den wir alle so sehr liebten." (*Commentary*, New York, Mai 1947.)

Dr. Emanuel Ringelblum über Mordechai Anielewicz:

„Ich entsinne mich genau eines Gespräches mit Anielewicz. Er beurteilte den ungleichen Kampf ziemlich richtig und sah voraus, daß Ghetto und Arbeitsstellen doch eines Tages vernichtet werden würden. Er war auch überzeugt, diesen Untergang ebensowenig zu überleben wie seine Kämpfer. Er sagte: »Wie herrenlose Hunde werden wir krepieren und niemand weiß später, wo wir gefallen sind.«" (*Archiv Ringelblum*.)

Die Propaganda ist am Werk

„Als der Bunker, in dem sich der Kampf-Organisations-Stab mit 120 Kämpfern befand, ausgehoben werden sollte, wurden deutsche, italienische, ungarische, finnische und schwedische Korrespondenten herbeigeschafft. Gestapo-Offiziere und Beamte des Propaganda-Ministeriums führten die Pressegruppe und erklärten, es handele sich um eine Befriedungsaktion gegen jüdische Kommunisten und russische Fallschirmspringer." (*Turkow II*, S. 150.)

Flucht

Rathauser berichtet, wie er eine Kampfgruppe durch die Kanalisation auf die „arische" Seite hinüberbringen wollte. Er hatte sich zu diesem Zweck mit polnischen Kanalarbeitern jenseits der Ghettomauer in Verbindung gesetzt, und diese wollten ihm behilflich sein. Leider erschienen sie dann vollkommen betrunken zur Verabredung.

Nachdem sie in die Kanalisation eingestiegen waren, erklärten sie plötzlich, keinen Schritt weitergehen zu wollen. Rathauser mußte sie erst mit der Pistole bedrohen, um sie zum Weitergehen zu veranlassen. Er meint: „Dieser Marsch läßt sich kaum beschreiben. Ich weiß nur, daß die Polen immer nach ein paar Minuten wieder stehenblieben und Schnaps verlangten. Mit Worten war ihnen nicht beizukommen. Auf sie wirkte nur meine Waffe.

Um 2 Uhr nachts langte ich endlich in der Zamenhofastraße, an der Ecke der Stawkistraße, an und kam wieder aus dem Kanal heraus jenseits der Ghettomauer." (*Neustadt*, S. 280.)

Eine andere Flucht durch das Kanalsystem

Eine Kampfgruppe beabsichtigte, das Ghetto durch die Kanalisation zu verlassen. Auf der Franciszkanskastraße 22 stiegen sie ein. Volle zwei Tage irrten sie dann aber unter der Erde herum.

Es waren 60 Personen, die erst am 10. Mai im „arischen" Viertel, auf der Prostastraße wieder an die Oberfläche und ans Tageslicht gelangten. Dort gerieten sie sofort in eine Schießerei mit den Deutschen, wobei 28 der jüdischen Kämpfer ums Leben kamen. Die 32 Überlebenden schlossen sich einer polnischen Partisanengruppe an. Bei späteren Kämpfen fanden sie alle ebenfalls den Tod. (*Neustadt*, S. 244.)

Das Ergebnis vom Sonntag, dem 9. Mai 1943

Abschrift

Fernschreiben

Absender: Der SS- und Polizeiführer im Distrikt Warschau

Warschau, den 9. 5. 43

A z.: I ab St/Gr—16 07—Tgb.Nr. 625/43 geh.

Betr.: Ghetto-Großaktion

An den
Höheren SS- und Polizeiführer Ost

SS-Obergruppenführer und General der Polizei Krüger
o. V. i. A.
Krakau

Verlauf der Großaktion am 9. 5. 43, Beginn 10.00 Uhr.

Die heute durchgeführte Großaktion hatte folgendes Ergebnis:

Von den angesetzten Durchkämmungs-Stoßtrupps wurden 42 Bunker ermittelt. Aus diesen Bunkern wurden 1037 Juden und Banditen lebend hervorgebracht. Im Kampf wurden erschossen 319 Banditen und Juden, außerdem ungezählte wiederum bei den Sprengungen der Bunker vernichtet. Der um den früheren Betrieb „Transavia" liegende Häuserblock wurde durch Feuer vernichtet und auf diese Weise trotz aller Durchkämmungen wiederum Juden gefangen.

Erbeutet wurden wiederum Pistolen und Handgranaten.

Eigene Kräfte:

Einsatzkräfte:	Deutsche Polizei	4/103
	Sipo	2/12
	Pioniere (WH)	3/67
	Waffen-SS	13/547

		bei Tag	bei Nacht
Absperrkräfte:	Deutsche Polizei .	1/87	1/36
	Waffen-SS . . .	—	1/300
	Trawniki . . .	160	—
	Poln. Polizei . .	1/160	1/160

Eigene Verluste: keine.

Die Gesamtzahl der bisher erfaßten Juden erhöht sich auf 51 313.

Außerhalb des ehem. jüdischen Ghettos wurden 254 Juden und Banditen erschossen.

Ende der Aktion: 21.00 Uhr, Fortsetzung am 10. 5. 43, 10.00 Uhr.

Der SS- und Polizeiführer im Distrikt Warschau

gez.: Stroop

SS-Brigadeführer u. Generalmajor der Polizei

F. d. R.:

Jesuiter

SS-Sturmbannführer

Montag, der 10. Mai 1943

Abschrift

F e r n s c h r e i b e n

Absender: Der ᛋᛋ- und Polizeiführer im Distrikt Warschau

Warschau, den 10. 5. 1943

A z.: A ab—St/G.—1607 Tgb.Nr. 627/43 geh.

B e t r.: Ghetto-Großaktion

An den
Höheren ᛋᛋ- und Polizeiführer Ost

ᛋᛋ-Obergruppenführer und General der Polizei Krüger
o. V. i. A.

K r a k a u

Verlauf der Großaktion am 10. 5. 43, Beginn 10.00 Uhr.

Am heutigen Tage wurde wiederum das Gebiet des ehemaligen jüd. Wohnbezirks durch eingesetzte Durchsuchungs-Stoßtrupps durchkämmt. Wie in den letzten Tagen wurde wider Erwarten eine erhebliche Anzahl Juden aus den Bunkern hervorgeholt. Der von den Juden geleistete Widerstand war heute ungeschwächt. Im Gegensatz zu den Vortagen haben sich anscheinend die noch vorhandenen und nicht vernichteten Angehörigen der jüd. Hauptkampfgruppe in die ihnen höchst erreichbaren Ruinen zurückgezogen, um von dort feuernd, den eingesetzten Kommandos Verluste beizubringen.

Es wurden heute insgesamt lebend 1183 Juden erfaßt. Erschossen wurden 187 Banditen und Juden. Wiederum nicht feststellbare Juden und Banditen wurden in den gesprengten Bunkern vernichtet. Die Gesamtzahl der bisher erfaßten Juden erhöht sich auf 52 683.

Heute um 9.00 Uhr fuhr ein Lkw. an einem Siel der Kanalisation in der sog. Prosta vor. Ein Insasse dieses Lkw. brachte 2 Handgranaten zur Entzündung, die das Zeichen für die sich im Kanal bereithaltenden Banditen war, um aus dem Siel hervorzuklettern. Die Banditen und Juden — es befinden sich darunter auch immer wieder poln. Banditen —, die mit Karabinern, Handfeuerwaffen und einem LMG. bewaffnet waren, bestiegen den Lkw. und fuhren in unbekannter Richtung davon. Der letzte Mann dieser Bande, der Wache am Kanal hatte und den Auftrag, den Deckel der Kanalöffnung zu schließen, wurde gefangen. Von diesem stammen die vorstehend gemachten Angaben. Er erklärte, daß der größte Teil der Bande, die in einzelne Kampfgruppen aufgeteilt war, entweder im Kampf erschossen oder sich selbst wegen der Aussichtslosigkeit des Kampfes getötet hat. Die angesetzte Fahndung nach dem Lkw. ist bisher ergebnislos verlaufen[1]).

Einer anderen Gruppe gelang es, Verbindung zu den Partisanen in Lumianki aufzunehmen. Bei den späteren Kämpfen fiel jedoch auch sie. (*Sefer*, S. 718.)

Die Banditen sagten weiter aus, daß die Prosta, nachdem der Boden im ehemaligen Ghetto zu heiß wurde, der Zufluchtsort der noch vorhandenen Juden ist. Ich habe mich aus diesem Grunde entschlossen, mit der Prosta wie mit dem Ghetto zu verfahren und dieses Zwerg-Ghetto zu vernichten.

Erbeutet wurden heute wiederum Handfeuerwaffen und Munition. Der Sicherheitspolizei gelang es am gestrigen Tage, außerhalb des Ghettos eine Werkstatt, die mit der Anfertigung von 10—11 000 Sprengkörpern und sonstiger Munition beschäftigt war, auszuheben.

Eigene Kräfte: wie am Vortage.

Eigene Verluste: 3 SS-Männer verwundet.

---

[1]) Im Tagebuch S. Rathausers gibt es zwei Hinweise über die Flucht jüdischer Kämpfer durch die Kanalisation. Einmal beschreibt er, wie er am 9. Mai eine Kampfgruppe retten konnte, die ihn am Bankplatz erwartete, wo ein Einstieg in die Kanalisation war. Als der versprochene Lastwagen, der lange auf sich warten ließ, endlich ankam, öffnete er den Gully, um die Kämpfer herauszulassen. Leider stellten sich sofort viele polnische Passanten um ihn herum, um das Schauspiel zu beobachten.

Dennoch kletterten die Kämpfer auf den Lastwagen, aber kaum war dieser voll, brüllte der Fahrer, er könne nicht länger warten. Deshalb deckte Rathauser den Gully schnell wieder zu. Im letzten Augenblick sprang er selbst auf den anfahrenden Wagen und stellte dann erst fest, daß noch 15 Kämpfer im Kanalisationssystem zurückgeblieben waren. Vom fahrenden Lastwagen aus konnte er ihnen natürlich nicht helfen. So kehrte er ein paar Stunden später zum Bankplatz zurück. Aber dort erblickte er eine riesige Menschenmenge und erfuhr von ihr, daß eine teils deutsche, teils ukrainische Streife alle Zurückgebliebenen umgebracht hatte. (*Neustadt*, S. 283–284.)

Auf Grund des guten Einvernehmens mit der Wehrmacht ist die Pioniergruppe weiter verstärkt worden. Desgleichen wurde auch eine größere Menge Sprengmunition zur Verfügung gestellt.

Ende der Aktion: 22.00 Uhr, Fortsetzung am 11. 5. 43, 9.30 Uhr.

Der ᛋᛋ- und Polizeiführer im Distrikt Warschau

gez.: Stroop
ᛋᛋ-Brigadeführer und Generalmajor der Polizei

F. d. R.:
Jesuiter
ᛋᛋ-Sturmbannführer

ANHANG ZUM 10. MAI

Die Gruppe auf der Walowastraße

Der jüdische Kämpfer Leon Najberg erzählt in seinem Tagebuch, wie er sich am 10. Mai 1943 einer Kampfgruppe auf der Walowastraße anschloß, deren Führer ein gewisser Lejzor Szerszen war, welcher vor drei Monaten erst aus dem Vernichtungslager Treblinka flüchten konnte.

Die Kampfgruppe hauste im fünften Stock eines an sich ganz ausgebrannten Gebäudes. Nur mit einer Strickleiter gelangten die Mitglieder überhaupt in ihr Versteck hinauf. Die Gruppe bestand aus 25 jungen Leuten, aber sie waren nur mit 10 Revolvern bewaffnet. (*Kermisz I*, S. 343.)

Immer neue Bunker am Dienstag, dem 11. Mai 1943

Abschrift

Fernschreiben

Absender: Der ᛋᛋ- und Polizeiführer im Distrikt Warschau

Warschau, den 11. 5. 1943

Az.: I ab–St/Gr.–1607 Tgb.Nr. 629/43 geh.

Betr.: Ghetto-Großaktion

An den
Höheren ᛋᛋ- und Polizeiführer Ost

ᛋᛋ-Obergruppenführer und General der Polizei Krüger
o. V. i. A.
Krakau

Verlauf der Großaktion am 11. 5. 43, Beginn 9.30 Uhr.

Die in der letzten Nacht eingesetzten Spähtrupps meldeten erneut, daß sich noch Juden in einigen Bunkern befinden müssen, da Juden in den zertrümmerten Straßen beobachtet wurden. Es wurden von den Spähtrupps 12 Juden erschossen. Auf Grund dieser Meldung wurden heute erneut Durchkämmungs-Stoßtrupps angesetzt mit dem Erfolg, daß insgesamt 47 Bunker festgestellt, ausgehoben und zerstört wurden. Auch heute wurden Juden, die sich in den Mauerresten, in denen die Dächer nicht ganz zerstört waren, festgesetzt hatten, erfaßt. Diese neuen Schlupfwinkel suchen die Banditen und Juden auf, weil ihnen inzwischen der Aufenthalt in den Bunkern unerträglich wird. Es wurde ein Bunker festgestellt, der etwa

12 Zimmer besaß und mit Kanalisation, Wasser, Badeeinrichtungen für Männer und Frauen getrennt, eingerichtet war. Größere Mengen an Lebensmitteln wurden erfaßt, bzw. sichergestellt, damit die Möglichkeit, sich zu verproviantieren immer geringer wird.

Erfaßt wurden insgesamt 931 Juden und Banditen. Erschossen wurden 53 Banditen. In gesprengten Bunkern und bei der Vernichtung eines Häuserblocks durch Feuer kamen weitere ums Leben. Die Gesamtzahl der bisher erfaßten Juden erhöht sich auf 53 667. Erbeutet wurden mehrere Pistolen, Handgranaten und Munition.

Eine nochmalige systematische Durchführung der Vernebelung der Kanalisation konnte nicht erfolgen, da es an Nebelkerzen fehlte. OFK. hat sich bereit erklärt, erneut Nebelkerzen zu besorgen.

Eigene Kräfte:

Einsatzkräfte:	Deutsche Polizei	6/126
	TN	1/6
	Sipo	2/14
	Pioniere (WH)	4/76
	Waffen-SS	12/308

Absperrkräfte:		bei Tag	bei Nacht
	Deutsche Polizei .	1/112	1/86
	Waffen-SS . . .	—	1/300
	Trawniki . . .	160	—
	Poln. Polizei . .	1/160	1/160

Eigene Verluste: 1 SS-Mann verwundet.

Gesamtverluste: 71 Verwundete, 12 Tote.

Ende der Aktion des heutigen Unternehmens: 21.45 Uhr, Fortsetzung am 12. 5. 43, 9.30 Uhr.

Der SS- und Polizeiführer im Distrikt Warschau

gez.: Stroop

SS-Brigadeführer und Generalmajor der Polizei

F. d. R.:
Jesuiter
SS-Sturmbannführer

Weitere Bunker am Mittwoch, dem 12. Mai 1943

Abschrift

F e r n s c h r e i b e n

Absender: Der ϟϟ- und Polizeiführer im Distrikt Warschau

Warschau, den 12. 5. 1943

A z.: I ab–St/G.–1607 Tgb.Nr. 637/43 geh.

B e t r.: Ghetto-Großaktion

An den
Höheren ϟϟ- und Polizeiführer Ost
ϟϟ-Obergruppenführer und General der Polizei Krüger
o. V. i. A.
K r a k a u

Verlauf der Großaktion am 12. 5. 43, Beginn 9.30 Uhr.

Die Suche der angesetzten Durchkämmungs-Stoßtrupps nach weiteren Bunkern, in denen sich Juden verborgen halten, hatte den Erfolg, daß 30 Bunker gefunden wurden. Hieraus wurden 663 Juden hervorgeholt und 133 Juden erschossen. Die Gesamtzahl der erfaßten Juden erhöht sich auf 54 463.

Weiter wurde heute das Zwerg-Ghetto Prosta verstärkt abgeriegelt und durch Feuer vernichtet. Es ist wahrscheinlich eine größere Zahl von Juden in den Flammen umgekommen. Da das Feuer vor Eintritt der Dunkelheit noch nicht niedergebrannt war, konnten genaue Feststellungen in dieser Hinsicht nicht getroffen werden. Ein Betonhaus in der Prosta, aus dem Juden hervorgeholt wurden, wurde, um es für spätere Benutzung als Stützpunkt für Banditen unbrauchbar zu machen, durch Sprengung vernichtet. Hierdurch wurde die gegenüberliegende Häuserfront stark in Mitleidenschaft gezogen. Es ist bemerkenswert, daß die Polen ohne eine Ankündigung sofort entsprechende Maßnahmen vor der Sprengung zur Sicherung ihrer Fensterscheiben usw. getroffen haben.

Die nunmehr von hier abgehenden Judentransporte werden erstmalig heute nach T. II geleitet.

Eigene Kräfte:

Einsatzkräfte:

Deutsche Polizei	*5/126*
TN	*1/6*
Sipo	*2/14*
Pioniere (WH)	*4/74*
Waffen-ϟϟ	*12/508*

Absperrkräfte:

	bei Tag	*bei Nacht*
Deutsche Polizei	*1/112*	*1/86*
Waffen-ϟϟ	*—*	*1/300*
Trawniki	*160*	*—*
Poln. Polizei	*1/160*	*1/160*

Eigene Verluste: 1 Mann Waffen-ϟϟ verwundet.

Ende des heutigen Unternehmens: 21.00 Uhr. Fortsetzung am 13. 5. 43 um 10.00 Uhr.

Der ϟϟ- und Polizeiführer im Distrikt Warschau

gez.: Stroop

ϟϟ-Brigadeführer und Generalmajor der Polizei

F. d. R.:
Jesuiter
ϟϟ-Sturmbannführer

ANHANG ZUM 12. MAI

Selbstmorde

Versprengte jüdische Kämpfer, die keinerlei Verbindung mehr zu anderen Kampfgruppen hatten, vertraten den Standpunkt, der Befehl des Kommandanten, die Stellung unter keinen Umständen zu verlassen, habe für sie keine Gültigkeit mehr. Sie begingen daher Selbstmord. (*Neustadt*, S. 376.)

Der Kampf am Donnerstag, dem 13. Mai 1943

Abschrift

F e r n s c h r e i b e n

Absender: Der SS- und Polizeiführer im Distrikt Warschau

Warschau, den 13. Mai 1943

Az.: I ab—St/Gr. — 1607 Tgb.Nr. 641/43 geh.

Betr.: Ghetto-Großaktion

An den
Höheren SS- und Polizeiführer Ost

SS-Obergruppenführer und General der Polizei Krüger
o. V. i. A.

K r a k a u

Verlauf der Großaktion am 13. 5. 43, Beginn: 10.00 Uhr.

Bei der heutigen Durchkämmung des großen und kleinen Ghettos (Prosta) wurden 234 Juden gestellt. Im Kampf wurden 155 Juden erschossen. Es zeigte sich am heutigen Tage, daß die nunmehr gefangenen Juden und Banditen den sogen. Kampfgruppen angehören. Es sind durchweg junge Burschen und Weiber im Alter von 18—25 Jahren. Bei der Aushebung eines Bunkers entspann sich ein regelrechtes Feuergefecht, bei dem die Juden nicht nur aus Pistolen 08 und poln. Vis-Pistolen schossen, sondern auch poln. Eierhandgranaten gegen die Männer der Waffen-SS warfen. Nachdem ein Teil der Bunkerbesatzung ausgehoben war und diese durchsucht werden sollte, griff eines der Weiber wie schon so oft blitzschnell unter ihren Rock und holte aus ihrem Schlüpfer eine Eierhandgranate hervor, die sie abzog und unter die sie durchsuchenden Männer warf, dabei blitzschnell selbst in Deckung sprang. Nur der Geistesgegenwart der Männer ist es zu verdanken, daß kein Ausfall eintrat.

Die wenigen sich noch im Ghetto aufhaltenden Juden und Verbrecher benützen seit 2 Tagen die noch in Ruinen sich bietenden Schlupfwinkel, um nachts in die ihnen bekannten Bunker zurückzukehren, dort zu essen und sich wieder für den nächsten Tag zu verproviantieren. Eine Aussage über weiter ihnen bekannte Bunker von den gefangenen Juden herauszuholen, ist neuerdings unmöglich. Der Rest der Besatzung, bei dem das Feuergefecht stattfand, wurde durch stärkste Sprengladungen vernichtet. Aus einem Wehrmachtsbetrieb wurden heute 327 Juden erfaßt. Die jetzt erfaßten Juden werden nur nach T. II geleitet.

Die Gesamtzahl der erfaßten Juden erhöht sich auf 55 179.

Eigene Kräfte:

Einsatzkräfte:

Deutsche Polizei	4/182
TN	1/6
Sipo	2/14
Pioniere (WH)	4/74
Waffen-SS	12/517

Absperrkräfte:

	bei Tag	bei Nacht
Deutsche Polizei	2/137	1/87
Waffen-SS	—	1/300
Trawniki	270	—
Poln. Polizei	1/160	1/160

Eigene Verluste: 2 Waffen-SS tot
3 Waffen-SS verwundet
1 Polizeiangeh. verwundet

Die beiden gefallenen Männer der Waffen-SS sind während des Fliegerangriffs im Ghetto ums Leben gekommen[1]).

33 Bunker sind erfaßt und vernichtet. Beute: 6 Pistolen, 2 Handgranaten und Sprengkörper.

Ende des heutigen Unternehmens: 21.00 Uhr, Fortsetzung am 14. 5. 43, um 10.00 Uhr.

Ich beabsichtige, die Großaktion am 16. 5. 43 zu beenden und die weiteren durchzuführenden Maßnahmen dem Polizeibataillon III/23 zu übertragen. Einen ausführlichen Bericht mit Bildanhang werde ich, falls kein anderer Befehl erfolgt, bei der SS- und Polizeiführertagung vorlegen.

Der SS- und Polizeiführer im Distrikt Warschau

gez.: Stroop

SS-Brigadeführer und Generalmajor der Polizei

F. d. R.:
Jesuiter
SS-Sturmbannführer

---

[1]) Es war ein sowjetischer Fliegerangriff. (Kann, S. 5.)

Der Verlauf am Freitag, dem 14. Mai 1943

Abschrift

F e r n s c h r e i b e n

Absender: Der SS- und Polizeiführer im Distrikt Warschau

Az.: I ab—St/Gr.—1607 Tgb.Nr. 646/43 geh. *Warschau, den 14. Mai 1943*

Betr.: Ghetto-Großaktion

An den
Höheren SS- und Polizeiführer Ost

SS-Obergruppenführer und General der Polizei Krüger
o. V. i. A.

K r a k a u

Verlauf der Großaktion am 14. 5. 43, Beginn 10.00 Uhr.

Die eingeteilten Durchkämmungs-Stoßtrupps nahmen ihre Tätigkeit in den ihnen zugewiesenen Abschnitten wieder auf mit dem Auftrag, weitere Wohnbunker zu öffnen und die Juden zu erfassen. Auf diese Weise wurde heute wiederum eine größere Zahl von Banditen und Juden erfaßt. Insbes. wurden einige in der Nacht entdeckte Spuren weiter mit gutem Ergebnis verfolgt. Die Nacht-Stoßtrupps hatten verschiedentlich Zusammenstöße mit bewaffneten Banditen. Diese schossen mit MG. und Handfeuerwaffen. Hierdurch traten auf unserer Seite vier Ausfälle ein, davon 3 Waffen-SS und 1 Ordnungspolizei. Es wurde wiederholt aus dem arischen Teil auf die äußere Absperrung geschossen. Von der Postenkette wurde rücksichtslos das Feuer erwidert. Bei den Zusammenstößen wurden etwa 30 Banditen erschossen und 9 Juden und Banditen, die einer bewaffneten Bande angehörten, gefangen. Ein Bunker wurde in der Nacht ausgehoben, die Juden gefangen und einige Pistolen, darunter 12 mit Kaliber, erbeutet. In einem Bunker, der mit etwa 100 Personen besetzt war, konnten 2 Gewehre, 16 Pistolen, Hand- und Brandgranaten erbeutet werden. Von den sich zur Wehr setzenden Banditen trugen wiederum verschiedene deutsche Wehrmachtsuniform und deutsche Stahlhelme und Knobelbecher. Außer den Karabinern wurden 60 Schuß deutsche Gewehrmunition eingebracht. Ein Stoßtrupp hatte ein Feuergefecht mit einer 10 bis 14köpfigen Bande auf den Dächern eines Häuserblocks am Rande des Ghettos (arischer Teil). Die Banditen wurden ohne eigene Verluste vernichtet.

Die gefangenen Banditen sagen wiederholt aus, daß noch nicht alle Personen im Ghetto erfaßt seien. Sie rechnen stark damit, daß die Aktion bald beendet sein wird, um dann wieder im Ghetto weiterleben zu können. Verschiedene Banditen ließen sich dahingehend aus, daß sie den Führer der Aktion, „General", wie sie ihn nennen, längst hätten umlegen können, dieses aber befehlsgemäß nicht tun würden, um die gegen die Juden ergriffenen Maßnahmen dadurch nicht noch weiter zu verschärfen.

Heute wurden weiter einige Betonhäuser, in denen sich immer wieder die Banditen festsetzen, von den Pionieren gesprengt.

Um die Banditen aus der Kanalisation an die Oberfläche zu bringen, wurden um 15.00 Uhr 183 Kanal-Einsteiglöcher geöffnet und in diese zu einer festgelegten X-Zeit Nebelkerzen herabgelassen mit dem Erfolg, daß die Banditen, vor dem angeblichen Gas flüchtend, im Zentrum des ehem. jüdischen Wohnbezirks zusammenliefen und aus den dort befindlichen Kanalöffnungen herausgeholt werden konnten.

Wegen der Beendigung der Aktion werde ich mich nach Verlauf des morgigen Tages entscheiden.

Heute nachmittag wohnte SS-Gruppenführer und Generalleutnant der Waffen-SS v. H e r f f dem angesetzten Unternehmen bei.

Eigene Kräfte:

E i n s a t z k r ä f t e:

Deutsche Polizei	4/184
TN	1/6
Sicherheitspolizei	2/16
Pioniere (WH)	4/73
Waffen-SS	12/510

A b s p e r r k r ä f t e:

	bei Tag	bei Nacht
Deutsche Polizei .	2/138	1/87
Waffen-SS . . .	—	1/300
Trawniki . . .	270	—
Poln. Polizei . .	1/160	1/160

E i g e n e V e r l u s t e: 5 Verwundete, davon 4 Waffen-SS, 1 Ordnungspolizei.

Insgesamt wurden heute 398 Juden erfaßt, außerdem im Kampf 154 Juden und Banditen erschossen. Die Gesamtzahl der erfaßten Juden erhöht sich dadurch auf 55 731.

B e u t e: Gewehre, Pistolen, Munition. Außerdem eine Anzahl Brandflaschen (Molotow-Cocktails).

Ende der Aktion: 21.15 Uhr. Fortsetzung am 15. 5. 43, 9.00 Uhr.

Der SS- und Polizeiführer im Distrikt Warschau
gez.: S t r o o p
SS-Brigadeführer und Generalmajor der Polizei

F. d. R.:
J e s u i t e r
SS-Sturmbannführer

Samstag, der 15. Mai 1943

Abschrift

F e r n s c h r e i b e n

Absender: Der SS- und Polizeiführer im Distrikt Warschau

Warschau, den 15. Mai 1943

Az.: I ab–St/Gr. – 1607 Tgb.Nr. 648/43 geh.

Betr.: Ghetto-Großaktion

An den
Höheren SS- und Polizeiführer Ost

SS-Obergruppenführer und General der Polizei Krüger
o. V. i. A.

K r a k a u

Verlauf der Großaktion am 15. 5. 43, Beginn 9.00 Uhr.

Die in der letzten Nacht das Ghetto durchstreifenden Spähtrupps haben gemeldet, daß nur ganz vereinzelt Juden angetroffen wurden. Es konnten im Gegensatz zu den vergangenen Nächten nur 6 oder 7 Juden erschossen werden. Die heute angesetzten Durchsuchungs-Stoßtrupps hatten ebenfalls nur einen kleinen Erfolg. Es wurden 29 neue Bunker ermittelt, die aber schon teilweise keine Insassen mehr hatten. Insgesamt wurden heute 87 Juden erfaßt und außerdem im Kampf 67 Banditen und Juden erschossen. Bei einem sich in der Mittagszeit entwickelnden Feuergefecht, bei dem die Banditen wiederum mit Molotow-Cocktails, Pistolen und selbstgefertigten Handgranaten sich zur Wehr setzten, wurde nach der Vernichtung der Bande ein Angehöriger der Ordnungspolizei durch Durchschuß der rechten Hüfte verwundet.

Durch ein Sonderkommando wurde der letzte noch vorhandene unversehrte Gebäudekomplex des Ghettos nochmals durchsucht und anschließend vernichtet. Am Abend wurden auf dem jüdischen Friedhof die Kapelle, Leichenhalle und sämtliche Nebengebäude gesprengt bzw. durch Feuer vernichtet. Die Gesamtzahl der erfaßten Juden erhöht sich auf 55 885.

Eigene Kräfte:

Einsatzkräfte:	Deutsche Polizei	4/184
	TN	1/6
	Sipo	2/16
	Pioniere (WH)	4/73
	Waffen-SS	12/510

Absperrkräfte:		bei Tag	bei Nacht
	Deutsche Polizei	2/138	1/87
	Waffen-SS	—	1/300
	Trawniki	270	—
	Poln. Polizei	1/160	1/160

Eigene Verluste: 1 Orpo verwundet.

Erbeutet wurden: 4 Pistolen größeren Kalibers, 1 Höllenmaschine mit Zündkabel, 10 kg Sprengstoff sowie eine größere Menge Munition.

Ende der Aktion: 21.30 Uhr, Fortsetzung am 16. 5. 43, 10.00 Uhr.

Ich werde die Großaktion am 16. 5. 43, gegen Abend, mit der heute nicht geglückten Sprengung der Synagoge beenden und das Polizeibataillon III/23 mit der Fortsetzung bzw. Beendung der noch durchzuführenden Maßnahmen beauftragen.

Der SS- und Polizeiführer im Distrikt Warschau

gez.: Stroop

SS-Brigadeführer und Generalmajor der Polizei

F. d. R.:
Jesuiter
SS-Sturmbannführer

Der letzte Tag der Großaktion, Sonntag, der 16. Mai 1943

Abschrift

F e r n s c h r e i b e n

Absender: Der SS- und Polizeiführer im Distrikt Warschau

Warschau, den 16. Mai 1943, 2. V. 961

Az.: I ab—St/Gr. — 1607 Tgb.Nr. 652/43 geh.

Betr.: Ghetto-Großaktion

An den
Höheren SS- und Polizeiführer Ost

SS-Obergruppenführer und General der Polizei Krüger
o. V. i. A.

K r a k a u

Verlauf der Großaktion am 16. 5. 43, Beginn 10.00 Uhr.

Es wurden 180 Juden, Banditen und Untermenschen vernichtet. Das ehemalige jüdische Wohnviertel Warschau besteht nicht mehr. Mit der Sprengung der Warschauer Synagoge wurde die Großaktion um 20.15 Uhr beendet.

Die für die errichteten Sperrgebiete weiter zu treffenden Maßnahmen sind dem Kommandeur des Pol.-Batl. III/23 nach eingehender Einweisung übertragen.

Gesamtzahl der erfaßten und nachweislich vernichteten Juden beträgt insgesamt 56 065.

Keine eigenen Verluste.

Schlußbericht lege ich am 18. 5. 43 bei der ᛋᛋ- und Polizeiführertagung vor.

Der ᛋᛋ- und Polizeiführer im Distrikt Warschau

gez.: Stroop

ᛋᛋ-Brigadeführer und Generalmajor der Polizei

F. d. R.:
Jesuiter
ᛋᛋ-Sturmbannführer

ANHANG ZUM 16. MAI

Der jüdische Kämpfer Leon Najberg:

„Um 1 Uhr mittags entdeckten die Deutschen den Bunker auf der Swietojerskastraße 38. Sie ließen Gas einströmen und zwangen so die dort Versteckten zum Herauskommen. Aus den 60 Bunkerinsassen suchten sich die Deutschen dann den 18jährigen Moniek Kirschenbaum heraus, dessen eines Bein schon brandig war. Er glich mehr einer Leiche als einem Menschen. Kirschenbaum sollte verraten, wo sonst noch Bunker mit versteckten Juden seien. Als der Junge sich weigerte, schossen sie ihn in die Hand. Aber Kirschenbaum verweigerte auch weiterhin jede Aussage. Nachdem ein zweiter Schuß ihn ins Bein traf, wurde er ohnmächtig.“ (*Kermisz I*, S. 345—346.)

Bemerkung:

Stroops „Tägliche Meldungen“ könnten den Eindruck erwecken, nach dem 16. Mai 1943 habe es im Ghetto Warschau überhaupt keine Kampfhandlungen mehr gegeben. Dem ist jedoch nicht so. Noch wochenlang fanden auch nach dem 16. Mai sporadisch Kämpfe in den Ruinen des Ghettos statt, denn immer noch hielten sich einzelne jüdische Kämpfer und auch ganze Gruppen in den Ruinen versteckt, die verbissen weiterkämpften. (*Kermisz I*, S. 346 bis 384; *Mark I*, S. 417—431; *Neustadt*, S. 249, 512, 696; *Wulf I*, S. 90—91; *Josef Lehman* in „Dos Naje Lebn“, Lodz, d. 11. u. 25. Juli 1947; *Turkowo II*, S. 157; *Franks Tagebücher:* Arbeitssitzung v. 31. Mai 43.)

Stroops Meldung vom 24. Mai 1943[1]

Abschrift

F e r n s c h r e i b e n

Absender: Der SS- und Polizeiführer im Distrikt Warschau

Az.: I ab—St/Gr. — 1607 — Tgb. Nr. 663/43 geh. *Warschau, den 24. Mai 1943*

Betr.: Ghetto-Großaktion
Bezug: Dort. FS Nr. 946 v. 21. 5. 43

An den
Höheren SS- und Polizeiführer Ost

SS-Obergruppenführer und General der Polizei Krüger
o. V. i. A.

K r a k a u

Obenbezeichnetes Fernschreiben beantworte ich wie folgt:

Z u Z i f f . 1

Von den 56 065 insgesamt erfaßten Juden sind ca. 7000 im Zuge der Großaktion im ehem. jüd. Wohnbezirk selbst vernichtet. Durch Transport nach T. II wurden 6929 Juden vernichtet, so daß insges. 13 929 Juden vernichtet wurden. Über die Zahl 56 065 hinaus sind schätzungsweise 5—6000 Juden bei Sprengungen und durch Feuer vernichtet worden.

---

1) Dieser Bericht befindet sich nicht in dem hier veröffentlichten Original bei der Warschauer Hauptkommission, sondern stammt aus dem Duplikat (siehe Seite 46), von dem eine Fotokopie im *Archiv Warschau* liegt.

Z u Z i f f . 2

Es wurden 631 Bunker vernichtet.

Z u Z i f f . 3 (B e u t e)

7 poln. Gewehre, 1 russ. Gewehr, 1 deutsches Gewehr, 59 Pistolen versch. Kalibers, mehrere 100 Handgranaten, darunter polnische und selbstgefertigte, einige 100 Brandflaschen, selbstgefertigte Sprengkörper, Höllenmaschine mit Zündkabel. Große Mengen Sprengstoff, Munition für Waffen aller Kaliber, darunter auch MG-Munition.

Bei der Beute an Waffen ist zu berücksichtigen, daß die Waffen selbst in den meisten Fällen nicht erfaßt werden konnten, weil sie von den Banditen und Juden in nicht festzustellende oder auffindbare Verstecke und Löcher vor Gefangennahme weggeworfen wurden. Die Erfassung war auch wegen der Vernebelung der Bunker durch unsere Männer unmöglich. Da die Sprengung der Bunker sofort vorgenommen werden mußte, kam eine spätere Erfassung nicht in Betracht.

Die erbeuteten Handgranaten, die Sprengmunition und die Brandflaschen fanden bei Bekämpfung der Banditen durch uns sofort wieder Verwendung.

Weiter wurden erbeutet:

1240 alte Waffenröcke (z. T. mit Ordensbändern — EK und Ostmedaille — versehen)

600 alte Hosen

Ausrüstungsstücke und deutsche Stahlhelme

108 Pferde, davon 4 noch im ehem. Ghetto (Leichenwagen).

Bis zum 23. 5. 43 wurden gezählt:

4,4 Mill. Zloty, außerdem ungezählt etwa 5—6 Mill. Zloty, eine große Menge Devisen, unter anderem 14 300 Dollar-Papierscheine und 9200 Golddollar, außerdem Schmucksachen (Ringe, Ketten, Uhren usw.) in großen Mengen.

Z u Z i f f . 4

Bis auf 8 Gebäude (Polizeiunterkunft, Krankenhaus und vorgesehene Unterkunft für Werkschutz) ist das ehem. Ghetto vollständig zerstört. Soweit nicht Sprengungen durchgeführt wurden, stehen nur noch die Brandmauern. Aus den Ruinen sind aber noch Steine und Schrott in unübersehbarer Menge zu verwerten.

Der SS- und Polizeiführer im Distrikt Warschau

gez.: S t r o o p

SS-Brigadeführer und Generalmajor der Polizei

F. d. R.:

J e s u i t e r

SS-Sturmbannführer

ANHANG I:

Jürgen Stroops Äußerungen nach dem Kriege[1]

42 Fragen an Stroop[2]

1. Welche Truppen — die Einheiten und ihre Führer besonders angeben — haben an den Kämpfen im Ghetto und an seiner Liquidierung teilgenommen?
2. Wie war die Bewaffnung der deutschen Truppen? (Art und Anzahl angeben!)
3. Was war den Deutschen von den Vorbereitungen des jüdischen Widerstandes bekannt und wie beurteilten sie das vom organisatorischen und militärischen Standpunkt aus?
4. Welche Munition wurde von den Deutschen im Ghetto Warschau angewandt und welche Menge verbrauchten sie davon?
5. Mit welchem Widerstand rechnete der deutsche Oberbefehl und welcher Kampfdauer?
6. Welche Rolle spielten die Flugzeuge beim Einsatz gegen das Ghetto Warschau?
7. Wie viele jüdische Kampfgruppen gab es und was war für sie typisch?
8. Wie waren die jüdischen Kampfgruppen bewaffnet? (Art und zahlenmäßige Angabe.)
9. Wie wurde deutscherseits die Führung der Jüdischen Kampf-Organisation beurteilt? Waren die Anführer namentlich bekannt?
10. Wie unterschied man die einzelnen jüdischen Kampfgruppen voneinander und wie viele verschiedene Arten gab es deutscher Ansicht nach davon?

---

[1]) *Es handelt sich um nach dem Kriege im Warschauer Mokotow-Gefängnis schriftlich oder mündlich an Stroop gestellte Fragen und seine Antworten. Einer der Fragenden, Dr. Josef Kermisz, damals Exekutivmitglied der Zentralen Jüdischen Historischen Kommission und heute Archivleiter im Institut Yad Vashem in Jerusalem, stellte sämtliche Protokolle liebenswürdigerweise zur Verfügung. Der Herausgeber dankt ihm an dieser Stelle herzlich für dieses Entgegenkommen.*

[2]) *Diese Fragen stellte Dr. Josef Kermisz schriftlich an Stroop.*

11. Was ist Näheres über die in den Meldungen erwähnten „Hauptkampfgruppen der Juden", „Sogenannte Kampfgruppen" und „Jüdische militärische Organisation" zu sagen?

12. Woher bekamen die Deutschen ihre Nachrichten über die jüdischen Kampfgruppen und deren Bunker?

13. Wie verliefen die Kämpfe am Muranowskiplatz, in deren Verlauf SS-Untersturmführer Dehmke fiel?

14. Unterstützten die Polen die Juden in ihrem Kampf? Und worin bestand dann ihre Hilfe?

15. Wie verhielt sich die polnische Bevölkerung zu dem Vorgehen im Ghetto?

16. Was waren die Nebelkerzen? Wie war ihre chemische Zusammensetzung und wie wirkten sie?

17. Wo wurden die Fahnen der jüdischen Aufständischen gehißt und wie lange blieben sie hängen?

18. Welche Rolle spielten Brandt[1]) und Konrad[2]) bei der Aktion?

19. Haben Generalleutnant Globocnik[3]) und Sturmbannführer Höfle[4]) von Anfang an an der Aktion teilgenommen? Warum verließen sie dann Warschau wieder?

20. Welche Gründe hatte der Besuch Krügers im Ghetto während der Aktion? (2. Mai 1943.)

21. Waren noch andere höhere Offiziere bei der Aktion anwesend?

22. Wer waren die Trawnikimänner, ihre Offiziere und Kommandeure? Welche nichtdeutschen Truppeneinheiten nahmen überhaupt an der Aktion teil?

23. Wie stand es mit Kampfhandlungen auf der arischen Seite? Wo und wann gab es Zusammenstöße mit Polen? Wie war ihr Ausgang?

24. Welche Geschehnisse der Aktion blieben am lebhaftesten im Gedächtnis haften?

25. Mit welchen Mitteln versuchte man, den Juden einen Aufenthalt in der Kanalisation unmöglich zu machen?

---

[1]) *Karl Georg Brandt unterstand das Judenreferat beim Kommandeur der Sicherheitspolizei und des Sicherheitsdienstes im Distrikt Warschau. (Siehe Seite 299.)*

[2]) *SS-Obersturmführer Franz Konrad unterstand die sogenannte „Werterfassung" im Ghetto Warschau. (Siehe Seite 254.)*

[3]) *SS-Gruppenführer und Generalleutnant der Polizei Odilo Globocnik war SS- und Polizeiführer im Distrikt Lublin. 1942/43 führte er im Generalgouvernement die „Aktion Reinhard" durch. Näheres siehe Seite 261.*

[4]) *SS-Hauptsturmführer Hermann Höfle war der Adjutant Odilo Globocniks. (Siehe Seite 275.)*

26. Welche Aufgaben hatten Feuerwehr und Wasserwerk-Bereitschaft?

27. Gab es Nervenzusammenbrüche bei den Kampfgruppen, die an der Liquidation der Juden teilnahmen?

28. Welche Einzelheiten lassen sich über die Sprengung der polnischen Munitionsfabrik am 26. April 1943 angeben und was hatte sie mit den Juden zu tun?

29. Was für eine Aktion fand im Fort Traugutt statt?

30. Was bedeutet der in den Meldungen benutzte Ausdruck „T. II"?

31. Welche Zusammenstöße im Ghetto nach dem 16. Mai 1943 sind bekannt?

32. Was ist überhaupt bekannt über die Ereignisse im Ghettoviertel nach dem 16. Mai?

33. Wer waren die jüdischen Denunzianten und wo hielten sich diese auf?

34. Sind Sie selbst im Lager Treblinka gewesen?

35. Wie hoch waren die Verluste der Deutschen bei den Kämpfen im Ghetto?

36. Welche Verluste hatte die polnische Polizei dabei und welche die Trawnikimänner?

37. Wie hoch waren die Verluste der Juden bei den Kampfhandlungen, Bränden und Bunkersprengungen?

38. Wie lange gab es tatsächlich noch Kampfhandlungen im Ghettoviertel?

39. Was geschah nach der Liquidation des Ghettos mit dem hinterlassenen jüdischen Vermögen?

40. Sind irgendwelche Meldungen, Briefe oder sonstige Aufzeichnungen über den Verlauf der Kämpfe im Ghetto erhalten geblieben?

41. Wo befindet sich Stabschef Jesuiter jetzt?

42. Was ist Ihnen über die „Aktion Reinhard" bekannt?

Schriftliche Antworten Stroops auf die Fragen über das Ghetto Warschau

Zu 1.

An der letzten durch ihn ausgeführten Räumung bei der Ghettoaktion nahmen laut ᛋᛋ- und Polizeiführer von Sammern-Frankenegg teil:

a) Einheiten der in Warschau stationierten deutschen Polizei, soweit erinnerlich vom ᛋᛋ- und Polizeiregiment 17; Kommandeur Oberst der Schutzpolizei Stahn oder Stange. Der Kommandeur der Ordnungspolizei in Warschau war damals Oberstleutnant der Schutzpolizei von Czermoni (?). Die Namen der Führer von Einsatzgruppen sind nicht mehr erinnerlich.

b) Teile des ᛋᛋ-Panzergrenadier-Ausbildungs- und Ersatzbataillons. Kommandeur Oberstleutnant der Waffen-ᛋᛋ Berwitt. Einsatzgruppenführer unbekannt.

c) Teile der ᛋᛋ-Kavallerie-Ausbildungs- und Ersatzabteilung. Kommandeur: Major der Waffen-ᛋᛋ Plaenk.

d) Einsatzgruppen der Sicherheitspolizei Warschau. Kommandeur: Oberstleutnant der Polizei Dr. Hahn.

e) Von der Wehrmacht: Einheiten der leichten Flak, zwei Pionierzüge, je unter Führung eines Offiziers; für kurze Zeit ein Panzerspähwagen und zwei Geschütze. Die Namen der Führer sind nicht mehr erinnerlich.

f) Einheiten der polnischen Polizei in Warschau und die Feuerschutzpolizei. Die Namen der Offiziere sind nicht mehr bekannt.

Zu 2.

Die deutschen wie auch die übrigen Einsatzkräfte waren frontmäßig ausgerüstet und bewaffnet; Infanteriegewehr, Karabiner, Handgranaten. Die Panzergrenadiere hatten Panzerschützenwagen und einige kleine französische Panzer, vielleicht Renault. Zahlen können nicht mehr angegeben werden.

Zu 3.

Da mit feindlichen Fliegerangriffen zu rechnen war, sind auch im Ghetto Luftschutzmaßnahmen durchgeführt worden. So erhielten die Ghetto-Insassen Ende 1942 Anweisung, Luftschutzkeller zu bauen. *Ohne* Wissen der deutschen Dienststellen bauten sie dann heimlich unterirdische Bunker, die bei dem geplanten Ghetto-Aufstand der Verteidigung und dem Schutz der Bewohner dienen sollten und dies sehr wohl konnten. Ganz unabhängig von der Oberleitung sind unterirdisch Transformatoren, elektrische Anlagen und Wasserleitungen gelegt worden. Unter oder neben den Hauskellern wurden gut getarnte Schlupfwinkel ausgebaut und Lebensmittellager angelegt, in denen sich Tausende von Eiern, Mehl,

Hülsenfrüchte und allerlei Konserven deutscher und polnischer Herkunft befanden. Ein ganzes unterirdisches Verkehrsnetz ist eingerichtet worden, um die Verbindung zu allen Teilen des Ghettos zu ermöglichen. Das Kanalsystem, besonders der Hauptkanalisationsstrang, welcher mitten durchs Ghetto lief, ist geschickt dazu ausgenutzt worden. Jüdische Kampfgruppen und Ghettoinsassen vermochten daher unbeobachtet ihren Aufenthaltsort zu wechseln, was für den Häuser- und Straßenkampf militärisch und rein organisatorisch wichtig ist. Soweit ich mich entsinne, waren jedoch die Verbindungswege unterirdisch noch nicht genügend ausgebaut, da die Zeit dazu nicht ausreichte. Immerhin hatte sich das Ghetto auf eine monatelange Verteidigung eingerichtet. Deutscherseits war natürlich davon nichts bekannt. Eine solche Geheimhaltung dürfte nur möglich gewesen sein, weil die Fäden ausschließlich in der Hand des sogenannten Judenrats zusammenliefen, wie ich damals hörte. So kam es, daß erst *nach* Beginn des Kampfes die im Hinblick auf den Aufstand vorsorglich angelegten Bunker bekannt wurden.

Zu 4.

Ich kann keine Angaben über die verschossene Munition machen, da dies allein Sache der einzelnen Kommandeure war. Die beiden Geschütze – ich glaube, es waren 10-cm-Kanonen – sind jedenfalls nur zwei- oder dreimal eingesetzt worden.

Zu 5.

Der deutsche Oberbefehl, besonders mein Vorgänger als SS- und Polizeiführer, Oberst der Polizei von Sammern-Frankenegg, welcher die letzte Räumung vorbereitete, rechnete *nicht* mit dem geringsten Widerstand. Verschiedene Teilräumungen des Ghettos waren der letzten Aktion bekanntlich schon vorausgegangen. Dr. von Sammern meinte daher, auch die letzte Räumung würde in gleicher Weise vor sich gehen. Erst am Vorabend der Aktion erhielt er Meldung, daß bewaffneter Widerstand zu erwarten sei. Er glaubte jedoch nicht daran, gab die Meldung aber pflichtgemäß an General Krüger weiter, so daß dieser dann entsprechend handeln konnte.

Zu 6.

Flugzeuge sind ohne mein Zutun, wahrscheinlich lediglich als Beobachter, von Krakau aus eingesetzt worden. Die Aufklärungsergebnisse wurden nicht ausgewertet.

Zu 7.

Über die Zahl der Kampfgruppen kann ich keine Angaben machen. Aus der Dauer des Widerstandes ist zu schließen, daß viele Formationen vorhanden waren. Besonders hervorzuheben ist, daß sie immer wieder in bereits gesäuberten und sich fest in unserer Hand befindlichen Gebäuden und Häuserblocks auftauchten. Aber sie tarnten sich gut und blieben fast immer unsichtbar und in Deckung, wie die Kampfgruppenführer meldeten.

Zu 8.

Die Bewaffnung der jüdischen Kämpfer bestand aus Infanteriegewehren, Maschinenpistolen, Maschinengewehren, 9-mm-Pistolen – polnische Fis oder amerikanische Colts –, vielen im

Ghetto hergestellten Brandflaschen und Sprengkörpern. Letztere, die eine große Wirkung hatten, bestanden aus Stahlrohr, an beiden Enden geschweißt und mit einer einfachen Zündschnur versehen. Die Maschinengewehre mögen durch Kauf oder Tausch von der deutschen Etappe erworben sein. Die jüdischen Kämpfer besaßen aber auch deutsche Stahlhelme, Uniformen, Schuhe usw. In den vielen Wehrwirtschaftsbetrieben des Ghettos konnten sie ja an alles herankommen. Wenn sie sich freiwillig stellten oder gefangennehmen ließen, legten sie die Uniformstücke erst ab und versteckten sie.

Zu 9.

Ich kann heute keine Namen von jüdischen Kommandanten mehr nennen, und ihre Führereigenschaften oder Fähigkeiten zu beurteilen, war damals schon schwer. Feststeht aber wohl, daß die Führung nicht in der Hand des sogenannten Judenrates lag, denn — wie ich mich entsinne — hörten die Ghettobewohner nicht auf ihn. Wenn ich mich nicht irre, ist mir damals gemeldet worden, der Judenrat habe das Ghetto verlassen. Ebenso wurde immer wieder behauptet, unbekannte Männer, die vor dem Aufstand nie im Ghetto gesehen worden sind, hätten die Bevölkerung mit der Waffe in der Hand zum Widerstand gezwungen.

Zu 10.

Soweit sich feststellen ließ, gab es mehrere Hauptkampfgruppen und kleinere Stoßtrupps, denn es sind mehrfach namentliche Aufstellungen über Wacheinteilung usw. gefunden worden. Ich glaube, die Einheiten waren meistens 80 Mann stark. Auch Frauen waren zum Kampf eingesetzt, man nannte sie Halutzenbewegung. Diese Frauen sollen fanatisch gekämpft und erbitterten Widerstand geleistet haben, bevor sie sich stellten oder gefangennehmen ließen. Sie trugen Kniehosen und Tellermützen.

Zu 11.

Dazu habe ich schon unter 10. Näheres ausgeführt. Nach Aussagen von Überläufern gehörte die Masse der Juden der Hauptkampfgruppe an, aber es gab auch Kampfgruppen und Stoßtrupps in geringer Stärke. Die Führung lag bei der Jüdischen militärischen Organisation.

Zu 12.

Bei den deutschen Einheiten meldeten sich mehrfach Juden, welche Angaben über ihre Kampfgruppe oder deren Bunker machen wollten. Im allgemeinen wurden jedoch die Bunker, Schlupfwinkel oder unterirdischen Gänge von deutschen Stoßtrupps aufgespürt, wie die Führer meldeten. Die Angaben der Juden waren meistens lediglich Vermutungen und selten zutreffend.

Zu 13.

Der Muranowskiplatz — ich erinnere mich an den Namen nicht mehr — wurde von den jüdischen Kämpfern mit am hartnäckigsten verteidigt. Er wurde von einem vorspringenden Gebäude (Betonbau) beherrscht. Maschinenpistolen und MG-Feuer machten das Betreten dieses Platzes unmöglich. SS-Untersturmführer Dehmke, der als sehr tüchtiger Offizier bekannt war, erhielt einen Tag vor seinem Tode den Auftrag, das erwähnte Gebäude mit einem Stoßtrupp zu nehmen. Das Werfen von Sprengkörpern und Brandflaschen sowie starkes Feuer vereitelten das Unternehmen jedoch, und es gelang erst am folgenden Tage, in das Gebäude einzudringen. Die Verteidiger zogen sich auf das Dach zurück, und dort auf dem Boden ist SS-Untersturmführer Dehmke dann gefallen. Mehrere Räume des Hauses waren durch Betonwände schußsicher gemacht. Ich glaube, außer einigen Gefallenen sind alle Verteidiger über die Dächer entkommen.

Zu 14.

Es gab heimliche Verbindungswege zwischen dem Ghetto und der übrigen Stadt, die erst im Verlauf der Säuberungsaktion entdeckt worden sind. Niemand weiß, was dort hinaus- oder hereingeschafft worden ist. An sich war ja alles für den Kampf Notwendige im Ghetto vorhanden, also dienten sie vielleicht dem Munitionsnachschub. Da die polnische Bevölkerung sich äußerst passiv verhielt, glaube ich an keine Unterstützung von dieser Seite. Mit der polnischen Untergrundbewegung bestand allerdings zweifellos eine Verbindung, aber ich nehme nicht an, daß sie materiell geholfen hat. Die polnische Polizei, welche die äußere Absperrung durchführte, meldete fortgesetzt, daß die ins Ghetto führenden Kanalschächte von jungen Polen besetzt seien, die wahrscheinlich dem polnischen Untergrund angehörten. Ebenso wurde bekannt, daß nur derjenige auf diesem Wege aus dem Ghetto hinausgelangen konnte, der 10 000 Zloty dafür zahlte. War er dazu nicht in der Lage, mußte er erbarmungslos wieder in die Kanäle zurück. Die polnische Polizei half bei der Niederwerfung des Ghetto-Aufstandes außerordentlich tatkräftig.

Zu 15.

Soweit sich dies feststellen ließ, verhielt sich die polnische Bevölkerung vollkommen passiv und zeigte Verständnis. (Sicherheitsdienst.)

Zu 16.

Nebelkerzen waren die Nebelgeräte, welche in der deutschen Armee zu kleinen Vernebelungen dienten. Es waren Nebeltöpfe etwa in der Größe einer 2-kg-Dose. Für Menschen ungefährlich.

Zu 17.

Das könnte ich nur an Hand von Unterlagen oder an Ort und Stelle angeben. Zum Beispiel sind sie am Muranowskiplatz gehißt worden, aber baldmöglichst entfernt.

Zu 18.

Der damalige SS-Obersturmführer *Brandt* gehörte zur Sicherheitspolizei. Soweit ich mich entsinne, war sein Dienstbereich das Ghetto. Bei der Aktion fungierte er als Berater, insbesondere bei der Feststellung, Räumung und Verlagerung der umfangreichen Wehrwirtschaftsbetriebe, die ihm fast alle bekannt waren. Da ich diese Lager sämtlich besichtigte, um Räumungstermine festzusetzen, begleitete Brandt mich oft. Mir ist nicht bekannt, welches seine sonstigen Dienstobliegenheiten bei der Sicherheitspolizei waren.

Der Hauptmann der Waffen-SS *Konrad* gehörte meines Wissens zur SS-Kavallerie-Brigade, war zum General Globocnik abkommandiert und von diesem dann dem SS- und Polizeiführer im Distrikt Warschau zur Verfügung gestellt. Er betätigte sich bei der Werterfassung. Ich glaube, er verwaltete zwei Lager im Ghetto. Bei der Aktion bestand seine Tätigkeit darin, die beiden Lager zu räumen und zu verlagern. An den Kampfhandlungen nahm er nicht teil.

Zu 19.

General *Globocnik* kam zu Beginn des Aufstands zu mir — ob Sturmbannführer Höfle dabei war, weiß ich nicht —, um mir mitzuteilen, daß ihm laut Befehl des Reichsführers-SS Himmler sämtliche Lager der Werterfassung unterstanden und auch der Abtransport der Ghettoinsassen vom Bahnhof an ausschließlich seine Sache sei. Er werde dazu Sonderkommandos stellen. Zu ihnen gehörten die Trawnikimänner. Nachdem ich das zur Kenntnis genommen und mein Einverständnis erklärt hatte — nur die Verlagerung sämtlicher Vorräte behielt ich mir vor — fuhr General Globocnik wieder nach Lublin.

Zu 20.

General Krüger kam ins Ghetto — möglicherweise war das am 2. Mai 1943 —, um sich als Höherer SS- und Polizeiführer persönlich vom Stand der Dinge zu überzeugen. Soweit ich mich erinnere, fand die Inspektion auf Befehl des Reichsführers-SS Himmler statt, dem General Krüger im Hauptquartier Vortrag darüber halten sollte.

Zu 21.

Ich kann mich nicht mehr erinnern. Antwort daher: Nein.

Zu 22.

Die Trawnikimänner gehörten zu den von General Globocnik gestellten Sonderkommandos für den Abtransport. Später stellte Globocnik sie zum Absperr- und sonstigen Dienst zur Verfügung. Die Namen der Kommandoführer sind mir unbekannt. An nichtdeutschen Einheiten gehörte sonst nur die polnische Polizei zu den Einsatzkräften, wurde jedoch nur außerhalb der Ghettomauer eingesetzt.

Zu 23.

Zweimal sind die deutschen Einsatzkräfte von außerhalb des Ghettos angegriffen worden, und zwar von den angrenzenden Gebäuden aus. Die Bewohner der betreffenden Häuser wurden vorher zum Verlassen der Wohnungen gezwungen. Als Stoßtrupps in die Gebäude eindrangen, um sie zu säubern, waren die Schützen schon verschwunden. Ich glaube mich zu erinnern, daß ein unterirdischer Gang aus dem Ghetto in einen der Wohnblocks führte. Wo das war, kann ich jetzt nicht mehr beschreiben.

Zu 24.

Ich habe im Weltkrieg 1914—1918 und auch im letzten Kriege in vorderster Linie gekämpft und schwere Kämpfe mitgemacht, außerdem auch in den seit 1943 vergangenen 5 Jahren Schweres erlebt. Stark beeindruckt hat mich wohl damals die Tatsache, daß sich die Menschen für eine sinn- und erfolglose Sache so fanatisch einsetzten und auch, wie verhetzt Menschen sein können. Der Abzug der Tausende zum Bahnhof beeindruckte mich damals ebenfalls. Dieser Eindruck ist dann jedoch durch das große Elend und Leid der Bevölkerung, das ich in Westdeutschland gesehen habe, noch übertroffen und verwischt worden.

Zu 25.
Man stieß nach oder ließ Nebelkerzen in die Kanäle hinunter.

Zu 26.
Die Feuerwehr verhinderte das Überspringen des Feuers auf angrenzende Häuserblocks. Sie löschte auch den ersten großen Brand im Ghetto, welcher von den Aufständischen entzündet worden war. Nur vereinzelt sind Gebäudekomplexe nach Räumung und Säuberung in Brand gesteckt, um die Ausweichmöglichkeiten zu beschränken. Hierbei hatte die eingesetzte Feuerwehr mitzuwirken. Ich muß anerkennen, daß sie sehr eifrig und tadellos gearbeitet hat.

Die Leute vom Wasserwerk reparierten geplatzte oder sonst irgendwie beschädigte Leitungen und stellten sie auch wohl ab, um eine Verschwendung des Wassers zu vermeiden.

Zu 27.
Ich kann mich an keinen Fall erinnern.

Zu 28.
Nein. Handelte es sich um eine Munitionsfabrik innerhalb des Ghettos? Ohne nähere Hinweise, weiß ich nicht, um was es sich da handelt.

Zu 29.
Meldungen aus Stadt und Umgebung besagten, dort hielte sich eine große Anzahl Bewaffneter auf, um das Ghetto von außen anzugreifen. Die Erkundung ergab, daß derartige Meldungen falsch waren. Oder das Fort Traugutt war schon geräumt. Jedenfalls erfolgte außer den beiden genannten Fällen von außen kein Angriff aufs Ghetto. Wohl fielen vereinzelt Schüsse und auch Brandflaschen sind geworfen worden.

Zu 30.
Ohne Zusammenhang ist mir das kein Begriff.

Zu 31.
Nichts besonderes erinnerlich. Was soll der 16. Mai für eine Bedeutung haben?

Zu 32.
Wie vorstehend.

Zu 33.
Unbekannt.

Zu 34.

Nein. Unbekannt.

Zu 35.

Ich habe die Zahlen nicht mehr im Gedächtnis. Die Unterlagen liegen dem Gericht vor.

Zu 36.

Zahlen sind mir nicht mehr erinnerlich. Leichte Verwundungen, mit denen die Männer weiter bei der Truppe Dienst taten, sind nicht gemeldet worden. Die polnische Polizei besonders hatte mehr Verwundete als offiziell gemeldet worden sind.

Zu 37.

Ich habe die Zahlen nicht im Kopf. Meiner Ansicht nach wurden die Gesamtverluste wie folgt ermittelt:

Zahl der Ghettoinsassen zu Beginn der Aktion — (ich glaube, Sammern sagte mir, die Zahl entspreche der vom Judenrat geführten Einwohnerliste) — minus jener, die freiwillig oder zwangsweise das Ghetto verlassen hatten. Bis zu 2500 Menschen verließen das Ghetto täglich freiwillig. Wieviele Menschen das Ghetto heimlich — ob mit oder ohne Bestechung — täglich verließen, läßt sich nicht ermitteln. Die Gesamtverluste müßten sich jedenfalls um diese Flüchtlinge verringern.

Zu 38.

Ich kam wahrscheinlich am Sonnabend, dem 17. April 1943, abends nach Warschau. Die Kämpfe begannen am 19. April um 6 Uhr. Den Tag der Beendigung kann ich nicht angeben. Jedenfalls war es Mitte Mai 1943.

Zu 39.

Ich war kaufmännisch nie talentiert und habe mich um diese Dinge nicht gekümmert. Zudem war es ausschließlich Sache des Generals Globocnik. Deshalb kam er ja nach Warschau. Das Ghetto wurde polizeilich abgesperrt, um das Betreten und Wieder-Einsickern zu verhindern. Alles andere ist von Berlin aus geregelt worden. *Nach* Beendigung der Aktion wurde ich SS- und Polizeiführer sowie Polizeipräsident von Warschau. Deshalb mußte ich mich darum kümmern. Das Ghetto hatte deshalb zurückzutreten, zumal mein Auftrag ja erledigt war. Ich verließ Warschau im August 1943.

Zu 40.

Alle Unterlagen mit Ausnahme von drei Niederschriften verblieben in der Dienststelle des SS- und Polizeiführers und sind vom Chef des Stabes verwaltet worden.

Zu 41.

Den Oberstleutnant der Waffen-SS Jesuiter habe ich, seit ich damals Warschau verließ, nicht wiedergesehen und auch nichts mehr von ihm gehört.

Zu 42.

Die „Aktion Reinhard" ist mir unbekannt.

Ergänzungen[1)]

Beginn der Ghetto-Aktion 1943

Wie ich nachträglich erfahren habe, wußten die Ghettoinsassen über alle Maßnahmen der deutschen Verwaltung genau Bescheid, waren daher auf alles vorbereitet und konnten Gegenmaßnahmen ergreifen. So ist schon der angeordnete Bau von Luftschutzkellern im Ghetto dazu benutzt worden, heimlich Bunker anzulegen, von denen die deutsche Verwaltung keine Ahnung hatte.

Oberst von Sammern erzählte mir, trotz Geheimhaltung sei der Aktionsbeginn bereits am 17. April telefonisch aus dem Ghetto bekanntgegeben. Meines Erachtens war diese Tatsache ausschlaggebend dafür, daß in den Morgenstunden des 19. April 1943 die Einsatzkräfte des ᛋᛋ- und Polizeiführers beim Eindringen ins Ghetto einen Fehlschlag erlebten. Man war dort auf alles vorbereitet und fürchtete selbst Panzer und Schützenpanzer nicht.

Alles war vorhanden: Brandflaschen, selbstgefertigte Sprengkörper stärkster Wirkung, Gewehre, Pistolen, Karabiner und sogar deutsche Uniformen. Aber man unterschätzte die Stärke der in Warschau stationierten Polizei!

Arten von Sabotage

Überfall auf einen Geldtransport von der Warschauer Münze zum Bahnhof: Ein für Straßenarbeiten benutztes Sperrschild wurde in einer zu passierenden Straße aufgestellt und der Transport so durch eine enge Straße umgeleitet, wo durch einen entgegenkommenden Lastwagen das Anhalten dann erzwungen worden ist, um das Geld zu rauben. Bei diesem, mir bekannten Fall blieb der Raub — ein Millionenbetrag an Zloty und russischem Geld — trotz aller Nachforschungen verschwunden.

---

1) *Stroop gab diese schriftliche Ergänzungen, weil Dr. Josef Kermisz ihn darum gebeten hatte.*

Oder Angehörige einer Widerstandsbewegung drangen in eine Großschlächterei ein und vernichteten große Fleischvorräte, indem sie Salzsäure über das in riesigen Steinbottichen gelagerte Fleisch gossen.

Lager mit großen Vorräten an Brenn- und Treibstoff sind einfach angezündet worden. So auch ein, sogar von einem SS-Kommando bewachtes, Treibstofflager. Eines Abends fuhr dort ein Auto vor und der SS-Offizier mit seiner Begleitung forderte den Wachhabenden auf, die Posten im Wachraum zusammenzuholen, weil er die Waffen kurz inspizieren müsse. Kaum hatten dann die Posten — bis auf einen — ihre Waffen abgelegt, als sie auch schon erschossen wurden. Daraufhin setzten die in SS-Uniformen gekleideten Widerständler sämtliche Treibstoffbehälter in Brand und verschwanden. Ich entsinne mich nicht, daß sie jemals gefaßt worden sind.

Überfälle auf Eisenbahntransporte haben ebenfalls stattgefunden; die Butter- und Milchvorräte in Molkereien sind vernichtet worden; Wehrmacht, SS, Beamte und Zivilpersonen wurden auf der Straße, in der Straßenbahn oder in Anlagen erschossen — davon gab es täglich oft mehr als 10 Fälle; besonders in überfüllten Straßenbahnen vergiftete man Deutsche mit einer Injektionsspritze. Handelte es sich um einen Überfall auf Uniformierte, stahl man ihnen fast immer die Uniformen. Deshalb wurden häufig die Gendarmerie-Posten überfallen.

Über die Kämpfer und ihre Kampfweise beim Ghetto-Aufstand

Die aufgefundenen großen Lebensmittelvorräte und die Bunkeranlagen beweisen, daß der Aufstand von langer Hand vorbereitet worden ist. Wahrscheinlich sollten sich alle männlichen Ghettobewohner am Kampf beteiligen, aber später konnte man feststellen, daß sich auch die Frauen nicht ausschlossen (Halutzenbewegung). Bei der Gefangennahme hatten sie oft Pistolen in ihrer Kleidung (Kniehosen und Sportmützen). Meiner Ansicht nach sind Namenslisten und Aufstellungen der einzelnen Posten in großer Zahl gefunden worden. Vor der Gefangennahme versteckten die Ghettokämpfer gewöhnlich Waffen und Ausrüstungsgegenstände unauffindbar im Labyrinth der unterirdischen Gänge. Deshalb war die Beute an Waffen und Munition verhältnismäßig gering. Angeblich haben Fremde mit der Waffe in der Hand die Ghettobewohner immer wieder daran gehindert, sich freiwillig zu stellen und sie zum Kampf und Widerstand aufgefordert, wie Zeugen berichten. Meines Erachtens nach hat die Zusammenarbeit der Ghetto-Kampfgruppen nicht wie beabsichtigt funktioniert. Man wollte zunächst das Eindringen deutscher Truppen ins Ghetto verhindern, und das hat in den frühen Morgenstunden des 19. April ja auch geklappt. Später wollte man wahrscheinlich die Ghettomauer verteidigen und allenfalls Ausfälle wagen. Als deutsche Truppen dann doch ins Ghetto eindrangen und sich darin festsetzten, gerieten die Pläne der Ghettokämpfer durcheinander, und das ließ sich dann nicht mehr gutmachen. Die erbitterte Verteidigung der Bunker und Stützpunkte im Ghetto mag nur eine Notmaßnahme gewesen sein, die mit dem ursprünglichen Plan nichts mehr gemein hatte. Aus einer Rede, die der Präsident des Rates der befreiten Juden, Dr. Samuel Gringans, 1947 hielt, und in der er den Aufstand verherrlichte, geht ebenfalls hervor, daß dieser von langer Hand vorbereitet war.

Die Waffen der Ghettokämpfer

Angeblich war das Ghetto hermetisch abgeriegelt, und es war daher theoretisch ausgeschlossen, daß Waffen überhaupt vorhanden sein konnten. Trotzdem gab es Waffen im Ghetto.

a) Das Ghetto unterhielt mehrfach heimlich Verbindungen zur übrigen Stadt. Wahrscheinlich hat die Widerstandsbewegung, die laut Meldungen laufend aus der Luft „beliefert" wurde, auf diese Weise (etwa Kanalisation) vieles hineingeschmuggelt. Außerdem wurden Beutewaffen von der Fronttruppe in Warschau häufig als Tauschware benutzt. Auch Deserteure lieferten unter Umständen Waffen oder vermittelten sie. Ich entsinne mich der Behauptung, *in Warschau könne man Waffen und Munition aller Art kaufen.* Man braucht nur daran zu denken, wieviele Waffen nach der Kapitulation 1939 nicht abgegeben, sondern vergraben wurden.

So ist beispielsweise auf einem Warschauer Schulhof im Sommer 1943 ein tadellos erhaltenes Fliegerabwehrgeschütz entdeckt und sichergestellt worden. Man hätte nur die sicher auch noch irgendwo vergrabene Munition finden müssen. Das Geschütz stammte noch aus dem Weltkrieg 1914–1918.

b) In den Ghetto-Betrieben gab es außerdem alles, was zur Herstellung von Pulver und Sprengstoff benötigt wurde. Darüber hinaus auch Waffen, Ausrüstungs- und Bekleidungsstücke. Die Ghettobewohner hatten jederzeit Zutritt dazu.

Der Aufstand war seit Mitte 1942 vorbereitet, und die lange Zeit ist gut genutzt worden. Schlupfwinkel und Bunker waren durch den angeblichen Bau von Luftschutzkellern reichlich vorhanden, ohne daß die deutsche Verwaltung davon etwas ahnte. Die Brandflaschen sind ebenfalls im Ghetto selbst hergestellt worden. *Ich war auch bereits damals schon überzeugt, daß laufend Schießunterricht stattfand (Kopfschüsse bei den deutschen Einsatzkräften).*

Aus meiner Tätigkeit in Warschau

Am 17. April 1943 erhielt ich von dem Höheren SS- und Polizeiführer Krakau, General Krüger, den Befehl, sofort nach Warschau zu fahren, um dort einen Einsatz durchzuführen. Als ich am Abend bei dem SS- und Polizeiführer Warschau, Oberst von Sammern-Frankenegg, eintraf, war diesem von einem Befehl oder Auftrag für mich angeblich nichts bekannt. Erst am Samtstagabend (18. 4. 43) teilte mir von Sammern mit, daß er den Befehl, das Ghetto zu räumen und zu vernichten, an mich abzutreten hatte. Der Zeitpunkt der Übergabe des Befehls war freigestellt. Da von Sammern alle Vorbereitungen getroffen hatte, ihm außerdem Einsatzkräfte und Örtlichkeiten genauestens bekannt waren, ließ ich ihn auf seinen Wunsch die Aktion – so war das geplante Unternehmen bezeichnet – wie vorgesehen beginnen. Etwa um die achte Morgenstunde (19. 4. 43) teilte mir von Sammern mit, daß die Ghettobewohner seinem Beginnen bewaffneten Widerstand entgegengesetzt hätten und das Ghetto sich restlos in der Hand der Aufständischen befinde. Auf Grund dieser Lage übernahm ich etwa eine Stunde später den Befehl, und von Sammern zog sich wegen Krankheit zurück.

Über den Verlauf der Aktion geben die vorliegenden täglichen Meldungen Auskunft. Gleich in den ersten Tagen stellte ich das Vorhandensein großer Lager und Vorräte fest, die fast ausschließlich für die Wehrmacht bestimmt waren. Bis zum 19. April war mir das Ghetto und alles, was es enthielt, unbekannt. Den Wert und die Bedeutung dieser Vorräte für die Truppe erkennend, besichtigte ich alle Lager und sorgte für die Verlagerung nach festgesetzten Terminen.

In den ersten Tagen meiner Anwesenheit in Warschau meldete ich mich beim Gouverneur Dr. Fischer. Dieser machte mich unter Hinweis auf die strategische Wichtigkeit Warschaus darauf aufmerksam, daß der Aufstand im Ghetto auf dieses lokalisiert bleiben müsse, weshalb schnelle und rücksichtslose Niederwerfung erforderlich wäre. Generalgouverneur Dr. Frank war dagegen — wie er mir später mitteilte — der Ansicht, bei Bereinigung des Aufstandes größere Teile Warschaus einzubeziehen und die Ghettomauer nicht als Grenze zu betrachten.

Bei meiner ersten Besprechung mit Dr. Fischer gewann ich den Eindruck, daß ihm und seinen Behörden die Verhältnisse im Ghetto „über den Kopf gewachsen" waren. Dr. Fischer erklärte mir bei dieser Gelegenheit, hinsichtlich Warschaus könne man statt von Sicherheit besser von der Unsicherheit in dieser Stadt reden.

Das Amtsgebäude des Gouverneurs war mit Stacheldraht (Spanische Reiter) gesichert.

Auf der Oberfeldkommandantur sprach der Wehrmachtkommandant von Warschau, weil er nicht genug Kräfte zur Verfügung hatte, nicht viel anders darüber als der Gouverneur. Diese und meine auf andere Weise gewonnenen Erkenntnisse sind dann entscheidend für die von mir zu treffenden Maßnahmen gewesen. Der SS- und Polizeiführer war eben für die Sicherheit, Ruhe und Ordnung seines Bereichs verantwortlich.

Nach Abschluß der Ghettoaktion beauftragte General Krüger mich mit der Wahrnehmung der Geschäfte des SS- und Polizeiführers. Die Ernennung erfolgte am 29. Juni 1943.

Um den außerordentlich starken Verkehr kontrollieren zu können, ist im Einvernehmen mit der Oberfeldkommandantur ein aus Wehrmacht und Polizei gemischter Postenkordon um Warschau gebildet worden. Dennoch war es an der Tagesordnung, daß Tag für Tag deutsche Zivilisten, Wehrmachtangehörige, Polizisten oder polnische Polizei erschossen wurden. Aus diesem Grunde ist die Polizei durch Abteilungen eines Polizei-Regiments verstärkt worden, damit sie im verstärkten Maße und ununterbrochen im Stadtbild auffiel. Außerdem sind Motorradstreifen eingesetzt worden, welche den ganzen Tag unterwegs waren. Um die immer mehr ansteigenden Sabotageakte zu verhindern, wurden alle lebenswichtigen Betriebe und Knotenpunkte durch Posten gesichert. Die Landjäger wechselten ebenfalls häufig den Standort und führten ihre Streifen in unregelmäßigen Abständen durch. Die Familien der polnischen Polizisten mehrerer Reviere sind in geschlossenen Wohnblocks untergebracht und Geschäfte eingerichtet worden, in denen nur sie kauften. Alle diese Maßnahmen brachten es in Warschau zu einer gewissen Sicherheit, und die Sabotageakte ließen nach. Auf Befehl des Reichsführers-ᛋᛋ ist die Polizeidirektion in ein Polizeipräsidium umgewandelt. Der jeweilige ᛋᛋ- und Polizeiführer ist dem Befehl entsprechend stets gleichzeitig Polizeipräsident. Mit dieser Umstellung ging mir viel Zeit verloren.

Die Dienststelle des ᛋᛋ- und Polizeiführers lag auf der rechten Seite der Siegesallee, etwa 150—200 m vor der rechts in Richtung Schloß Belvedere abgehenden Rosenallee. Im Hause Rosenallee 2 befand sich das Stabsquartier.

Sicherheitspolizei und Sicherheitsdienst in Warschau waren wie überall sonst auch nur sehr locker mit der Dienststelle des ᛋᛋ- und Polizeiführers verbunden. Die Sicherheitspolizei unterstand ja auch dem Reichssicherheitshauptamt, General Kaltenbrunner.

Etwa Ende August 1943 verließ ich Warschau, um als Höherer ᛋᛋ- und Polizeiführer nach Griechenland (Athen) zu gehen. Aus Warschau hörte ich nichts mehr, erfuhr nur die Erschießung meines Nachfolgers, Generalmajor Kutschera.

Ich möchte noch ausdrücklich bemerken, daß die polnische Widerstandsbewegung, solange ich jedenfalls in Warschau war, nie in größeren und geschlossenen Einheiten aufgetreten ist. Sabotageakte, wie der Raub des Geldtransports von der Warschauer Münze und andere, sind immer — soweit ich mich erinnere — nur von wenigen Leuten durchgeführt worden. Auch waren es stets nur ein paar Mann, die nachts etwa Telefonmasten durchsägten, wie zum Beispiel bei Ostrowo.

Den Meldungen des Orpo-Kommandeurs zufolge, zeigten sich polnische Polizeioffiziere und Mannschaften immer sehr willig und diensteifrig.

Diese Dienstwilligkeit zeichnete ganz besonders auch die Feuerschutzpolizei aus. Dabei kam es häufig vor, daß polnische Polizisten oder Polizeioffiziere ermordet wurden. Im großen und ganzen glaube ich sagen zu dürfen, daß wiederholt festgestellt wurde, die polnische Polizei unterstützte die deutsche Polizei in jeder Hinsicht bei der Durchführung polizeilicher und Sicherheitsmaßnahmen.

Ich denke, die Tatsache ist auch seinerzeit in anerkennender Weise bekanntgegeben worden.

Drei Nachkriegsgespräche mit Stroop

I. Gespräch mit Marek Edelman[1]); Stenogramm: Frau Wisniewska

Frage: Wir wissen, daß Sie am Samstag, dem 17. 4., abends in Warschau eintrafen und am Sonntag eine Besprechung mit von Sammern hatten. Was taten Sie am Montag während der ersten vier Stunden der Aktion?

Antwort: Oberst von Sammern begann am 19. morgens um 6 Uhr die Aktion und behielt vereinbarungsgemäß die Führung, weil er die Vorbereitungen getroffen hatte und das Gelände gut kannte. Es war besprochen, daß ich erst um 9 Uhr in das mir bis dahin unbekannte Ghetto kommen sollte. Sammern erschien jedoch dann um 7.30 Uhr in meinem Quartier und erklärte, die Sache im Ghetto sei verloren, die Einsatzkräfte zurückgeschlagen, es habe Tote und Verwundete gegeben — wie viele weiß ich nicht mehr —, und er wolle in Krakau anrufen, um Stukas anzufordern, die das Ghetto bombardieren und den Aufstand so niederschlagen sollten. Ich bat Sammern, dies nicht zu tun, sondern mir seinen Adjutanten (Kaleske) ins Ghetto mitzugeben, damit ich mich an Ort und Stelle von der Lage überzeugen konnte. Dann fuhr ich mit dem Adjutanten durch das mir noch unbekannte Warschau ins Ghetto. Als ich 1942 in die Ukraine fuhr, hatte ich bis dahin nur einmal in Warschau übernachtet und kannte es also überhaupt nicht. Vor dem Ghettohaupttor sah ich die Einheiten, welche nach Sammerns Plan von hier aus eingesetzt werden sollten. Ich bemerkte auch einige Tote und Verwundete, die man gerade fortschaffte. Zunächst ließ ich mir einen Plan vom Ghetto geben und betrat es dann durch das Tor, welches dauernd unter Beschuß lag. Ich ließ mir einen Stuhl bringen und setzte mich vor einem Gebäude unter einen großen Baum. Es dürfte sich um das Haus des sogenannten Judenrats gehandelt haben. Dort überlegte ich mein Vorgehen und setzte dann die Ein-

[1]) *Im Stab der Jüdischen Kampf-Organisation. Edelman verließ das Ghetto am 10. Mai 1943 durch die Kanalisation. Heute lebt er in Warschau.*

heiten zunächst beiderseits der Hauptstraße an, denn es handelte sich erst einmal um einen Straßenkampf, bei dem ich Stoßtrupps einsetzen mußte und die Truppe nicht einfach drauflosmarschieren lassen konnte, wie dies wahrscheinlich vorher geschehen war. Die Führer erhielten entsprechende Befehle. Ich wollte vor allem die an der Hauptstraße liegenden Häuser in die Hand bekommen, weil es ja geheißen hatte, man könne überhaupt nicht ins Ghetto hineingelangen.

Frage: Was wissen Sie über die nächtlichen Vorbereitungen?

Antwort: Nichts. Die dürften von Sammern veranlaßt worden sein. Sammern hatte mir am Vorabend, dem 18. 4., im Auftrage General Krügers einen Befehl übermittelt. Ich war in Krakau am 17. 4. abgereist und hatte von General Krüger nur erfahren, Sammern würde mir einen Befehl übermitteln. Um was es sich handelte, ist mir in Krakau nicht gesagt worden.

Frage: Haben Sie keinen schriftlichen Auftrag erhalten?

Antwort: Davon weiß ich nichts. Am 17. 4. sagte mir General Krüger lediglich in seinem Dienstzimmer, ich solle am gleichen Tage nach Warschau fahren, um dort einen Auftrag zu übernehmen. Bei meiner Ankunft hier wußte jedoch Sammern davon nichts. Erst am Sonntagabend erklärte er mir, mein Auftrag bestehe in der Räumung des Ghettos und der Verlagerung der Maschinen, Menschen und Vorräte. Gleichzeitig teilte er mir mit – und zwar ganz nebenbei –, jeder Widerstand würde mit Waffengewalt gebrochen werden. Vorher erwähnte er davon nichts. Ich nehme daher an, er hat mit General Krüger darüber gesprochen, und dieser erteilte den Befehl, ich solle die Angelegenheit durchführen.

Frage: War Sammern ein kranker oder gesunder Mensch?

Antwort: Er meldete sich damals krank, weil er an Ischias litt.

Frage: Wann ist er abgereist?

Antwort: Ich kann es nicht genau sagen, glaube aber, in derselben Woche noch. Allerdings kam er wiederholt nach Warschau, weil seine Familie dort wohnte. Der zum Nachfolger von Sammern-Frankeneggs Ernannte war jedoch ich. Daß die Ernennung am 18. Juni erfolgte, habe ich erst jetzt erfahren, glaube ich. Jedenfalls übernahm ich auf Befehl General Krügers stillschweigend die Obliegenheiten des ᛋᛋ- und Polizeiführers.

Frage: Auf welchem Wege fuhren Sie durchs Ghetto?

Antwort: Saskiplatz, Teatralnyplatz, die Hauptstraße Nalewki, Gesiastraße. Das Tor Ecke Zamenhofa- und Gesiastraße vor dem Gebäude des Judenrats ist stehengeblieben.

Frage: Wie spät war es?

Antwort: Gegen 8 Uhr. Als Sammern um 7.30 Uhr zu mir kam, war ich im Badezimmer, zog mich aber schnell an und fuhr los. Genau kann ich die Zeit also nicht angeben.

Frage: Was ist über die ersten Kämpfe zu berichten?

Antwort: Sie fanden in der Hauptstraße statt, die unter Beschuß lag.

Frage: Es wurde aber von Anfang an nicht nur auf der Hauptstraße gekämpft. Was wissen Sie darüber?

Antwort: Ich entsinne mich, daß in einem Betrieb der Heeresstandortverwaltung erbittert gekämpft wurde. Meiner Ansicht war das rechts von mir.

Frage: Wann haben Sie das Ghetto wieder verlassen?

Antwort: Das weiß ich nicht mehr genau. Ich fuhr zu meiner Dienststelle, wo die Führer der Einheiten auf meine Befehle warteten.

Frage: Auch nachmittags fanden ziemlich weit von der Ghettomauer entfernt Kämpfe statt. Was wissen Sie darüber?

Antwort: Es ist möglich. Ich kannte das Ghetto ja noch nicht genau und kam auch nicht hinein. Die Einzelheiten müssen doch in den Fernschreiben stehen.

Frage: War die Schießerei stark?

Antwort: Es wurde stark geschossen. Davon konnte ich mich auf meinem Stuhl unter dem Baum selbst überzeugen, und die Offiziere wollten mich dort auch immer fortholen. Ich glaube, hauptsächlich wurde aus einem Bunker geschossen. So entsinne ich mich auch, daß ein Panzer mitfuhr, als ein Stoßtrupp vorging. Er wurde mit Zündflaschen beworfen und geriet in Brand. Ebenso sind die Schützenpanzerwagen mit Brandflaschen beworfen worden. Verwundete und Männer mit verbrannten Uniformen kamen zurück. Wie wir später feststellten, verwandte der Gegner auch selbstgefertigte Sprengkörper.

Frage: Wie sahen die aus?

Antwort: Abgeschnittene Stahlrohre, unten und oben zugeschweißt, mit einem Loch, aus dem eine Zündschnur hing. Sie war primitiv, aber sehr praktisch mit mehreren Streichhölzern befestigt. So brauchte man nur zu reiben und die ebenfalls angebrachte Reibfläche entzündete sich.

Frage: Woher wissen Sie das?

Antwort: Das ist mir von den Männer berichtet worden.

Frage: Was bedeutet SPW?

Antwort: Schützenpanzerwagen.

Frage: Wo kämpfte die Hauptgruppe der Juden?

Antwort: Heute ist das schwer zu sagen. Meiner Ansicht nach war die Hauptkampfgruppe einmal diesseits, einmal jenseits der Hauptstraße eingesetzt. Abends wurden unsere Einsatztruppen ja stets restlos zurückgezogen, um den Leuten Zeit zu geben, sich freiwillig zu stellen, was Tausende auch taten. Auf diese Weise konnten jedoch die Aufständischen von einer Seite zur anderen hinüberwechseln.

Frage: Meinen Sie, daß es überhaupt eine Hauptkampfgruppe gab?

Antwort: Soweit ich mich erinnere, war von einer Hauptkampfgruppe die Rede, wie ja auch aus dem Bericht hervorgeht, denn daneben gab es noch andere Gruppen.

Frage: Wie schätzen Sie die Kräfte des Gegners?

Antwort: Das kann ich nicht sagen.

Frage: Nur ungefähr?

Antwort: Ich kann es heute nicht mehr sagen.

Frage: Was wissen Sie über die Verhältnisse vor dem Aufstand?

Antwort: Es war doch an der Tagesordnung, daß in Warschau Deutsche überfallen wurden, und daß das Ghetto nicht mehr fest in der Hand der deutschen Behörden war, habe ich selbst gesehen. Bis zum Aufstand ahnten die deutschen Dienststellen ja auch nichts von den Bunkern im Ghetto. Aus dem, was Sammern mir erzählte, entnahm ich, daß die deutschen Behörden überhaupt ziemlich wenig von dem wußten, was tatsächlich vorging. Vielleicht hat man das aber mir gegenüber nur so hingestellt.

Frage: Haben Sie am 20. April der Jüdischen Kampf-Organisation ein Ultimatum gestellt?

Antwort: Danach fragte mich der Untersuchungsrichter schon. Ich kann mich nicht darauf besinnen. Feststeht, daß der Judenrat aufgefordert worden ist, dafür zu sorgen, die Ghettobewohner wieder zur Vernunft zu bringen, um weiteres Blutvergießen zu vermeiden.

Frage: Wer forderte den Judenrat dazu auf?

Antwort: Das weiß ich nicht mehr.

Frage: Wo ging es denn vor sich?

Antwort: Ich nehme an, im Haus des Judenrats.

Frage: Waren Sie in den ersten Tagen auf dem Umschlagplatz, wo die Mitglieder des Judenrats erschossen wurden?

Antwort: Mir ist nicht bekannt, daß sie erschossen wurden. Ich dachte, sie seien geflohen.

Frage: Wohin denn?

Antwort: In den anderen Teil Warschaus.

Frage: Sie sind aber erschossen worden. Wer gab den Befehl dazu?

Antwort: Das tat dann wohl die Sicherheitspolizei.

Frage: Warum war das Aufgabe der Sicherheitspolizei?

Antwort: Die Sicherheitspolizei hatte Bereitschaften im Ghetto und mit ihrem Kommandeur, Oberstleutnant Dr. Hahn, wurde ständig die Verbindung aufrechterhalten. Ob Brandt dazugehörte, weiß ich nicht. Mir waren die Namen nicht bekannt. Aber Kommandos der Sicherheitspolizei waren den einzelnen Kampfgruppen zugeteilt. Allerdings erhielten sie ihre Befehle von der eigenen Dienststelle.

Frage: Bemerkten Sie Fahnen im Ghetto und wenn ja, wo?

Antwort: Dort, wo der SS-Offizier Dehmke fiel, sah ich Fahnen. Ich glaube, auch noch an anderen Stellen.

Frage: Was für Fahnen waren es? Welche Farben?

Antwort: Nach so langer Zeit läßt sich kaum etwas über die Farben sagen. Darüber sprach ich schon mit amerikanischen Offizieren in Wiesbaden. Ich bilde mir ein, die Farben waren blau-weiß.

Frage: Wissen Sie, wie die polnische Fahne aussieht?

Antwort: Nachdem ich in Berlin im polnischen Konsulat übernachtet habe, kenne ich die Farben: Weiß-Rot.

Frage: Haben Sie viele dieser Fahnen gesehen?

Antwort: Ich meine, zwei verschiedene Fahnen gesehen zu haben. Eine war vielleicht rot oder weiß-rot. Daran erinnere ich mich nicht.

Frage: Waren am zweiten Tag bis 2 Uhr keine deutschen Truppen im Ghetto?

Antwort: Bis 2 Uhr nicht? Ich weiß es nicht mehr. Wahrscheinlich hatten sich viele Freiwillige gemeldet, die erst abziehen sollten. Da der deutsche Wehrwirtschaftsführer Többens von General Globocnik Generalvollmacht für die Verlagerung besaß, werden sich wohl bei ihm so viele Freiwillige zur Verlagerung gemeldet haben, daß ihr Abmarsch die Truppe nur gestört hätte.

Frage: Weshalb haben Sie am 20. April die Aktion nicht selbst geführt, sondern dies Major Sternhagel überlassen?

Antwort: Wie bei derartigen Unternehmen üblich, richtete ich mir eine Befehlsstelle ein, bei der alle Meldungen zusammenliefen. Dort tat auch ein Major der Ordnungspolizei Dienst.

Frage: Was wissen Sie über die Explosion der Minen? Wo war das und waren Sie dabei?

Antwort: Es geschah, glaube ich, verschiedentlich, aber ich kann nicht mehr sagen, wo.

Frage: Was wissen Sie über Dr. Laus[1])?

Antwort: Laus? Wie das Ungeziefer? Keine Ahnung.

Frage: Wissen Sie, daß am 20. April auch Zivilisten mit den deutschen Offizieren ins Ghetto kamen?

Antwort: Selbstverständlich. Die Betriebsführer und leitende Angestellte in den Ghettobetrieben.

Frage: Wissen Sie, daß der deutsche Werkschutz am Nachmittag des 20. April aus dem Ghetto abberufen wurde? Wer gab den Befehl dazu?

Antwort: Daran erinnere ich mich nicht. Der Werkschutz lag in Händen der politischen Leitung. Vielleicht erging der Befehl von dort aus.

Frage: Wo befanden Sie sich, als um 5.30 Uhr starke Kämpfe stattfanden?

Antwort: Ich entsinne mich nicht. So etwas geschah zu oft.

Frage: Wer verfaßte die Meldungen?

Antwort: Nach Rücksprache mit den einzelnen Kommandoführern sind sie in der Dienststelle verfaßt worden, denn ich selbst konnte ja nicht überall zugleich sein. Die Fernschreiben hat dann der Stabschef Jesuiter vom Stabsquartier aus aufgegeben.

Frage: Wo im Ghetto ist am erbittertsten gekämpft worden?

Antwort: Rechts der Hauptstraße, besonders in der Heeresunterkunftsverwaltung, und in dem Betonhaus an einem Platz, in dem Dehmke fiel. Ich entsinne mich, daß dort lange Zeit überhaupt nicht heranzukommen war, obwohl niemand mehr dort wohnte. Die Mila-, Zamenhofa-, Muranowska- und Nalewkistraße lagen dauernd unter derartigem Beschuß, daß man sie nicht betreten konnte. Stärkster Widerstand ist auch auf dem Muranowskiplatz im nordwestlichen Häuserblock geleistet worden. Zudem wurde der Platz von einem

---

[1]) *Siehe Bericht a) von Rathauser zum 20. April, Seite 102 und Fußnote. Ein Irrtum. Eigentlich handelt es sich hier um Dr. Lautz.*

nordwestlich außerhalb der Ghettomauer liegenden Gebäudekomplex unter Feuer gehalten, zu dem ein unterirdischer Gang aus dem Ghetto führte. Eine der jüdischen Kampfgruppen, die durch den Gang in jenen Häuserblock gelangt war, wurde dort gestellt. Dabei gab es Verluste. An Hand des Planes, den ich vor mir habe, entsinne ich mich, daß ein deutscher Stoßtrupp dem Feind in den Gang folgte und ihn stellte. Es war die deutsche Kampfgruppe, welche — wahrscheinlich von der Muranowskastraße aus vorstoßend — das vorhin genannte Gebäude am Muranowskiplatz nehmen sollte.

Frage: Wo fanden außerdem noch starke Kämpfe statt?

Antwort: So genau wie beim Muranowskiplatz weiß ich das heute nicht mehr. Ich entsinne mich jedoch der Bürstenfabrik, kann aber heute nicht mehr beschreiben, wo die lag.

Frage: Uns ist bekannt, daß der erste Brand bereits am 19. 4. mittags ausbrach. Wurde er auf Ihren Befehl entfacht oder durch die Jüdische Kampf-Organisation?

Antwort: Das erstemal brannte es im Ghetto nicht auf meinen Befehl, sondern die Gegenseite entzündete das Feuer.

Frage: Wann brannte es überhaupt?

Antwort: Das weiß ich nicht mehr.

Frage: Wie wurden die Brände hervorgerufen?

Antwort: Das war allein Aufgabe der Kampfgruppen, aber dabei ist kaum Benzin und dergleichen verwandt worden.

Frage: Sondern vielleicht Flammenwerfer?

Antwort: Soweit ich mich entsinne, waren Flammenwerfer vorhanden, wurden aber nicht eingesetzt. Gesehen habe ich sie jedenfalls nie.

Frage: Waren Flugzeuge im Einsatz?

Antwort: Das weiß ich nicht. Falls dies der Fall war, kamen sie von Krakau und ihr Auftrag, Zweck und Ziel ist mir nicht bekannt geworden. Möglicherweise sollten sie im Auftrag General Krügers und im Einvernehmen mit dem Kommandeur der Flieger alles beobachten.

Frage: Sie meldeten am 7. Mai, den Sitz der „Parteileitung" entdeckt zu haben. Woher wußten Sie das?

Antwort: Möglicherweise hatten mir die Kampfgruppenführer gemeldet, daß sie das Quartier der Parteileitung gefunden hätten. Für sie war es doch wichtig, die Befehlsstelle — den Stab — aufzuspüren. Auch mich würde das interessiert haben. Meine Kenntnisse stammten fast ausschließlich aus Meldungen der Einsatzgruppen. Ich entsinne mich der

Nachricht, einem Stoßtrupp sei gelungen, die Stellung und einzelne Personen zu ermitteln. Die gefangenen Aufständischen behaupteten allerdings, zwei der Führer seien nur tot aufgefunden worden.

Frage: Ihrer Meldung vom 8. Mai entsprechend, sind Sie also bei Öffnung des Bunkers der Parteileitung anwesend gewesen?

Antwort: Das ist möglich, denn ich wollte die Leute verhören. Als ich eintraf, waren sie jedoch tot, wie ich mich entsinne, denn der Bunker war bereits geöffnet. Vielleicht bezog sich die Meldung nur auf die Aussagen derjenigen, die den Bunker lebend verließen.

Frage: Was waren Nebelkerzen?

Antwort: Da handelt es sich um das kleine Heeresnebelgerät, das die Truppe zum Einnebeln benutzte und welches ganz unschädlich war. Es war feldgrau und sah aus wie eine Konservendose. Es ist bei allen Armeen ziemlich ähnlich und mit irgendeiner chemischen Zusammensetzung gefüllt.

Frage: Sind Horchgeräte oder Polizeihunde eingesetzt, um die Bunker aufzuspüren?

Antwort: Beides nicht.

Frage: Welcher Befehl Himmlers wurde Ihnen am 23. April durch General Krüger übermittelt?

Antwort: Himmlers Fernschreiben besagte, ich hätte den Aufstand energisch und mit allen Mitteln niederzuschlagen. Befehlsgemäß mußte Krüger Himmler täglich Meldung erstatten.

Frage: Wer gab den Befehl, das Ghetto niederzubrennen?

Antwort: Himmler befahl die Vernichtung des Ghettos in kürzester Zeit.

Frage: Wann tat er das?

Antwort: Erstmals im Januar 1943, aber auch später, als er nach Warschau kam. Jedes Mittel war ihm recht. Entsprechende Weisung war nach Krakau und an Sammern ergangen. Allerdings weiß ich nicht, ob die Sprengung sämtlicher Gebäude ausdrücklich angeordnet war, sondern nur, daß Nürnberger SS-Pioniere dazu zur Verfügung gestellt würden.

Frage: Wann?

Antwort: Jedenfalls vor meiner Zeit. Sammern sprach mit mir schon über die Anwendung aller Mittel und die Sprengung. Der erste vom Feind entfachte Brand bewies dann, wie wirkungsvoll so etwas sein konnte. SS-Offiziere der Bauabteilung Warschau gaben mir daraufhin den fachmännischen Rat, am zweckmäßigsten sei es, alles niederzubrennen und die Trümmer später durch Bagger entfernen zu lassen. Das war für mich ausschlaggebend und ich entschloß mich dazu.

Frage: Warum bezeichneten Sie den Einsatz in Warschau als „Großaktion"?

Antwort: Weil Sammern ihn so nannte.

Frage: Wann war die Großaktion Ihrer Ansicht nach beendet?

Antwort: Mit der Sprengung der Synagoge am Sonntagabend.

Frage: Die Synagoge lag doch außerhalb der Ghettomauer. Wer gab den Befehl zu ihrer Sprengung?

Antwort: Himmler! In der Meldung steht das zwar nicht, aber Krüger gab mir den Befehl telefonisch durch. Er war selbst ein- oder zweimal im Ghetto Warschau gewesen und rief mich sofort an, als der Befehl durchkam.

Frage: Warum nahm man das alles damals so wichtig?

Antwort: Gouverneur Dr. Fischer und der Militärkommandant von Warschau erklärten die Stadt zum wichtigen Nachschubplatz, auf dem es keinesfalls zu einem regelrechten Aufstand kommen dürfe. Dr. Fischer wies mich in den ersten Tagen besonders eindringlich daraufhin. Die Herren standen auf dem Standpunkt, der Aufstand im Ghetto sei das Fanal zum allgemeinen Aufstand in ganz Warschau.

Frage: Was wissen Sie über die Gruppe der Jüdischen Kampf-Organisation, die durch das Kanalsystem aus dem Ghetto entkam?

Antwort: Ein Hauptstrang der Kanalisation zur Weichsel lief durch das Ghetto. Man hätte ihn mit einem Wagen befahren können. Eine Verbindung des Ghettos mit der Außenwelt war also vorhanden. Mir wurde gemeldet, die Einsteiglöcher jenseits der Ghettomauer seien von der polnischen Widerstandsbewegung besetzt. Diese verlangte den aus dem Ghetto herauswollenden Juden aber Geld ab. Mir ist die Summe von 10 000 Zloty genannt worden.

Frage: Was machte Herr von Herff am 4. Mai im Ghetto?

Antwort: Er wollte mich besuchen, da er Chef des SS-Personalhauptamtes geworden war und eine Rundreise unternahm.

Frage: Wie stark war die Jüdische Kampf-Organisation?

Antwort: Ich habe bereits gesagt, daß mir ihre Stärke nicht bekannt war. Zwar sind im Laufe der Zeit Aufstellungen über Wachen, ganze Einheiten oder Hundertschaften gefunden worden, aber wie viele Ghettobewohner wirklich bewaffnet und gekämpft haben, ist mir nicht bekannt. Wäre der tägliche Kampf um einzelne Häuserblocks tatsächlich rein militärisch geführt worden, hätten wir niemals so leicht wieder ins Ghetto eindringen können.

Frage: Sie rechneten doch mit einer Aktionsdauer von drei Tagen. Weshalb hat es dann aber so lange gedauert?

Antwort: Dazu kann ich nur sagen, daß Sammern meines Wissens 2 Jahre in Warschau war und also genau Bescheid wissen mußte, zumal er bereits viele Räumungen durchgeführt hatte. Er war es, der auf Grund seiner Erfahrungen meinte, das ganze Ghetto könne in drei Tagen geräumt und die Maschinen verlagert sein. Sammern stand auf dem Standpunkt, die deutsche Führung beurteile die Lage nicht richtig.

Frage: Weshalb wurden Sie dann überhaupt nach Warschau gerufen?

Antwort: Weil Sammern Krüger mitteilte, seinen Auskünften zufolge, würde der Großaktion Widerstand entgegengesetzt werden. Selbstverständlich nahm niemand an, daß sich die einzelnen Widerstandsnester so lange halten würden. Immerhin, bevor sie nicht beseitigt waren, konnte man nicht weiter vorgehen.

Frage: Meinen Sie, ohne die Brände hätte der Aufstand so schnell niedergeschlagen werden können?

Antwort: Auf die Dauer hatte das Feuer keinen Einfluß. Wenn auch die Gebäudekomplexe durch das Feuer kampflos gesäubert wurden, so wechselten doch die jüdischen Kampfgruppen nachts heimlich wieder in die bereits geräumten Gebäude hinüber.

Frage: Was können Sie uns über das bis zum 16. Mai im Ghetto stationierte Polizeibataillon sagen?

Antwort: Es hatte die Aufgabe abzusperren und ein Wiedereinsickern zu verhindern. Welche Zwischenfälle es da gegeben hat, kann ich heute nicht mehr sagen. Außerdem übernahm Berlin dann den Befehl. Am 16. Mai war für mich der Auftrag erledigt, und am 18. fuhr ich bereits fort.

II. Gespräch mit Frau Rachel Auerbach[1]); Stenogramm: Frau Wisniewska

Frage: Machten die jüdischen Aufständischen deutsche Gefangene?

Antwort: Schwer zu sagen! Natürlich verschwanden deutsche Soldaten, tauchten aber – soweit ich mich entsinne – später wieder auf. Fand man Tote, ließ sich nicht feststellen, ob sie erschossen oder im Kampf gefallen waren.

Frage: Hielten sich deutsche Deserteure im Ghetto auf?

Antwort: Wenn deutsche Soldaten verschwinden wollten, verkrochen sie sich im Ghetto. Einige solcher Deserteure sind mir gemeldet worden. Sie kamen oft von der Front, brachten Beutewaffen und anderes mit und wollten im Ghetto Geschäfte machen. Ich kann nicht beurteilen, ob es sich da wirklich um Deserteure handelte. Daß im Ghetto eifrig Tauschhandel betrieben wurde, war jedenfalls bekannt.

Frage: Welche Funktion übten Sie im Februar 1943 in Lemberg aus?

Antwort: General Krüger hatte mich hingeschickt, damit ich die Funktionen eines SS- und Polizeiführers kennenlernte. Ich sollte mich nur informieren und hatte keine besonderen Aufgaben. Der Gouverneur war Dr. Wächter.

Frage: Wo und wann sind Sie verwundet worden?

Antwort: Ich war dreimal verwundet. Zweimal im Weltkrieg 1914–1918 und einmal an der russischen Front 1941, nordöstlich vom Ilmensee bei Szmaga. Ich war dort mit Genehmigung Himmlers als Oberleutnant und Ordonnanzoffizier bei einem Bataillon der SS-Totenkopf-Division. Es geschah auf eigenen Wunsch, weil ich mit meinem hohen Dienstgrad sonst nicht nach vorn gekommen wäre.

Frage: Welche Verwundung hatten Sie damals?

Antwort: Einen Granatsplitter im Rücken.

Frage: Wie war Ihr Verhältnis zu Himmler, Krüger, Katzmann, Kaltenbrunner?

Antwort: Rein dienstlich. Mit Himmler habe ich außerdienstlich nichts zu tun gehabt und kam nur zu Besprechungen mit ihm zusammen. Mit den anderen ebenfalls. Krüger war sehr zurückhaltend, und erst kurz vor meinem Fortgang wurden unsere dienstlichen Beziehungen etwas wärmer, aber keine Freundschaft.

Frage: Sprachen Sie mit Himmler jemals über das Warschauer Ghetto und interessierte er sich für die Kämpfe?

---

[1]) *Schriftstellerin. Sie war in der Untergrundbewegung des Warschauer Ghettos tätig. Heute ist sie Leiterin des Instituts Yad Vashem in Tel Aviv.*

Antwort: Bevor ich im August 1943 nach Griechenland ging, fuhr ich zu Himmler, weiß aber heute nicht mehr, was er damals sagte. Möglicherweise erwähnte er den Ghettoaufstand, aber hauptsächlich drehte es sich um meine Versetzung nach Griechenland.

Frage: Wie hoch waren die deutschen Verluste an Toten und Verwundeten im Ghetto?

Antwort: Ich habe die Zahlen nicht mehr im Kopf, aber darüber gibt es ja Unterlagen. Wahrscheinlich sind die Verwundeten nicht alle aufgeführt, weil sie nicht alle gemeldet wurden, denn Leichtverwundete blieben bei der Truppe und erschienen so nicht im Abgang. (Im Protokoll ist nämlich vermerkt, daß er wahrscheinlich geringere Verluste angab.)

Frage: Sind denn die Gefallenen alle angegeben? Auch der Trawnikimänner und polnische Polizei?

Antwort: Bei der polnischen Polizei wohl nicht genau. Bei den Trawnikimännern war ihr Führer dafür verantwortlich, und ich nehme an, er hat richtige Meldungen gemacht.

Frage: Ist es möglich, daß noch im Krankenhaus oder Lazarett Männer gestorben sind?

Antwort: Handelte es sich dabei um deutsche Soldaten, wurden sie wie Gefallene behandelt. Bei Ausländern war das schwieriger nachzuprüfen.

Frage: Wie kommt es, daß die Angaben nicht mit anderen Quellen übereinstimmen?

Antwort: Mit Absicht sind bestimmt keine Verluste unterschlagen. Das hätte gegen den Befehl und gegen meine Anschauungen verstoßen. Bei SS und Polizei müssen die Angaben stimmen.

Frage: Was war mit den Tretminen, die in den Täglichen Meldungen vom 20. April erwähnt werden?

Antwort: Daran erinnere ich mich nicht, obwohl ich darüber nachgedacht habe.

Frage: Durch welches Tor sind die Deutschen ins Ghetto einmarschiert?

Antwort: Ich kann nicht sagen, was vor meiner Anwesenheit war, sondern nur über das sprechen, was ich selbst miterlebte. Alles Vorherige war ja auch für mich erledigt. Nachdem die Einsatzkräfte aus dem Ghetto zurückgeschlagen worden waren, habe ich sie jedenfalls nur von einem Punkt, also durch ein Tor, eingesetzt. Das Gebäude des Judenrats lag an einem Platz und davor stand ein Baum. Von dem Platz führte eine Straße zu einem anderen Tor.

Frage: Schickten Sie Panzer ins Ghetto?

Antwort: Die waren schon vorher drin gewesen, sind aber auch von mir später wieder eingesetzt worden.

Frage: Wo und wann traten die Geschütze erstmalig in Aktion?

Antwort: Erstmals vor meinen Eintreffen. Darüber kann ich also nichts sagen. Unter meinem Kommando, soweit ich mich entsinne, nicht am ersten Tage, sondern erst später. Es waren 2 Kanonen, keine Mauser. Ich glaube 10 cm. Eine Haubitze war überhaupt nicht vorhanden.

Frage: Es sollen aber 1 Kanone und 2 Haubitzen gewesen sein. Was sagen Sie dazu?

Antwort: Ich denke, es waren nur 2. Nach 6 Jahren ist das schwer zu sagen. Eine alte Kanone war noch da.

Frage: Was wissen Sie über die jüdische Polizei?

Antwort: Ich erinnere mich, daß viele der seit langem dort tätigen Offiziere und Männer sich auf diesen jüdischen Ordnungsdienst völlig verließen, weil er sie unterstützte. Ebenso entsinne ich mich, daß die Betreffenden stets jemand vom jüdischen Ordnungsdienst bei sich hatten, jedenfalls in den ersten Tagen, später wohl nicht mehr, weil sich herausstellte, daß die Hinweise nicht immer stimmten.

Frage: Wissen Sie etwas darüber, daß eine ganze Abteilung des jüdischen Ordnungsdienstes erschossen wurde?

Antwort: Nein.

Frage: Waren Sie nach dem Aufstand in Lemberg?

Antwort: Ich fuhr über Lemberg, um mich bei General Krüger nach Griechenland abzumelden. Dieser befand sich jedoch bei einem Sondereinsatz gegen General Kolpak in den Karpathen und so reiste ich gleich weiter. Ich erinnere mich nicht, wie das Dorf hieß, in dem General Krüger sich damals aufhielt.

Frage: Wissen Sie etwas über die Aktion im Lemberger Ghetto?

Antwort: Davon weiß ich nichts.

Frage: Was wissen Sie über die Schulungskurse für Höhere SS- und Polizeiführer, welche in Berlin vom Reichssicherheitshauptamt abgehalten wurden?

Antwort: Es stimmt nicht, daß dort von Professoren usw. Kurse abgehalten wurden. Es handelte sich vielmehr um Instruktionsstunden, welche auf Befehl Himmlers – nicht aber vom Reichssicherheitshauptamt aus – stattfanden. Es war eine Belehrung über die 12 Hauptämter, zu denen auch das Reichssicherheitshauptamt gehörte.

Frage: Erinnern Sie sich noch an jemand, der ebenfalls an den Kursen teilnahm?

Antwort: An niemand. Die Abteilungschefs kannte ich nicht, und statt General Müller war sein Vertreter anwesend.

Frage: Was wissen Sie über den sowjetischen Fliegerangriff auf Warschau?

Antwort: Ich weiß genau, daß am 13. Mai ein Fliegerangriff stattfand, bei dem die Wasserleitung erheblich beschädigt wurde und auch auf die SS-Kaserne Bomben fielen. Auf jeden Fall war die Wasserversorgung teilweise unterbunden.

Frage: Haben die Juden das irgendwie ausgenutzt?

Antwort: Ich kann es nicht sagen, aber hinsichtlich der Kanalisation wäre es leicht möglich gewesen.

Frage: Hatten Sie Differenzen mit General Globocnik?

Antwort: Ja. General Globocnik hatte wohl mit Oberst Sammern von Frankenegg eine mir unbekannte Vereinbarung getroffen. Jedenfalls kam er zu mir nach Warschau und erklärte mir, er allein sei für die Werterfassung und den Abtransport der Leute aus dem Ghetto zum Bahnhof zuständig. Soweit ich mich erinnere, war Herr Többens dafür sein Vertrauensmann. Er benahm sich so, als könne er sich alles erlauben, und das beeinflußte meine Stellung, denn ich hatte ja lediglich den Befehl, den Aufstand niederzuschlagen und die Zügel fest in die Hand zu nehmen. Zwei können in so einer Situation nicht befehlen, dann muß einer nach Hause gehen. Vor allem hätte Himmler so etwas unterschreiben müssen, was er aber nicht getan hat. Ich verstand also eigentlich nicht recht, was General Globocnik für ein Recht zur Einmischung hatte.

Frage: Wer war in Begleitung General Globocniks?

Antwort: Möglicherweise 4—5 Offiziere. Es waren zwei Autos. Nach seinem Besuch in Warschau wird sich Globocnik über Krüger wohl an Himmler gewandt haben. Vermutlich erklärte der ihm jedoch: „General Stroop hat Befehl und dabei bleibts."

Frage: Was wissen Sie über große Exekutionen?

Antwort: Nichts.

Frage: Wie steht es denn mit der, bei welcher Dehmke umkam?

Antwort: Davon kann keine Rede sein. Dehmke ist im Kampf gefallen. Darüber muß doch auch Kaleske Bescheid wissen.

Frage: Was sagen Sie zu den von der Gestapo verbreiteten Gerüchten, der Ghetto-Aufstand würde von deutschen Deserteuren geführt?

Antwort: Ich erinnere mich, daß einmal davon die Rede war, Deserteure seien am Aufstand beteiligt. Ob es tatsächlich der Fall war, entzieht sich meiner Kenntnis. Ich glaube es aber nicht.

Frage: Besaßen die Aufständischen deutsche Waffen?

Antwort: Das ist durchaus möglich. Aber im Ghetto gab es ja genug Waffen, und selbst Pulver wurde dort hergestellt. Ob sich allerdings auch ein Waffenlager im Ghetto befand, weiß ich nicht. Gehört habe ich nichts darüber, aber trotzdem besteht diese Möglichkeit durchaus. Feststellen konnte ich das nicht. Wird jemand im Kampf getötet, kann man dem Gefallenen immer schnell die Waffe entreißen und zurückspringen.

Frage: Warfen Flugzeuge Brandbomben ab?

Antwort: Meines Wissens nicht. Es könnte höchstens in den frühen Morgenstunden geschehen sein, bevor ich erschien.

Frage: Wieviele Flugzeuge waren es denn?

Antwort: Ich sagte ja bereits, mir sei nichts von einem Flugzeugeinsatz bekannt. Vermutlich handelte es sich höchstens um zwei von Krakau kommandierte Beobachter. Ich wußte jedenfalls nichts davon.

Frage: Haben Sie denn die Flugzeuge nicht gesehen?

Antwort: Sicher habe ich Flugzeuge gesehen. Aber deutsche Flugzeuge überflogen Warschau ja oft und kreisten auch wohl.

Frage: Aber die Flugzeuge, um die es hier geht, wollen Sie also nicht bemerkt haben?

Antwort: Nein. Ich habe ja bereits erklärt, meine Absicht war, das Ghetto erst einmal zur Ruhe kommen zu lassen, damit sich die Menschen sammeln und freiwillig stellen konnten. Und das haben viele Tausende getan.

Frage: Was wissen Sie über die Brände?

Antwort: Ich sagte schon, das sei ausschließlich Sache der Truppe gewesen. Wie die es machte, weiß ich nicht. Wahrscheinlich aber auf die einfachste Art, indem sie ein Haus in Brand setzte und dieser dann auf andere Gebäude übergriff.

III. Gespräch mit Schalom Grajek[1]); Stenogramm: Frau Wisniewska

Frage: Standen Sie persönlich mit dem Judenrat und dem jüdischen Ordnungsdienst in Verbindung, und wenn dies der Fall war, wem von beiden haben Sie Befehle erteilt?

Antwort: Persönlich hatte ich keinerlei Verbindung, dennoch bestand ein Kontakt, der hauptsächlich durch die Herren Brandt und Konrad aufrechterhalten wurde.

Frage: Wo lag Ihre Dienststelle und wem unterstand die Befehlsstelle auf der Eisenstraße?

Antwort: Die Dienststelle des SS- und Polizeiführers lag in der Siegesallee, dem Park gegenüber, wie ich bereits beschrieben habe. Soweit ich mich entsinne, schlug man vom Bahnhof kommend die große Hauptstraße nach Belvedere ein. Auf der Eisenstraße hatte ich einen Polizeimajor eingesetzt. Bei der letzten Unterhaltung nannten Sie neulich seinen Namen: Sternhagel. Ich glaube schon, daß er so hieß; der Name fiel mir jedoch neulich nicht ein.

Frage: Hielt sich Major Sternhagel bis Ende der Aktion im Ghetto auf?

Antwort: Ja. Ich nehme an, er war bis zuletzt dort.

Frage: Und nach Beendigung der Aktion? Wo war er dann?

Antwort: Da blieb nur ein Polizeibataillon im Ghetto, und Major Sternhagel kehrte zu seinem Regiment zurück. Damals war das Polizeiregiment 17 oder 18 in Warschau stationiert.

Frage: Was war das für ein Polizeibataillon?

Antwort: Das muß ja aus den Akten ersichtlich sein. Ich glaube, Nr. 23.

Frage: Wann ist die Befehlsstelle aufgelöst worden?

Antwort: Als die Großaktion beendet war. Damit war ihre Aufgabe ja erfüllt.

Frage: Was tat Brandt?

Antwort: Er gehörte zur Sicherheitspolizei, und ich lernte ihn im Ghetto kennen. Womit er sich eigentlich beschäftigte, weiß ich nicht.

Frage: Beim Brand einer Fabrik im Stadtviertel Praga wurde am 24. Mai auf der Straße des 11. November ein Bunker entdeckt, und zehn Menschen verbrannten. Was wissen Sie darüber?

---

[1]) *Mitglied der Jüdischen Kampf-Organisation im Ghetto Warschau. Heute lebt er in Israel.*

Antwort: Fast jeden Sonnabend brannte es in Warschau oder es war sonst etwas los. Einmal brannte Benzin, dann der Schlachthof oder ein Bahnhof sowie ein Bauerngehöft vor der Stadt. Meinen Sie den Brand des großen Betriebsstofflagers? Daran erinnere ich mich.

Frage: Wann war das? Während der Aktion oder nachher?

Antwort: Ich glaube kurz nachher, aber das weiß ich nicht mehr genau. Jedenfalls war dort eine ᛋᛋ-Sicherheitspolizeiwache abgestellt. Es hieß, ein Hauptsturmführer mit einigen ᛋᛋ-Männern sei im Auto vorgefahren und habe erklärt, er müsse eine Kontrolle durchführen. Als dann fast die ganze Wache zusammengetrommelt war, wurde sie von den falschen ᛋᛋ-Leuten erschossen, die tadellose Uniformen trugen. Derartige Dinge ereigneten sich laufend. Eines Tags erhielt meine Befehlsstelle die Mitteilung, am gleichen Tage würden fünf Offiziere erschossen werden. Das geschah dann auch.

Frage: Was wissen Sie über die jüdische Kampfgruppe, die das Ghetto durch den Kanal verließ und am Bankplatz ausstieg, wo sie gefangengenommen wurde?

Antwort: Davon weiß ich nichts.

Frage: Inwieweit waren Ihnen die Firmen Schulz KG. und Schultz & Többens bei der Durchführung der Aktion behilflich?

Antwort: Persönlich kannte ich nur Herrn Többens, einen großen schlanken Mann, der von General Globocnik Generalvollmacht für die Verlagerung sämtlicher Ghettobetriebe und Ghettoinsassen erhalten hatte. Ich weiß nicht, ob mein Vorgänger, Oberst von Sammern-Frankenegg, sein Einverständnis dazu erklärt hatte. Többens war Wehrwirtschaftsführer, für alle solche Dinge maßgebend und weitgehend mit Vollmachten versehen. Das war der Stand der Angelegenheit als ich in Warschau eintraf. Többens hat dann auch tatsächlich während der Großaktion Tausende aus dem Ghetto zum Bahnhof gebracht. Meiner Ansicht nach besaß Többens auch die besten Beziehungen zum Judenrat und hielt ständig die Verbindung mit ihm aufrecht.

Frage: Wußten Sie, wohin die Juden verlagert wurden?

Antwort: Ja. Man sagte mir, sämtliche Maschinen, Vorräte und Arbeiter sollten in das bei Lublin errichtete Barackenlager umgesiedelt werden, wo sie weiterarbeiten würden.

An Schultz kann ich mich nicht erinnern, es kann aber sein, daß ich auch mit ihm gesprochen habe. An Többens erinnere ich mich sehr gut.

Frage: Woher kamen die lettischen Posten vor den Häusern?

Antwort: Nach Abschluß der Aktion ging mich das alles nichts mehr an, sondern wurde von Berlin aus über General Globocnik veranlaßt. Laut Meldung des Polizeikommandeurs reichte die polnische Polizei für den Dienst in Warschau nicht mehr aus, und da hat General Globocnik die Letten wahrscheinlich aus Lublin geholt. Woher sie sonst kamen, kann ich nicht sagen. Es handelt sich da um die im Bericht „Askari“ genannten Posten.

Frage: Für wann wurde deutscherseits der Beginn der Aktion festgesetzt?

Antwort: Ich kam ja erst am 17. April abends an. Wahrscheinlich war die Aktion für Montag angesetzt. Aber dazu kann ich mich nicht äußern. Wie ich neulich schon sagte, war ja der Zeitpunkt des Beginns im Ghetto genau bekannt.

Frage: Weshalb begann die Aktion in der Lesznostraße mit zweitägiger Verspätung?

Antwort: Das wird keine besondere Bedeutung gehabt haben. Ich nehme an, Többens verpflichtete sich, dort alles von sich aus in Ordnung zu bringen.

Frage: Waren es Ukrainer, die am 20. April aus einem Fenster Ecke Leszno- und Eisenstraße Sprengkörper auf die ins Ghetto einrückende Einheit warfen und wie viele Opfer gab es dabei?

Antwort: Wenn aus einem Fenster Sprengkörper geworfen wurden, so ist das nichts Besonderes gewesen. Es kam dauernd vor. Ich erinnere mich, auch bei der Firma Többens flogen Sprengkörper aus dem Fenster. Meiner Ansicht nach war das in einer langen Straße in der Nähe eines Tors. Aber ich kann mich da irren.

Frage: Also auch dort war man vorbereitet und hat Widerstand geleistet?

Antwort: Möglicherweise waren die Sprengkörper der Anlaß dazu, nun auch bei Többens einzudringen und seine Betriebe ebenfalls fest in die Hand zu bekommen. Ich glaube, Többens führte zuerst das große Wort, zog aber dann sehr kleinlaut ab.

Frage: Waren Sie selbst in den Többens-Betrieben, und was wissen Sie über die Ereignisse dort während der Kampfhandlungen?

Antwort: Ja, ich war dort. Im Verlauf der Aktion wurden von Wehrmachtpionieren dort Sprengungen vorgenommen, meine ich. Wahrscheinlich brach dort überhaupt der Brand aus, aber es brannte schon, als ich hinkam.

Frage: Wissen Sie etwas von der jüdischen Kampfgruppe, die Ecke Ogrodowa- und Eisenstraße herauskam?

Antwort: Derartige Meldungen liefen oft bei mir ein. Deshalb standen ja an allen größeren Kanaleinstiegen Posten und auch polnische Polizei.

Frage: Wissen Sie etwas davon, daß etwa am 6. Mai die 20 in einem Bunker entdeckten Personen zur Befehlsstelle gebracht wurden?

Antwort: Nein. Selbstverständlich weiß ich, daß überall Bunker aufgespürt wurden. Einer — in einem großen Haus rechter Hand hinter der Ecke — war besonders gut ausgebaut.

Frage: War General Rosum, der Wehrmachtskommandant von Warschau, ein jüngerer oder älterer Mann?

Antwort: Das war ein älterer Mann.

Frage: Haben Sie etwas über die Fallschirmspringer gehört?

Antwort: Die zuständigen Luftwaffendienststellen meldeten, daß auch in der Nähe von Warschau mehrfach Fallschirmspringer abgesetzt worden sind. Deshalb waren die Angaben der Leute im Ghetto durchaus glaubhaft, um so mehr, weil sie immer wieder behaupteten, Unbekannte hätten sie mit der Waffe in der Hand zu Kampf und Widerstand gezwungen. Nie zuvor seien sie diesen Unbekannten begegnet.

Frage: Haben Sie selbst Fallschirmspringer gesehen?

Antwort: Ich habe mit vielen gesprochen.

Frage: Was können Sie über die Kämpfe am 27. und 28. April berichten? (Es wird aus dem Bericht von damals vorgelesen.)

Antwort: Diese 120 jüdischen Kämpfer sind deshalb besonders erwähnt, weil sie nicht im Ghetto, sondern außerhalb der Ghettomauer auftraten. Es handelt sich dabei keineswegs um einen der wichtigsten Kämpfe, sondern wir befürchteten, der Aufstand möchte auch auf den Teil Warschaus jenseits der Ghettomauer übergreifen.

Frage: Was können Sie über die Minen sagen?

Antwort: Ich halte sie für durchaus möglich.

Frage: Wissen Sie, was man als Molotow-Cocktails bezeichnete?

Antwort: Eine Flasche mit hochexplosivem Brennstoff. Der Ausdruck stammt von der Ostfront. Man könnte auch Brandflasche sagen. Ich bin kein Chemiker, aber ich möchte sagen, sie enthielt eine Flüssigkeit, die beim Zerspringen durch die Berührung mit der Luft explodierte und wie Feuer wirkte. Die Flaschen sind ja bekannt. Ich denke, es handelte sich um eine ähnliche Flüssigkeit wie bei den Flammenwerfern. Weshalb sie weiter Molotow-Cocktails hießen, weiß ich auch nicht.

Frage: Wie entstand der Bildbericht?

Antwort: An sich hatte ich die Benutzung von Fotoapparaten bei der Ghettoaktion grundsätzlich verboten. Der Befehl General Krügers, den vorliegenden Bericht zu erstellen, schloß jedoch auch die Beibringung von Aufnahmen ein. Deshalb besorgte der Chef des Stabes, Jesuiter, die nun vorliegenden Bilder. Woher, weiß ich nicht. Alles mußte sehr schnell — in wenigen Stunden — gehen. Hinsichtlich der Bilder war ich selbst einfach nicht in der Lage, dem Befehl nachzukommen.

Frage: Wie kommt es, daß die Aufnahmen zu verschiedenen Zeiten gemacht worden sind?

Antwort: Keine Ahnung. Ich vermute, die Sicherheitspolizei hat die Aufnahmen gemacht.

Frage: Wie kam es zur Sprengung der Synagoge?

Antwort: Ich erhielt den Befehl, die große Synagoge zu zerstören. Ob es zwei Synagogen gab, weiß ich nicht mehr. Jedenfalls bezog ich Himmlers Befehl auf diese Synagoge. Vor Beginn der Aktion hatte schon von Sammern-Frankenegg den Befehl gegeben, die Synagoge zu zerstören. Himmlers Befehl ist mir von den Gouverneuren Fischer und Frank bestätigt worden. Beide hatten wohl schon früher mit Himmler persönlich über alle diese Dinge gesprochen.

Frage: Wie lassen sich Ihrer Ansicht nach die jüdischen Rassemerkmale definieren?

Antwort: Ich habe nie Rassenforschung betrieben und verstehe nichts davon. Lesen Sie doch General von Herffs Beurteilung über mich. Für die Rassenpolitik habe ich nie viel Interesse gehabt.

Frage: Glauben Sie, Rothaarige gehören einer besonderen Rasse an?

Antwort: Nein. Das ist wohl landschaftsbedingt.

Frage: Welches Schicksal erwartete die Juden, welche nach T II transportiert wurden?

Antwort: T II ist mir kein Begriff. Ich weiß nur, daß sie nach Lublin verlagert werden sollten.

Frage: Wußten Sie nicht, daß alle zum Tode verdammt waren, sogar die Arbeitsfähigen?

Antwort: Darüber ist mir nichts bekannt.

Frage: Läßt es sich mit den Ehrbegriffen eines Offiziers vereinbaren, auf wehrlose Frauen und Kinder zu schießen?

Antwort: Meiner Ansicht nach ist nicht auf wehrlose Frauen und Kinder geschossen worden. Ich habe doch Augen im Kopf. Hätten sie sich nicht am Aufstand beteiligt, wären sie nach Lublin verlagert worden. Dort gab es Hunderte von Baracken. Jedenfalls bestärkte man mich in diesem Glauben. Auch General Globocnik erklärte, in Lublin sei alles zur Aufnahme bereit.

Frage: Wollen Sie mir einige Angaben zu Ihrer Person machen?

Antwort: Anfang August 1914 meldete ich mich als Kriegsfreiwilliger und ging als Infanterist ins Feld. Zunächst nach Frankreich, wo ich erstmals verwundet wurde. Aus dem Lazarett bin ich in den Osten versetzt worden. Das war im Sommer 1915. Ich machte die

Kämpfe um Kowno, Minsk, Grodno, Lida, an der Zlota Lipa und noch einem kleinen Fluß mit, dann in Brzezany, Galizien und Wolhynien. Das war wohl 1916. Später kam ich nach Rumänien und an die rumänisch-serbische Grenze, von wo ich schließlich über Ungarn nach Hause kam. Das waren 4½ Jahre an der Front und oft harte, schwere Tage. Ich war dreimal verwundet und habe zweimal eine Kompagnie geführt. Offiziell war ich bei Kriegsende noch nicht Offizier, wurde es aber mit Patent vom Juli 1918. Ich sprach nie darüber, weil es so eine verzwickte Sache war, doch bin ich bei der Wehrmacht weiter als Offizier geführt und als Oberleutnant der Wehrmacht in die Waffen-SS übernommen worden. Dort hat man mich dann weiter befördert.

Ich habe Mittelschulbildung, legte das Examen der Mittleren Reife aber erst 1922 ab, nachdem ich mich auf der Fürst-Leopold-Akademie in Detmold darauf vorbereitet hatte. Ich machte das Examen vor einer staatlichen Prüfungskommission. Es war einer der Hinderungsgründe für die Offizierslaufbahn, denn ohne Mittelschulbildung konnte damals niemand Offizier werden. Das wurde erst zur Hitlerzeit möglich. Wie steht es damit übrigens heute beim polnischen Militär?

Solange ich nicht Soldat war, bin ich Staatsbeamter in Detmold gewesen und war bei der Landesregierung als Geometer tätig, wo ich die Vermessungsabteilung hatte.

Auf persönlichen Wunsch war ich von Juni 1941 bis Oktober 1941 im Fronteinsatz. Leider nicht länger, weil Himmler mich zurückrief. In jener Zeit nahm ich an den Kämpfen um Pleskau, Ilmensee, Nowgorod, Szmaga und Berdiansk teil. Dort wurde ich auf Himmlers Befehl aus dem russischen Kessel herausgeholt. Ich diente bei der Waffen-SS.

Zur Polizei gehöre ich erst seit meiner Ernennung zum Generalmajor der Polizei, früher zur Waffen-SS. In der Provinz Posen baute ich die SS auf und führte auch den SS-Abschnitt 42. Von der Front zurückgekehrt, sollte ich mich bei der Volksdeutschen Mittelstelle in Berlin einarbeiten, kam aber nicht dazu, sondern wurde statt dessen für vier Wochen nach Transistrien am Bug versetzt. Später war ich bei der Heeresgruppe Süd, um an den Besprechungen über die Trasse der Schwarzmeerstraße teilzunehmen. Sie führte von Lemberg über Winniza, Kirowograd, Dnjepropetrowsk nach Stalino. Danach erhielt ich den Auftrag, in Wien die Einsatzkräfte für den späteren SS- und Polizeiführer Georgien aufzustellen. Ich unterbrach meine Tätigkeit, weil General Krüger mir am 17. April vormittags befahl, nachmittags nach Warschau zu fahren, um dort eine Aufgabe zu übernehmen.

Frage: Wer war der maßgebende Mann der Volksdeutschen Mittelstelle in Transistrien? Hoffmann? Oder Hoffmeier?

Antwort: Sein Titel war jedenfalls SS- und Polizeiführer von Nikolajew, Kirowograd und Cherson. Er wohnte in Nikolajew. Als er krank wurde, vertrat ich ihn drei Wochen.

In Griechenland hatte ich mit Juden nichts zu tun. Ein entsprechendes Kommando betätigte sich dort jedoch wohl schon einige Zeit. Ich weiß davon, weil alle diesbezüglichen Anordnungen in der griechischen Presse vom Oberbefehlshaber unterzeichnet sein mußten, da dieser nach Badoglio oberste Polizeifunktion ausübte. Als SS- und Polizeiführer hatte ich die Anordnungen zu genehmigen und abzuzeichnen. Nur auf diese Weise erfuhr ich also von dem betreffenden Kommando.

Ansonsten bestand mein Auftrag in der Organisation der griechischen und deutschen Polizei, da die alten Beamten von den Italienern fortgeschickt und in alle Winde verstreut waren. Insbesondere handelte es sich um die Wiederaufstellung von sogenannten Evzonen-Bataillonen.

Immerhin war ich am 22. Oktober 1943 schon nach Wiesbaden kommandiert.

Frage: Gab es in Wiesbaden noch Juden?

Antwort: Ich entsinne mich, daß der Befehlshaber der Sicherheitspolizei mir erklärte, es gäbe noch Leute jüdischen Glaubens in seinem Bereich. Sie seien alle bei der Sicherheitspolizei registriert.

Frage: Können Sie Ihre Auszeichnungen angeben?

Antwort: Im ersten Weltkrieg: Eisernes Kreuz, Lippischer Landesorden, ein anderer deutscher Orden.

Im zweiten Weltkrieg an der Front: Eisernes Kreuz mit Spange, Eisernes Kreuz I. Klasse, das Deutsche Kreuz (es wurde mir verliehen, aber ich habe es nie erhalten).

Frage: Wie sind Ihre Familienverhältnisse?

Antwort: Mein Vater ist tot, 1920 gestorben. Meine Mutter ist jetzt 78 Jahre alt. Meine Frau und meine beiden Kinder leben als Flüchtlinge in der Nähe von Hannover. Meine Mutter wohnt in Detmold. Sonst gibt es über meine Familienverhältnisse nichts zu erzählen, außer daß mein Vater Polizeibeamter war, am Schlaganfall starb und ihm die städtische Polizei unterstand.

Meine Tochter ist 21, mein Sohn 13 Jahre alt. Die Tochter heißt Renate, der Sohn Olaf. Der zwischen den beiden geborene Sohn Jürgen starb.

Frage: Hatten Sie in der Kindheit jüdische Gespielen?

Antwort: Ja. Ich spielte mit zwei in der Nähe wohnenden Schulkameraden. Einer hieß Herzfeld, der andere Examus, glaube ich.

Frage: Was hätten Sie getan, falls Ihnen einer von den beiden im Ghetto wieder begegnet wäre?

Antwort: Ich hätte ihn ganz einfach begrüßt, wenn er nicht zu den Kämpfern gehörte.

Frage: Hätten Sie ihn denn nicht geholfen?

Antwort: Er hätte mit allen anderen das Ghetto verlassen müssen. Natürlich nur, wenn er nicht gekämpft hatte.

Frage: Haben Sie beim Militär keine jüdischen Kameraden gehabt?

Antwort: Doch. Im Sommer 1915 gab es in meiner Kompagnie einen Juden.

Frage: Aus welchen Verhältnissen stammt Ihre Frau?

Antwort: Sie ist die Tochter eines Oberstudiendirektors Barkhausen und heißt Käthe. Wir haben 1923 geheiratet.

Frage: Stehen Sie mit ihr in Verbindung?

Antwort: Ja. Sie schreibt mir.

Frage: Was schreibt sie denn?

Antwort: Nun, wie es ihr geht. Sie behauptet, es gehe ihr gut, aber ich kenne meine Frau. Es geht ihr sicher sehr schlecht. Sie arbeitet mit meiner Tochter in der Landwirtschaft.

ANHANG II:

Abschiedsbrief und Selbstmord[1]

„Doch auch ich gehöre zu ihnen in die Massengräber"

„Ich erlaube mir, meine letzten Worte an Sie zu richten und über Sie gleichzeitig auch an die polnische Regierung, das polnische Volk und an alle Völker der verbündeten Nationen sowie an das Gewissen der ganzen Welt.

Die letzten Nachrichten aus Polen lassen deutlich erkennen, daß die Deutschen offenbar entschlossen sind, auch die letzten noch lebenden Juden in Polen mit grausamer Brutalität auszurotten. Hinter den Mauern des Warschauer Ghettos rollt jetzt der letzte Akt einer Tragödie ab, die in der Geschichte ohne Beispiel ist. Gewiß tragen die Mörder im Grunde genommen selbst die Verantwortung für die Ausrottung des gesamten polnischen Judentums; indirekt aber erstreckt sich diese Verantwortung auch auf die übrige Menschheit, auf die Völker und Regierungen der Alliierten, denn sie haben nicht einmal den Versuch unternommen, solche Verbrechen zu verhindern oder ihnen ein Ende zu bereiten. Indem sie unbeteiligt zuschauten, wie hilflose Millionen gemarterter Kinder, Frauen und Männer ermordet wurden, haben sich diese Nationen auf die gleiche Stufe mit den Verbrechern gestellt.

Ich möchte hier feststellen, daß die polnische Regierung nicht nachdrücklich genug eingriff, wenn sie auch versuchte, die öffentliche Meinung wachzurütteln. Verglichen mit dem Drama jedoch, das sich in Polen abspielte, standen diese Schritte in keinerlei Verhältnis. Einem Bericht des Führers der Untergrundbewegung „Bund" ist zu entnehmen (das Schreiben wurde durch Kurier übermittelt), daß von dreieinhalb Millionen polnischer Juden und

---

[1]) *Zygelboim Book New York 1945, Seiten 364–365. Zygelboim schrieb diesen Brief an die damalige polnische Exil-Regierung in London, an den Präsidenten Wladislaw Raczkiewicz und an Premierminister Wladislaw Sikorski. Schmul Mordechaj Zygelboim (sein Pseudonym war „Artur") gehörte zu den prominentesten Führern der jüdisch-sozialdemokratischen Partei „Bund" in Polen. Ende Dezember 1939 flüchtete er aus Polen, hielt sich in Belgien, Paris und New York auf und kam im März 1942 nach London, wo er dem polnischen Exil-Parlament angehörte. In der Nacht des 12. Mai beging er Selbstmord.*

700 000 aus anderen Ländern nach Polen verschleppten Juden im April 1943 lediglich noch 300 000 Seelen am Leben waren.

Ich kann das nicht stillschweigend hinnehmen. Ich kann aber auch nicht weiterleben, wenn dort noch der Rest des polnischen Judentums, zu dem zu gehören auch ich die Ehre habe, umkommt. Mit der Waffe in der Hand starben meine Freunde im letzten heldenhaften Kampf des Warschauer Ghettos. Mein Schicksal hat es nicht gewollt, daß ich mit ihnen gemeinsam sterbe. Doch auch ich gehöre zu ihnen in die Massengräber.

Durch meinen Tod möchte ich zum letztenmal gegen jene Passivität protestieren, mit der die ganze Welt zusieht und es zuläßt, wie das jüdische Volk ausgerottet wird.

Wie wenig ein Menschenleben heute gilt, weiß ich selbst. Lebend vermochte ich nicht viel zu wirken. Ich hoffe jedoch, daß mein Tod vielleicht dazu beitragen wird, jene aus ihrer Lethargie wachzurütteln, die selbst jetzt — im letzten Augenblick noch — vermöchten, die wenigen noch in Polen am Leben gebliebenen Juden zu retten.

Mein Leben gehört der jüdischen Bevölkerung Polens. Deshalb gebe ich es ihr auch hin. Möge jene Handvoll polnischer Juden, die von Millionen übrigblieb, gemeinsam mit dem polnischen Volk die Befreiung erleben, welche Polen in eine freie Welt des Sozialismus, in eine Welt der Gerechtigkeit verwandeln wird. Ich glaube fest daran, daß so ein Polen sich aus der Unterdrückung erhebt und eine solche Welt ersteht.

Der Präsident und auch der Premierminister werden meine Worte jenen ausrichten, für die sie bestimmt sind. Davon bin ich überzeugt. Ebenso weiß ich, daß die polnische Regierung jeden nur möglichen diplomatischen Schritt unternimmt, um den noch lebenden polnischen Juden zu helfen.

Ich nehme Abschied von allem und jedem, was mir einmal teuer war und was ich einst geliebt habe.

11. Mai 1943 Szmul Zygelboim

KAPITEL II

Biographien der Liquidatoren und Helfershelfer

Dokumente ohne Quellenangabe stammen aus dem Document Center in Westberlin
Bei anderen Dokumenten wird die Quelle ausdrücklich angegeben.

Vorwort

Selbstverständlich handelt es sich bei diesen 18 Biographien keineswegs um die ganze Galerie der Liquidatoren jener 500 000 Juden im Warschauer Ghetto oder gar aller Mitwisser und Helfershelfer dieses monströsen Mordens. In so engem Rahmen wäre es unmöglich, sie alle zu erfassen. Ihre Gesamtzahl spielt ja auch in keinem Fall eine Rolle.

Die Biographien dieser 18 Männer wurden ausgewählt, weil sie typisch für jene Repräsentanten des Dritten Reiches sind, welche an der Endlösung der Judenfrage beteiligt oder sonst im Unternehmen selbst aktiv tätig waren.

Es handelt sich also einerseits um Mord-Manager, die Aktivisten bei der Aktion selbst, welche mit militärischen Mitteln vorgingen. Militärisch auch deshalb, weil sie für dieses Vorgehen mit dem Eisernen Kreuz I. oder II. Klasse ausgezeichnet wurden. Es kümmerte sie wenig und wird auch wohl nie festgestellt werden, wie viele Inhaber jener Tapferkeitsauszeichnung aus dem ersten Weltkrieg bei ihrer Aktion vergast wurden. Besonders charakteristisch ist, daß diese Männer entweder halbe Analphabeten oder Akademiker, Spießer oder Söhne bester Familien waren.

Andererseits handelt es sich auch um Beamte der angeblichen Zivilbehörden. Angeblich deshalb, weil sie in Gewalt und Tyrannei jede Grenze des Totalitarismus überschritten und Frauen oder Kindern, Greisen oder Kranken den bürgerlich-rechtlichen Tod brachten. Auch sie waren ein integraler Teil der Maschinerie, die mit ihrer antijüdischen Gesetzgebung begann und im Vernichtungslager endete.

SS-Obergruppenführer Friedrich Wilhelm Krüger
Höherer SS- und Polizeiführer im Generalgouvernement

Ein gewisser Wilhelm Wege, seit 1925 aktives NSDAP-Mitglied und seit 1926 aktiv in der SS, unterzeichnete am 9. März 1931 den Ausweis des Pg. Friedrich Wilhelm Krüger auf einem Bogen des SS-Oberführers Ost in Berlin und bestätigte ihm damit, daß er als SS-Führer beim Stabe Oberführer Ost vorgesehen und beauftragt sei, die SS-Angelegenheiten im Gau Brandenburg (15. SS-Brigade) zu bearbeiten. Jeder habe Pg. Krüger in seiner SS-Arbeit nach Kräften zu unterstützen.

Sieben Wochen später besagte Krügers SS-Ausweis dann schon, er sei Führer zur besonderen Verwendung im Stab des SS-Abschnitts III mit der SS-Ausweisnummer 61 23. Er war somit berechtigt, alle Anfragen und Mitteilungen des SA-Abschnitts Gruppenführer Ost entgegenzunehmen und zu beantworten. Ebenso dürfe er die SA-Führer des Abschnitts vereidigen.

Krüger nahm seine Aufgaben offenbar von Anfang an sehr ernst, denn am 14. Juni 1931 schrieb er einen dreiseitigen Brief an SA-Stabschef Röhm und redete ihn mit „Herr Oberstleutnant" an. In dem Schreiben erging sich Krüger ausführlich über die Notwendigkeit, die Führer im Osten beweglich zu machen, also schnelle Verkehrsmittel und Reisegelder zur Verfügung zu stellen, damit auch die entlegensten Bereiche besucht werden könnten. Ebenso verlieh er Befürchtungen Ausdruck, daß ein Mitglied des Reichstags, wenn es seine Aufgaben ernst nähme, nicht genügend Zeit für die Führertätigkeit im Abschnitt habe. Ansonsten hielt Krüger den in Aussicht genommenen SA-Führer des Gausturms Ostmark und auch seinen Stellvertreter, den Grafen Helldorf, für absolut geeignet.

Ernst Röhm nahm den NS-Aktivisten ebenfalls ernst, denn Krüger bekam am 22. Juni 1931 folgendes Telegramm von ihm: „Erwarte Sie Dienstag Vormittag 11 Uhr Berlin Hotel Habsburg. Bitte auch Gausturm und Daluege verständigen. Röhm."

Der spätere Chef der Ordnungspolizei, Kurt Daluege, war damals Führer der SS im Gauabschnitt Ost.

Seltsamerweise hielt Röhm, den Hitler erst ein Jahr zuvor aus Bolivien geholt hatte, um ihm seine SA zu unterstellen, ausgerechnet Friedrich Wilhelm Krüger für seinen Vertrauten. Gleichzeitig sorgte er jedoch dafür, daß Krüger von den anderen SA- oder NSDAP-Größen nicht zu hoch eingeschätzt wurde. Deshalb brachte auch das Jahr 1933 im Leben des strebsamen Krügers keinen großen Aufschwung. Erst im nächsten Jahr erhielt Krüger am 20. Juli 1934 wenigstens eine kleine Anerkennung, denn der Staatskommissar der Hauptstadt Berlin berief ihn zum Gemeinderat (Ratsherrn) der Reichs- und Landeshauptstadt.

Der Nachfolger des ermordeten Ernst Röhm, Stabschef Viktor Lutze, hatte dann allerdings schon viel an dem braven Krüger auszusetzen, der inzwischen immerhin SS-Obergruppenführer und Chef des Ausbildungswesens geworden war, denn er rügte in einem Brief vom 16. Oktober 1934, daß Angehörige von Krügers Stab in Berlin so angezogen herumliefen, wie es den Anzugsbestimmungen der SA nicht entsprach. Nur vom Oberführer aufwärts durfte die SA den Mantel aufklappen, Sturm- und Truppführer jedoch nicht. Lutze hielt das für unmilitärisch und zudem unschicklich, selbst wenn der Betreffende dazu anscheinend „Wildlederhandschuhe von annähernd weißer Farbe" trug. Der Stabschef verlangte, daß auch Krügers Leute, obwohl ja nicht mehr zur SA gehörend, die geltenden Anzugsbestimmungen achteten. Sonst würde er eben in Zukunft die Betreffenden unter Aberkennung des Dienstgrades aus der SA ausschließen und dafür sorgen, daß sie nicht mehr in Uniform herumlaufen könnten.

Obwohl Krüger SS-Führer war, scheint er an der SA-Uniform gehangen zu haben, denn am 2. Februar 1935 fühlte Lutze sich sogar zu einem Einschreiten veranlaßt, das nur noch an den Chef des Ausbildungswesens, Herrn Pg. Krüger, adressiert war und in dem es u. a. heißt: „Da Sie mit Ihrer ganzen Organisation aus der SA ausgeschieden sind ..., weise ich der Ordnung halber darauf hin, daß Sie die Uniform eines SA-Obergruppenführers zu tragen nicht berechtigt sind, ebensowenig wie ein Angehöriger Ihrer Organisation berechtigt ist, die SA-Uniform weiter zu tragen. Ich gebe als Stabschef der SA der Erwartung Ausdruck, daß Sie von meinem vorstehenden Schreiben die gebührende Kenntnis nehmen."

Trotz solcher Widrigkeiten muß Krüger fest entschlossen gewesen sein, in der NSDAP Karriere zu machen. Er verlegte das Feld seiner Betätigung nach München, der „Hauptstadt der Bewegung", weil in Berlin für ihn kein Aufstieg mehr möglich war, und wurde am 15. Juni 1935 auf Grund einer Verfügung des Stellvertreters des Führers der Ortsgruppe Braunes Haus in München als SS-Obergruppenführer zugeteilt. Einen Monat später — am 18. Juli — konnte er dem Gaupresseamt der NSDAP Großberlin bereits mitteilen, die Daten seines Lebenslaufes könne man dem Reichstagshandbuch entnehmen. Darüber hinaus sei er inzwischen Mitglied des Preußischen Staatsrates und gehöre seit Januar dem Stabe des Reichsführers-SS an.

Die nächste Zeit verlief ohne nennenswerte Ereignisse. Allerdings tat er sich beim Führerschießen der Reichsführung-SS mit 55 Ringen als zweitbester Schütze hervor. Der

Preis dafür bestand in einem Ehrendegen mit der Inschrift „Für besonders gute Schießleistung beim Führerschießen 1937". Im gleichen Jahr, am 9. März 1937, verlangte die SS-Personalkanzlei seinen kurzen Lebenslauf zur Vervollständigung der Personalakte, und der SS-Obergruppenführer Friedrich Wilhelm Krüger schrieb mit der Hand:

„Geboren 8. Mai 1894 – Vater Alfred Krüger, Oberst und Regimentskommandeur I. R., gefallen am 6. August 1914 – Mutter Helene, geb. Glünder, gestorben 1930.

Schule: Volksschule, Humanistisches Gymnasium Rastatt, Kadettenhäuser Karlsruhe und Groß-Lichterfelde, Selektaner, Offizierspatent 16. Juni 1914.

Militärische Laufbahn: Leutnant I. R. 25 bis Kriegsende; 1919 eiserne Torpedobootsflottille; 1920 Freikorps Lützow; Abschied 1920.

Feldzug: 4. August 1914 bis zur Revolution beim Friedensregiment I. R. 25 Zug-, Komp.-Führer, M. G. K., Regimentsadjutant, 1/2 Jahr 1917 Ord.-Offizier Stab 208. I. D.

Verwundungen: Dreimal – Verwundetenabzeichen Silber.

Auszeichnungen: E. K. II.; Hausorden v. Hohenzollern; Österreichisches Militär-Verdienstkreuz; Frontkämpferkreuz.

Zivile Laufbahn: 1920–22 Buchhandel Berlin, Prokurist; 1923 Verlag Berlin, Expedient; 1924–28 Berliner Müllabfuhr AG, Vorstandsmitglied; 1929 selbständiger Kaufmann.

Parteizugehörigkeit: Eintritt 1929 Berlin; bis 1930 politische Organisation; 1931 SS- und dann SA-Chef AW; seit 1935 wieder SS. SA-Sportabzeichen; Deutsches Reiterabzeichen Silber.

Familienverhältnisse: Verheiratet seit 1922 mit Elisabeth geb. Rasehorn, 2 Söhne – 8 und 1 Jahr. Religion: deutschgläubig.

Berlin, den 12. März 1937 gez.: Krüger."

Selbstverständlich gaben unzählige Hohe SS-Führer nicht die Religion an, in der sie getauft waren, sondern bezeichneten sich als „gottgläubig". Krüger jedoch wollte es in seinem Eifer noch besser machen und nannte sich „deutschgläubig".

Aus dem Fragebogen zur Ergänzung der Führerkartei und der Dienstalterliste vom 20. August 1937 ist zu entnehmen, daß Krüger die NSDAP-Mitgliedsnummer 171 199 besaß und am 15. November 1929 Pg. wurde, hauptamtlicher SS-Führer beim Inspekteur Grenz- und Wacheinheiten SS-Hauptamt war, seine in Bad Lausick am 15. November 1896 geborene Frau ebenfalls der NSDAP mit der Parteinummer 1 106 606 angehörte, die NS-Frauenschaftsnummer 3 666 und die NSV-Nummer 3 498 105 hatte. Krügers Söhne waren am 4. Mai 1929 und am 13. März 1936 geboren. Staatsrat Krüger war Mitglied des Reichstags und gehörte vom 3. April 1931 bis 30. Juni 1935 der SA-Gruppe Ost an, war selbstverständlich im Verein „Lebensborn“ und im Besitz des Julleuchters. Seine Wohnung befand sich in Berlin-Charlottenburg, Bayernallee 48, und als Geburtsort ist Straßburg im Elsaß angegeben. Er besuchte das Humanistische Gymnasium, ging jedoch ohne Abitur als Primaner ab, besaß den Führerschein Kl. III, gehörte keiner Konfession an und hatte den SS-Totenkopfring sowie den Ehrendegen des Reichsführers-SS. Seltsamerweise brachte es Krüger während des ersten Weltkrieges nicht weiter als bis zum Oberleutnant. Da er angibt, auch als Soldat nicht im Ausland gewesen zu sein, ist es ziemlich unerfindlich, wo er seine Kriegsauszeichnungen, die dreimalige Verwundung und das Frontkämpferehrenzeichen erwischte. Der Fragebogen gibt die Größe mit 175 cm an.

Das Jahr von Krügers Aufstieg zog unter guten Vorzeichen herauf. Am 1. April 1939 schrieb ihm der Chef des Persönlichen Stabes von Heinrich Himmler, Karl Wolff, unter der Tagebuchnummer A/24/28/39/Scha/Gr., der Reichsführer-SS wünsche zu erfahren, ob der liebe Pg. Krüger ein Familienwappen besitze. Er beabsichtige nämlich, die Wappen seiner SS-Obergruppen- und Gruppenführer zur Ausschmückung der SS-Schule Haus Wewelsburg zu verwenden. Wolff bat um baldige Übersendung des Wappens in farbiger Ausführung. Falls Krüger bei seiner Ahnenforschung noch auf kein Wappen gestoßen sei, möge er eine entsprechende Mitteilung machen.

Nach Kriegsausbruch befand sich Krüger in Lodz und erhielt am 4. Oktober 1939 folgenden Schnellbrief seines Herrn und Meisters Heinrich Himmler:

„Im Einvernehmen mit dem Oberkommando des Heeres setze ich Sie als Höheren SS- und Polizeiführer beim Verwaltungschef des Militärbefehlshabers Lodz ein. Bis auf weiteres haben Sie gleichzeitig die Geschäfte eines Höheren SS- und Polizeiführres beim Oberverwaltungschef für den Bereich des Oberbefehlshabers Ost wahrzunehmen. Für den Bereich des Militärbefehlshabers Lodz werden Ihnen als Befehlshaber der Ordnungspolizei Generalmajor der Ordnungspolizei Becker, als Befehlshaber der Sicherheitspolizei SS-Brigadeführer Streckenbach unterstellt. Diese nehmen gleichfalls bis auf weiteres die Befugnisse des Befehlshabers der Ordnungspolizei und Sicherheitspolizei beim Oberverwaltungschef im Bereich des Oberbefehlshabers Ost war.

gez.: Himmler

Beglaubigt: Hanck, Verw.-Sekretär.“

Die etwas provinzielle Tätigkeit in Lodz sollte für Krüger jedoch nicht lange dauern. Schon am 7. und 8. November konferierte er in Krakau, wo Generalgouverneur Dr. Frank residierte und ganz Polen als „gigantisches Arbeitslager“ bezeichnete, als Höherer SS- und Polizeiführer des Generalgouverneurs mit dem Höheren SS- und Polizeiführer Warthegau,

ᛋᛋ-Gruppenführer Koppe, und kam mit ihm zu dem Entschluß, „zunächst" — so heißt es im Protokoll — nur 300 000 Polen und Juden aus dem Warthegau in der Zeit vom 15. November 1939 bis zum 28. Februar 1940 „auszusiedeln"[1]).

Am 8. Dezember 1939[2]) befaßte sich Krüger mit einem generellen Plan für die Juden. Auf einer Abteilungsleiter-Sitzung der Generalgouvernementsregierung sagte er laut Protokoll: „Die Frage der Zwangsarbeit der Juden könne nicht von heute auf morgen in befriedigender Weise gelöst werden. Voraussetzung hierfür sei eine karteimäßige Erfassung der männlichen Juden im Alter von 14 bis 50 Jahren. Hierbei müßte geprüft werden, welchen Beruf diese Juden bisher ausübten, denn gerade in diesen Gebieten hätten die Juden verschiedene Handwerke betrieben, und es wäre schade, wenn diese Arbeitskräfte nicht nützlich eingesetzt würden. Dazu gehöre aber eine durchgreifende Planung. Vorläufig müßten die Juden in Polen in Kolonnen zusammengestellt und dort eingesetzt werden, wo dringender Bedarf vorliege."

Vier Tage später erschien eine Verordnung[3]), unterzeichnet vom Höheren ᛋᛋ- und Polizeiführer im Generalgouvernement für die besetzten polnischen Gebiete, ᛋᛋ-Obergruppenführer Krüger, in deren § 1 es heißt:

„Alle jüdischen Bewohner im Gebiet des Generalgouvernements vom vollendeten 14. bis zum vollendeten 60. Lebensjahr unterliegen grundsätzlich dem Arbeitszwang. Die Dauer dieses Arbeitszwanges beträgt in der Regel 2 Jahre; sie wird verlängert, wenn innerhalb dieser Zeit ihr erzieherischer Zweck nicht erreicht sein sollte."

Und der § 6 der gleichen Verordnung lautet:

„Mit sofortiger Wirkung wird allen arbeitspflichtigen Juden untersagt, in ihrem Besitz befindliches berufliches Handwerkszeug einschließlich Maschinen und Zubehör ohne schriftliche Genehmigung des zuständigen Kreis- (Stadt-) Hauptmannes zu verkaufen, zu verpfänden oder sonst darüber zu verfügen. Des weiteren ist jedes Fortschaffen oder das Verbergen dieses Handwerkszeuges verboten."

Der § 7 befaßt sich ausschließlich mit den Zuchthausstrafen bis zu 10 Jahren für jeden arbeitspflichtigen Juden, der sich nicht meldet, unwahre Angaben macht, Arbeitsunfähigkeit vortäuscht, sein Handwerkszeug nicht zum Arbeitseinsatz mitbringt oder sich sonst dem Arbeitszwang entzieht.

---

[1]) *Berenstein, Seiten 38–41.*

[2]) *Franks Tagebücher.*

[3]) *Verordnungsblatt für das Generalgouvernement für die besetzten polnischen Gebiete, 1939, Seite 246. Ab Januar 1940 nannte man das Blatt kurz „Verordnungsblatt für das Generalgouvernement".*

Mit solchen friedlichen und für NS-Begriffe idyllischen Dingen befaßte Krüger sich jedoch nicht lange, denn am 5. April 1940 erhielt er von Dr. Hans Frank folgendes Schreiben:

„Lieber Kamerad Krüger!

Ich habe Ihren Schlußbericht über die von Ihnen durchgeführte Aktion im Bereich Konskie erhalten und ihn mit Begleitbrief an den Führer weitergeleitet. Ich möchte schon bei diesem Anlaß Ihnen im Namen des Führers die Anerkennung für das hervorragende persönliche Verhalten aussprechen, das Sie in diesen schwierigen Tagen bewiesen haben. Ich bitte Sie, den beteiligten SS- und Polizeiformationen diese Anerkennung bekanntzugeben.

Heil Hitler!

Ihr Frank."[1])

Was Friedrich Wilhelm Krüger selbst über seine Betätigung im Generalgouvernement dachte, geht aus einem Aufsatz hervor, den er im Mai 1940 schrieb[2]). Darin sagt er wörtlich: „Eine nicht minder große, wenn auch weniger dankbare Arbeit der Menschenbetreuung mußte und muß auch jetzt noch von den Männern der SS und Polizei durchgeführt werden. Das arbeitsscheue jüdische Gesindel mußte an die vorgesehenen Arbeitsstellen gebracht werden."

Zur gleichen Zeit etwa entstand in Berlin der sogenannte Madagaskar-Plan, dem allerdings nur ein kurzes Leben beschieden sein sollte. Selbstverständlich wußte auch Krüger davon, denn auf einer Abteilungsleitersitzung im Generalgouvernement, bei der das Judenproblem auf der Tagesordnung stand, was damals ja hochpolitisch war, sagte er[3]), der Neuregelung auf dem Gebiete der Judenansiedlung aus dem Reich entsprechend, würden künftig derartige Judenaussiedlungen aus dem Reich ins Generalgouvernement nicht mehr stattfinden. Auch die bereits vorgesehenen Ausweisungen von Juden aus dem Generalgouvernement im August würden nicht durchgeführt, da alle Juden, einschließlich derjenigen des Generalgouvernements, nach den Kolonien Afrikas überführt werden sollten, welche die französische Regierung zu diesem Zweck an das Deutsche Reich ausliefern müsse[4])."

Krüger wuchs schnell immer mehr in den neuen Stil des Dritten Reichs hinein. Am 15. Januar 1941 erklärte er auf einer Arbeitssitzung der Regierung im Generalgouverne-

---

[1]) *Archiv Warschau.*
[2]) *Du Prel, Seite 65.*
[3]) *Franks Tagebücher, Juli 1940.*
[4]) *Ebendort.*

ment hinsichtlich der Deportation von Juden und Polen[1]), welche Beschlüsse bei einer Konferenz unter Vorsitz Reinhard Heydrichs am 8. Januar im Reichssicherheitshauptamt Berlin gefaßt wurden. Der SS-Gruppenführer habe dabei die Notwendigkeit betont, Juden und Polen möglichst schnell aus den Ostgebieten auszusiedeln, damit die Volksdeutschen aus Wolhynien, Litauen usw. bald angesiedelt werden könnten. Krüger führte dazu aus, es gelte 831 000 Menschen zu evakuieren. Unabhängig davon seien wegen der im Generalgouvernement anzulegenden Truppenübungsplätze nochmals 200 000 Menschen umzusiedeln, so daß innerhalb eines einzigen Jahres 1 Million Menschen in Bewegung komme. Erschwerend falle ins Gewicht, daß die Wehrmacht überraschenderweise mitteile, die Truppen im Generalgouvernement würden verstärkt. Dieserhalb müsse der Räumungstermin für die Truppenübungsplätze vom 1. Mai auf den 1. April vorverlegt werden. Trotz der Schwierigkeiten bestehe die Wehrmacht auf diesem Termin. Es wurde somit notwendig, bis zum 1. Mai zunächst 184 000 Menschen auszusiedeln, ferner 64 500 weitere im Interesse der Truppenübungsplätze. 10 000 Mann behielt die Wehrmacht allerdings zur Arbeit zurück. Wie Krüger vorrechnete, mußten einschließlich der aus Wien auszusiedelnden Juden bis zum 1. Mai 1941 insgesamt 248 500 Personen ausgesiedelt werden.

Den Tagebüchern des Generalgouverneurs Dr. Hans Frank ist ein anschauliches Bild der Entwicklung Krügers in Richtung Mord zu entnehmen. Aus ihnen erfährt man auch über eine Sitzung der Polizei- und Verwaltungsvertreter im Generalgouvernement am 18. Juni 1941. Selbstverständlich nahm Krüger, der inzwischen Staatssekretär geworden war, an ihr teil und erwiderte auf die Frage Staatssekretär Dr. Bühlers von der Regierung des Generalgouvernements, ob die Stadt Warschau in absehbarer Zeit von der arbeitsunfähigen Judenlast befreit werde: „Darüber wird man wohl im Laufe des August einen Überblick haben, denn das Problem der Judenaussiedlung drängt zur Entscheidung[2]).“ Um keinen Zweifel daran zu lassen, um welche Art von „Entscheidung“ es sich handele, erklärte Krüger, er habe sich dieserhalb bereits mit dem Präsidenten der Eisenbahn im Generalgouvernement, Gerteiss, verständigt, und dieser habe zugesagt, die erforderliche Anzahl von Zügen zur Verfügung zu stellen.

Es ging damals nämlich um die Transporte in die Vernichtungslager Belzec und Treblinka. Die große Aussiedlung im Ghetto Warschau begann denn auch am 22. Juli 1942.

Mit ähnlichen Problemen verging die Zeit bis 1943. Bezeichnenderweise ist im Sachregister des Verordnungsblattes für das Generalgouvernement 1943 schon unter dem Buchstaben „J“ keine Rubrik „Juden“ mehr vorhanden. Ihretwegen waren längst keine Verordnungen oder Gesetze mehr nötig. Sie galten als vogelfrei. Die ganze Angelegenheit aber lag in den bewährten Händen von Friedrich Wilhelm Krüger, der nicht nur Höherer SS- und Polizeiführer, sondern auch Staatssekretär für das Sicherheitswesen im Generalgouvernement geworden war. Himmlers Brief vom 16. Februar 1943 mit der Bemerkung „der für 500 000 Untermenschen bisher vorhandene Wohnraum (nämlich im Ghetto War-

[1]) *Franks Tagebücher, Januar 1941.*
[2]) *Ebendort.*

schau – Bemerkung des Herausgebers), der für Deutsche niemals geeignet ist, muß von der Bildfläche verschwinden[1])“, ist daher auch an Krüger gerichtet.

Am 19. April 1943 sollte das Ghetto Warschau endgültig liquidiert werden, und der Aufstand brach aus. Sofort beorderte Krüger den SS-Brigadeführer Jürgen Stroop zur Niederschlagung desselben nach Warschau, und Stroop schickte täglich seine Meldung vom Stand der „Großaktion“ nach Krakau, von wo Krüger sie an Himmler persönlich weiterleitete. Wenn nun zwar auch Jürgen Stroop der eigentliche Henker der Warschauer Juden war, so darf man wohl behaupten, daß Krüger dabei sozusagen den Generalstabschef spielte. Deshalb scheint es verständlich, wenn nachstehendes Telegramm Himmlers vom 23. April 1943 nur an Krüger gerichtet sein konnte. Es lautete: „Die Durchkämmung des Ghettos in Warschau ist mit größerer Härte und unnachsichtlicher Zähigkeit zu vollziehen. Je härter zugepackt wird, um so besser ist es. Gerade die Vorfälle zeigen, wie gefährlich diese Juden sind.“

Der Liquidator Jürgen Stroop schloß seine „Täglichen Meldungen“ am 2. Mai 1943 mit dem Satz: „Der heutigen Großaktion wohnte der Höhere SS- und Polizeiführer Ost, SS-Obergruppenführer Krüger, bei.“

Wahrscheinlich konnte es sich Krüger nicht versagen, sein Werk auch einmal mit eigenen Augen zu betrachten.

Als dann am 31. Mai 1943 das Ghetto Warschau im wahrsten Sinne des Wortes von der Bildfläche verschwunden war, klagte Krüger, daß tatsächlich immer noch einzelne Juden unter den Trümmern versteckt seien und weiterkämpften[2]).

Sobald er dann den schön in Leder gebundenen Bericht „Es gibt keinen jüdischen Wohnbezirk in Warschau mehr“ von Jürgen Stroop an Himmler weitergereicht hatte, erhielt Krüger vom SS- und Polizeiführer Galizien, SS-Gruppenführer Friedrich (Fritz) Katzmann, ebenfalls einen ihm gleich wertvollen Bericht. Im Begleitschreiben vom 30. Juni 1943 steht:

„Tgb. Nr. 42/43 g. R.-Ch/Fr. – Betr.: Lösung der Judenfrage in Galizien – Bezug: Anliegender Bericht – 1. Ausfertigung (gebunden).

In der Anlage überreiche ich den Abschlußbericht als 1. Ausfertigung über die Lösung der Judenfrage im Distrikt Galizien mit der Bitte um Kenntnisnahme. gez.: Katzmann, SS-Gruppenführer und Generalleutnant der Polizei.“

Auf Seite 14 der gebundenen Ausfertigung durfte Krüger lesen: „In der Zwischenzeit wurde die weitere Aussiedlung energisch betrieben, so daß mit Wirkung vom 23. Juni 43 sämtliche Judenwohnbezirke aufgelöst werden konnten. Der Distrikt Galizien ist damit, bis auf die Juden, die sich unter Kontrolle des SS- und Polizeiführers in Lagern befinden, j u d e n f r e i. Die noch vereinzelt aufgegriffenen Juden werden von den jeweiligen Ordnungspolizei- und Gendarmerieposten sonderbehandelt. Bis zum 27. Juni 43 waren insgesamt 434 329 Juden ausgesiedelt[3]).“

---

[1]) *Wulf II, Seite 17 (Fotokopie).*
[2]) *Franks Tagebücher vom 31. Mai 1943.*
[3]) *Poliakov-Wulf, Seite 199.*

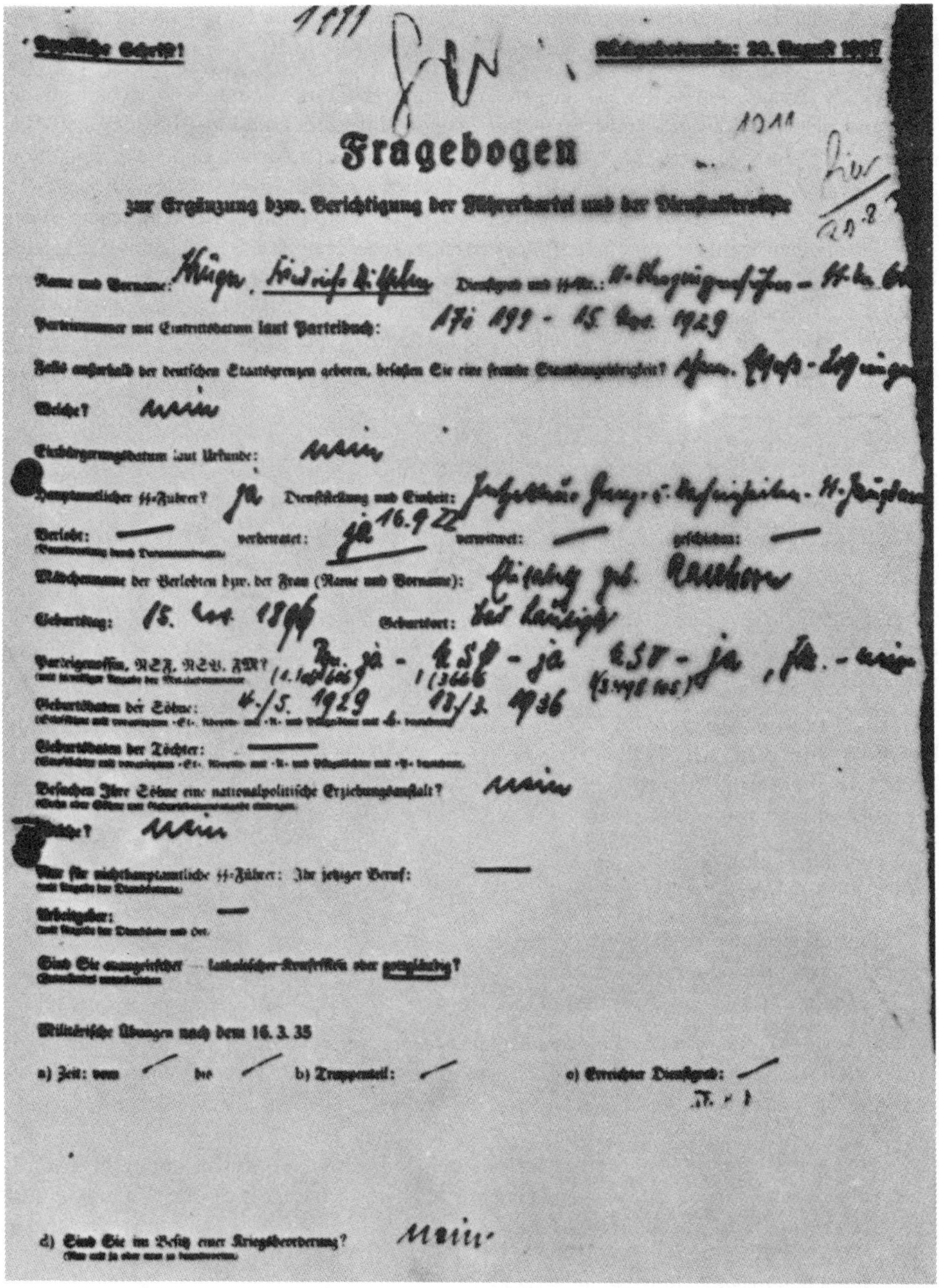

Fragebogen

zur Ergänzung bzw. Berichtigung der Führerkartei und der Dienstaltersliste

Name und Vorname:

Parteinummer mit Eintrittsdatum laut Parteibuch:

Welche? nein

Einbürgerungsdatum laut Urkunde: nein

Hauptamtlicher SS-Führer? ja Dienststellung und Einheit:

Verlobt: — verheiratet: ja 16.9.22 verwitwet: — geschieden: —

Mädchenname der Verlobten bzw. der Frau (Name und Vorname):

Geburtstag: Geburtsort:

Parteigenossin, NSF, NSV, FW?

Geburtsdaten der Söhne: 4./5. 1929, 13./3. 1936

Geburtsdaten der Töchter: —

Besuchen Ihre Söhne eine nationalpolitische Erziehungsanstalt? nein

Welche? nein

Nur für nichthauptamtliche SS-Führer: Ihr jetziger Beruf: —

Arbeitgeber: —

Sind Sie evangelisch — katholisch-Konfession oder gottgläubig?

Militärische Übungen nach dem 16.3.35

a) Zeit: vom — bis — b) Truppenteil: — c) Erreichter Dienstgrad: —

d) Sind Sie im Besitz einer Kriegsbeorderung? nein

Erste Seite des ausgefüllten Fragebogens von Friedrich Wilhelm Krüger

Verordnungsblatt für das Generalgouvernement

Dziennik Rozporządzeń dla Generalnego Gubernatorstwa

1942 | Ausgegeben zu Krakau, den 1. November 1942
Wydano w Krakau, dnia 1 listopada 1942 r. | Nr. 94

Tag dzień	Inhalt / Treść	Seite strona
28. 10. 42	Polizeiverordnung über die Bildung von Judenwohnbezirken in den Distrikten Warschau und Lublin	665
	Policyjne rozporządzenie o stworzeniu żydowskiej dzielnicy mieszkaniowej w Okręgu Warschau i Lublin	665

Polizeiverordnung

über die Bildung von Judenwohnbezirken in den Distrikten Warschau und Lublin.

Vom 28. Oktober 1942.

Auf Grund des § 3 der Verordnung über Sicherheit und Ordnung im Generalgouvernement vom 26. Oktober 1939 (VBlGG. S. 5) ordne ich an:

§ 1

(1) In den Distrikten Warschau und Lublin werden in folgenden Städten und Gemeinden Judenwohnbezirke errichtet:

a) im Distrikt Warschau in
Warschau-Stadt (Ghetto),
Kałuszyn (Kreishauptmannschaft Minsk),
Sobolew (Kreishauptmannschaft Garwolin),
Kossów (Kreishauptmannschaft Sokołow),
Rembertów (Kreishauptmannschaft Warschau-Land),
Siedlce (Kreishauptmannschaft Siedlce);

b) im Distrikt Lublin in
Łuków, Parczew und Miedzyrzec (Kreishauptmannschaft Radzyń),
Włodowa (Kreishauptmannschaft Cholm),
Końskowola (Kreishauptmannschaft Pulawy),
Piaski (Kreishauptmannschaft Lublin-Land),
Zaklików (Kreishauptmannschaft Kraśnik),
Izbica (Kreishauptmannschaft Krasnystaw).

(2) Diese Orte sind die den Juden zugewiesenen Wohnbezirke im Sinne des § 4 b der Dritten Verordnung über Aufenthaltsbeschränkungen im Generalgouvernement vom 15. Oktober 1941 (VBlGG. S. 595).

§ 2

(1) Alle Juden im Sinne der Verordnung über die Bestimmung des Begriffs „Jude" im Generalgouvernement vom 24. Juli 1940 (VBlGG. I S. 231) in den Distrikten Warschau und Lublin haben bis zum 30. November 1942 in einem der in § 1 für den Distrikt Warschau bzw. für den Distrikt Lublin bezeichneten Judenwohnbezirke Aufenthalt zu nehmen. Alle übrigen Personen haben bis zu diesem Zeitpunkt die Judenwohnbezirke zu verlassen, sofern ihnen nicht eine polizeiliche Auf-

Policyjne rozporządzenie

o stworzeniu żydowskiej dzielnicy mieszkaniowej w Okręgu Warschau i Lublin.

Z dnia 28 października 1942 r.

Na podstawie § 3 rozporządzenia o bezpieczeństwie i porządku w Generalnym Gubernatorstwie z dnia 26 października 1939 r. (Dz. Rozp. GG. str. 5) zarządzam:

§ 1

(1) W Okręgach Warschau i Lublin tworzy się żydowskie dzielnice mieszkaniowe w następujących miastach i gminach:

a) w Okręgu Warschau
w Warschau-Miasto (getto),
w Kałuszynie (Star. Pow. Minsk),
w Sobolewie (Star. Pow. Garwolin),
w Kossowie (Star. Pow. Sokolow),
w Rembertowie (Star. Pow. Warschau-Wieś),
w Siedlcach (Star. Pow. Siedlce);

b) w Okręgu Lublin
w Łukowie, Parczewie i Międzyrzeczu (Star. Pow. Radzyń),
we Włodawie (Star. Pow. Cholm),
w Końskowoli (Star. Pow. Pulawy),
w Piaskach (Star. Pow. Lublin-Wieś),
w Zaklikowie (Star. Pow. Kraśnik),
w Izbicy (Star. Pow. Krasnystaw).

(2) Miejscowości te w rozumieniu § 4 b trzeciego rozporządzenia o ograniczeniach pobytu w Generalnym Gubernatorstwie z dnia 15 października 1941 r. (Dz. Rozp. GG. str. 595) są dzielnicami mieszkaniowymi przydzielonymi żydom.

§ 2

(1) Wszyscy żydzi w rozumieniu rozporządzenia o definicji pojęcia „Żyd" w Generalnym Gubernatorstwie z dnia 24 lipca 1940 r. (Dz. Rozp. GG. I str. 231) w Okręgach Warschau i Lublin winni do dnia 30 listopada 1942 r. obrać sobie miejsce pobytu w jednej z wymienionych w § 1 żydowskich dzielnic mieszkaniowych dla Okręgu Warschau wzgl. dla Okręgu Lublin. Wszystkie pozostałe osoby winny do tego czasu opuścić żydowskie dzielnice mieszkaniowe, o ile nie otrzymają

2 6082

Polizeiverordnung über die Bildung von Judenwohnbezirken

enthaltserlaubnis gegeben wird. Das Nähere regelt der zuständige Gouverneur des Distrikts (ff- und Polizeiführer) durch Anordnung.

(2) Vom 1. Dezember 1942 ab darf sich kein Jude in den Distrikten Warschau und Lublin ohne polizeiliche Erlaubnis außerhalb eines Judenwohnbezirks aufhalten oder diesen verlassen. Andere Personen dürfen sich vom 1. Dezember 1942 ab in einem Judenwohnbezirk nur mit polizeilicher Erlaubnis aufhalten oder ihn betreten. Die Erlaubnis erteilt der für den Judenwohnbezirk zuständige Kreishauptmann, für das Ghetto in Warschau der Kommissar für den jüdischen Wohnbezirk.

(3) Von der Pflicht, einen Judenwohnbezirk aufzusuchen, sind diejenigen Juden ausgenommen, die in Wehrwirtschafts- und Rüstungsbetrieben beschäftigt und in geschlossenen Lagern untergebracht sind.

§ 3

(1) Juden, die den Vorschriften des § 2 zuwiderhandeln, werden nach den bestehenden Bestimmungen mit dem Tode bestraft.

(2) Ebenso wird bestraft, wer einem solchen Juden wissentlich Unterschlupf gewährt, d. h. wer insbesondere den Juden außerhalb des Judenwohnbezirks unterbringt, beköstigt oder verbirgt.

(3) Gegen denjenigen, welcher davon Kenntnis erhält, daß ein Jude sich unbefugt außerhalb eines Judenwohnbezirks aufhält, und der Polizei nicht Meldung erstattet, werden sicherheitspolizeiliche Maßnahmen ergriffen.

(4) Nichtjüdische Personen, die den Vorschriften des § 2 zuwider den Judenwohnbezirk nicht rechtzeitig verlassen oder ihn ohne polizeiliche Erlaubnis betreten, werden im Verwaltungsstrafverfahren mit Geldstrafe bis zu 1000 Zloty, ersatzweise mit Haft bis zu drei Monaten, bestraft. Den Strafbescheid erläßt der Kreishauptmann (Stadthauptmann).

§ 4

(1) Die Judenwohnbezirke werden gesondert verwaltet.

(2) Die Leitung eines Judenwohnbezirks hat ein Judenrat. Die Bestimmungen der Verordnung über die Einsetzung von Judenräten vom 28. November 1939 (VBlGG. S. 72) finden Anwendung. Für die Unterbringung der Juden in den Judenwohnbezirken sowie für die gerechte und sachgemäße Verteilung der von den Kreisbehörden zuzuteilenden Lebensmittel ist der Judenrat verantwortlich.

(3) Das Nähere regelt der zuständige Gouverneur des Distrikts (ff- und Polizeiführer).

§ 5

Die Durchführungs-Anordnungen zu dieser Polizeiverordnung erläßt der Befehlshaber der Sicherheitspolizei im Generalgouvernement.

§ 6

Diese Polizeiverordnung tritt am 1. November 1942 in Kraft.

Krakau, den 28. Oktober 1942.

Der Höhere ff- und Polizeiführer im Generalgouvernement
Der Staatssekretär für das Sicherheitswesen
Krüger

policyjnego zezwolenia na pobyt. Bliższe szczegóły unormuje drogą zarządzenia właściwy gubernator okręgu (Dowódca ff i Policji).

(2) Od dnia 1 grudnia 1942 r. nie wolno żadnemu żydowi w Okręgach Warschau i Lublin bez policyjnego zezwolenia przebywać poza obrębem żydowskiej dzielnicy mieszkaniowej lub opuszczać jej. Od dnia 1 grudnia 1942 r. innym osobom wolno przebywać w żydowskiej dzielnicy mieszkaniowej lub wchodzić do niej tylko za policyjnym zezwoleniem. Zezwolenia udziela właściwy ze względu na żydowską dzielnicę mieszkaniową starosta powiatowy, dla getta w Warschau komisarz żydowskiej dzielnicy mieszkaniowej.

(3) Od obowiązku obrania sobie żydowskiej dzielnicy mieszkaniowej zwolnieni są żydzi zatrudnieni w zakładach gospodarki wojskowej i zbrojeniowej, a umieszczeni w zamkniętych obozach.

§ 3

(1) Żydzi, wykraczający przeciwko przepisom § 2, podlegają według istniejących postanowień karze śmierci.

(2) Tej samej karze podlega ten, kto takiemu żydowi świadomie udziela schronienia, tzn. kto w szczególności umieszcza żyda poza obrębem żydowskiej dzielnicy mieszkaniowej, żywi go lub ukrywa.

(3) Wobec tego, kto uzyska wiadomość o tym, że jakiś żyd bezprawnie przebywa poza obrębem żydowskiej dzielnicy mieszkaniowej a nie zgłosi tego Policji, zastosowane będą policyjne środki bezpieczeństwa.

(4) Osoby nie będące żydami, które wbrew przepisom § 2 nie opuszczą na czas żydowskiej dzielnicy mieszkaniowej lub które wejdą do niej bez policyjnego zezwolenia, ulegną w postępowaniu karno-administracyjnym karze grzywny do 1000 złotych z zamianą na karę aresztu do trzech miesięcy. Orzeczenie karne wydaje starosta powiatowy (starosta miejski).

§ 4

(1) Administrację żydowskich dzielnic mieszkaniowych prowadzi się odrębnie.

(2) Kierownictwo żydowskiej dzielnicy mieszkaniowej należy do rady żydowskiej. Stosuje się postanowienia rozporządzenia o ustanowieniu rad żydowskich z dnia 28 listopada 1939 r. (Dz. Rozp. GG. str. 72). Rada żydowska jest odpowiedzialna za pomieszczenie żydów w żydowskiej dzielnicy mieszkaniowej jako też za słuszny i rzeczowy rozdział środków żywnościowych przydzielonych przez władze powiatowe.

(3) Bliższe szczegóły unormuje właściwy gubernator okręgu (Dowódca ff i Policji).

§ 5

Zarządzenie wykonawcze do niniejszego rozporządzenia policyjnego wyda Dowódca Policji Bezpieczeństwa w Generalnym Gubernatorstwie.

§ 6

Niniejsze rozporządzenie policyjne wchodzi w życie z dniem 1 listopada 1942 r.

Kraków, dnia 28 października 1942 r.

Wyższy Dowódca ff i Policji w Generalnym Gubernatorstwie
Sekretarz Stanu dla Spraw Bezpieczeństwa
Krüger

Herausgegeben von dem Amt für Gesetzgebung in der Regierung des Generalgouvernements, Krakau 20, Regierungsgebäude.
Druck: Zeitungsverlag Krakau-Warschau G.m.b.H. Krakau, Poststraße 1.

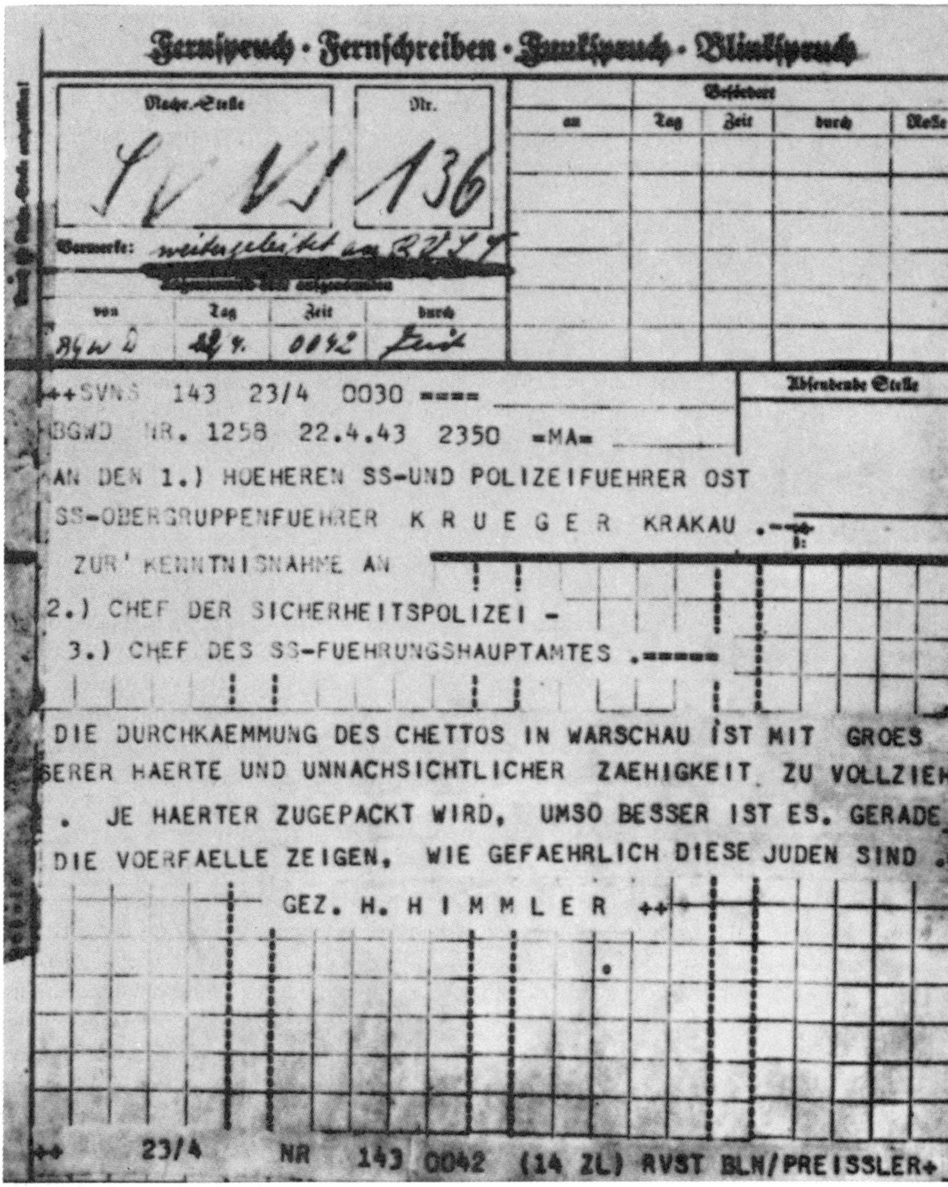
Fernspruch · Fernschreiben · Funkspruch · Blinkspruch

Nachr.-Stelle: SV VS | Nr.: 136

Vermerke: weitergeleitet an RVSt

[redacted]

von	Tag	Zeit	durch
BgwD	23.4.	0142	Zeit

Befördert				
an	Tag	Zeit	durch	Rolle

Absendende Stelle

++SVNS 143 23/4 0030 ====
BGWD NR. 1258 22.4.43 2350 =MA=
AN DEN 1.) HOEHEREN SS-UND POLIZEIFUEHRER OST
SS-OBERGRUPPENFUEHRER K R U E G E R KRAKAU .--
ZUR KENNTNISNAHME AN
2.) CHEF DER SICHERHEITSPOLIZEI -
3.) CHEF DES SS-FUEHRUNGSHAUPTAMTES .====

DIE DURCHKAEMMUNG DES CHETTOS IN WARSCHAU IST MIT GROES
SERER HAERTE UND UNNACHSICHTLICHER ZAEHIGKEIT ZU VOLLZIEH
. JE HAERTER ZUGEPACKT WIRD, UMSO BESSER IST ES. GERADE
DIE VOERFAELLE ZEIGEN, WIE GEFAEHRLICH DIESE JUDEN SIND .
GEZ. H. H I M M L E R ++

++ 23/4 NR 143 0042 (14 ZL) RVST BLN/PREISSLER+

Himmlers Telegramm an Friedrich Wilhelm Krüger

Nach Warschau konnte Krüger nun auch auf ein „judenfreies“ Galizien stolz sein!

Am 9. November 1943 löste SS-Gruppenführer Wilhelm Koppe, der bisher im Warthegau tätig gewesen war und ihn — bis auf den Rest im Ghetto Lodz — ebenfalls „judenrein“ gemacht hatte, Friedrich Krüger als Höherer SS- und Polizeiführer im Generalgouvernement ab. Krüger wurde Führer im Persönlichen Stab Himmlers.

Im Januar 1944 befand sich Krüger jedoch auf dem Balkan an der Front. Es gibt ein Schreiben von ihm an den Chef des SS-Personalhauptamtes, Gruppenführer Maximilian von Herff, in dem er sich beklagt, daß sein Nachfolger in Krakau ihm die beiden dringend benötigten Adjutanten Hauptsturmführer Thimme und Schnittker nicht freigäbe, weil er von Herff keinen Ersatz bekäme. Krüger bat Herff um Unterstützung und wies darauf hin, daß sich Koppe schließlich im fünften Kriegsjahr seine Adjutanten selbst heranziehen könne, wenn er — Krüger — ganz allein auf dem Balkan herumfahre und sogar seinen Wagen in Belgrad zurücklassen mußte, weil er mit ihm nicht durchkam, denn Tito habe einen „ziemlichen Heerhaufen“ beisammen, und keine Formation könne ihm daher ständig einen Offizier zur Verfügung stellen.

Am 6. April 1944 schrieb Krüger erneut an Herff. Er befand sich immer noch auf dem Balkan und war offensichtlich verbittert, weil er meinte, man habe ihn im SS-Personalhauptamt verleumdet, denn es werde behauptet, er habe seine Dienstwohnung im Generalgouvernement nicht unverzüglich zur Verfügung gestellt, während er dies tatsächlich innerhalb von 24 Stunden tat, nachdem er am 8. März dazu aufgefordert wurde. Krüger schrieb: „Den Hinterbringer einer anderslautenden Mitteilung an den Reichsführer kann ich nur als charakterlosen Wicht bezeichnen. Nachdem ich für meinen vierjährigen sauberen Kampf im G.G. Ehre und Reputation verloren habe, hoffe ich, daß es mir vergönnt *bleibt*, als Soldat meine Pflicht an der Front zu tun.“

Friedrich Wilhelm Krüger schlug sich also mit allerhand Sorgen herum, bis er am 20. Mai 1944 Kommandeur der 6. SS-Gebirgs-Division „Nord“ wurde. In der Beurteilung seines Vorgesetzten, des mit der Führung des XVIII. (Gebirgs) Armeekorps beauftragten Generalleutnants Hochbaum vom 3. August 1944 sind Krügers Auszeichnungen aufgeführt. Da heißt es: „Deutsche Auszeichnungen des jetzigen Krieges mit Verleihungsdaten: Kriegsverdienstkreuz II. Kl. mit Schwertern, Kriegsverdienstkreuz I. Kl. mit Schwertern, Spange zum Eisernen Kreuz II. Kl. im Juli 1943 (also nach der Liquidation des Warschauer Ghettos! — Bemerkung des Herausgebers), Spange zum Eisernen Kreuz I. Kl. im Mai 1944.“ In der Beurteilung meint Generalleutnant Hochbaum unter anderem: „In der Führung seiner Division ruhig, überlegt, sehr planmäßig. In seinen taktischen Entschlüssen und Auffassungen noch tastend, in der Durchführung sehr methodisch. Für die Führung in größeren Kampfhandlungen fehlt ihm noch die praktische Erfahrung.“ Als gute Qualitäten werden hervorgehoben: „Hohes Pflichtbewußtsein, große Sachlichkeit, strenge Dienst- und Lebensauffassung.“ Als schwache Seite wird genannt: „Es fehlt ihm, temperamentmäßig begründet, der mitreißende Schwung.“

Das zusammenfassende Urteil lautet: „Durchschnitt.“

Am 8. August 1944 äußerte sich ein Generaloberst, dessen Name nicht zu entziffern ist, im Armeehauptquartier des Oberkommandos der 20. (Gebirgs) Armee über Krüger: „Ich halte den mir schon aus früherem Einsatz bekannten ϟϟ-Obergruppenführer Krüger zur Führung eines Armeekorps für geeignet. Da es an der finnischen Front keine größeren Kampfhandlungen gab, wäre es zweckmäßig, Krüger bei Übertragung der Führung eines Armeekorps vorerst einige Zeit an einer ruhigen Front (z. B. Balkan) zu verwenden, auch um ihm die Einarbeit in den neuen Wirkungskreis zu erleichtern."

So wurde Friedrich Wilhelm Krüger denn am 26. August 1944 mit der Führung des V. ϟϟ-Gebirgs-Korps beauftragt.

Doch auch diese rein militärischen Aktivitäten und Erfolge seiner Kriegslaufbahn können die Tatsache, daß Friedrich Wilhelm Krüger in erster Linie einer der Hauptakteure bei der Vernichtung des polnischen Judentums war, nicht abschwächen oder beschönigen.

SS-Brigadeführer Ferdinand von Sammern und Frankenegg

SS- und Polizeiführer im Distrikt Warschau

Dr. Ferdinand von Sammern und Frankenegg ist genau wie auch sein Vater in Österreich geboren. Trotzdem gibt er sogar beim Vater die Nationalität mit „Deutsches Reich" an, während er dem Vater seiner Ehefrau Berta, dem Gast- und Landwirt Martin Humer, die österreichische Staatsangehörigkeit beließ.

Die Frage nach der Mitgliedschaft in politischen Vereinen und Logen beantwortete er in seinen SS-Fragebogen mit: „Deutsch-Völkischer Turnverein und Steierischer Heimatschutz von 1922—1932. Austritt wegen Übergang zur NSDAP."

Den eigenen Angaben entsprechend übte von Sammern im Verein das Amt eines Dietwarts — Kompanieführers — aus. Ebenso geht aus dem Fragebogen hervor, daß er vom Juli 1915 bis September 1920 bei der Infanterie Dienst tat und vom Februar 1916 bis 4. November 1918 im Felde war. Vom Februar bis Oktober 1916 beim Kaiserschützenregiment 1, dann bis Januar 1917 Feldlazarett und anschließend bis zum April 1917 wieder Kaiserschützenregiment 1. Vom April 1917 bis 4. November 1918 im Feldjäger-Bataillon 9. Der letzte Dienstgrad war Oberleutnant und die Auszeichnungen: Signum laudis mit Schwertern, Karl-Truppenkreuz und Verwundetenmedaille. Die Kriegsverwundungen entstanden durch Granatverschüttung.

Von 1920 bis 1926 gehörte von Sammern dem Verband „Bund Oberland" an, wie der Fragebogen besagt. In die NSDAP trat er im Juni 1932 ein, in die Ortsgruppe Oberdonau am 6. März 1933. Er hatte die Mitgliedsnummer 1 456 792. Die Frage nach dem Mitgliedsbuch wird mit den Worten „Ostmarkverfahren noch anhängig" beantwortet, und die Frage nach der Tätigkeit innerhalb der NSDAP wie folgt: „Seit September 1933 in der SS, vom 15. Juni 1935 bis 30. Januar 1939 Führer der 37. SS-Standarte; Gauredner und in der Kampfzeit der Ostmark Hauptbezirksleiter."

In dem SS-Fragebogen gibt es eine Rubrik mit der Frage nach den erlittenen Verfolgungen. Sie ist wie folgt beantwortet: „Drei Monate Konzentrationslager Kaisersteinbruch

(Ostmark), weitere Freiheitsstrafen: 8 Wochen und 5000 Schilling Strafe." (Hier handelt es sich um die in Österreich als staatsfeindlich geltende pronazistische Tätigkeit — Anmerkung des Herausgebers.) Trotz all dieser im Dienste der NSDAP erlittenen Unbill mußte sich die Witwe Berta von Sammern in Würzburg, Seelbergstraße 2, nach dem Tode ihres Mannes am 23. Januar 1945 an den Höheren ϟϟ- und Polizeiführer „Main" wenden, um dessen Hilfe zu erbitten, denn sie hielt zwar den Wehrpaß des ϟϟ-Brigadeführers und Generalmajors der Polizei in Händen, doch fehlten diesem jegliche Eintragungen über die Militärdienstzeit. Deshalb bat Frau von Sammern die ϟϟ, die erforderlichen Feststellungen zu treffen. Selbstverständlich bemühte sich die ϟϟ darum, wie aus einem Brief an den Polizeipräsidenten Berlin, Abteilung I, Verlagerungsstelle in Straßburg/Uckermark, Altstädter Straße 6, vom 18. Februar 1945 hervorgeht. Die Feststellungen über die Wehrdienstleistung des gefallenen ϟϟ-Brigadeführers waren allerdings etwas mager, denn sie lauten:

„1. Alte Armee: 2. 10. 16 bis 4. 11. 18 Kaiserschützenregiment I, Tirol, und Feldjägerbataillon 9, Kärnten.

2. Gefangenschaft in Italien vom 4. 11. 18 bis September 1919.

3. Entlassung aus dem Wehrdienst in der alten Armee 1920.

4. Letzter Dienstgrad: Oberleutnant."

Die ϟϟ teilte Frau von Sammern jedoch wörtlich mit: „Obwohl derartige Eintragungen in der Regel auf Grund vorgelegter Militärpapiere in die Kartei stattfanden, tragen sie keinen amtlichen Charakter. Für das Versorgungsverfahren müßten daher unbedingt amtliche Unterlagen beschafft werden."

Dem *handschriftlichen Lebenslauf* von Sammerns ist zu entnehmen, daß er am 17. März 1897 in Grieskirchen/Oberdonau als Sohn des Amtsgerichtsvorstehers geboren wurde, die Volks- und Mittelschule in Wels sowie Linz besuchte und später an der juristischen Fakultät in Innsbruck studierte, wo er im November 1922 zum Dr. jur. promovierte. Erstaunlicherweise gibt er sein juristisches Studium mit „6 Semestern" an! Nach einjähriger Gerichtspraxis beim Land- und Kammergericht in Wels arbeitete er 6 Jahre bei einem Anwalt und ließ sich 1929 in Peuerbach/Oberdonau als selbständiger Anwalt nieder. Im März 1933 war von Sammern bereits ϟϟ-Sturmführer im Gau Oberdonau, übernahm im April 1935 die 37. ϟϟ-Standarte und war ab 1. März 1939 mit der Führung des ϟϟ-Oberabschnitts IX beauftragt. Nachdem Österreich „heim ins Reich gekommen war", meldete der Anwalt seine Praxis als ruhend und war ab 1. April 1938 hauptamtlicher ϟϟ-Führer und politischer Leiter.

Der ϟϟ-Personalkartei ist zu entnehmen, daß von Sammern am 20. April 1935 Untersturmführer, am 9. November 1936 Obersturmführer, am 20. April 1937 Hauptsturmführer, am 9. November 1937 Sturmbannführer wurde, den Dienstgrad „Obersturmbannführer" übersprang und am 17. März 1938 schon Standartenführer geworden ist. Am 30. Januar 1941 war von Sammern dann Oberführer und am 20. Juli 1944 Brigadeführer. Am 20. September ist er gefallen.

Dr. Ferdinand von Sammern und Frankenegg war Oberleutnant der Reserve der alten Armee. Beim Eintritt in die SS 1932 erhielt er die Nummer 292 792 und beim Eintritt in die NSDAP die Mitgliedsnummer 1 456 955. Letzteres geschah am 1. März 1933. Seine Größe wird mit 180 angegeben, der frühere Beruf mit Rechtsanwalt, der ausgeübte mit SS-Führer. Als solcher war er im Besitz des SS-Totenkopfringes, des SS-Ehrendegens, des Julleuchters, des goldenen Reichssportabzeichens und des SS-Ehrendolchs. Fremdsprachen beherrschte von Sammern nicht, besaß jedoch den Führerschein Kl. III und war selbstverständlich Mitglied des Vereins „Lebensborn". Vom Februar 1933 bis März 1938 betätigte er sich als Ortsgruppenleiter; Bezirksleiter und politischer Leiter war er vom November 1935 bis März 1938 und fungierte auch als Gauredner. Seit April 1938 gehörte er dem Reichstag an.

Wie zweckmäßig seine Mitgliedschaft im Verein „Lebensborn" sein sollte, erwies sich nach seinem Tode, denn da wurde sein uneheliches Kind in einer „Lebensborn"-Anstalt untergebracht.

Am 27. Mai 1938 beantragte von Sammern die Aufnahme im NS-Rechtswahrerbund und schrieb: „Ich versichere daher ehrenwörtlich, daß die nach § 4, Ziff. 1 und 2 dieser Satzung für meine Aufnahme erforderlichen Voraussetzungen gegeben sind, daß ich keiner Loge/Orden angehöre und die Eltern sowie Großeltern meiner Ehefrau deutschblütiger Abstammung sind." Als Wohnort gibt er Peuerbach, Bezirk Linz, an und die ausgeübte Tätigkeit mit „Führer der 37. SS-Standarte".

Im März 1939 führte von Sammern schon den SS-Abschnitt IX in Würzburg, denn am 2. d. M. gab er die Erklärung ab, über sämtliche Dienstvorgänge, die er als Beisitzer des Gaugerichts kennenlerne, strengstes Stillschweigen zu bewahren. Der Geschäftsstellenleiter des Gaugerichts Mainfranken, Friedel, in Würzburg, Adolf-Hitler-Straße 24, teilte am 14. März 1939 dem Obersten Parteigericht der NSDAP, Zentralamt, München 33, mit, daß der Gaugerichts-Vorsitzende im Einverständnis mit dem Gauleiter an Stelle des nach Hamburg versetzten SS-Oberführers Tensfeld den SS-Standartenführer Dr. von Sammern und Frankenegg zum Beisitzer des Gaugerichts in SS-Sachen und als Ersatzbeisitzer berufen habe.

Im gleichen Jahr brach der zweite Weltkrieg aus, und von Sammern erhielt größere Aufgaben. Der NS-Rechtswahrerbund in Berlin W 35, Tiergartenstraße 20/21, wollte jedoch trotzdem noch Beiträge kassieren, was dem ja keineswegs juristisch tätigen von Sammern gegen den Strich ging. Er schrieb dem Rechtswahrerbund am 8. Januar 1941: „Von meiner ehemals in Peuerbach bei Linz/Oberdonau geführten Rechtsanwaltskanzlei erhielt ich Ihre per 24. 8. 40 aufgegebene Zahlkarte für rückständige Beitragsleistungen nachgesandt. Ich bin nun seit dem Umbruch in der Ostmark, also seit 3. 8. in meinem Beruf nicht mehr tätig, sondern hauptamtlicher SS-Führer und bereits seit 2. 39 als solcher in Würzburg ansässig. Ich gehöre daher dem Bunde nicht an, oder nicht mehr an, und sende demnach die Zahlungsaufforderung als gegenstandslos zurück. Heil Hitler!"

Als vom 22. Juli bis 21. September 1942 aus dem Warschauer Ghetto 300 000 Juden ins Vernichtungslager Treblinka gebracht wurden, war von Sammern SS- und Polizeiführer im Distrikt Warschau und übte dort seine hauptamtliche Tätigkeit aus.

Die Vorbereitungen zur „Aussiedlung“ der Warschauer Juden nahmen ihn vollauf in Anspruch. Dennoch mußte er sich kurz vor der großen „Aussiedlung“ — am 9. Juli — auch noch um „Altgold jüdischer Herkunft“ kümmern, wie aus einem Schreiben an den Chef des Persönlichen Stabes Reichsführer-SS Heinrich Himmler hervorgeht, denn einer von Hitlers Ärzten, Dr. Grawitz, Reichsarzt-SS, machte eifrig Jagd auf 629 Gramm Gold für zahnärztliche Zwecke. SS- und Polizeiführer von Sammern pflegte das Gold aber an den SS- und Polizeiführer Lublin abzuliefern und hatte diesem bereits 2000 Gramm ausgehändigt[1]). Himmler entschied erst am 14. August 1942, daß alles Edelmetall, welches von den Juden zurückgelassen wurde, ausschließlich an Oswald Pohl, Chef des SS-Wirtschaftsverwaltungshauptamtes in Berlin, abzuliefern sei.

Nachdem die aus dem Warschauer Ghetto „ausgesiedelten“ 300 000 Juden längst in Treblinka vergast worden waren, schrieb von Sammern am 26. November 1942 folgenden Brief an die Kreishauptmannschaft des Kreises Warschau-Land:

„Ia. 3212.03 Tgb.Nr.: 5880/42 — Betr.: Judenumsiedlung-Ausfolgung von Möbelstücken aus dem jüd. Wohnbezirk.

Anbei übermittele ich Ihnen einen mir auf nicht mehr feststellbarem Wege zugegangenen Vorgang betr. Ausfolgung von Möbelstücken aus dem jüd. Wohnbezirk. Ich mache Sie darauf aufmerksam, daß die gesamte Erfassung und Verwertung des jüdischen Vermögens mir vom Reichsführer-SS als dem Beauftragten zur Festigung deutschen Volkstums übertragen wurde.

Ich bitte Sie daher, zu veranlassen, daß Anforderungen von Möbelstücken nur auf dem Dienstwege, von Ihnen als Kreishauptmann abgezeichnet, meiner Dienststelle zugeleitet werden. Im übrigen mache ich darauf aufmerksam, daß die Verwertung zunächst nur zugunsten von Dienststellen und Volksdeutschen durchgeführt wird. Ein persönlicher Erwerb ist auf alle Fälle ausgeschlossen. Ich bitte, dies zur Kenntnis zu nehmen[2]).“

Die hauptamtliche Tätigkeit von Sammerns in Warschau war recht vielseitig. Am 4. Dezember 1942 trafen drei maschinenkundige Führer des SS-Wirtschaftsverwaltungshauptamtes bei ihm ein, um mit jüdischen Hilfskräften das gesamte Ghetto durchzukämmen und alle vorhandenen Maschinen zu sammeln, damit sie von Fachkräften gesichtet werden konnten, um festzustellen, ob sie für SS-Betriebe überhaupt geeignet waren. Sollte dies der Fall sein, wurden sie vom Chef des SS-Wirtschaftsverwaltungshauptamtes (WVHA) übernommen und mußten auf Befehl des SS-Obergruppenführers und Generals der Waffen-SS, Friedrich Wilhelm Krüger in Krakau, der Hauptstadt des Generalgouvernements, in SS-Betriebe geschafft oder doch für den Aufbau neuer Betriebe gelagert werden. Oswald Pohl persönlich erbat von Heinrich Himmler das Einverständnis zu dieser Anordnung[3]).

---

[1]) *Archiv Warschau.*

[2]) *J. H. I.*

[3]) *Wulf I, Seite 61.*

Nach einem Besuch in Warschau schrieb Himmler am 15. Januar 1943 an den Höheren ᛋᛋ- und Polizeiführer im Generalgouvernement, Friedrich Wilhelm Krüger in Krakau, daß er leider habe feststellen müssen, es seien keine richtigen Verwaltungsführer abgestellt, um mit den Millionenwerten, die von den „ausgewanderten" Juden zurückgelassen wurden, sachgemäß zu verfahren. Er erachte es für unbedingt erforderlich, hierüber mit dem Wirtschaftsminister zu verhandeln, denn die Millionen von Uhrgläsern, Nähmaschinen, Drehbänken oder Pelzen könnten doch der deutschen Wirtschaft zugeführt werden. Unter anderem schrieb Himmler damals wörtlich: „In Warschau half ein sehr netter und einen ausgezeichneten Eindruck machender Verwaltungsführer von der Kav.-Brigade bei der Ordnung der Dinge. Er war aber in keiner Weise rechtmäßig eingesetzt, sondern ᛋᛋ-Oberführer von Sammern hatte ihn sehr vernünftig zur Hilfe herangeholt[1])."

Die Raubaktivitäten mußte von Sammern dann allerdings im Januar 1943 etwas vernachlässigen, da er die „Umsiedlung" von 16 000 Juden aus dem Ghetto Warschau in ein Lubliner Lager vorbereiten sollte. Das Unternehmen gelang ihm jedoch nicht in der gewohnten Weise, da die Jüdische Kampf-Organisation erstmals Widerstand leistete, worauf von Sammern natürlich keineswegs gefaßt war. Jedenfalls erwischte er bei dem Unternehmen nur 6000 Juden.

Aber von Sammern erholte sich schnell von der Enttäuschung. Am 2. Februar 1943 meldete er Himmler, der Plan für die Verlagerung der Ghettobetriebe sei mit den Betriebsführern fertiggestellt. Nicht nur die größte deutsche Ghettofirma Többens & Schultz, welche für die Wehrmacht arbeitete, sei zur Verlagerung bereit, sondern auch alle anderen Ghettobetriebe wollten sich daran beteiligen. Inzwischen sei die Verlagerung bereits in vollem Gange. Es handelte sich um acht Firmen mit etwa 20 000 jüdischen Arbeitern, die ins Konzentrationslager Lublin evakuiert würden. Der Abtransport erfolge abteilungsweise, und ᛋᛋ-Gruppenführer Odilo Globocnik, der Höhere ᛋᛋ- und Polizeiführer im Distrikt Lublin, habe sich wegen der Übernahme bereits eingeschaltet.

ᛋᛋ-Oberführer von Sammern berichtete da über die Aktion, welche auf Grund einer Vereinbarung zwischen ᛋᛋ-Gruppenführer Globocnik und dem deutschen Industrie-Manager im Ghetto, Walter Caspar Többens, am 31. Januar 1943 getroffen worden ist. Ihr zufolge sollten die Ghetto-Betriebe mit den jüdischen Rüstungsarbeitern aus dem Ghetto Warschau ins Lager Poniatowo im Bezirk Lublin verlagert werden[2]).

Wahrscheinlich verspürte von Sammern einen unbezwinglichen Drang, die Juden zu liquidieren, denn am 13. März 1943 verschickte er ein Rundschreiben an sämtliche Kreishauptmänner im Distrikt Warschau, in dem es unter anderem hieß[3]):

„Unter Bezugnahme auf meine am 11. d. M. gemachten Ausführungen ordne ich an, daß sofort mit größter Energie alle noch in den einzelnen Städten bzw. auf dem Lande befind-

---

[1]) *Dokument NO 1254.*
[2]) *Archiv Warschau.*
[3]) *Wulf I, Seiten 62–63.*

lichen Juden, besonders die ohne Armbinde sich frei bewegenden, die also durch die bisherigen Aussiedlungsaktionen nicht erfaßt werden konnten, festzustellen und der Gendarmerie zur Liquidierung zuzuführen sind.

Für diese Aufgabe sind in erster Linie Sonderdienste, polnische Polizei und etwa vorhandene V-Männer einzuspannen. Auch die polnische Bevölkerung selbst kann in weitestem Maße für diese Feststellungen herangezogen werden.

Bei der Festnahme solcher Juden sind deren Vermögenswerte dem zuständigen Gendarmerie-Zugführer zuzuführen und diese Werte, ohne Unterschied, ob Mobilien, Bargeld oder sonstige Wertgegenstände, meiner Werterfassung, die ich im Auftrage des Reichsführers-SS als Reichskommissar für die Festigung deutschen Volkstums für den gesamten Distrikt Warschau durchzuführen habe, zu übergeben. Die Gendarmerie-Zugführer haben diese Werte in einem Verzeichnis aufzunehmen und bis zu meiner weiteren Verfügung in einem geeigneten Lager sicherzustellen und entsprechend zu bewachen.

Die Personen, die für die Verhaftung und Liquidierung dieser Juden entsprechende Angaben gemacht haben, erhalten in jedem einzelnen Falle bis zu einem Drittel des zustande gebrachten Vermögens des von ihnen namhaft gemachten Juden. Diese Prämienansprüche sind beim Gendarmerie-Zugführer anzumelden und von diesem nach meiner Genehmigung zur Verteilung zu bringen.

Ich bitte, diese Aktion nach Rücksprache mit den zuständigen Gendarmerie-Zugführern nach Ihrem eigenen Ermessen zu organisieren. Der SS- und Polizeiführer im Distrikt Warschau, von Sammern, SS-Oberführer."

Am 17. März 1943 ist von Sammern endlich offiziell auf Grund seiner dienstlichen Versetzung nach Warschau vom Amt als Beisitzer des Gaugerichts Mainfranken in SS-Sachen entbunden und für seine Mühewaltung bedankt worden. Es ist auch ein Schreiben erhalten geblieben, mit dem das NSDAP-Gaugericht Mainfranken dem Obersten Parteigericht in München am 18. März 1943 meldet, daß der SS-Oberführer Pg. von Sammern und der Finanzpräsident Pg. Radeke aus Münster/Westfalen als Beisitzer des Gaugerichts Mainfranken ausgeschieden seien. Das Zentralamt, Personalabteilung, fühlte sich daraufhin unter dem Aktenzeichen P 7002 An/Se. am 25. März 1943 verpflichtet, dem Leiter des Parteigerichts im Arbeitsbereich der NSDAP Krakau, Adolf-Hitler-Platz 25, ebenfalls von dieser Tatsache Kenntnis zu geben. Dieser hauptamtliche Rechtswahrer von Sammern war also offenbar eine wichtige Persönlichkeit!

SS-Oberführer von Sammern beschäftigte sich inzwischen längst mit der endgültigen Ausrottung der letzten 50 000 Juden im Warschauer Ghetto, die im April 1943 erfolgen sollte. Allerdings ahnte er nicht — das steht heute als sicher fest —, daß die Jüdische Kampf-Organisation einen regelrechten Aufstand vorbereitete. Für ihn war es daher eine bittere Enttäuschung — so bekundete sein Adjutant Kaleske nach dem Kriege —, wenn das

Unternehmen nicht in üblicher Weise durchgeführt werden konnte. Diese Enttäuschung ist der Grund, weshalb er am 19. April 1943, als der Aufstand ausbrach, so vollkommen versagte[1]. Er mußte damals schleunigst durch ᛋᛋ-Brigadeführer Jürgen Stroop ersetzt werden. Nach dem Kriege sagte ᛋᛋ-Obersturmführer Franz Konrad, der Leiter der „Werterfassung" im Ghetto Warschau, aus, Stroop habe am 19. April wörtlich zu von Sammern gesagt: „Mein lieber Sammern, ich merke, Sie sind Ihrer Aufgabe nicht gewachsen und zu wenig energisch[2]."

Heinrich Himmler befreite seinen getreuen Sammern aber schnell aus der Zwickmühle in Warschau, denn er schrieb ihm am 23. April 1943: „Ich ernenne Sie zum Polizei-Gebietsführer in Essegg (Kroatien)." Die Ernennungsurkunde ist von Himmlers Adjutanten und Untersturmführer Dr. Tröstl beglaubigt worden.

Am 7. Mai sprach Himmler dem betrübten von Sammern weiter Trost zu, denn er schrieb: „Hiermit erteile ich Ihnen die Berechtigung zum Tragen der Schulterstücke eines Obersten der Polizei." Hier handelt es sich um eine Urkunde, denn der Briefkopf besagt: „Chef der Deutschen Polizei im Reichsministerium des Innern", und das Aktenzeichen ist: O-Kdo. II SS Pol. Nr. 73/43.

Trotz dieser Beweise des Wohlwollens geriet der einst so bewährte von Sammern offenbar in Bedrängnis, denn er wandte sich mit drei aufgeregten Briefen am 1., 8. und 9. September 1943 hilfesuchend an den ihm wohl schon lange bekannten ᛋᛋ-Gruppenführer und Generalleutnant der Polizei Kammerhofer, den Beauftragten des Reichsführers-ᛋᛋ für Kroatien in Agram, weil er vom Hauptamt Ordnungspolizei einen Funkspruch erhalten hatte, demzufolge er durch den ᛋᛋ-Brigadeführer Tensfeld abgelöst werden sollte, um im Reich irgendwo Polizeipräsident zu werden. Das paßte von Sammern natürlich nicht. Er hielt es für eine Degradierung schlimmster Art und konnte sich nur vorstellen, daß ihn jemand bei seinem Gönner, dem Reichsführer-ᛋᛋ Heinrich Himmler, schlechtgemacht hatte. Einer Schuld war er sich jedenfalls nicht bewußt und glaubte, seinen Dienst vorbildlich versehen zu haben. ᛋᛋ-Gruppenführer Kammerhofer, der alte Freund mit den besten Beziehungen, sollte die entehrende Versetzung rückgängig machen, weil er von Sammern doch so gut kannte und dieser ihn beschwor, er dürfe versichert sein, daß er ihn auch in Zukunft nicht enttäuschen werde, sondern den Dienst untadelig versehen würde. Falls das alles nicht mehr möglich sei, möge Kammerhofer ihm wenigstens die Gelegenheit verschaffen, Himmler persönlich Rede und Antwort stehen zu dürfen.

Kammerhofer bemühte sich tatsächlich. Er zog sich dabei den Unwillen des ᛋᛋ-Gruppenführers und Generalleutnants der Waffen-ᛋᛋ Maximilian von Herff zu, weil er sich von Sammerns wegen an Himmler direkt wandte, anstatt den Dienstweg über von Herff einzuhalten. Jedenfalls muß Kammerhofer mit seinen Interventionen Erfolg gehabt haben,

---

[1]) *Mark I, Seiten 231–232, 251, 257.*

[2]) *Ebendort, Seite 268.*

denn in einem selbstverständlich geheimen Fernschreiben vom 28. Januar 1944 unterrichtete er von Herff über seine Wünsche. Es heißt in dem Brief unter anderem: „Ich habe bei meinem letzten persönlichen Vortrag beim Reichsführer-SS mit Rücksicht auf die erfolgreiche Dienstleistung des SS-Oberführers Dr. von Sammern-Frankenegg den Reichsführer-SS um die Beförderung des Sammern zum SS-Brigadeführer gebeten. Mein Antrag wurde von SS-Obergruppenführer Dr. Kaltenbrunner unterstützt. Der Reichsführer-SS hat sich zu meinem Antrag nicht ablehnend verhalten. Mit Rücksicht auf die Dienststellung des Polizeigebietsführers Essegg, dem ständig wenigstens 10 000 Mann Polizei unterstellt sind, bitte ich Sie, die Beförderung des Oberführers Dr. v. Sammern-Frankenegg beim Reichsführer zu unterstützen und meinen Antrag einer Entscheidung zuzuführen."

Der Chef des SS-Personalhauptamtes von Herff antwortete sehr ungnädig und meinte unter anderem: „Hätten Sie den Antrag fristgerecht für den 30. I. mir vorgelegt mit dem Hinweis, daß auch SS-Obergruppenführer Dr. Kaltenbrunner eine Beförderung befürwortet, so wäre ich zweifellos in der Lage gewesen, noch rechtzeitig dem Reichsführer-SS Vortrag zu halten ... Wir müssen uns endlich an die Einhaltung eines gewissen vorgeschriebenen Dienstweges – auch in der Schutzstaffel – gewöhnen, sonst kommen wir hier niemals zu einer Ordnung. Rein nach Lebensalter, dem Datum der letzten Beförderung und der Tätigkeit als Polizeigebietsführer habe ich gegen eine Beförderung des SS-Obf. v. Sammern-Frankenegg keinerlei Bedenken, falls nicht die Personalakten, die ich erst aus der Ausweichstelle beiziehen muß, gegenteilige Punkte enthalten sollten, was ich aber nicht annehme."

So schnell, wie erhofft, ist die Beförderung offenbar nicht vonstatten gegangen, denn aus einer Gehaltsbescheinigung des Polizeipräsidenten Berlin, Wirtschaftsstelle Mitte – 2000/44 – Kleine Alexanderstraße 21/24, vom 7. März 1944 geht hervor, daß von Sammern immer noch SS-Oberführer war. Die Bescheinigung lautet: „Die monatlichen Bezüge des SS-Oberf. u. Oberst d. Sch. Dr. von Sammern-Frankenegg, Dienststelle Feldpostnummer 50028 B, betragen in der Besoldungsgruppe I 1a nach einem BDA vom 1. 7. 43 nach einem Jahresgrundgehalt von

12 600,– RM ab 1. 7. 1943

Grundgehalt	1050,– RM
Widerruflicher Gehaltszuschuß	–
Örtlicher Sonderzuschlag	–
Wohnungsgeldzuschuß Ortskl. A	168,–
Kinderzulage	80,–
	Sa. 1298,–
abzüglich Gehaltskürzung	73,08
	Sa. 1224,92

Sachlich richtig.

Stempel

„Von der Summe kommt noch die Lohnsteuer in Abzug."

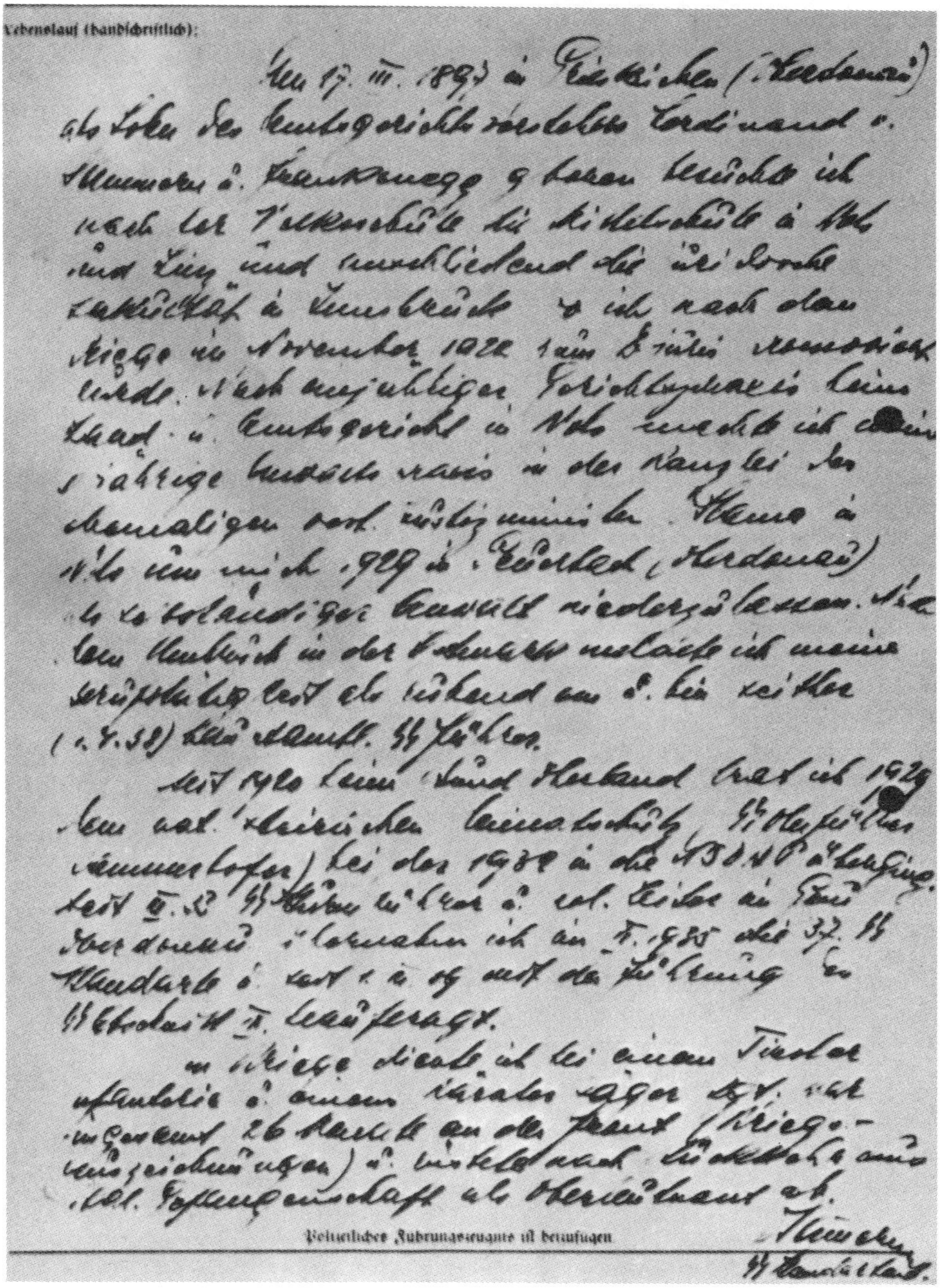
Lebenslauf (handschriftlich):

Polizeiliches Führungszeugnis ist beizufügen

Handschriftlicher Lebenslauf von Ferdinand von Sammern und Frankenegg

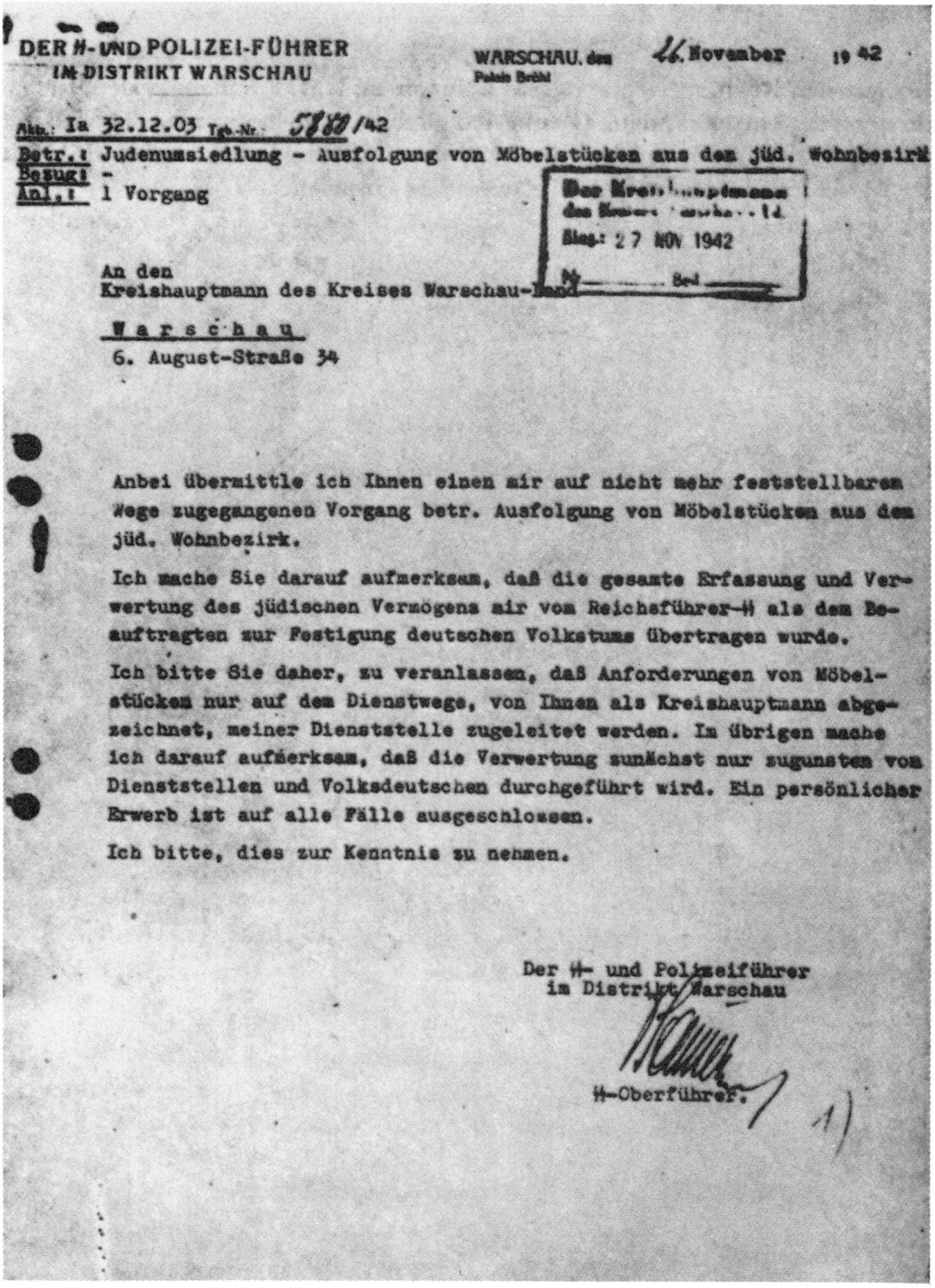

DER SS- UND POLIZEI-FÜHRER
IM DISTRIKT WARSCHAU

WARSCHAU, den [illegible] November 1942

Akt.: Ia 32.12.03 Tgb.-Nr. 5880/42

Betr.: Judenumsiedlung – Ausfolgung von Möbelstücken aus dem jüd. Wohnbezirk
Bezug: –
Anl.: 1 Vorgang

Der Kreishauptmann des [illegible]
Eing.: 27 NOV 1942

An den
Kreishauptmann des Kreises Warschau-[illegible]

Warschau
6. August-Straße 34

Anbei übermittle ich Ihnen einen mir auf nicht mehr feststellbarem Wege zugegangenen Vorgang betr. Ausfolgung von Möbelstücken aus dem jüd. Wohnbezirk.

Ich mache Sie darauf aufmerksam, daß die gesamte Erfassung und Verwertung des jüdischen Vermögens mir vom Reichsführer-SS als dem Beauftragten zur Festigung deutschen Volkstums übertragen wurde.

Ich bitte Sie daher, zu veranlassen, daß Anforderungen von Möbelstücken nur auf dem Dienstwege, von Ihnen als Kreishauptmann abgezeichnet, meiner Dienststelle zugeleitet werden. Im übrigen mache ich darauf aufmerksam, daß die Verwertung zunächst nur zugunsten von Dienststellen und Volksdeutschen durchgeführt wird. Ein persönlicher Erwerb ist auf alle Fälle ausgeschlossen.

Ich bitte, dies zur Kenntnis zu nehmen.

Der SS- und Polizeiführer
im Distrikt Warschau

SS-Oberführer.

1)

von Sammern: „Betr.: Judenumsiedlung"

Die große „Aussiedlung“, die am 22. Juli 1943 begann

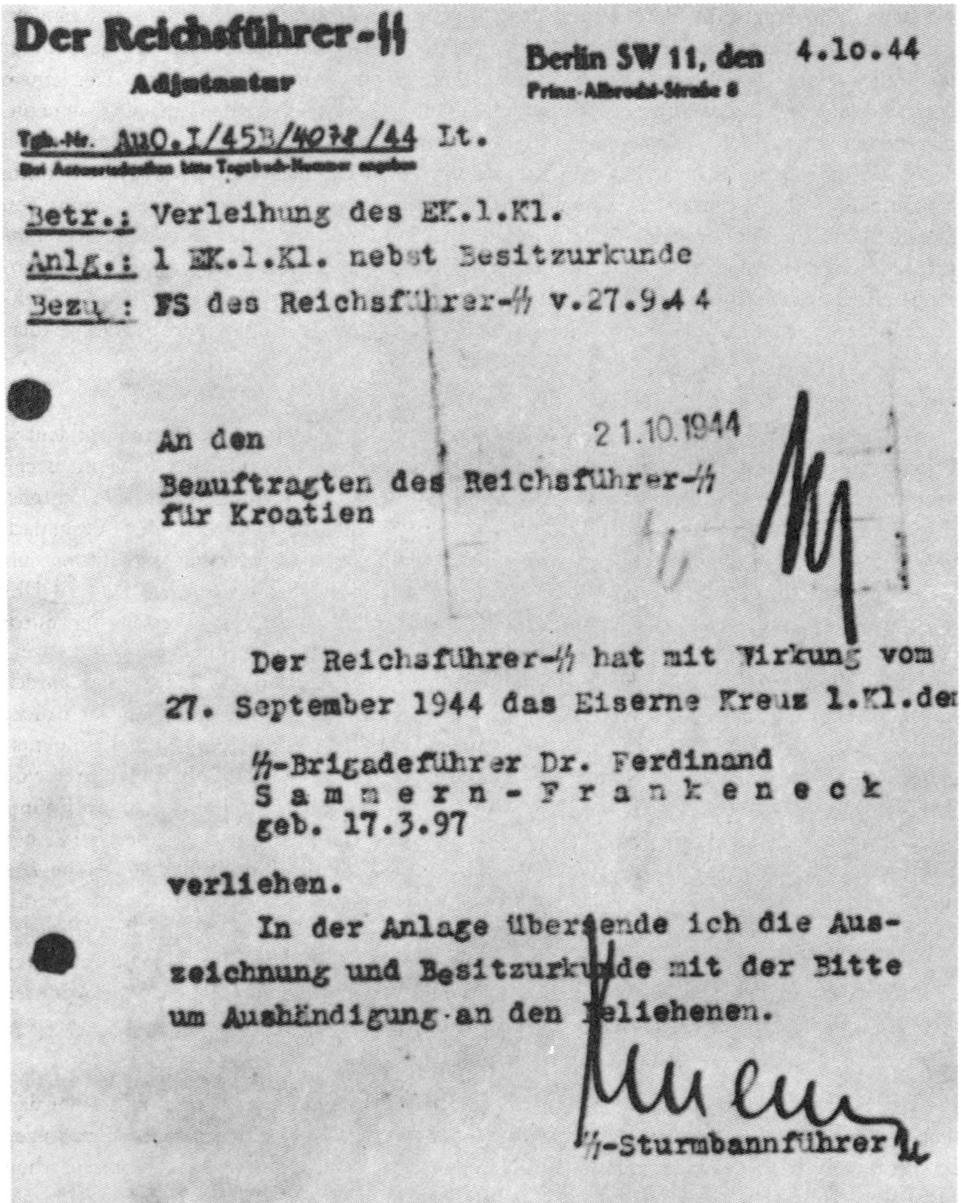

Der Reichsführer-SS
Adjutantur

Berlin SW 11, den 4.10.44
Prinz-Albrecht-Straße 8

Tgb.-Nr. AdjO.I/45B/4078/44 Lt.
Bei Antwortschreiben bitte Tagebuch-Nummer angeben

Betr.: Verleihung des EK.1.Kl.
Anlg.: 1 EK.1.Kl. nebst Besitzurkunde
Bezug: FS des Reichsführer-SS v.27.9.44

21.10.1944

An den
Beauftragten des Reichsführer-SS
für Kroatien

Der Reichsführer-SS hat mit Wirkung vom 27. September 1944 das Eiserne Kreuz 1.Kl.dem

SS-Brigadeführer Dr. Ferdinand
S a m m e r n - F r a n k e n e c k
geb. 17.3.97

verliehen.

In der Anlage übersende ich die Auszeichnung und Besitzurkunde mit der Bitte um Aushändigung an den Beliehenen.

SS-Sturmbannführer

Das E. K. I für von Sammern-Frankenegg

Immerhin klappte die Beförderung dann doch noch, denn als Ferdinand von Sammern und Frankenegg am 20. September 1944 von Titos Partisanen beschossen wurde, war er tatsächlich SS-Brigadeführer, starb jedoch an den Folgen seiner Verwundung. Aus einem Schreiben des SS-Gruppenführers Kammerhofer vom 28. September 1944 an den Kommandierenden General der 1. Kosaken-Division, von Pannwitz, geht hervor, daß letzterer bei der Bestattung behilflich war und den Kondukt in Nova Gradiska stellte. Inzwischen hatte Kammerhofer die Leiche am 27. September 1944 nach Essegg überführen lassen, damit von Sammern auf dem dortigen Heldenfriedhof im Kreise der Kameraden und an seinem Einsatzort die letzte Ruhestätte finde. Kammerhofer schreibt: „Sammern hat ja nun ausgesprochenes Pech gehabt, und ist es besonders bitter, daß er zweifellos durch ein deutsches Pakgeschoß fallen mußte, das durch schurkische Verräter in die Hände der Feinde gekommen ist."

Außerdem hat ein ausführlicher Aktenvermerk mit der Überschrift: „Betr.: Heldentod Brigadeführer v. Sammern" den Krieg überlebt. Er wurde am 22. September 1944 in Essegg verfaßt. Ein SS-Untersturmführer und Adjutant schildert die Umstände dieses Heldentods. Brigadeführer von Sammern sollte demzufolge auf Befehl Kammerhofers den Vormarsch der Kosaken-Division beschleunigen und fuhr deshalb am 20. September gemeinsam mit General von Pannwitz zum Standort des Kosaken-Regiments Kuban 6. Gegen 11.30 Uhr erhielt General von Pannwitz Meldung, Mittelwindhorst würde vom Westen her durch starke Bandenkräfte angegriffen. Zwei Abteilungen des Kosaken-Regiments Terek 3 zersprengten die Banden auf Befehl des Generals jedoch gegen 12.00 Uhr. Nach einer kurzen Lagebesprechung trennten sich Brigadeführer von Sammern und der General an der Brücke nach Prnjavor nahe der Straßengabelung Banja—Luka. Der General ging zum Regimentsgefechtsstand des 6. Kosaken-Regiments die Straße entlang, während Brigadeführer von Sammern zur Höhe 133 wollte, wo die 2. Kompanie des Polizeibataillons 7 unter Hauptmann David lag und nach Osten sicherte. Am Ostufer des Vrba hatte sich der Feind mit Pak und überschweren Granatwerfern festgesetzt. Er belegte die Straße und die Höhe 133 mit kurzen Feuerstößen. Als SS-Brigadeführer von Sammern den Gefechtsstand betrat, nahm der Feind ihn unter Feuer. Schon der dritte Schuß der Pak war ein Volltreffer. Brigadeführer von Sammern und Hauptmann David wurden tödlich verwundet. Untersturmführer Wolkenhauer veranlaßte den Abtransport zum Hauptverbandsplatz, wo beide zehn Minuten später, ohne das Bewußtsein wiedererlangt zu haben, starben.

Der Beauftragte für Kroatien, Kammerhofer, gab in Essegg am 25. September 1944 den Tagesbefehl Nr. 34 heraus, in dem er von Sammerns gedachte, ihn „einen in allen Lagen bewährten Offizier" nannte und sagte: „Nachdem sich Brigadeführer von Sammern schon im ersten Weltkrieg als Frontoffizier bewährt hat, finden wir ihn als Kämpfer für den Führer in der Partei und SS, im Heimatgau Adolf Hitlers wieder ... Wie er gelebt hat, so ist er auch als aufrechter SS-Führer und deutscher Soldat gefallen, getreu seinem Fahneneid und seiner Weltanschauung, für unseren Führer und unser Volk ... Mit unserem Endsieg wird auch eine glückliche Zukunft Kroatiens an der Seite unseres Reiches gesichert sein. Es lebe der Führer!"

An der Beisetzung des SS-Brigadeführers von Sammern auf dem Heldenfriedhof von Essegg am 27. September 1944 hatten alle erreichbaren Offiziere der Polizei oder SS, alle Stäbe, teilzunehmen. Der Stab des Polizeigebietsführers war vollzählig vertreten, ebenso das Polizeigericht XXVIII, das SS-Ersatzkommando, das SS-Fürsorgekommando und die SS-Zentralbauleitung. Die deutsche Volksgruppe, die deutsche und die kroatische Wehrmacht sowie die Staatsdienststellen schickten Vertreter. Die Ehrenkompanie stellte das Polizei-Ersatz-Bataillon. Alle Dienststellen hatten Kranzträger geschickt und das Kommando der Standarte „Kurt Eggers" ab 17.30 Uhr sogar einen Bildberichter. Sechs SS-Unterführer und sechs Polizeiunterführer trugen den Sarg. Der Musikzug spielte „Ich hatt' einen Kameraden", und Kammerhofer hielt eine Ansprache. Die Reihenfolge der Kranzniederlegung war genau festgelegt: Kammerhofer, General Jilski, Ordnungspolizei, Sicherheitspolizei, Volksgruppe, Deutsche Wehrmacht, Kroatische Wehrmacht, Staatsdienststellen, SS-Dienststellen, Polizeidienststellen.

Während der Kranzniederlegung erklangen das „Deutschlandlied" und das „Horst-Wessel-Lied", und als die Gräber zugeschaufelt wurden, spielte der Musikzug das SS-Treuelied.

Einen Tag später schrieb Kamerad Kammerhofer dann Dankesbriefe für die Anteilnahme. Darunter auch folgenden an den Kommissar des Ustascha-Hauptquartiers, Herrn Krvaric in Essegg: „Ich bitte Sie und alle Vertreter der Ustascha, des kroatischen Staates und der kroatischen Wehrmacht, meinen Dank für die Anteilnahme zum Heldentod des SS-Brigadeführers und Generalmajors der Polizei Dr. von Sammern-Frankenegg entgegenzunehmen. Za dom spremni — Heil Hitler!"

Auch nach dem Tode wurde Ferdinand von Sammern noch ausgezeichnet. So erhielt der Liquidator von einigen hunderttausend polnischen Juden als Toter das Eiserne Kreuz I. Kl., und der Poglawnik des „Unabhängigen Staates Kroatien" verlieh ihm den Orden der Krone König Zvonimirs I. mit Eichenlaub und Stern. Überhaupt scheint der Poglawnik von Sammern nicht vergessen zu haben, denn selbst im Februar 1945 bedachte er ihn noch nachträglich mit der großen silbernen Tapferkeitsmedaille und dem vergoldeten Verwundetenabzeichen. Von diesen beiden Ehrungen machte allerdings nur Kammerhofer Mitteilung. Er schrieb an die Witwe des Verstorbenen und ließ ihr die Insignien der beiden hohen Auszeichnungen überreichen. Im Schreiben bedauerte er, daß der brave Sammern die Ehrungen des „Führers" und Poglawniks nicht mehr persönlich hatte in Empfang nehmen können. Kammerhofer schickte Frau von Sammern auch den persönlichen Nachlaß des Gefallenen. Er bat, sie möchte sich nur an ihn wenden, falls sie Wünsche habe, die er erfüllen konnte.

Ein SS-Untersturmführer, dessen Unterschrift unleserlich ist, schrieb auf der Maschine eine genaue Aufstellung alles Hinterlassenen. Darunter befand sich: 1 SS-Leuchter, 1 Paket Badesalz, 1 braunes Seidenhemd, 1 braune Ledertasche, 1 braune Schreibmappe, 1 Topf mit ausgelassenem Schweinefett und ein Führerbild mit Ständer. Es waren nur 1 Schlafanzug und 1 Handtuch vorhanden, hingegen 3 Flaschen Wein.

Der SS-Gruppenführer und Generalleutnant der Polizei Kammerhofer wurde sozusagen zum Nachlaßpfleger des gefallenen von Sammern, denn am 26. September 1944 schrieb das SS-Personalamt an ihn als Beauftragten des Reichsführers-SS für Kroatien wie folgt:

„Das SS-Personalhauptamt bittet um Einziehung und Übersendung des Totenkopfringes des gefallenen SS-Brigadeführers und Generalmajors der Polizei Dr. v. Sammern-Frankenegg zwecks Aufbewahrung auf der Burg Wewelsburg im Auftrage des Reichsführers-SS."

Das Schreiben trägt die Unterschrift des SS-Sturmbannführers Hönig.

SS-Obersturmführer Franz Konrad

Leiter der „Werterfassung" im Ghetto Warschau

Nachdem Heinrich Himmler im Januar 1943 in Warschau gewesen war, schrieb er den gleichen Brief an den Höheren SS- und Polizeiführer Ost, Friedrich Wilhelm Krüger in Krakau, und an den Chef des SS-Wirtschaftsverwaltungs-Hauptamtes (WVHA), Oswald Pohl in Berlin[1]). Auch SS-Obergruppenführer Wolff erhielt einen Durchschlag. Himmler befaßte sich in dem Schreiben eingehend mit den in Warschau besichtigten Lagerhäusern, in denen das „von der Judenauswanderung Übernommene" lagerte, und forderte Pohl erneut auf, sich der Millionenwerte wegen mit dem Wirtschaftsminister ins Benehmen zu setzen, damit die Uhrengläser, Drehbänke, Nähmaschinen, Gebrauchspelze und „kostbaren Damenpelze" der deutschen Wirtschaft zugeführt würden, welche sie dringend benötigte. Ferner rügte er Pohl, weil dieser keine richtigen Verwaltungsführer abgestellt hatte, sondern einfach die SS- und Polizeiführer zu seinen Beauftragten machte. Diese wiederum betrauten ihre Polizei- und SS-Unterführer. Die konnten jedoch damit gar nicht fertig werden. Fortan verlangte Himmler, bei allen Abgaben an die Volksdeutsche Mittelstelle müßten Kommandeur und der beauftragte Verwaltungsführer gemeinsam abzeichnen. Lobend erwähnt wurde in dem ganzen Schreiben lediglich, daß in Warschau ein netter, einen ausgezeichneten Eindruck machender Verwaltungsführer von der Kavallerie-Brigade die Dinge ordnen half, und der Brief endet mit den Worten: „Ich bitte SS-Obergruppenführer Pohl, diese Dinge bis ins Letzte zu klären und zu ordnen, denn die größte Genauigkeit jetzt, erspart uns viel Ärger später."

Der nette Verwaltungsführer, der Heinrich Himmler so beeindruckte, war niemand anders als der damalige SS-Obersturmführer Franz Konrad, in Warschau kurz „Ghettokönig" genannt, der Leiter der „Werterfassung", einer Dienststelle, welche dem SS- und Polizeiführer Warschau unterstand und sich mit der Übernahme, dem Sortieren und der Verteilung aller bei einer „Aussiedlung" zurückgebliebenen Maschinen, Einrichtungen oder sonstigen Vermögenswerte von Juden beschäftigte.

---

[1]) *Archiv Warschau – Dokument 41/409.*

Franz Konrad ist, dem Fragebogen der ᛋᛋ-Personalkanzlei entsprechend, am 1. März 1906 in Liesing bei Wien geboren, war am 10. Februar 1939 ᛋᛋ-Untersturmführer mit der ᛋᛋ-Nummer 46 204, hauptamtlicher ᛋᛋ-Führer und Verwaltungsführer bei der ᛋᛋ-Einheit III/94. Seine NSDAP-Mitgliedsnummer lautete: 1 085 499. Politischer Leiter ist er niemals gewesen, wohl aber Träger des Winkels der alten Kämpfer und des ᛋᛋ-Zivil-Abzeichens Nr. 123 788. Er besaß das SA-Sportabzeichen in Bronze, das Reichssportabzeichen in Silber, den Julleuchter und die Mitgliedschaft im Verein „Lebensborn". Körpergröße war immerhin 189 cm. Er hatte 3 Volksschulklassen und 4 Mittelschulklassen besucht, arbeitete als Verkäufer in der Lebensmittelbranche, bevor er ᛋᛋ-Verwaltungsführer beim ᛋᛋ-Sturmbann III/94 wurde, und besaß den Führerschein für Krad sowie Auto bis $3^{1}/_{2}$ t. Seit 25. Januar 1931 war Franz Konrad mit einer Frau verheiratet, die weder Parteigenossin noch in der NSV oder NSF war. Er hatte zwei Kinder, einen 1931 geborenen Sohn und eine 1936 geborene Tochter. Die Religion ist mit „gottgläubig" und die Heimatanschrift mit Bruck an der Mur, Adolf-Hitler-Platz 20, angegeben.

Dem ᛋᛋ-Personalbericht und den ᛋᛋ-Stammrollen ist zu entnehmen, daß Franz Konrads „rassisches Gesamtbild" dinarisch ist. Der seit 1938 hauptamtliche ᛋᛋ-Führer durfte sich 1943 schon Vater von drei Kindern nennen. Übrigens lernte Konrad im „Kampfe für die Bewegung" das Lagerleben in Wöllersdorf kennen. Die Beurteilung lautet: „Von aufrechter Haltung, untadeligem Benehmen, in geordneten Verhältnissen lebend, sehr gutes Auffassungsvermögen, sich überall durchsetzend, wenn auch nur von durchschnittlicher Bildung, aber klar und sicher im Leben stehend, hervorragender Charakter ohne Schwächen und Mängel."

Nach der im ᛋᛋ-Lager Weisshenfeld erfolgten Schulung gehörte Konrad ab 6. Dezember 1935 zur Waffen-ᛋᛋ, galt aber als „alter Marschierer der Ostmark" und besaß als hauptamtlicher Verwaltungsführer in allen Dienstzweigen gute Kenntnisse. Die Gesamtbeurteilung lautet: „Leistet in seiner bestimmten Art, verbunden mit enormem Fleiß, sehr Gutes. Er ist äußerst gewandt und zuvorkommend, ein guter Kamerad, in seiner Haltung in und außer Dienst vorbildlich." Diese Beurteilung stammt von ᛋᛋ-Standartenführer Fegelein, denn zu jener Zeit gehörte Franz Konrad bereits als Verpflegungsoffizier dem Stab des ᛋᛋ-Kavallerie-Regiments 1 an. Im Krieg stets ein guter Posten!

Wie die ᛋᛋ-Personalkartei besagt, wurde Konrad am 30. Januar 1939 Untersturmführer, am 1. Juli 1941 Obersturmführer und am 9. Februar 1944 Hauptsturmführer. Seine Laufbahn bei der Waffen-ᛋᛋ hielt damit Schritt. Er bekam das Kriegsverdienstkreuz II. Kl. mit Schwertern (1940), das Eiserne Kreuz II. Kl. (1942), die Ostmedaille, das Kriegsverdienstkreuz I. Kl. mit Schwertern (1944).

Dennoch bezog dieser gute ᛋᛋ-Führer, wie aus der Gebührniskarte mit der Besoldungsnummer 82 277 und der Listen-Kenn-Nr. ᛋᛋ 1652 hervorgeht, am 31. Dezember 1944 immer noch nicht mehr als ausgezahlt 173,97 RM monatlich.

Der handschriftliche Lebenslauf besagt, daß Franz Konrad der Sohn eines Bergmannes ist, bis 1931 Filialleiter eines Konsumvereins war, dann durch ein Mißgeschick arbeitslos wurde und am 1. April 1932 in die NSDAP, am 1. September in die SS eintrat. Als beim Verbot der NSDAP in Österreich viele Kameraden ins Altreich abwanderten, wurde Konrad mit der Führung des damaligen SS-Sturms 5/II/38 betraut, wegen Beteiligung am Juli-Aufstand verhaftet und dann ins Lager Wöllersdorf geschafft. Im Juli 1935 floh auch Konrad nach Deutschland und kam ins SS-Lager Weisshenfeld, von wo er nach Beendigung der militärischen Ausbildung zur Verwaltung abkommandiert worden ist und so am 30. April 1938 als Verwaltungsführer zum SS-Abschnitt XXXV, Sturmbann III/94 nach Österreich heimkehrte.

Im Lebenslauf erklärt Konrad: „Ich bin Deutscher, arischer Abstammung, gehöre keiner Freimaurerloge und keinem Geheimbund an, habe diesen auch früher nie angehört und verspreche, die Bewegung mit allen Kräften zu fördern.“ Leider ist dieser handschriftliche Lebenslauf ohne Datum.

Im Einvernehmen mit dem Kommandeur, SS-Standartenführer Fegelein, bescheinigt ihm auch der Leiter der Verwaltung des SS-Kavallerie-Regiments 1, SS-Obersturmführer Jeppe, am 26. Januar 1941, daß der als SS-Untersturmführer und Sachbearbeiter für das Unterkunftswesen nach Warschau einberufene Franz Konrad, hauptamtlicher Verwaltungsführer der Allgemeinen SS und als Oberscharführer zur Waffen-SS im November 1939 einberufen, nach einem Umschulungslehrgang der Verwaltungsschule bei der „Leibstandarte SS Adolf Hitler“, „als ausgesprochener Spezialist des Unterkunftswesens“ bezeichnet werden könne. Es heißt wörtlich: „Untersturmführer Konrad hat bei der Einrichtung der Unterkünfte und besonders in Zusammenarbeit mit den zuständigen Dienststellen beim Gouverneur sehr viele Beschlagnahmen zu Gunsten der Truppe durchgeführt und dabei ganz Vorzügliches geleistet.“ SS-Obersturmführer Jeppe meint weiter: „Infolge seiner gefestigten weltanschaulichen Haltung, seines ruhigen und trotzdem bestimmten Auftretens sowie seines unermüdlichen Fleißes war es ihm möglich, die ihm übertragenen Aufgaben und Arbeiten vorbildlich zu erfüllen, obwohl er eigentlich keine militärische Ausbildung erhalten hatte.“

Am 30. April 1942 wird der SS-Obersturmführer (R) Franz Konrad mit Wirkung vom 15. Mai zum Inspekteur Reit- und Fahrwesen versetzt, wie die Verfügung des SS-Wirtschafts-Verwaltungshauptamtes — A V/2 b/Pers./Kr./Bn — vom 30. April 1942 besagt. Er hatte sich beim SS-Standartenführer Fegelein zum Dienstantritt zu melden.

Bis zum 10. Juni 1942 betätigte sich Konrad im Einsatz als Verpflegungsoffizier, beschaffte eifrig Marketenderwaren und ordnete das Kassenwesen, wobei er sich wiederum als fleißiger und rühriger Verwaltungsführer erwies, wie Intendant Jeppe bescheinigte. Konrad erfüllte die ihm gestellten Aufgaben zur vollsten Zufriedenheit Jeppes und Fegeleins, die ihn für einen ruhigen, abgeklärten Mann hielten. Es heißt wörtlich: „Während des Einsatzes ist er wegen Tapferkeit vor dem Feind mit dem E. K. I. ausgezeichnet worden, nachdem er bereits im Dezember 1940 das KVK II. erhalten hatte. Obersturmführer Konrad hat sich sowohl in Warschau als auch im Einsatz äußerst bewährt.“

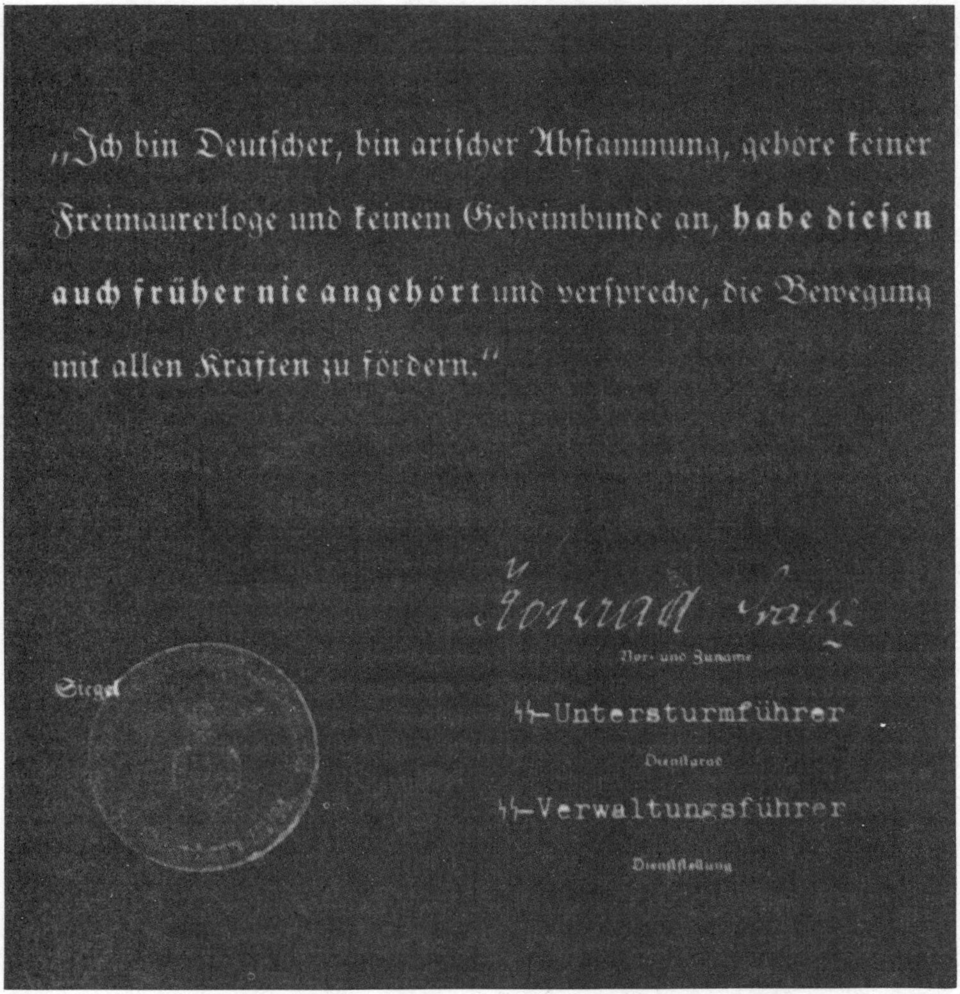

„Ich bin Deutscher, bin arischer Abstammung, gehöre keiner Freimaurerloge und keinem Geheimbunde an, **habe diesen auch früher nie angehört** und verspreche, die Bewegung mit allen Kräften zu fördern.“

Vor- und Zuname

Siegel

ϟϟ-Untersturmführer

Dienstgrad

ϟϟ-Verwaltungsführer

Dienststellung

ϟϟ-Untersturmführer Konrad verspricht „die Bewegung mit allen Kräften zu fördern“

Abschrift.

SS-Kav.Brigade
Intendant
Pers.-7/42 -Je/S

SS-Tr.Üb.Pl.Debica
über Krakau - Land,
den 10.Juli 1942

Betr.: Beurteilung des SS-Obersturmführer Franz Konrad - SS-Nr. 4[illegible]04
[illegible]: SS-WVHA - 24. [illegible].42 - Wt.
Anl.: keine

An das
SS-Wirtschafts-Verwaltungshauptamt
Personalamt
Berlin - Lichterfelde-West
Unter den Eichen 126 - 135

SS-Obersturmführer Konrad ist seit Januar 1940 bei der SS-Reiterei, nachdem er im Dezember 1939 einen Verwaltungsführer-Schnellkursus in Lichterfelde bestanden hatte.

Seit dieser Zeit ist SS-Obersturmführer Konrad, solange das 1. SS-Reiterregiment in Warschau lag, hauptsächlich mit Unterkunftsfragen und Beschlagnahmungen betraut worden.

Während des Einsatzes vom Juni 1941 bis Juni 1942 war Obersturmführer Konrad Verpflegsoffizier und hatte auch die Beschaffung von Marketenderwaren. Im Kassenwesen selbst ist Obersturmführer Konrad nur ca. 4 Wochen beschäftigt gewesen.

Obersturmführer Konrad hat sich in der ganzen Zeit als ein sehr fleißiger und rühriger Verwaltungsführer erwiesen, der alle ihm gestellten Aufgaben zur vollen Zufriedenheit des Kommandeurs und auch zu meiner Zufriedenheit erfüllt. Obersturmführer Konrad ist ein ruhiger, abgeklärter Mensch mit guten Charaktereigenschaften und daher auch als Kamerad überall beliebt.

Während des Einsatzes ist er wegen Tapferkeit vor dem Feind mit dem E.K.II. ausgezeichnet worden, nachdem er bereits im Dezember 1940 das K.V.K.II erhalten hatte. Obersturmführer Konrad hat sich sowohl in Warschau als auch im Einsatz äußerst bewährt.

F.d.R.d.A.

Der Intendant der SS-Kav.Brigade
gez. Jeppe
SS-Obersturmbannführer

SS-Obersturmführer
Berlin, den 2. Juni 1943

Das E. K. II. für SS-Obersturmführer Konrad

Da Jeppe noch am 26. Januar 1941 hervorgehoben hatte, Konrad habe leider keine militärische Ausbildung, dürfte nicht allzu schwer zu erraten sein, wofür Franz Konrad ausgezeichnet worden ist.

Am 1. April 1943 setzte sich der SS-Obersturmführer Konrad, vom SS-Führungshauptamt, Amt VI, befohlen, dann zum SS- und Polizeiführer Lublin zwecks Dienstleistung bei der Ostindustrie GmbH. in Marsch.

Ostindustrie klingt harmlos, doch handelt es sich dabei um die Hinterlassenschaft der ermordeten Juden, die gesammelt, sortiert und verteilt werden mußte. Je mehr Juden umgebracht wurden, desto mehr konnte Konrad natürlich für seine Dienststelle horten, desto größer war die Möglichkeit, die eigene Tüchtigkeit zu beweisen. Manchmal hieß es allerdings auf ein Drittel der erbeuteten Vermögenswerte verzichten. Sie kamen Denunzianten — polnischer Polizei oder einzelnen Polen — zugute, welche versteckte Juden namhaft machten. Eine entsprechende Verordnung erließ der SS- und Polizeiführer Warschau, SS-Oberführer von Sammern, bereits am 13. März 1943, obwohl sonst sämtliche Wertgegenstände einzig und allein der „Werterfassung" des braven Konrad zufielen. Es geschah im Auftrage des Reichsführers-SS als Reichskommissar für die Festigung deutschen Volkstums im ganzen Distrikt Warschau. In der Verordnung hieß es: „Die Personen, die für die Verhaftung und Liquidierung dieser Juden entsprechende Angaben gemacht haben, erhalten in jedem einzelnen Falle bis zu einem Drittel des zustandegebrachten Vermögens des von ihnen namhaft gemachten Juden[1])."

Alles andere verwaltete allein der tüchtige Franz Konrad.

Unzählige Beurteilungen von SS-Dienststellen haben den Krieg überdauert, und immer handelt es sich um wahre Lobgesänge über Franz Konrads Tüchtigkeit. Er „meisterte den Verpflegungsnachschub, war charakterlich untadelhaft und in seiner Haltung als SS-Führer in und außer Dienst vorbildlich", wie die Beurteilung vom SS-Führungsamt, Amt VI, am 14. April 1943 besagt.

Fünf Tage nach gerade dieser Beurteilung begann übrigens Jürgen Stroop seine „Großaktion" im Warschauer Ghetto, und Konrad erhielt erstmalig Gelegenheit, sich „vor dem Feind zu bewähren". Der jüdische Kämpfer Leon Najberg berichtet in seinem Tagebuch, wie Konrad am 19. April schon eine Gruppe Juden zum berüchtigten „Umschlagplatz" führte. Jüdische Kämpfer befreiten die Unglücklichen, und dem tapferen Konrad gelang die Flucht[2]). Bei der Mordaktion im Ghetto Warschau bestand Konrads Tätigkeit jedenfalls zweifellos weniger in der Sorge um die Verpflegung, als vielmehr in der Liquidation der Juden[3]). In den Augen seiner Vorgesetzten muß er sich jedoch auch da wieder sehr bewährt haben, denn nachdem es keinen jüdischen Wohnbezirk in Warschau mehr gab, riß man sich überall um Konrad, den offenen, geraden, ehrlichen Charakter.

---

[1]) *Wulf I, Seiten 62–63.*
[2]) *Kermisz I, Seiten 336–337.*
[3]) *Mark I, Seiten 230–231.*

Allein SS-Brigadeführer Jürgen Stroop schien seiner nicht zu bedürfen, denn der verlangte sogar seine Abberufung.

Wie aus einem Dienstleistungszeugnis des Einsatzstabes Horn, Wirtschaftsverwaltungs-Hauptamt bei der Ostindustrie GmbH., Lublin, hervorgeht, ist SS-Obersturmführer Konrad daraufhin mit der Überprüfung der Zustände im bisherigen Kriegsgefangenenlager Wlodawa, das in ein Arbeitslager umgewandelt werden sollte, betraut worden, ebenso mit der Erfassung der Werte sowie der Verlagerung des Ghettos Bialystok in den Distrikt Lublin. Konrad hatte den Ausbau der Maschinen auch im Warschauer Restghetto zu überwachen, welche für den Aufbau der Ostindustrie von Interesse waren. Wie nicht anders zu erwarten, löste Konrad alle diese an ihn gestellten Aufgaben, besonders das äußerst schwierige Transportproblem, prächtig. Im Dienstleistungszeugnis heißt es wörtlich: „SS-Obersturmführer Konrad hat bewiesen, daß er ein Mann ist, der sich in allen Lagen zu helfen weiß . . . Anläßlich der Aufhebung seiner Kommandierung bei der Ostindustrie wurde auf Befehl von SS-Gruppenführer Globocnik der Zusatz gemacht, daß der Reichsführer-SS und Chef der Deutschen Polizei, Reichsminister Himmler, den Fronteinsatz von SS-Obersturmführer Konrad nach Beendigung seiner Tätigkeit bei der Osti befohlen hat.“ Das jedenfalls unterschrieb SS-Hauptsturmführer Dr. Horn.

Jede „Werterfassung“ war dann gewissermaßen überholt, denn die Juden waren ausgerottet. Die spärlichen Reste des Volkes, welche immer noch am Leben blieben, aber hatten nichts zu „Erfassendes“ mehr. Unter dem Aktenzeichen II/8/Pers./Brm/Sb vom 3. Januar 1944 verfügte der Reichsführer-SS, SS-Personal-Hauptamt, daher, daß der SS-Obersturmführer Franz Konrad mit Wirkung vom 3. Januar 1944 zum SS-Remonteamt Fischborn-Bruck-Fusch als Leiter der Verwaltung unter gleichzeitiger Aufhebung der Kommandierung zum Höheren SS- und Polizeiführer im Generalgouvernement Krakau beim SS- und Polizeiführer Lublin — Ostindustrie GmbH. — versetzt wurde. In Vertretung des Chefs des SS-Personalhauptamtes wurde die Verfügung von einem SS-Hauptsturmführer Schlesinger unterschrieben. Franz Konrad sollte sich wieder einmal beim Amt VI, der Inspektion Reit- und Fahrwesen, nur diesmal nicht bei Fegelein, sondern bei einem SS-Hauptsturmführer Rehder melden.

Die letzte Unterlage über die Laufbahn des tüchtigen SS-Obersturmführers Franz Konrad, die den Krieg überdauerte, ist eine Bescheinigung des SS-Oberabschnittes Alpenland, derzufolge Konrad am 1. Januar 1945 entlassen worden ist. Das Dokument zeigt das Datum des 12. April 1945.

SS-Gruppenführer und Generalleutnant der Polizei Odilo Globocnik

Chef des „Einsatzes Reinhard"

Im „Völkischen Beobachter" vom 26. Mai 1938 steht folgendes: „Der vom Führer ernannte Gauleiter des Gaues Wien der NSDAP wurde am 21. April 1904 in Triest geboren. Nach dem Besuch einer Volksschule absolvierte er als Sohn eines Offiziers die Militär-Unterrealschule seiner Geburtsstadt. Um sich auf seinen Beruf als Baumeister vorzubereiten, besuchte Pg. Globotschnigg die Staatsgewerbeschule. Wegen politischer Vergehen wurde er jedoch im Jahre 1934 aus seinem Beruf entlassen. Nach der Beteiligung am Kärntner Abwehrkampf war der Gauleiter seit 1922 mit kurzen Unterbrechungen in Kärnten im Dienste der Partei tätig. NSBO-Leiter, Gaupropagandaleiter und seit 1933 Gauleiterstellvertreter, sind die einzelnen Etappen seines Einsatzes in der NSDAP. Seit 1933 ist Pg. Globotschnigg Mitglied der SS. Das System Schuschnigg stellte den aufrechten Kämpfer in fünf Hochverratsverfahren. Über ein Jahr mußte Pg. Globotschnigg in Haft zubringen. Die Verfolgung wurde auf die ganze Familie ausgedehnt, so daß selbst die 60jährige Mutter des Gauleiters eines Tages verhaftet wurde. Pg. Globotschnigg wurde 1936 zum geschäftsführenden Landesleiter und 1938 zum Stabsleiter der Landesleitung der NSDAP ernannt. Am 12. März 1938 erfolgte die Berufung zum Staatssekretär und Beförderung zum SS-Standartenführer."

Der „Völkische Beobachter" erwähnte selbstverständlich nicht, daß Odilo Globocnik 1933 nach Ermordung eines jüdischen Juweliers in Wien nach Deutschland flüchten mußte[1]), wo ein Adolf Hitler an der Macht war, um erst als Gauleiter wieder nach Wien zurückzukehren.

Etwas mehr erfährt man über diesen Odilo Globocnik eigentlich erst aus den erhaltengebliebenen Fragebogen des Rasse- und Siedlungshauptamtes im Jahre 1944, als der SS-Gruppenführer beim Persönlichen Stabe des Reichsführers-SS war. Ihnen zufolge trat Globocnik 1932 in die SS ein und erhielt die Mitgliedsnummer 292 776. Seine Mitgliedsnummer in der NSDAP war 412 938. Selbstverständlich nannte er sich „gottgläubig".

---

[1]) *Eugen Kogon „Der SS-Staat", Frankfurt/Main 1946, Seite 205.*

Ausnahmsweise korrekt bezeichnet er sein Geburtsland mit „Italien", denn er ist ja in Triest geboren, und wie aus anderen Fragebogen des Reichssicherheitshauptamtes hervorgeht, offenbar am 18. November 1918 erst in Österreich eingebürgert worden. 1944 gab Globocnik als seinen Wohnort Klagenfurt, Bahnhofstraße 67, an und beantwortete die Frage nach dem erlernten Beruf mit: „Ingenieur, Baumeister, Höherer SS- und Polizeiführer." Er besaß das Reichssportabzeichen in Silber und den Führerschein der Klasse II sowie die deutsche Staatsangehörigkeit. Auf die Frage nach der Volkszugehörigkeit antwortet er mit: Deutsch. Wie er behauptet, diente er vom 1. März bis 1. Februar 1939 im Heer, aber da dürfte es sich um einen Irrtum handeln. Den letzten Dienstgrad gibt er mit SS-Untersturmführer der Reserve an. Die Frage nach dem Frontdienst beantwortet Globocnik großzügig mit: „Bis heute!" Verwundet war er jedoch nie, wenn er auch die nachstehenden Auszeichnungen zu haben behauptete: Goldenes Ehrenzeichen, Ehrenzeichen der HJ, Eisernes Kreuz II. Kl. und I. Kl., das Kriegsverdienstkreuz mit Schwertern I. Kl., das 15jährige Bandenkampfabzeichen in Silber, das Kärntner Kreuz II. Kl.

Darüber hinaus besagen die Reichssicherheitshauptamtsangaben, daß Odilo Globocnik Bautechnik erlernte, Baumeister war, die italienische Sprache beherrschte und 1922 mit Margarete Michner — Parteigenossin, geboren am 19. Oktober 1908 in Maria Saal — verlobt war, sie jedoch niemals geheiratet hatte. Letzteres ist einem Fragebogen entnommen, der früher ausgefüllt sein muß. Das Datum ist leider nicht festzustellen, da Globocnik an seine Stelle das Geburtsdatum setzte. Zu jener Zeit war er jedenfalls noch SS-Standartenführer und wohnte in Wien VI, Köstlergasse 11. Auch nannte er als einzige Auszeichnung das Kärntner Kreuz für Tapferkeit. Der ebenfalls undatierte handschriftliche Lebenslauf zu diesem ersten Fragebogen enthält eigentlich keinen einzigen richtigen Satz, sondern besteht nur aus Stichworten. Der spätere Lebenslauf hingegen ist weit ordentlicher, wenn auch immer noch ziemlich unleserlich, geschrieben. Er lautet:

„Ich bin am 21. 4. 1904 als Sohn des Rittmeisters a. D. Franz und Anna Globocnik in Triest geboren. Besuchte dort die Volksschule, dann die Militär-Unterrealschule in St. Pölten und schließlich die Höhere Staatsgewerbeschule in Klagenfurt. Von 1923 trat ich zum Bau von Elektrizitätswerken in die R a w a g ein und blieb dann beim Bauberuf Hoch- und Tiefbau. 1933 machte ich die Baumeisterprüfung. 1933 mußte ich den Beruf einstellen, da ich wiederholt aus politischen Gründen eingesperrt wurde. Bei der NSDAP betätigte ich mich seit 1922. Nach den Kärntner Abwehrkämpfen 1918—20, die ich mitmachte, bildete sich der Heimatschutz, aus dem dann einzelne Teile in die Partei übertraten. Aber erst 1930 nahm die Partei in Kärnten festere Formen an. Ich wurde zuerst Gaubetriebszellen-Propagandaleiter, dann Gaupropagandaleiter. 1933 Gauleiterstellvertreter, 1936 Stabsleiter der österreichischen Landesleitung. Als solcher habe ich maßgeblich am Umsturz 11. März 1938 teilgenommen. Ich wurde dann Gauleiter. 1939 ging ich zur Standarte »Der Führer«, machte den Polenfeldzug als Uschaf. bei »Germania« mit, wurde am 11. 9. 1939 SS- und Polizeiführer von Lublin und am 1. 9. 1943 Höherer SS- und Polizeiführer in der Operationszone Adriatisches Küstenland.

Odilo Globocnik."

Die große Karriere dieses Odilo Globocnik fing also wohl mit Österreichs Anschluß ans „Großdeutsche Reich" an. Wie der am 15. März 1938 zum Reichsstatthalter für Österreich ernannte Arthur Seyss-Inquart am Mittwoch, dem 12. Juni 1946, in der Vormittagssitzung des Internationalen Militärgerichtshofs zu Nürnberg aussagte, organisierte Globocnik zunächst einmal den Abtransport der Wiener Juden. Auf diese Weise feierte er den „Anschluß". Der aktive Wiener Gauleiter zeigte schnell, wie ehrgeizig er war, denn ein Schreiben von SS-Gruppenführer Karl Wolff — der Briefkopf lautet: Der Reichsführer-SS, Der Chef des Pers. Stabes — Tagb.Nr. AR/740/20/ He/Gr. — aus dem Führerhauptquartier vom 11. September 1939 an den Chef des SS-Personalhauptamtes, SS-Gruppenführer Schmitt, Berlin, besagt:

„SS-Oberführer Globocnik teilt mir mit, daß er auf Grund seiner Kenntnisse den Titel »Ingenieur« zugestanden erhielt und die Sudeten-Erinnerungs-Medaille verliehen bekommen hat. Ich bitte, dies in den Personalakten des Globocnik zu vermerken."

Am 10. Oktober 1939 richtete Globocnik einen handschriftlichen Dankesbrief an Himmler, der ihm den SS-Totenkopfring und die eingerahmte Verleihungsurkunde dazu übermitteln ließ. Globocnik schrieb unter anderem: „Ihr Schreiben vom 23. August konnte ich erst heute beantworten, da ich seit 19. 8 am Marsche, sodann am ganzen polnischen Feldzug beteiligt war und daher mich das Schreiben erst heute erreichte."

Kaum war Polen überrannt, wurde Globocnik SS- und Polizeiführer im Distrikt Lublin und erhielt so ein ausgedehntes Betätigungsfeld. Er machte sich energisch ans Werk und richtete als alter Kämpfer sein Hauptaugenmerk natürlich gleich auf die Juden. Aus dem Protokoll einer Abteilungsleitersitzung in Lublin geht am 22. April 1940 hervor, daß Globocnik einleitend auf die Unhaltbarkeit der Zustände hinwies, als man die Juden noch wahllos zur Arbeit einfing. So hätten keine großen Arbeitsvorhaben bewältigt werden können. Aus diesem Grunde sei von ihm nun ein Judenreferat eingerichtet. Die Juden würden fortan planmäßig zur Zwangsarbeit erfaßt und eingesetzt. 45 000 Zwangsarbeiter seien im Bezirk gemeldet, und 5000 waren am Grenzgrabenbau beschäftigt. Die einsatzfähigen jüdischen Zwangsarbeiter im Distrikt Lublin seien voll beschäftigt, aber es gelte dabei wichtige Probleme zu lösen: Unterbringung, Verpflegung, Bewachung, Arbeitsaufsicht und Unterhalt für die Familienangehörigen. Falls die Arbeitsstätte zu weit vom Wohnort entfernt lag, mußten die Zwangsarbeiter eben in Lagern untergebracht und verpflegt werden. Die Kosten dafür sollte die Jüdische Gemeinde tragen, denn auf diese Weise kam man leicht an das sonst nicht zu erfassende jüdische Vermögen heran. War jemand zu keiner schweren Arbeit in der Lage, hatte er für Verpflegung und Kleidung zu sorgen. Strenge Trennung der Geschlechter war selbstverständlich unerläßlich. Im übrigen sollten bald entsprechende Anordnungen ergehen, denen zufolge die Judenältesten die Arbeiter bereitzustellen hatten[1]).

Ein offizieller Bericht vom Büro des Distriktgouverneurs Lublin besagt am 7. September 1940, daß die zur Verfügung stehenden jüdischen Arbeitskräfte nicht ausreichten für die anstehenden Arbeitsvorhaben, da Globocnik allein schon 30 000 Juden benötigte. Der

---

[1]) *Berenstein, Seiten 207–208.*

Bedarf müsse daher durch jüdische Zwangsarbeiter aus den Distrikten Krakau und Warschau gedeckt werden. Leider entzog der SS- und Polizeiführer auch noch durch wilde Razzien ständig jüdische Kräfte dem planmäßigen Arbeitseinsatz, so daß wichtige Wirtschaftsbetriebe nicht ordnungsgemäß weiterarbeiten konnten[1]).

Solche Vorwürfe störten Globocnik wenig. Außerdem klappte verschiedenes nicht nach Wunsch. Bereits 1938 hatte er den Blutorden beantragt, ihn jedoch 1941 immer noch nicht bewilligt bekommen. Einem Schreiben des Reichsschatzmeisters der NSDAP an den Reichsführer-SS, Berlin, vom 19. Juni 1941 mit dem Betreff: „Ablehnung des Antrags auf Verleihung des Blutordens — Gauleiter a. D. Odilo Globocnik, SS- und Polizeiführer im Distrikt Lublin“, ist zu entnehmen, daß der Reichsschatzmeister nicht gerade Globocniks bester Freund war. Letzterer hatte seinen Antrag ordnungsgemäß auf dem Dienstwege gestellt und mit 62 Wochen Gefängnis begründet. Für elf Wochen sei ihm Strafaufschub gewährt. Der Reichsschatzmeister legte also den Antrag am 22. August 1939 erstmals der Blutordenskommission vor, und diese lehnte ihn ab. Daraufhin forderte der Reichsschatzmeister über sein Hauptmitgliedschaftsamt am 30. Oktober 1939 von der Gestapo Wien eine Bescheinigung über Globocniks verbüßte Freiheitsstrafe an und erhielt sie am 27. November 1939. Aber die Angaben genügten nicht, weil die Daten der Haftzeit fehlten. Deshalb bat der Reichsschatzmeister am 6. Januar 1940 erneut um genaue Angaben, und die Gestapo Wien teilte am 1. Februar 1940 mit, daß Globocniks Haft 10 Monate, 22 Tage und 7 Stunden gedauert habe. Mit dieser Erklärung wurde der Antrag der Blutordenskommission am 19. März 1940 wiederum vorgelegt. Die Kommission setzte sich unter Vorsitz des Stabsleiters des Reichsschatzmeisters, Hauptbefehlsleiter Saupert, aus Gauleiter Oberstleutnant Leopold, SA-Obergruppenführer Helfer, Hauptdienstleiter Büchner, Hauptdienstleiter Geißelbrecht und NSKK-Oberführer Schön zusammen, erachtete die Voraussetzungen zur Verleihung des Blutordens jedoch nicht für gegeben, und der Reichsschatzmeister mußte dies Globocnik am 22. Juni 1940 unter Hinweis auf die Bestimmungen, daß der Blutorden nur an Parteigenossen verliehen wird, die mindestens eine Freiheitsstrafe oder Kerkerhaft von einem Jahr verbüßt haben, mitteilen. Wie der Reichsschatzmeister dem Reichsführer-SS schrieb, schaltete sich daraufhin Reichsleiter Bormann am 25. August ein und verlangte eine nochmalige Überprüfung, da Pg. Globocnik laut Bescheinigung der Staatspolizeileitstelle Klagenfurt über ein Jahr im Gefängnis verbracht habe. Da diese Bescheinigung jedoch nicht eingereicht wurde, blieb es bei der Entscheidung der Kommission. Um so erstaunter war der Reichsschatzmeister, am 15. April 1941 von Reichsleiter Bouhler ebenfalls zu hören, daß Globocnik immerhin 365 Tage Freiheitsstrafe verbüßt habe. Um die Sache zum Abschluß zu bringen, legte der Reichsschatzmeister Himmler die Fotokopie der Bescheinigung von der Klagenfurter Staatspolizeistelle bei, damit er sich selbst ein Bild machen konnte. Auch wenn sich Bormann und Bouhler für Globocnik einsetzten, waren eben die Voraussetzungen für den Blutorden einfach nicht erfüllt. Der Reichsschatzmeister fand das Gebaren Globocniks für einen SS-Führer reichlich sonderbar und schrieb Himmler: „In diesem Zusammenhang muß ich sagen, daß die ganze Angelegenheit der seinerzeit doch reichlich dunklen Geldaktion während seiner Tätigkeit als Gauleiter von Wien eine besondere Beleuchtung erfährt. Sie werden sich noch erinnern, daß ich mit Schreiben vom 10. 1.

[1]) *Berenstein, Seite 219.*

1941 mich ebenfalls an Sie wenden mußte, um überhaupt zu erreichen, daß Globocnik wenigstens eine einigermaßen erschöpfende Antwort gab. Bei der Beurteilung dieser Angelegenheit habe ich dem Antragsteller gegenüber eine mehr als wohlwollende und nachsichtige Haltung gezeigt. Rückschauend muß ich allerdings heute nach diesen Vorgängen auch jene in einem anderen Lichte erkennen, ohne daß ich sagen will, daß ich die Absicht habe, sie nochmals aufzugreifen."

Den Blutorden bekam der zielstrebige Globocnik jedenfalls nicht, so sehr er auch danach gierte. Der ihm wohlgesonnene Himmler griff ihm dafür mit 8000 RM unter die Arme, als sich Globocnik seiner Braut Margarete Michner entledigen wollte, mit der er „erst" seit 20 Jahren verlobt war. Immerhin eine fast zwanzigjährige Brautzeit! In seinem wenig erfreulichen Deutsch dankte Globocnik am 28. August 1941 Himmler handschriftlich wie folgt:

„Reichsführer!

Ich habe heute 8000,— RM erhalten, welchen Betrag Reichsführer mir als Beihilfe zur Erledigung meiner Geschichte Michner gegeben haben. Ich darf Ihnen, Reichsführer, für diese allzu große Fürsorge herzlich danken. Fast habe ich Gewissensbisse, ob es nicht andere notwendiger hätten als ich. Darum bitte ich, Reichsführer, wenn irgendein Kamerad in Not einen Fürsorgeplatz braucht, mir diesen zu übergeben. Daß ich alles tue, was ich kann, um Ihrer Fürsorge, Reichsführer, gerecht zu sein, hoffe ich auch weiter tun zu können. So danke ich nochmals.

Heil Hitler!

Odilo Globocnik."

Am 25. Oktober 1941 verschaffte sich der Lubliner ϟϟ- und Polizeiführer aus irgendeinem Grunde geschickt „Ersatzehrenzeichen", mit deren Kosten die Reichskassenverwaltung belastet wurde. Es ist ein Schreiben an den Arbeitsbereichskassenverwalter im Generalgouvernement, Ernst Thüringer, in Krakau, Adolf-Hitler-Platz 25, erhalten geblieben, mit welchem die Reichszeugmeisterei die bestellten sechs Ersatzehrenzeichen (zwei große und vier kleine) zur Weiterleitung an ϟϟ-Brigadeführer Globocnik übersandte und unter Anlage vermerkte: „1 Schrb. v. 26. 9. 41 — 6 Ehrenzeichen (Eingravierung: »A. H. 30. 1. 39«)."

Als der Befehlshaber der Sicherheitspolizei und des SD im Generalgouvernement, Dr. Eberhard Karl Georg Schöngart, am 24. Dezember 1941 anordnete, sämtliche Pelzmäntel, Pelze und Felle, „gleich welcher Art", müßten von Juden sofort abgeliefert werden, verfügte Globocnik für seinen Bereich, außerdem seien einige Tausend Kilogramm Stoffe abzuliefern. Bis zur Erfüllung dieser Auflage nahm er sicherheitshalber fünf Mitglieder des Judenrats als Geiseln fest[1]).

[1]) *Protokoll der Judenrats-Sitzung in Lublin am 31. Dezember 1941, (Archiv J. H. I.).*

Globocniks emsige Betriebsamkeit zahlte sich aus. Ende April 1942 wurde er Chef des sogenannten „Einsatzes Reinhard“. Unter dieser Bezeichnung verbarg sich das Zentralamt für Raub, Plünderung und Mord an den Juden im Generalgouvernement. Das Unternehmen ist dem im damaligen Protektorat ermordeten Reinhard Heydrich zu Ehren so genannt worden. Es liegt ein Abschluß-Kassenbericht des „Einsatzes Reinhard“ vom 15. Dezember 1943 vor, in dem es heißt:

„Gesamtzusammenstellung:

Abgelieferte Geldmittel, Zloty und RM-Noten	RM	73 852 080,74
Edelmetalle	RM	8 973 651,60
Devisen in Noten	RM	4 521 224,13
Devisen in gemünztem Gold	RM	1 736 554,12
Juwelen und sonstige Werte	RM	43 662 450,—
Spinnstoffe	RM	46 000 000,—
	RM	178 745 960,59“[1])

Sämtliche Angehörige des „Einsatzes Reinhard“ waren zu absoluter Verschwiegenheit verpflichtet und mußten ein Formular unterzeichnen, daß sie von SS-Hauptsturmführer Höfle, dem Leiter der Hauptabteilung „Einsatz Reinhard“ beim SS- und Polizeiführer Lublin, eingehend über die Pflichten bei der Judenumsiedlung unterrichtet und zum Schweigen verpflichtet worden waren, da es sich um eine „Geheime Reichssache“ handelte[2]).

Viele Behörden im Dritten Reich erbaten damals Gefälligkeiten von Globocnik, und so trafen in Lublin die sonderbarsten Briefe ein[3]). Doch auch Lubliner Dienststellen wandten sich an den SS- und Polizeiführer. Ein SS-Sturmbannführer Wippen von der Standortverwaltung Lublin bat um 50 „leere, aus der bekannten Aktion stammende“ Koffer. Sein Schreiben trägt das Datum: 6. Juni 1942. Ein anderes Mal verfügte Globocniks Stabsleiter, SS-Hauptsturmführer Hermann Höfle, am 29. Juli 1942, daß ans SS-Sonderlager Jablon aus dem Materiallager des „Einsatzes Reinhard“ in der Chopinstraße 27 Hunderte von Anzügen, Hemden, Unterhosen, Socken, Schuhen, Krawatten, Hosenträgern, Taschenlampen, Kleiderbügeln, Füllfederhaltern und Rasiermessern auszufolgen seien[4]).

Der Leiter der Geheimen Staatspolizeistelle Wien, Huber, forderte am 19. September 1942 auf Veranlassung des Höheren SS- und Polizeiführers im Wehrkreis XVII, SS-Gruppenführer und Generalleutnant der Polizei, Dr. Kaltenbrunner, vom „Einsatz Reinhard“ Beklei-

---

[1]) *Dokument NO – 057.*
[2]) *Poliakov–Wulf, Seiten 46–47.*
[3]) *Kermisz I, Seite 182.*
[4]) *Ebendort, Seite 186.*

NSDAP
Gauleitung Wien
Amt für Sippenforschung
Wien I., Joseph Bürckel-Ring 3, Parlamentsgebäude
Zahl: 747
Durch Vorlage der Urkunden
bis 1. Jänner 1800 ist der
Große
Abstammungsnachweis
des
SS Brigadeführer Pg. Odilo Globocnik
wohnhaft: Lublin, Haus der NSDAP
Mitgliedschaftsnummer: 442.939
nach den Aufnahmebedingungen der
NSDAP als erbracht anzusehen.
Der Nachweis erliegt im zuständigen
Personalamt der NSDAP und im Gauamt für Sippenforschung.
Wien, am 1.6. 1941

Der Leiter des Gauamtes
für Sippenforschung:

Großer Abstammungsnachweis des Odilo Globocnik

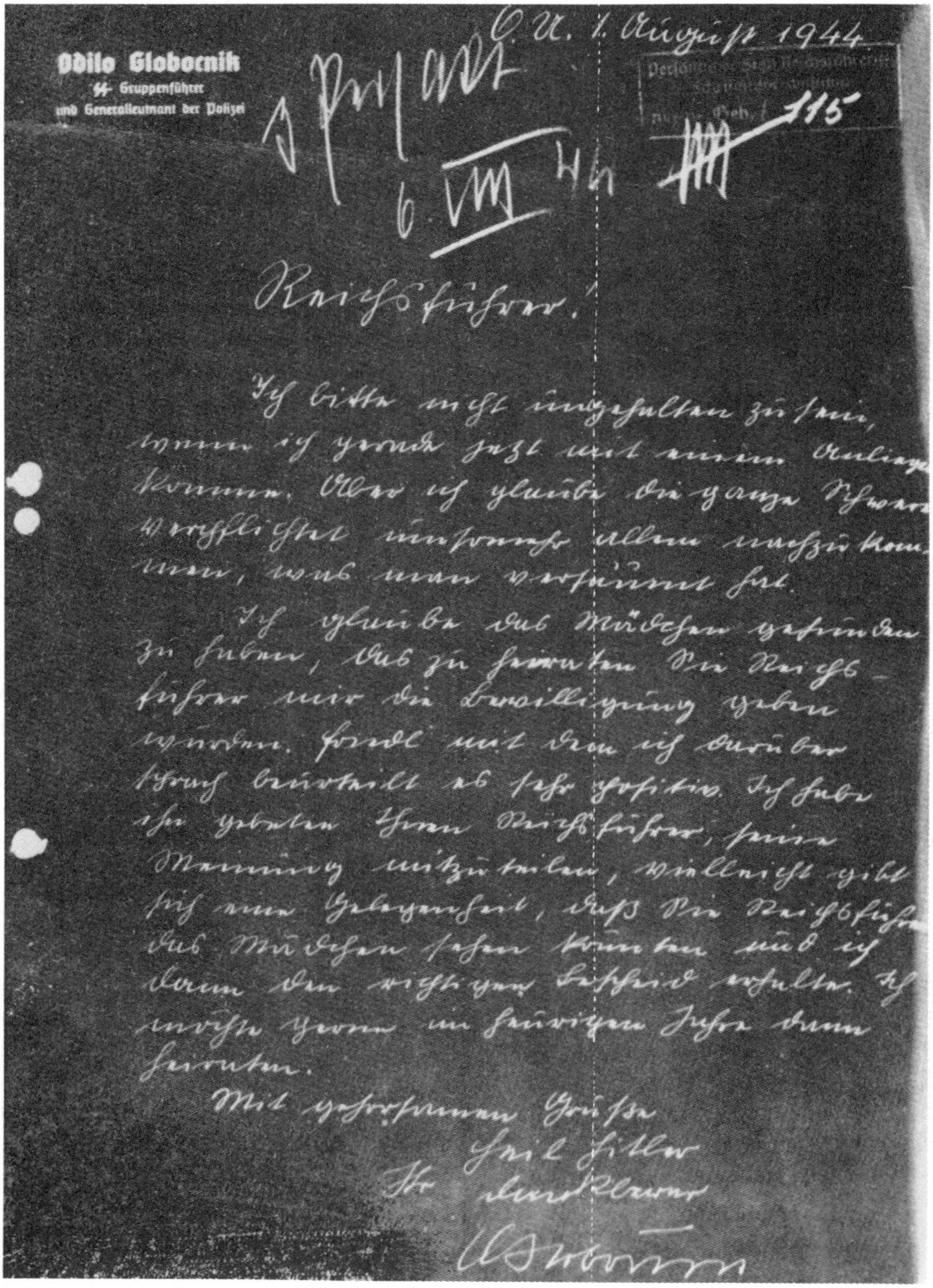

Odilo Globocnik
SS-Gruppenführer
und Generalleutnant der Polizei

O. U. 1. August 1944

Reichsführer!

Ich bitte nicht ungehalten zu sein, wenn ich gerade jetzt mit meinem Anliegen komme. Aber ich glaube die ganze Schwere verpflichtet umsomehr allem nachzukommen, was man versäumt hat.

Ich glaube das Mädchen gefunden zu haben, das zu heiraten Sie Reichsführer mir die Bewilligung geben würden. Wendl mit dem ich darüber sprach beurteilt es sehr positiv. Ich habe ihn gebeten Herrn Reichsführer seine Meinung mitzuteilen, vielleicht gibt sich eine Gelegenheit, daß Sie Reichsführer das Mädchen sehen könnten und ich dann den richtigen Bescheid erhalte. Ich möchte gerne im heurigen Jahre dann heiraten.

Mit gehorsamen Grüßen
Heil Hitler
Ihr dankbarer
Globocnik

Globocnik schreibt an Himmler

dungsstücke für 700 eindeutschungsfähige Polen — je 1/3 Männer-, Frauen- und Kinderkleidung — und bat, daß für den Transport ein Begleiter abgestellt würde[1]). Ein Obersturmführer von der Waffen-SS, SS- und Polizeigericht VI in Krakau, bat am 10. November 1942 um „Überlassung von Gebrauchsgegenständen aus dem Judennachlaß" und legte eine lange Liste bei, in welcher jeweils 80, 100 oder auch gleich ein paar Hundert Bettlaken, Handtücher, Steppdecken, Anzüge, Teppiche, Matratzen, Heizöfen, Schwämme, Geflügelscheren, Gläser, Schuhbürsten, Rasiermesser — kurz, alles, was im Haushalt oder überhaupt von Menschen benötigt wird — angegeben waren[2]).

Das geraubte Vermögen wurde hauptsächlich in der Reichsbank deponiert, wie der Reichsbank-Vizepräsident Emil Puhl nach dem Kriege aussagte[3]), oder auch wohl in der Schweiz verkauft. Darüber berichtet ein sehr kompetenter Mann des Dritten Reichs, der Auschwitzer Kommandant Rudolf Höss, in seinen handschriftlichen Aufzeichnungen folgendes:

„Wie ich von Eichmann hörte, wurden die Preziosen und Devisen in der Schweiz verhandelt, ja, man beherrschte damit den gesamten Schweizer Preziosenmarkt. Einfache Uhren wurden zu Tausenden nach Sachsenhausen gebracht, wo eine Uhrmacherwerkstatt mit Hunderten von Häftlingen unter der direkten Regie von D II — Maurer — errichtet, die Uhren sortierte resp. reparierte. Der größte Teil davon wurde der Front-Waffen-SS bzw. dem Heer zu dienstlichen Zwecken zur Verfügung gestellt."

Höss berichtete ferner, daß Zahngold von SS-Zahnärzten zu Barren eingeschmolzen und monatlich ans Sanitätshauptamt abgeliefert wurde. Die abgeschnittenen Frauenhaare erhielt eine Fabrik in Bayern für Rüstungszwecke[4]).

Laut Aussage von Eichmanns Mitarbeiter Dieter Wisliceni soll Globocnik als erster Gaskammern zur Massenvernichtung angewandt haben, weil er dieses „Verfahren" für „unauffälliger" als Massenerschießungen hielt[5]).

Auch Kurt Gerstein, Abteilungsleiter für Gesundheitstechnik beim Reichsarzt-SS, erzählt in einem Bericht, daß ihm Globocnik bei seinem Besuch in Lublin am 17. August 1942 erklärt habe, die Tötung von Menschen durch Säure, wie er sie durchführe, sei die geheimste Sache von der Welt. Sprach jemand darüber, wurde er unweigerlich sofort erschossen. Der SS- und Polizeiführer teilte Gerstein trotzdem mit, er habe bereits drei solcher Anstalten in Betrieb: Belzec, Treblinka und Sobibor. Die täglichen Höchstleistungen seien 15 000, 25 000 und 20 000 Menschen. Gerstein durfte die genannten „Anstalten" dann auch sogar eingehend besichtigen, allerdings in Begleitung ihres Leiters, Polizeihauptmann Wirth[6]).

---

1) *Kermisz I, Seite 190.*
2) *Ebendort, Seite 192.*
3) *PS — 3944.*
4) *Archiv Warschau.*
5) *Poliakov-Wulf, Seite 93.*
6) *Ebendort, Seiten 104–105.*

Aus unzähligen NS-Dokumenten geht eindeutig hervor, daß Globocnik fast überall seine Hand im Spiel hatte, wo es um den Mord an Juden ging. Als Stabsleiter Viktor Brack aus der Führerkanzlei der NSDAP Heinrich Himmler mit Schreiben vom 23. Juni 1942 die Sterilisation von einigen Millionen Juden vorschlägt[1]), teilt er mit, er habe Brigadeführer Globocnik schon vor längerer Zeit auf Anweisung von Reichsleiter Bouhler einen Teil seiner Leute für Sonderaufgaben zur Verfügung gestellt. Nun wolle Globocnik jedoch weiteres Personal von ihm haben. Brack fährt wörtlich fort: „Bei dieser Gelegenheit vertrat Brigadeführer Globocnik die Auffassung, die ganze Judenaktion so schnell wie nur irgend möglich durchzuführen, damit man nicht eines Tages mitten drin steckenbleibe, wenn irgendwelche Schwierigkeiten ein Abstoppen der Aktion notwendig machten."

Der bereits erwähnte Auschwitzer Kommandant Rudolf Höss verfaßte nach dem Kriege in einem polnischen Gefängnis auch ein Porträt „Der SS- und Polizeiführer von Lublin, SS-Gruppenführer Globocnik"[2]), und schreibt dabei unter anderem: „Er entwickelte phantastische Pläne mit Polizeistützpunkten bis zum Ural, wobei es für ihn keine Schwierigkeiten gab. Die Juden wollte er, soweit er sie nicht zur Arbeit brauchte, sofort an Ort und Stelle vernichten, ihr Eigentum in große Sammellager schaffen und für die SS auswerten. Er erzählte das in gemütlichem Plauderton in seinem Wiener Dialekt in der Nacht am Kamin, als wenn es sich um die harmlosesten Geschichten handelte ... Während ich mich mit Eichmann immer herumschlug, um die Judentransporte nach Auschwitz abzubremsen, konnte Globocnik nicht genug bekommen, denn er wollte unbedingt mit »seinen« Vernichtungen und »seinen« erfaßten Werten an der Spitze stehen." Am Ende seiner Globocnik-Skizze berichtet Höss noch, daß Globocnik ihn im Sommer 1943 in Auschwitz besuchte, um sich die Krematorien anzusehen. Globocnik habe dazu gemeint, bei ihm ginge das alles viel schneller.

Als Himmler im Januar 1943 nach Warschau kam, um die restlose Ausrottung der dortigen Juden zu beschleunigen, begleitete Globocnik ihn selbstverständlich[3]). Auch als im April 1943 der Aufstand im Warschauer Ghetto ausbrach, erschien Globocnik sofort, um sich in den Dienst der Sache zu stellen. Unter Führung seines Stabsleiters Hermann Höfle[4]) kommandierte er eine Gruppe seiner erfahrenen Leute ins Warschauer Ghetto ab, und diese SS-Männer wurden zu den grausamsten Henkern der Warschauer Juden.

Über Odilo Globocnik liegt eine Beurteilung des Chefs im SS-Personalhauptamt, Maximilian von Herff, vor. Herff verfaßte sie nach einer Dienstreise durch das Generalgouvernement im Mai 1943. Sie lautet:

„SS- und Polizeiführer Lublin, SS-Gruppenführer Globocnik, SS-Nr. 292 776."

Vollnatur mit all ihren großen Licht- und Schattenseiten. Wenig auf das Äußerliche gebend, fanatisch von der Aufgabe besessen, sich bis ins Letzte für sie einsetzend ohne Rücksicht auf Gesundheit oder äußerlichen Dank. Einer der besten und stärksten Pioniere

---

[1]) *Dokument NO – 205.*
[2]) *Archiv Warschau.*
[3]) *Mark I, Seite 181.*
[4]) *Ebendort, Seiten 93–94, 228, 295.*

im G. G. Verantwortungsbewußt, selbstbewußt, mutig, Tatsachenmensch. Sein Draufgängertum läßt ihn oft die gegebenen Grenzen sprengen und die ihm innerhalb des Ordens gezogenen Grenzen vergessen, jedoch nicht aus persönlichem Ehrgeiz, sondern vielmehr aus Besessenheit um der Sache willen. Der Erfolg spricht unbedingt für ihn.

Wichtig ist, daß SS-Gruppenführer Globocnik bald heiratet, um in diesem ruhelosen, ihn zermürbenden Pionierleben einen festen Pol in Frau und Heim zu haben. Dies würde unbedingt dazu beitragen, daß SS-Gruppenführer Globocnik mehr haushält mit seinen Kräften und damit heranreift für größere Aufgaben, zu denen er unbedingt das Zeug hat. Andernfalls besteht die Gefahr, daß er in dem rauhen und stark männlich betonten Pionierleben des Ostens sich zwar nicht verliert, aber doch Energien verbraucht, die er in der Zukunft besser gebrauchen kann.

Im Stabe des SS-Gruppenführers Globocnik fehlt besonders der Stabsführer. Die jungen Führer im Stab des Gruppenführers sind fleißige, strebsame Arbeiter, aber kein Gegengewicht zu der impulsiv-dynamischen Art des Gruppenführers. Hier fehlt der ausgewogene, ältere, durch Allgemeine SS und Waffen-SS gegangene SS-Führer mit eigenem Willen, der es versteht, in geschickter Weise politisch und menschlich ausgleichend einzugreifen."

Handschriftlich hat SS-Gruppenführer von Herff noch hinzugefügt: „Will zuviel alleine machen! (Bezgl. Abs. 2) Ja! (Bezgl. Abs. 3)."

Diese Beurteilung muß schnell Früchte getragen haben, denn Globocnik wurde aus Lublin abberufen und am 13. September 1943 als Höherer SS- und Polizeiführer in die Operationszone Adriatisches Küstenland versetzt.

Offenbar waren nicht alle Globocnik so freundlich gesinnt wie von Herff. Sein Übereifer zahlte sich nicht immer aus. Der Gouverneur Lublin bedankte sich jedenfalls schon am 27. Juli bei Heinrich Himmler für die Entfernung Globocniks und verlieh der Hoffnung Ausdruck, daß Himmler „reinen Tisch mit ihm machen" wolle, bat jedoch gleichzeitig, Globocnik baldigst aus Lublin zu entfernen, da dieser eifrig bemüht schien, Dinge auf seine „berühmte Tour" durchzuziehen, die Himmlers Wünschen genau entgegenliefen. Außerdem schwindele er alle Welt an. Beispielsweise behaupte er seelenruhig, bei der Räumung gewisser Dörfer wegen Bandenbekämpfung 35 000 Mann zu bewegen, während sein eigener Sachbearbeiter von 20 000 spricht. Natürlich wußten die Banden Bescheid und steigerten ihre Betriebsamkeiten. Ebenso teilte der Lubliner Gouverneur Himmler mit, daß Globocnik jedem erkläre, er sei „aus den eigenen Reihen abgeschossen worden, aber noch wäre es nicht so weit. Er habe viele Wochen Zeit zur Betätigung." Aus diesem Grunde wies Globocnik seinen Nachfolger auch wohl seit zwei Wochen in nichts ein. Dieser mußte sich völlig selbständig orientieren und kam dabei längst zur Überzeugung, mit Globocniks Leuten nicht viel anfangen zu können. Weiter berichtet der Gouverneur, der „König" (hier ist Dr. Hans Frank gemeint. Bemerkung des Herausgebers) erzähle im Brustton der Überzeugung, er habe Globocnik abgeschossen, „weil die Globocnikiaden endlich ein Ende haben müßten". Dem Brief zufolge äußerte Dr. Frank sogar, mit Globocniks Entfernung habe er Himmler gegenüber den größten politischen Sieg seines ganzen Lebens errungen, obwohl es mit Globocnik allein nicht getan sei, denn auch Krüger müsse noch beseitigt werden.

Globocnik verließ Lublin, machte sich aber wohl allerhand Sorgen um manches, was er zurücklassen mußte und gern in Sicherheit gebracht hätte, denn er wandte sich dieserhalb in schönem Vertrauen an von Herff und nannte ihn sogar „lieber Kamerad!" Nachdem er sein Anliegen vorgebracht hatte, beschrieb er die schwierige Lage mit den Banden im adriatischen Küstenland, wo der Gegner durch die italienische Erbschaft gut mit Waffen versorgt sei. „Die hier zur Verfügung stehenden italienischen Einheiten", schrieb Globocnik, „brauche ich Ihnen ja wohl nicht näher zu beschreiben. Wenn sie auch durch ununterbrochenen Drill besser geworden sind, so fehlt es an innerer Kampfbereitschaft. Außerdem ist eine Müdigkeit vorhanden und eine Ablehnung gegen alles, was Krieg heißt. Das Volk hat am 8. 9. seine Waffen mit Bewußtsein weggelegt und will auch nichts mehr vom Krieg und solchen Dingen hören." Globocnik erklärt von Herff, er wolle aus italienischen, kroatischen und slowenischen Bevölkerungsteilen eigene Verbände aufzustellen versuchen. Wenn diese sich auch bisher gut bewährten, so fehle es ihm doch an deutschen Ausbildungs- und Führungskräften. „Aber mit Zähigkeit werden wir auch diese Fragen meistern", meinte er optimistisch. „Es geht mir nur zu langsam, und alles Langsame geht gegen meine Art. Die Hauptsache liegt heute im Vernichtungskampf gegen das Banditentum, wozu noch zu viele politische Rücksichten kommen, als wir hier Helfer in einem befreundeten Lande sind, so daß man nicht seine Kräfte austoben lassen kann, wie es im Osten der Fall ist... Wir haben gerade vor einigen Tagen über Sie mit dem Gauleiter gesprochen, und er fragte mich, wann Sie herkommen werden. Ich versprach ihm, Sie in unserer beider Namen herzlich einzuladen und würden Sie uns eine große Freude damit machen... Gerade so wie Ihr Besuch damals in Lublin doch so viel Positives ausgelöst hat, so würde Sie hier, sachlich gesehen, auch so vieles interessieren..."

Zweifellos sehnte sich Globocnik nach Lublin zurück. Aus der Ferne versuchte er noch, für seine früheren Kumpane Gutes zu wirken. Deshalb schrieb er am 4. November 1943 an Himmler, um diesen an die fälligen Eisernen Kreuze für „besondere Leistung des Einsatzes Reinhard" zu erinnern[1]). Heinrich Himmler beantwortete Globocniks Brief aus Triest schon am 30. November von seiner Feld-Kommandostelle aus wie folgt:

„Lieber Globus, ich bestätige Ihren Brief vom 4. 11. 1943 und Ihre Meldung über den Abschluß der Aktion Reinhard. Ebenso danke ich Ihnen für die mir übersandte Mappe. Ich spreche Ihnen für Ihre großen und einmaligen Verdienste, die Sie sich bei der Durchführung der Aktion Reinhard für das ganze deutsche Volk erworben haben, meinen Dank und meine Anerkennung aus.

Heil Hitler!

Herzlich Ihr Himmler[2])."

---

[1]) *Poliakov-Wulf, Seiten 44–45.*

[2]) *Ebendort, Seite 45.*

Pg. Globocnik hatte sich die Sache sicherlich ein wenig anders gedacht. Immerhin erhielt er am 15. Mai 1944 Trost, denn Reichsjugendführer Baldur von Schirach verlieh ihm das Goldene HJ-Ehrenzeichen. Noch mehr mag ihn getröstet haben, daß er am 6. Juni endlich für seine segensreiche Tätigkeit auch das Eiserne Kreuz I. Kl. bekam. Von der ersten Auszeichnung unterrichtete Globocnik das SS-Personal-Hauptamt am 27. Mai, während der Persönliche Stab des Reichsführers-SS, Hauptabteilung Auszeichnungen und Orden — AuO. I/46 B/1707/44 Lt. —, die zweite Auszeichnung dem Höchsten SS- und Polizeiführer Italien in Gardone von sich aus mitteilte und um Aushändigung des Ordens an Globocnik ersuchte.

Ende 1944 schlug Globocnik sich mit großen Sorgen herum. Maximilian von Herff hatte sie allerdings schon in seiner Beurteilung erwähnt. Er wollte nämlich heiraten. Dieserhalb wandte er sich am 1. August 1944 wieder einmal handschriftlich an Himmler:

„Ich bitte nicht ungehalten zu sein, wenn ich gerade jetzt mit einem Anliegen komme. Aber ich glaube die ganze Schwere verpflichtet umsomehr allem nachzukommen, was man versäumt hat. Ich glaube das Mädchen gefunden zu haben, das zu heiraten Sie, Reichsführer, mir die Bewilligung geben würden. Friedl, mit dem ich darüber sprach, beurteilt es sehr positiv. Ich habe ihn gebeten, Ihnen, Reichsführer, seine Meinung mitzuteilen, vielleicht gibt sich eine Gelegenheit, das Mädchen sehen zu können, und ich dann den richtigen Bescheid erhalte. Ich möchte gern im heurigen Jahr dann heiraten. Mit gehorsamen Grüßen Heil Hitler! Ihr dankbarer Globocnik."

Himmler muß die Heiratsgenehmigung sofort erteilt haben, denn Globocnik schrieb schon am 12. September 1944 an SS-Standartenführer Brandt, und zwar wieder mit der Hand, was seinen Briefen nicht zum Vorteil gereicht. Er setzte bei dem Standartenführer die Kenntnis von seinen Heiratsabsichten voraus, da er die Papiere — wie befohlen — sofort eingereicht hatte, wandte sich jedoch mit einer Bitte „heiklicher" Art — wie er schrieb — an Brandt. Da seine Braut nämlich den Reichsschatzmeister und den Reichsjugendführer als Trauzeugen benannte, bat Globocnik den Reichsführer-SS, sein Trauzeuge zu sein. Er schreibt: „Ich selbst wollte beim Reichsführer dieserhalb nicht anstoßen, weil ich auf der anderen Seite seine Freude gesehen habe, daß es nun im Ernst jetzt bei mir so weit ist, auch möchte ich bis ungefähr 10. Oktober geheiratet haben, selbstverständlich nur, wenn der Reichsführer ja sagt und Zeit hat." Globocnik wußte, daß Himmler zu einer Kundgebung am 10. Oktober 1944 vom Gauleiter Rainer in Klagenfurt erwartet wurde, und hoffte so, ihn auch als Trauzeugen zu haben, da seine Braut immerhin Gebiets-Mädelführerin von Kärnten war.

Offenbar ließ es sich aber nicht einrichten, denn SS-Standartenführer Brandt schrieb Globocnik am 28. September, da weder Himmler noch Herff abkömmlich seien, solle Gauleiter Rainer als Trauzeuge fungieren. Am gleichen Tage teilte Brandt auch dem Gauleiter mit, daß er Globocniks Trauzeuge sein müsse. Ein Eß- und Teeservice für das Brautpaar sei als Geschenk des Reichsführers bereits an die Adresse Rainers zur Absendung gebracht worden. Trotz alledem hatte Globocnik die erforderlichen Papiere am 9. Oktober immer noch nicht in der Hand, denn auf einem Briefbogen mit dem Kopf „Der Beauftragte des Reichskommissars für die Festigung Deutschen Volkstums, Dienststelle Klagenfurt", schrieb er am 9. Oktober 1944 an das Rasse- und Siedlungshauptamt in Berlin W 68, Hedemannstraße 24, zu Händen von ##-Obergruppenführer Hildebrand, er möchte am 21./22. Oktober heiraten und bitte bis dahin um die erforderlichen Papiere.

Das große Ereignis scheint planmäßig geklappt zu haben. Am 14. November 1944 gab es für den bewährten Globocnik schon wieder andere Freuden. Er bekam den Orden der Krone König Zvonomirs, erste Stufe, mit Stern und Schwertern vom Poglawnik höchstpersönlich.

Am 20. Januar 1945 wurde ihm noch das Deutsche Kreuz in Silber durch „seinen Führer" Adolf Hitler verliehen, nachdem er schon am 17. September das Bandenkampfabzeichen in Silber durch den Reichsführer-## erhalten hatte.

*

Wie die Zentrale Stelle der Landesjustizverwaltungen in Ludwigsburg mitteilt — 10 AR 425/61 vom 5. April 1961 —, ist Globocnik mit Sicherheit am 31. Mai 1945 bei Weißensee/Kärnten aus dem Leben geschieden. Bei der Festnahme durch britische Truppen verübte er Selbstmord durch Einnahme von Gift.

SS-Sturmbannführer Hermann[1] Höfle
im Stabe der „Aktion Reinhard"

Laut Aussage von Adolf Eichmann am 31. Mai 1960 vor dem israelischen Hauptmann Less (Tonbandaufnahme Nr. 5), war es Hermann Höfle, der ihm im Spätsommer 1941 anläßlich eines Besuches im Generalgouvernement im Auftrage Odilo Globocniks die ersten Vergasungseinrichtungen vorführte.

Hermann Höfle beteiligte sich bereits an der allerersten „Aussiedlung", als die Juden aus Mielec ins Vernichtungslager Belzec[2]) (dort kamen etwa 600 000 ums Leben) transportiert wurden. Mielec liegt in der Wojwodschaft Rzeszow — damals Reichshof —, und der Plan zum Abtransport der Juden bestand bei der Regierung im Generalgouvernement bereits im Januar 1942, wenn auch die wenigsten wußten, daß es sich dabei eindeutig um Ausrottung handelte. Vielmehr nahm jeder an, eine der im Generalgouvernement ja häufigen „Umsiedlungen" finde statt. Ursprünglich sollten 2000 Juden aus Mielec nach Wlodawa und Parczew „umgesiedelt" werden, aber am 21. Januar wurde die Zahl auf 4500 erhöht. Dennoch fand niemand das beunruhigend, denn aus der Anordnung der Abteilung „Bevölkerungswesen und Fürsorge" ging hervor, daß jeder Jude sein Bettzeug sowie 25 kg Gepäck mitnehmen durfte[3]). Am 7. März erhielt der Leiter der obengenannten Abteilung beim Distriktgouverneur Lublin, SS-Hauptsturmführer Richard Türk, von seinem Krakauer Vorgesetzten, Major a. D. Johann Ragger, telefonisch Befehl, sich mit dem SS- und Polizeiführer Lublin in Verbindung zu setzen[4]). Der Mann, welcher in Lublin diese Angelegenheit bearbeitete, war eben Hermann Höfle. Es gibt eine Notiz[5]) des Referenten beim Gouverneur in Lublin, Fritz Reuter, welche wie folgt lautet:

---

1) *Sehr viele Historiker und Autoren von Büchern über das Dritte Reich (Broszat, Reitlinger u. a.) nennen Höfle stets Hans, wie auch der Schreiber dieser Zeilen in seiner Veröffentlichung über das Warschauer Ghetto, Bonn 1958. Das Studium der SS- sowie Rasse- u. Siedlungsamtfragebogen ergab jedoch, daß es sich um Hermann Höfle handelt.*

2) *Siehe Rudolf Reder „Belzec", hrgb. v. Dr. Nella Rost (polnisch), Krakau 1946; Poliakov-Wulf, Seiten 101–112.*

3) *Kermisz I, Seite XII.*

4) *Ebendort, Seite XII.*

5) *Berenstein, Seiten 280–281.*

„Ich erhielt am 4. 3. 42 ein Fernschreiben der Regierung Krakau, unterzeichnet von Herrn Abteilungspräsidenten Dr. Siebert, in welchem der Schlußsatz wie folgt lautet: »Ich bitte den ᛋᛋ- und Polizeiführer in Lublin bei seinen Maßnahmen behilflich zu sein.« Am 7. 3. kam ein Anruf von der Regierung, Herrn Major Ragger, der im Zusammenhang mit der Judenaussiedlung aus Mielec in den Distrikt Lublin stand und in welchem ausdrücklich verlangt wurde, das Einvernehmen mit dem ᛋᛋ- und Polizeiführer herzustellen und zu pflegen, und daß auf dieses Einvernehmen größter Wert gelegt wird. Ich versuchte nun sofort, mit Stabsführer Nemez in Verbindung zu treten. Dreitägige, kurzfristig aufeinander folgenden Anrufe blieben ohne Erfolg. Erst nachdem ich mich mit dem Personalamt der ᛋᛋ in Verbindung gesetzt hatte, wurde mir der Bescheid, daß Stabsführer Nemez in Urlaub ist. Am 12. 3. 42 wurde ich an Obersturmführer Pohl verwiesen, der aber auch nicht der zuständige Sachbearbeiter für Judenaussiedlungen war. Er verwies mich an Hauptsturmführer Höfle, Schreckkaserne, Telefon 1570-25. (Nach Dienstschluß unter 2004 zu erreichen.) Mit Hstuf. Höfle vereinbarte ich für Montag, den 16. 3. 42, eine Unterredung, und zwar um 17.30 Uhr. Im Laufe der Unterredung wurde folgendes von Hstuf. Höfle erklärt:

1. Es wäre zweckmäßig, die in den Distrikt Lublin kommenden Judentransporte schon auf der Abgangsstation in arbeitseinsatzfähige und nicht arbeitseinsatzfähige Juden zu teilen. Wenn diese Auseinanderhaltung auf der Abgangsstation nicht möglich ist, müßte man evtl. dazu übergehen, den Transport in Lublin nach den obengenannten Gesichtspunkten zu trennen.

2. Nichteinsatzfähige Juden kommen sämtlich nach Belzec, der äußersten Grenzstation im Kreise Zamosc.

3. Hstuf. Höfle ist daran, ein großes Lager zu bauen, in welchem die einsatzfähigen Juden nach ihren Berufen karteimäßig erfaßt und von dort angefordert werden können.

4. Piaski wird von polnischen Juden freigemacht und wird Sammelpunkt für die aus dem Reich kommenden Juden.

5. Trawniki wird vorläufig nicht mit Juden belegt.

6. Höfle fragte, wo auf der Strecke Deblin-Trawniki 60 000 Juden ausgelagert werden könnten. Über die jetzt von uns aus laufenden Judentransporte orientiert, erklärte Höfle, daß von den 500 in Susiec angekommenen Juden die nicht arbeitsfähigen aussortiert und nach Belzec geschickt werden könnten. Laut Fernschreiben der Regierung vom 4. 3. 42 rollt ein Judentransport aus dem Protektorat mit der Bestimmungsstation Trawniki. Diese Juden sind nicht in Trawniki ausgeladen, sondern nach Izbica gebracht worden. Eine Anfrage des Kreishauptmannes Zamosc, von dort 200 Juden zur Arbeit heranziehen zu können, wurde von Höfle bejaht.

Abschließend erklärte er, er könne täglich 4—5 Transporte zu 1000 Juden mit der Zielstation Belzec aufnehmen. *Diese Juden kämen über die Grenze und würden nie mehr ins Generalgouvernement zurückkommen.*"

Hermann Höfle war also orientiert, das steht einwandfrei fest! Er war es, der die Vergasungsstätten in Polen einrichtete und sie auch später als Fachmann weiter beaufsichtigte.

Seinen Personalangaben vom 27. März 1938 zufolge, ist dieser Hermann Höfle am 19. Juni 1911 geboren und hauptamtlicher SS-Führer mit dem Dienstgrad SS-Hauptsturmführer. Er trat am 1. August 1933 in die NSDAP ein und am gleichen Tage in die SS, wo er die Mitgliedsnummer 307 469 erhielt. Nach dem Besuch der Volks- und Bürgerschule erlernte Hermann Höfle den Beruf des Automechanikers und Taxiunternehmers. Er besaß den Führerschein seit Dezember 1929 und betätigte sich als Taxiunternehmer, war seit 29. Oktober 1933 mit Berta Dühr, am 25. Oktober 1912 in Salzburg geboren, verheiratet und besaß seit dem 30. Januar 1937 auch einen Sohn. Hermann Höfles Heimatanschrift lautete damals: Salzburg, Elisabethstraße 10a. Sein handschriftlicher Lebenslauf vom 16. April 1938 (Höfle schrieb allerdings „Aprill", wie seine Orthographie überhaupt mehr als eigenwillig ist) besagt, daß seine Lehre als Automechaniker drei Jahre dauerte. Dann arbeitete er ein Jahr als Mechanikergehilfe und als Maschinist im Salzburger Wasserwerk. Er war Taxilenker und zwei Jahre sogar Taxiunternehmer. Nachdem er vom 12. bis 16. Lebensjahr dem Arbeiterverein angehört hatte, trat er mit 22 Jahren am 1. August 1933 in die Schutzstaffel ein, wurde 1934 Sturmgeldverwalter und Stellvertreter des Sturmführers, im Februar 1935 Sturmführer und saß vom 25. Mai 1935 bis 1. Januar 1936 im Salzburger Polizeigefangenenhaus und im Landgericht. Im Januar 1937 war er schon Führer des Sturmbanns I/76.

Im Personalbericht des NSDAP-Oberabschnitts Donau vom 17. August 1938 steht darüber hinaus noch, daß Höfle „gottgläubig" ist, keine Vorstrafen hat und $7^{1}/_{4}$ Monate im Kampf für die Bewegung Verfolgungen ausgesetzt war. Höfles „rassisches Gesamtbild" wird wie folgt definiert: mittelgroß, starker dinarischer Einschlag, persönliche Haltung einwandfrei. Auftreten in- und außer Dienst: pflichttreu, nüchtern. Geldliche Verhältnisse geordnet; Familienverhältnisse gut. Der Charakter wird mit ehrlich, die geistige Frische mit rege, das Auffassungsvermögen mit gut, die Willenskraft und Härte mit fest, beharrlich, Wissen und Bildung mit allgemein, die Lebensauffassung mit idealistisch-klar bezeichnet. Höfle besaß kein Sportabzeichen, aber dafür eine gefestigte Weltanschauung. Die Gesamtbeurteilung lautet: „Höfle ist nach Dienstauffassung und Leistungen gemessen ein geeigneter SS-Führer mit Aussicht auf die höhere Laufbahn, wenn derselbe eine Ausbildung bzw. Schulung mit Erfolg durchmacht."

Diese Beurteilung schrieb SS-Sturmbannführer Wall, der die 76. SS-Standarte führte. Zwei vorgesetzte Dienststellen schlossen sich dieser Beurteilung an. In einer Beurteilung vom 20. Februar 1939 bezeichnete der gleiche Sturmbannführer Höfle jedoch anders, nämlich nun als „nordisch mit stark dinarischem Einschlag", sein Auffassungsvermögen als „mäßig" und vermochte weder Vorzüge, noch Fähigkeiten oder Schwächen an ihm festzustellen. Die Gesamtbeurteilung hieß diesmal: „Höfle ist ein tadelloser SS-Mann und hat dies durch seine Haltung im illegalen Kampf bewiesen." Für die höhere SS-Führerlaufbahn hielt Wall ihn aber immer noch für befähigt, vorausgesetzt, daß Höfle den Dachauer Kursus bestand. SS-Sturmbannführer Hofstätter vom SS-Abschnitt XXXVI ist der gleichen Ansicht.

Nicht ganz so zufrieden dürfte ein SS-Oberführer und Leiter der SS-Führerschule München-Dachau gewesen sein. Seine Beurteilung Höfles vom 31. März 1939 betont, daß Höfles Auftreten selbstbewußter werden müsse. Vor allem habe er in Anzug und Sauberkeit mehr auf sich zu halten. Der Schulleiter fand Höfles Auftreten zu unsicher und hielt ihn für seine 27 Jahre für zu weich, aber für strebsam, bescheiden, ehrlich, willig, zuverlässig, fleißig, geistig Durchschnitt, aber anständig, seine Kommandokenntnisse nicht genügend, die Bildung leider mangelhaft, obwohl der Lehrgang gewisse Fortschritte zeitigte. Trotz der beklagenswerten Rechtschreibung lautete das Urteil: „Zuverlässiger Nationalsozialist der Front mit gutem Wollen und erfreulichem Lerneifer. Obwohl er mit geringen Wissensgrundlagen zum Lehrgang kam, hat er sich wesentlich entwickelt. Im körperlichen Einsatz muß er aktiver und härter, im geistigen noch regsamer werden. Nach seinen Leistungen im Lehrgang ist er fähig, seine Dienststellung auszufüllen, unter der Voraussetzung, daß ihm Gelegenheit gegeben wird, sich weiter zu schulen."

Die Abschlußbeurteilung des Lehrgangsleiters ist um so verwunderlicher, da ein 27seitiges Heft mit Hermann Höfles Antworten auf verschiedene im Dachauer Lehrgang gestellte Examensfragen erhalten blieb. Die Fragen selbst sind leider nicht angegeben, aber Höfles handschriftliche Antworten und die Bemerkungen des Lehrers zeigen, daß dieser SS-Führer Hermann Höfle ein primitiver, gänzlich ungebildeter Mann ist. Fast keine Antwort ist richtig und unkorrigiert. Nachstehend einige Kostproben *mit den orthographischen Fehlern des Originals:*

Antwort 9: „durch den Zusammenbruch des deutsch Ritterordens entstand der Koridor und kam zu Polen bei der Teilung Polens kam der Koridor zum Reich zurück 1918 mußte er durch das Versailer Diktat wider an Polen abgetreten werden."

Diese Antwort stammt übrigens schon aus der zweiten Lehrgangsarbeit, denn Höfles erste war völlig ungenügend, während der Lehrer zur zweiten bemerkt: „Gegenüber der ersten Arbeit sind gewisse Ansätze bemerkbar. Trotzdem kann das Ergebnis noch nicht befriedigen. Sie müssen mit großem Fleiß an Ihrer Weiterbildung arbeiten. Benutzen Sie vor allem die im Lehrgang genannten Bücher! Bei günstigster Beurteilung: *Mangelhaft.*"

Zur Illustration seien nachstehend einige von Höfles Antworten aus der Abschlußprüfung des 11. Lehrgangs in Dachau am 24. März 1939 wiedergegeben:

Antwort 3: „Wandalismus wird immer falsch ausgelegt. Die Wandalen nahmen zwar Rom ein zerstörten es aber nicht, Rom wurde von den Römern nach den Wandalen selbst zerstört, später schrieb die katholische Kirche die Wandalen hätten in Rom fürchterlich gewüstet."

Antwort 5: „In der Mitte des 18 Jahhunderts entstand das komunistische Mannifest durch die entstandenen Volksschichten. Der Arbeiter hatte nach Oben keinen Anschluß die Juden nutzten diesen Zustand aus und gewannen die Arbeiter dadurch für die komunistische Ide."

Antwort 10: „Lay Agrarpolitik."

Antwort 12: „Blutschutzgesetz, Reichsbürgergesetz, Reichsflaggengesetz keine Ehe mit Juden, Juden können nicht Reichsbürger sein, die Hackenkreutzflagge ist Reichsflagge, Juden dürfen sie nicht tragen."

Antwort 21: „Verlobungs- und Heiratsgesetz 1931, Heiligkeit des Eigentums, Lebensborn 1934, Versorgung der Wittwehn und Weisen, Gesetz der Ehre."

Antwort 27: „Alle deutschen Kollonien: Deutsch-Südwest-Afrika, Hawai, Deutsch-Ostafrika, Deutsch-Marokko." (Der Lehrer schrieb dahinter „OHO!", Bemerkung des Herausgebers.)

Die Frage 28 bezog sich offenbar auf die fünf Erdteile. Höfles Antwort lautete: „Südamerika, Asien, Europa."

Die Frage 29 dürfte sich nach den Hauptstädten von 10 Ländern erkundigt haben, denn Höfle antwortete: „Buddapest, Warschau, Rom, Brüssel, Tokio."

Die Frage 37 zielte wohl auf die NS-Gesetze, denn Höfle zählte auf: „1. Der Jude ist kein (Staatsbürger) Reichsbürger, 2. Blutschutzgesetz, 3. der Jude aus dem Handel ausgeschlossen."

Bei Frage 69 handelte es sich um technische Dinge. Höfle antwortete: „Die Explusion des Pulvers durch Entzunden des Kopfels das Geschoß nimt den Weg durch den Lauf, durch den Drahl bekommt das Geschoß eine Drehung um die Lenksachse."

Antwort 70: „Das Gewehr so einrichten, das Kime und Korn und Ziehl eine Richtung bilden."

Antwort 83: „Das Schidsgericht behandelt Vorfälle Einzellner das Ehrenverfahren ist für Ehrenangelegenheiten von SS-Angehörigen untereinander."

Diese Abschlußarbeit ist mit „Kaum genügend" zensiert worden. Der Lehrgangsleiter schrieb dazu: „Das fleißige und strebsame Arbeiten ist anerkennenswert. Die Lücken bei allen Dienstgebieten sind sehr groß. Dieser Mangel an Kenntnissen kann durch eifrige Weiterarbeit und Selbststudium verringert werden."

Nachdem der Krieg ausgebrochen war und Höfle Gelegenheit bekam, sich im Sinne des „großdeutschen Reiches" in Polen zu betätigen, fiel die Beurteilung wenige Jahre später schon ganz anders aus. Der Führer des 3. SS-Sturmbanns Ost, SS-Hauptsturmführer Ulrich, hielt Hermann Höfle 1943 für selbstbewußt, sehr regsam, ausdauernd in der Erreichung seiner Ziele, von leichter Auffassungsgabe mit viel Sinn für praktische Dinge, höchst belesen, sehr selbständig, mäßig in Nikotin und Alkohol und von gutem Organisationstalent. Außerdem besaß Höfle inzwischen angeblich auch das SA-Sportabzeichen, das Reichssportabzeichen und das Reitersportabzeichen, wie er schrieb „in bronze". Vielleicht gelangte SS-Hauptsturmführer Ulrich zu dem guten Urteil über Höfle, weil es mit seiner eigenen Orthographie ebenfalls nicht sonderlich gut bestellt war. Aus demselben Grunde schloß sich wohl auch Höfles Vorgesetzter, der SS- und Polizeiführer Lublin Odilo Globocnik, der Beurteilung an. Seine Bildung ließ nämlich sehr zu wünschen übrig.

Der emsige Höfle hatte dem „Führer" inzwischen vier Kinder geschenkt und war in eine standesgemäßere Wohnung, Hubert-Sattler-Gasse 13 in Salzburg, umgezogen. Sogar seine Schrift veränderte sich im Laufe der Jahre. Während sie vorher leicht nach rechts verlief, kippte sie in Polen nach links über und wirkte viel energischer. Das wird deutlich bei seinem handschriftlichen Lebenslauf sichtbar, den er am 2. Februar 1942 in Lublin schrieb. Diesem „politischen" Lebenslauf darf man entnehmen, daß Hermann Höfle wegen „politischer Betätigung zu 7 Monaten Kerker gerichtlich und 3 Monaten bedingt polizeilich abgestraft, Haftzeit vom 20. Mai 1935 bis 1. Januar 1936", erlitten hatte. Mit der deutschen Sprache war es immer noch nicht viel besser geworden. Außerdem gibt Höfle an: „3 Monate Sudeteneinsatz, Aufbauarbeit der 99. Standarte in Znaim. Februar und März 1939 Führerschule in Dachau. Seither Referent im Stab des SS- und Polizeiführers Lublin und zeitweise stellvertretender Stabsführer."

Wie seine Laufbahn beweist, störten die großen Mängel des Hermann Höfle durchaus nicht. Bei der „Aktion Reinhard" ging es lediglich um Rauben und Morden, was aus Höfle einen zielbewußten, selbstsicheren Aktivisten machte. 1942 ernannte Odilo Globocnik daher seinen Landsmann zum stellvertretenden Stabschef, denn SS-Hauptsturmführer Ulrich hatte den tüchtigen Höfle schon am 20. Dezember 1941 zur Beförderung zum Sturmbannführer der Allgemeinen SS vorgeschlagen und um seine Ernennung gebeten. Odilo Globocnik reichte den Vorschlag urschriftlich an den Höheren SS- und Polizeiführer Ost, Friedrich Wilhelm Krüger in Krakau, weiter und befürwortete ihn wie folgt:

„SS-Hauptsturmführer Höfle ist seit Anfang im Generalgouvernement, hat hier zuerst den Selbstschutz im Kreise Neu-Sandez geführt und wird seine Dienstleistung im Dienstleistungszeugnis als mustergültig bezeichnet. Er hat dann beim Bau des Ostgrenzgrabens gearbeitet und die gesamte Verwaltung der Liegenschaften und der SS- und Polizeistützpunkte aufgebaut und geführt. Seit meiner Beauftragung mit der Errichtung der SS- und Polizeistützpunkte im neuen Ostraum ist er auch hier eingesetzt und für die Stelle des Außenstellenleiters in Tiflis vorgesehen. Er hat alle seine Aufgaben in tadelloser Weise durchgeführt und ist einer von jenen Männern, die auf allen Gebieten verwendbar sind. Er gehört zu den alten SS-Männern in der Ostmark und hat zuletzt dort die 76. SS-Standarte geführt. Seine Beförderung zum SS-Sturmbannführer wäre nicht nur eine Anerkennung seiner bisherigen Dienstleistung, sondern in Anbetracht seiner neuen Aufgabengebiete im neuen Ostraum eine Notwendigkeit zur Durchführung derselben."

Wie Höfle in seinem politischen Lebenslauf selbst angibt und Globocnik bestätigt, war er vom 10. Dezember 1939 bis 1. September 1940 Selbstschutzbereichsführer in Neu-Sandez (Nowy Sacz). Vom 1. November 1940 an leitete er das Zwangsarbeitslager am Bug-Graben. Doch das sollten für ihn bald alles nur noch kleine Fische sein, denn die große Karriere begann mit dem Anlaufen der „Aktion Reinhard". Eine wie wichtige Persönlichkeit Hermann Höfle dabei war, ist aus einem Formular ersichtlich[1]), das jeder an der „Aktion Reinhard" Beteiligte unterzeichnen mußte. In ihm stehen Sätze wie: „Durch ᛋᛋ-Hauptsturmführer Höfle als Leiter der Hauptabteilung »Einsatz Reinhard« beim ᛋᛋ- und Polizeiführer im Distrikt Lublin bin ich eingehend unterrichtet und belehrt worden, daß ich unter keinen Umständen an Personen, die außerhalb des Kreises der Mitarbeiter im »Einsatz Reinhard« stehen, die Vorkommnisse bei der Judenumsiedlung mündlich oder schriftlich berichten darf ... daß die Vorgänge bei der Judenumsiedlung Gegenstand einer »Geheimen Reichssache« sind ... Mir ist bekannt, daß die Pflicht der Geheimhaltung auch nach meinem Ausscheiden aus dem Dienst weiterbesteht."

Dieser „Einsatz Reinhard" brachte dem Dritten Reich unheimliche Vermögenswerte an Geld, Devisen, Gold, Juwelen, Stoffen, Pelzen und anderem ein[2]). Trotzdem mußte natürlich alles seine Ordnung dabei haben. Deshalb schrieb auch Globocnik an den getreuen Höfle[3]), daß — wie bereits mündlich abgesprochen — eine Zentralkartei mit allen aus der Judenumsiedlung anfallenden Werten aufgenommen und ständig geführt werden müsse. Für Edelwerte und Devisen sind dabei ᛋᛋ-Sturmbannführer Wipper, für Kleidungsstücke, Schuhe usw. aber ᛋᛋ-Hauptsturmführer Höfle verantwortlich. Die Kartei sollte nach Sorten geordnet, der Ein- oder Abgang wöchentlich vermerkt werden, damit jeweils am Monatsersten eine Bestandsmeldung vorgelegt werden könne.

Der arme Mechaniker aus Salzburg jonglierte plötzlich mit Millionenwerten und kam sich wahrscheinlich fast wie ein Wohltäter der Menschheit vor. Am 29. Juli 1942[4]) verfügte Höfle beispielsweise, einem ᛋᛋ-Hauptsturmführer aus Schloß Jablon sollten für sein Lager ein paar hundert Anzüge, Hemden, Unterhosen, Socken, Schuhe, Krawatten, Füllfederhalter, Taschenlampen, Rasiermesser und Kleiderbügel aus dem Materialdepot in der Lubliner Chopinstraße 27 ausgeliefert werden.

Der Juli 1942 wird wohl für Höfle überhaupt recht arbeitsreich und anstrengend gewesen sein, denn er pendelte dauernd zwischen Lublin und Warschau hin und her, weil am 22. Juli die „Aussiedlung" der 300 000 Juden aus dem Ghetto Warschau ins Vernichtungslager Treblinka begann. Damit das Unternehmen sachgemäß vonstatten ging, delegierte Globocnik einige Experten — an ihrer Spitze Hermann Höfle — zur „Aussiedlung" ab. Höfle leitete dann den Mord auch kunstgerecht ein[5]). Am 22. Juli 1942 um 9 Uhr

---

[1]) *Poliakov-Wulf, Seiten 46–47.*
[2]) *Siehe Biographie Globocnik, Seite 266.*
[3]) *Kermisz I, Seite 183.*
[4]) *Ebendort, Seiten 184 und 186.*
[5]) *Wulf I, Seiten 49–50.*

hielten Pkws und Lkws vor dem Gebäude des Judenrats, und ukrainische Soldaten besetzten die Eingänge. Zehn SS-Leute begaben sich in den ersten Stock zum Vorsitzenden hinauf. Ein dicklicher SS-Mann — Höfle — eröffnete die historische Sitzung, die über das Schicksal der Warschauer Juden entscheiden sollte, indem er sagte: „Mit dem heutigen Tage beginnt die Aussiedlung der Juden aus Warschau. Ihr wißt, hier gibt es zu viele Juden. Euch, den Judenrat, beauftrage ich, dieses Werk durchzuführen. Schafft ihr eure Aufgabe nicht, hängt ihr selbst in der Schlinge[1])."

Höfles Dienststelle, die Befehlsstelle des Umsiedlungsstabes, lag auf der Zelaznastraße 104[2]). Dieser Idealist leistete wirklich ohne nennenswerte Bezahlung eine ungeheure Arbeit, denn seine Besoldung betrug laut Aufstellung des SS-Wirtschaftsverwaltungshauptamtes vom 22. März 1943:

„Diktatzeichen: A I/2 a Bes.Nr. 1320 —

Betr.: Besoldungsfeststellung SS-Sturmbannführer Höfle, Hermann,

SS-Nr. 307 469 SS-Oberabschnitt Alpenland ab 1. 7. 1943 SS-Oberabschnitt Ost.

Entsprechend Ihrer Einstufung in die Besoldungsgruppe B 5/c errechnen sich auf Grund der vorgesehenen Vorrückung Ihre Dienstbezüge ab 1. 1. 1943 wie folgt:

Grundgehalt-Grundlohn	RM 510,—
Haushaltszulage (Ortsklasse A)	RM 117,30
Kinderzulage (für 2 Kinder)	RM 40,—
Gesamtbezüge	RM 667,30

Bei gleichbleibender Besoldungsgruppe und Leistungsstufe fällt der nächste Vorrückungstermin auf den 1. 1. 1945.

Heil Hitler!
Der Reichskassenverwalter der SS

i. A.: Unterschrift
SS-Standartenführer"

Für die Mordaktion erhielt Hermann Höfle jedoch eine andere Belohnung. Am 20. Mai 1943 konnte er dem SS-Personalhauptamt in der Berliner Prinz-Albrecht-Straße 8 folgendes berichten:

„Betr.: Veränderungsmeldung des SS-Sturmbannführers Höfle, Hermann, SS-Nr. 307 469 Dem Unterzeichneten wurde mit Wirkung vom 20. April 1943 das Kriegsverdienstkreuz I. Klasse mit Schwertern verliehen."

---

[1]) *Wulf I, Seite 50.*
[2]) *Kermisz I, Seite XX.*

Im August 1943 ging Höfles Lubliner Chef Globocnik nach Triest. Die Juden im Generalgouvernement waren auch inzwischen rarer geworden, und deshalb suchte der Höhere SS- und Polizeiführer Ost, Krüger, in Krakau, für den bewährten Höfle ein neues Arbeitsgebiet, und so schrieb er darum am 24. September an den Höheren SS- und Polizeiführer für die besetzten niederländischen Gebiete, SS-Gruppenführer und General der Polizei Rauter in Den Haag:

„Lieber Rauter! Mit der neuen Verwendung von SS-Gruppenführer Globocnik in Triest ist ein starker personeller Wechsel auch von Mitarbeitern vorgenommen worden, die Gruppenführer Globocnik mit in sein neues Aufgabengebiet genommen hat. In seinem Stabe war ein SS-Sturmbannführer Höfle, der in Lublin bei dem neuen SS- und Polizeiführer Sporrenberg zurückblieb. Höfle hatte während seiner langjährigen Zugehörigkeit zum SS- und Polizeiführer Lublin Sonderaufgaben zu lösen, die vor allem im Zusammenhang mit der Judenendlösungsfrage stehen. Diese Aufgabe bedurfte, da sie eine reine Vertrauenssache war, für den Betreffenden ganz besonderer Voraussetzungen. Höfle hat diese Aufgabe zur vollen Zufriedenheit des Reichsführers-SS gelöst. Sie forderte den ganzen Einsatz dieses SS-Führers, und es ist notwendig, daß Höfle nunmehr nicht nur aus dieser Aufgabe, sondern auch aus diesem Gebiet herausgenommen wird, um nach jahrelanger Arbeit ganz andere Eindrücke zu gewinnen.

Ich habe dieserhalb dem Reichsführer-SS vorgetragen, und er schlägt vor, Sturmbannführer Höfle zu Ihnen in Ihr Aufgabengebiet abzugeben. Ich habe mich daher an den Chef des SS-Personalhauptamtes, SS-Gruppenführer und Generalleutnant von Herff, gewandt mit der Bitte, im Einvernehmen mit Ihnen die Versetzung von Sturmbannführer Höfle zu erwirken. Ich bitte daher, Gruppenführer von Herff mitteilen zu wollen, in welcher Form Höfle bei Ihnen zum Einsatz gelangt. Von mir aus persönlich darf ich nur ergänzend hinzufügen, daß Höfle des vollsten Vertrauens würdig ist und auf Grund seiner vielseitigen Erfahrungen im Distrikt Lublin an jeder Stelle leicht zum Einsatz gebracht werden kann. Ich würde Höfle bestimmt zu mir genommen haben, wenn nicht die Notwendigkeit vorläge, daß er unbedingt aus dem Osteinsatz versetzt werden muß.

Heil Hitler!

Ihr Krüger."

Höfle beschäftigte sich inzwischen noch damit, die spärlichen Reste der Juden in Lublin auszurotten. Gemeinsam mit dem neuen SS- und Polizeiführer Lublin, SS-Gruppenführer Jakob Sporrenberg, löste er ab 3. November 1943 die verschiedenen im Lubliner Bezirk noch vorhandenen Lager auf. Bei diesen Liquidationen sind auch nochmals 42 000 Juden ermordet worden, und zwar 10 000 in Trawniki, 15 000 in Poniatowo, 15 000 in Majdanek und der Rest in anderen kleinen Lagern[1]).

---

[1]) *Berenstein, Seite 342; siehe auch Tatjana Berenstein „Die Arbeitslager im Lubliner Distrikt", Bulletin Nr. 24 1957, S. 13.*

Am 15. Februar 1944 kam Höfle nach Sachsenhausen, war aber in jenem Konzentrationslager nicht so erfolgreich, denn in der Zwischenbeurteilung vom 17. März schreibt der SS-Standartenführer und Lagerkommandant in der Waffen-SS-Kommandantur Oranienburg:

„Der seit 15. 2. 44 zur Einweisung nach hier kommandierte SS-Sturmbannführer (F) Höfle war vom 15. 2. bis 7. 3. 44 zur Dienstleistung dem SS-T.-Wachbataillon Sachsenhausen zugeteilt und ist seit 8. 3. bis heute zum 1. Schutzhaftlagerführer kommandiert. Höfle, der über keinerlei militärische Ausbildung verfügt, ist den Anforderungen, die an den Führer einer Wachtruppe gestellt werden müssen, in keiner Weise gewachsen. Die ihm gestellten schriftlichen militärischen Aufgaben erledigte Höfle nur schlagwortartig. Auf den Kern der Sache ging er nicht ein. Die Zeit seiner Einarbeitung beim 1. Schutzhaftlagerführer ist zu kurz, um ein Urteil in dieser Hinsicht über Höfle abzugeben. Er bringt allerdings dem Dienstbetrieb dieser Abteilung etwas mehr Interesse entgegen. Gelegentlich einer Dienstbesprechung äußerte Höfle, daß ihm als Lagerkommandant ja erstens ein Schutzhaftlagerführer und zweitens ein Truppenführer gestellt würde. Daraus ist schon ersichtlich, daß Höfle von vornherein ohne Interesse und Diensteifer an seine Aufgaben heranging. Er äußerte weiter, daß er als Leiter seiner früheren Dienststelle einen weitaus größeren Dienstbereich unter sich gehabt hätte, als den eines K.L. Auf Grund dessen müßte er schon als Sturmbannführer in die Waffen-SS übernommen werden. Da Höfle auch gesundheitlich nicht ganz auf der Höhe ist (er leidet an Nierenkoliken), eignet er sich m. E. nicht für eine Verwendung im Konzentrationslagerdienst, da er, gleich in welcher Dienststellung, bei jedem Wetter unterwegs sein muß und sich nicht immer in warmen Räumen aufhalten und den Dienst vom Schreibtisch aus leiten kann."

Die Beurteilung ging an den Amtsgruppenchef D — SS-W.V.H.A. — SS-Gruppenführer und Generalleutnant der Waffen-SS Glücks in Oranienburg.

Am gleichen Tage, als diese wenig erfreuliche Beurteilung diktiert wurde, bekam Höfle aber das Eiserne Kreuz II. Klasse verliehen und meldete diese erfreuliche Tatsache am 4. Mai 1944 dem SS-Personalhauptamt mit den Worten:

„Der Unterzeichnete meldet hiermit, daß ihm das Eiserne Kreuz II. Klasse mit Wirkung vom 17. 3. 1944 verliehen wurde.

Heil Hitler!

Höfle, SS-Sturmbannführer."

Lange brauchte Hermann Höfle sich auch nicht im engen Rahmen Sachsenhausens herumzuärgern. Mit Wirkung vom 13. Juni ist er am 7. Juli 1944 seiner ursprünglich vorgesehenen Dienststellung als Fachführer der Waffen-SS beim Höheren SS- und Polizeiführer Griechenland, Fachgruppe „SS- und Polizeiwesen" — als solcher sollte er nämlich in Sachsenhausen eingearbeitet werden — enthoben und statt dessen zum Fachführer der Waffen-SS beim SS-Hauptamt, Fachgruppe „Erfassung", ernannt worden. Am gleichen Tage kam seine Versetzung von der Stabskompanie der Waffen-SS beim Reichssicherheitshauptamt zum SS-Hauptamt. In Vertretung von Herffs ist diese truppenmäßige Versetzung von SS-Brigadeführer und Generalmajor der Waffen-SS Dr. Katz unterzeichnet.

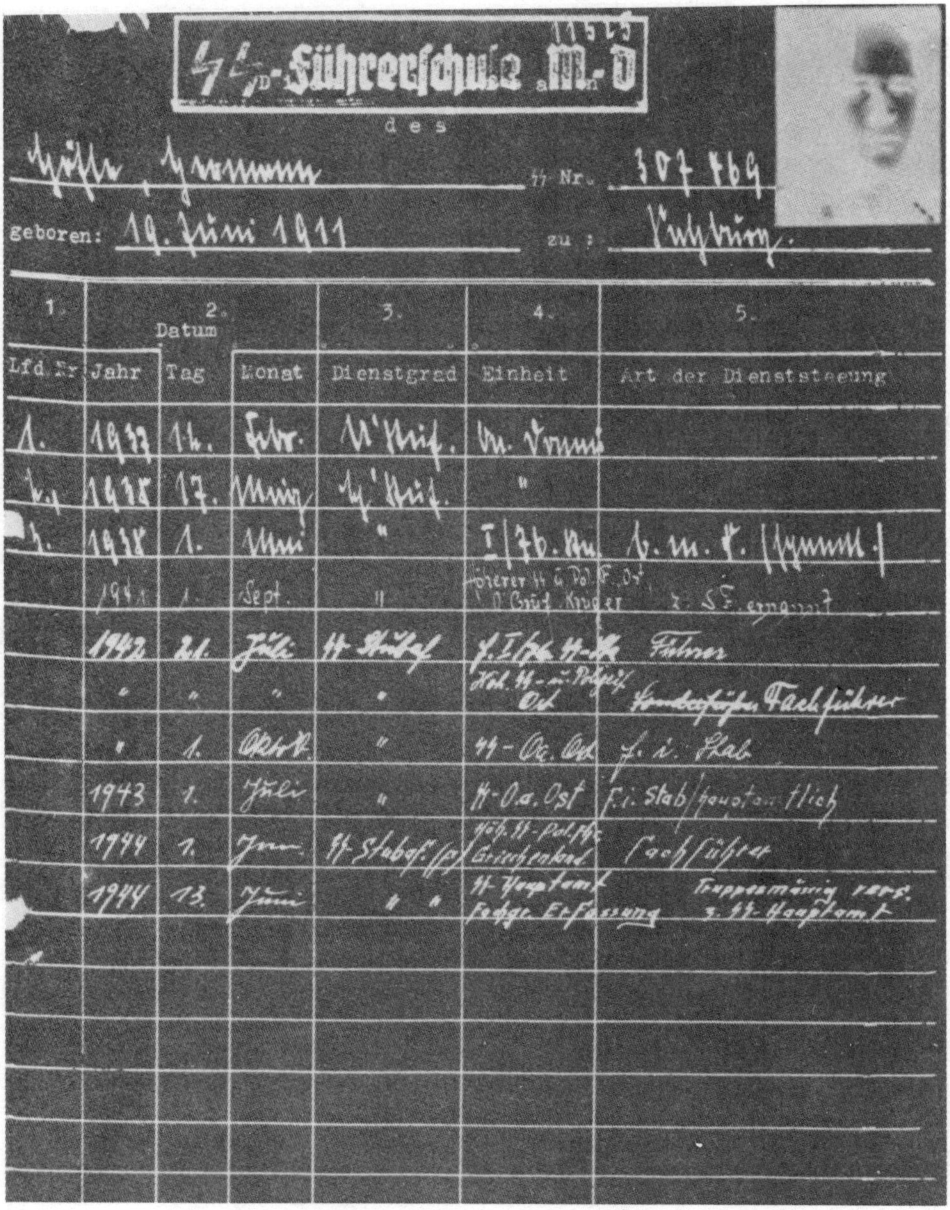
SS-Führerschule

des

Höfle, Hermann SS Nr. 307 469

geboren: 19. Juni 1911 zu: Salzburg.

1.	2. Datum			3.	4.	5.
Lfd. Nr	Jahr	Tag	Monat	Dienstgrad	Einheit	Art der Dienststellung
1.	1937	14.	Febr.	U'Stuf.		
2.	1938	17.	März	H'Stuf.	"	
3.	1938	1.	Mai	"	I/76. Stu.	
	1941	1.	Sept.	"	Höherer SS u. Pol. F. Ost, SS Brigf. Krüger	z. SF. ernannt
	1942	21.	Juli	SS Stubaf	F. I/76 SS-Sta.	Führer
	"	"	"	"	Höh. SS- u. Polizeif. Ost	~~Sonderführer~~ Fachführer
	"	1.	Oktob.	"	SS-Oa. Ost	F. i. Stab
	1943	1.	Juli	"	SS-O.a. Ost	F.i. Stab/hauptamtlich
	1944	1.	Jan.	SS Stubaf. (F)	Höh. SS-Pol. Fhr. Griechenland	Fachführer
	1944	13.	Juni	" "	SS-Hauptamt Ersatzg. Erfassung	Truppenmäßig vers. z. SS-Hauptamt

Die Beförderungen von SS-Sturmbannführer Hermann Höfle ab 1937

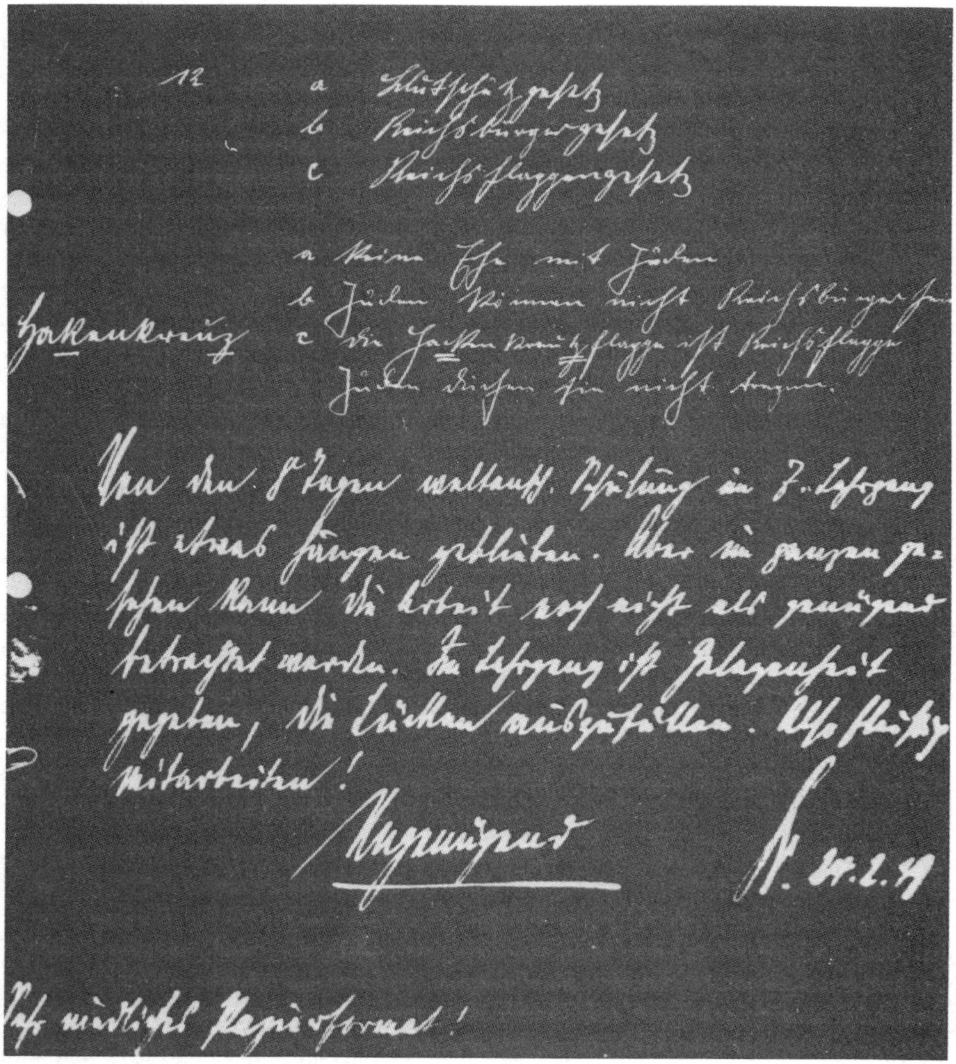

Das Obere ist die Handschrift Hermann Höfles. Es handelt sich um seine Antworten bei einem Schulungskursus

Siehe Seiten 278–279

Das Untere ist die Beurteilung des Lehrgangsleiters

Anfang September 1944 hielt sich Höfle dann in Brüssel auf und sollte dort die letzten Tage unter deutscher Besatzung erleben. Am 6. September wurde die Stadt befreit. Auf Wunsch des Brigadeführers Hartmann schilderte Hermann Höfle, nach Berlin zurückgekehrt, am 6. November seine Erlebnisse und schrieb:

„Auf Wunsch des Brigadeführers Hartmann schildere ich nachfolgend die Zustände, wie sie kurz vor dem Abrücken in Brüssel waren: Durch den Mangel an Transportmitteln und Brennstoff sowie durch das schnelle Vorrücken der feindlichen Truppen waren die verantwortlichen Führer der Material- und Verpflegungslager nicht mehr in der Lage, den Abtransport durchzuführen. Ich selbst war die letzten Tage vor dem Abrücken infolge meiner Tätigkeit als Führer des Sicherheitskorps nicht in der Lage, meine Dienststelle zu verlassen. Ich hörte von mehreren Kameraden am letzten Tage, am 2. September 44, daß das Warenlager der Germanischen Leitstelle an Angehörige der SS und Polizei vormittags durch Verkauf geräumt werden sollte. Da dies aber nicht möglich war — weil die Leute nicht so viel Geld hatten —, wurde am Nachmittag ohne Bezahlung verteilt. Kurz vor dem Abrücken gegen 18 Uhr wurde der Rest des Lagers von dem Vorkommando einer SS-Truppe übernommen. Es war mir bekannt, daß alle, die davon Kenntnis hatten, Kaffee, Schokolade, Zigarren, Zigaretten, Wäsche usw. in erheblichem Umfange bekommen haben.

Von der Wäsche, die dem Fahrer von einem flämischen Angestellten des Lagers übergeben wurde, hat auch mir derselbe etwas abgegeben (ca. 12 Unterhemden). Es ist mir bekannt, daß SS-Brigadeführer Hartmann am Vormittag dieses Tages verschiedene Waren durch seinen Fahrer hat einkaufen lassen. Es handelte sich dabei um ziemlich hohe Summen (ca. 1500,— RM). Beim zweiten Einkauf habe ich dem SS-Brigadeführer 100,— RM geliehen, da sein Geld nicht ausreichte. Es steht weiter fest, daß schon zwei Tage vor unserem Abrücken aus den Wohnungen der Stabsangehörigen, die sich auf Befehl in den Stützpunkt zurückziehen mußten, durch die Bevölkerung sämtliche Wohnungseinrichtungsgegenstände geplündert waren. Außerhalb des Stützpunktes wohnte nur noch der Brigadeführer mit seinem Fahrer. Auch hier ist mir bekannt, daß die übrigen Zimmer in dem Hause bereits geplündert waren, als der Brigadeführer noch dort wohnte.

Vor der Abfahrt stand eine lange Fahrzeugkolonne vor der Dienststelle des SS-Gruppenführers Jungclaus. Von durchfahrenden Wehrmachtsangehörigen wurden aus einem Keller neben der Dienststelle, der bereits von Besitzern verlassen war, Lebensmittel wie Öl, Makkaroni, Käse usw. herangebracht, davon hat auch der Fahrer des Brigadeführers verschiedenes auf den Kfz. 15 aufgeladen. Ich hielt das auch für richtig, da alles, was nicht mitgenommen wurde, den Plünderern und dem Feinde in die Hände fiel. Dies beweist meine oben angeführte Schilderung über Plünderungen, die schon 2 Tage vorher stattfanden.

Ich stehe heute noch auf dem Standpunkt, daß jeder, der die Möglichkeit hatte, etwas mitzunehmen, dies tuen mußte, damit wenigstens ein geringer Bruchteil von den Beständen deutschen Menschen zugute kam. Es tut mir selbst leid, daß ich wegen dienstlicher Inanspruchnahme mich nicht mehr um diese Dinge kümmern konnte.

Höfle

SS-Sturmbannführer und Stabskommandant
im SS-Hauptamt“

SS-Obersturmbannführer Dr. Ludwig Hahn
Kommandeur der Sicherheitspolizei und des SD in Warschau

Am 17. August 1943 schlug der SS-Obersturmbannführer und Oberregierungsrat Dr. Ludwig Hahn in seiner Eigenschaft als Befehlshaber der Warschauer Sicherheitspolizei den SS-Rottenführer Josef Blösche zum Kriegsverdienstkreuz II. Kl. mit Schwertern vor und schreibt in der „kurzen Begründung und Stellungnahme“[1]):

„Blösche ist seit mehreren Monaten bei der Durchführung der Umsiedlung der Juden im Ghetto eingesetzt. Nach Beendigung der Umsiedlung war er hauptsächlich im Streifendienst und bei der Überwachung der Juden im Ghetto tätig. Bis zum Beginn der Aktion am 19. April 1943 war es Blösche gelungen, wiederholt bewaffnete Juden festzunehmen bzw. kleinere Bunker, in denen sich Juden bereits längere Zeit versteckt hielten, aufzufinden und auszuheben. Bei Beginn der Aktion am 19. April 1943 war er als besonders guter Ortskundiger eingesetzt und hat dabei wiederholt bewaffneten Widerstand unerschrocken gebrochen. Seine Leistungen und seine stete Einsatzbereitschaft müssen besonders hervorgehoben werden.

gez. Hahn.“

Bei den Exekutionen und „Aussiedlungen“ im Warschauer Ghetto bildeten Dr. Hahn und seine Sicherheitspolizei gewissermaßen einen Staat im Staate. Während der SS- und Polizeiführer im Distrikt Warschau Befehlsempfänger Heinrich Himmlers war, erhielt der Kommandeur der Sicherheitspolizei in Warschau seine Befehle von Dr. Ernst Kaltenbrunner, dem SS-Gruppenführer und Chef des Reichssicherheitshauptamtes. Allerdings waren sich Himmler und Kaltenbrunner wohl im Prinzip — jedenfalls, soweit es um die Ausrottung der Juden ging — stets einig.

---

[1]) *Wulf I, Seite 93.*

Karl Kaleske, der Adjutant von zwei Liquidatoren des Ghettos in Warschau — sowohl des SS- und Polizeiführers Warschau von Sammern-Frankenegg als auch seines Nachfolgers Jürgen Stroop —, erklärte am 24. Februar 1946 in seiner eidesstattlichen Aussage[1]) unter anderem über Dr. Ludwig Hahn:

„Die Funktion der Sicherheitspolizei während der Aktion gegen das Warschauer Ghetto war, die SS-Truppe zu begleiten. Bestimmte SS-Gruppen hatten die Aufgabe, Straßen zu räumen, und bei ihnen befanden sich dann stets vier bis sechs Sicherheitspolizisten, *weil diese das Ghetto sehr gut kannten*. Diese Sicherheitspolizisten unterstanden Dr. Hahn, dem Kommandeur der Sicherheitspolizei in Warschau. Hahn erhielt seine Befehle nicht vom SS- und Polizeiführer Warschau, sondern direkt von Kaltenbrunner in Berlin. Das bezieht sich nicht nur auf die Ghetto-Aktion, sondern auf alles. Dr. Hahn kam oft in unsere Dienststelle und sagte dem SS- und Polizeiführer, daß er diesen oder jenen Befehl von Kaltenbrunner erhalten hätte, über dessen Inhalt er nur den SS- und Polizeiführer informieren solle. Er würde dies nicht bei jedem Befehl tun, sondern nur bei einzelnen, ganz bestimmten."

Welche Sonderstellung der Dr. Hahn bei den Aktionen im Ghetto einnahm, dürfte also klar ersichtlich sein. Übrigens bekundet Karl Kaleske in seiner eidesstattlichen Erklärung weiter:

„Ich erinnere mich an den Fall der 300 ausländischen Juden, die im Polski-Hotel von der Sicherheitspolizei festgehalten wurden."

Die meisten dieser ausländischen Juden sind später in verschiedenen Lagern — auch Auschwitz — umgekommen.

Dr. Hahn betätigte sich mit seiner Sicherheitspolizei schon im Januar 1943 bei den „Aussiedlungen" im Ghetto Warschau[2]). Dem Bericht des SS-Brigadeführers Stroop ist ebenfalls zu entnehmen, daß bei der Liquidation des Warschauer Ghettos am 19. April 1943 eine Kompanie Sicherheitspolizei eingesetzt war[3]). In seiner eidesstattlichen Erklärung vom 24. Februar 1946 in Wiesbaden[4]) gibt Stroop folgende Einzelheiten darüber an:

„Außerdem erhielt ich ein Fernschreiben vom Himmler mit dem Befehl, das Warschauer Ghetto zu räumen und dem Erdboden gleichzumachen. Um das durchzuführen, hatte ich zwei Waffen-SS-Bataillone, 100 Mann Wehrmacht, Einheiten der Ordnungspolizei und 75 bis 100 Mann der Sicherheitspolizei. Die Sicherheitspolizei war schon einige Zeit im Warschauer

---

1) *PS — 3840.*

2) *Aussage des SS-Obersturmführers Franz Konrad, Leiter der „Werterfassung" im Ghetto Warschau, im Prozeß gegen Stroop und Konrad, Warschau 1951, Band VI, Seite 1065.*

3) *Siehe Seiten 73 und 183.*

4) *PS — 3841.*

Ghetto aktiv tätig, und während der Aktion war es ihre Funktion, die ᛋᛋ-Einheiten zu begleiten — in Gruppen zu 6 oder 8 —, um als *Führer und Sachverständige* in Ghettoangelegenheiten zu fungieren. Obersturmbannführer Dr. Hahn war Kommandeur der Sicherheitspolizei von Warschau zu dieser Zeit. *Hahn gab der Sicherheitspolizei die Befehle über ihre Aufgabe in dieser Aktion.*" Stroop erklärte auch ausdrücklich: „Die Sicherheitspolizei hatte absolute Aufsicht über diese Leute (Die Juden! — Anmerkung des Herausgebers) und den Abtransport nach Lublin unter sich."

Wer aber war denn nun dieser auf Ghettoangelegenheiten spezialisierte Dr. Ludwig Hahn? Nun, in seinem handschriftlichen Lebenslauf vom 7. Oktober 1936 steht:

„Lebenslauf des ᛋᛋ-Untersturmführers Hahn, ᛋᛋ-Nr. 65 823: Am 23. Januar 1908 wurde ich in Eitzen I, Kreis Uelzen, geboren als Sohn des Bauern Ludwig Hahn und seiner Ehefrau Catharina, geb. Burmester. Von 1914 bis Ostern 1918 besuchte ich die Volksschule und die Vorschule des Johanneums in Lüneburg. Ostern 1918 trat ich in das Realgymnasium zu Lüneburg ein und bestand dort Ostern 1927 die Reifeprüfung.

Vom Sommersemester 1927 bis zum Wintersemester 1930/31 studierte ich Rechtswissenschaft in Jena und Göttingen. Ich gehörte in Jena der Landsmannschaft Suevia an. Am 27. Juni 1931 bestand ich am Gemeinschaftlichen Thüringischen Oberlandesgericht in Jena die erste juristische Staatsprüfung. Am 27. Juli 1932 promovierte ich in Jena zum Dr. jur. mit dem Prädikat »cum laude« über das Thema: »Der Begriff des Zwangsgeldes in den §§ 33 und 76 des Preußischen Polizeiverwaltungsgesetzes vom 1. Juni 1931.« Als Referendar war ich zur Ausbildung in Lüneburg, Naumburg, Weimar und Jena. Am 29. April 1935 bestand ich vor der Prüfungsstelle Dresden des Reichsjustizprüfungsamtes die große juristische Staatsprüfung mit dem Prädikat »befriedigend«. Am 1. Juni 1935 wurde ich als Referent in das Sicherheitshauptamt-RFSS berufen. Zum 1. Januar 1936 ordnete der Chef des Sicherheitshauptamtes meine Übernahme in die Geheime Staatspolizei an. Durch Erlaß des stellvertr. Chefs der Preuß. Geh. Staatspolizei wurde ich als Assessor zur Staatspolizeistelle Hannover einberufen. Dort war ich seit April der ständige Vertreter des Leiters der Staatspolizeistelle. Am 1. September 1936 wurde ich in das Geheime Staatspolizeiamt Berlin versetzt.

Vom 8. August bis 3. Oktober 1936 nahm ich freiwillig an einem 8-Wochenlehrgang der Wehrmacht im Ergänzungs-Bataillon 56 in Braunschweig teil und wurde als Unterführer-Anwärter entlassen.

Am 8. August 1935 verheiratete ich mich mit Charlotte Steinhoff aus Bottendorf, Kr. Querfurt. Aus dieser Ehe ist bisher ein Junge, geboren am 12. Mai 1936, hervorgegangen.

Politisch habe ich mich nur innerhalb der nationalsozialistischen Bewegung betätigt. Am 1. Februar 1930 trat ich in Göttingen in die NSDAP ein und erhielt die Mitgliedsnummer 194 463. Gleichzeitig wurde ich Mitglied des NSDStB. Im Juni 1930 meldete ich mich in Jena zur SA, im Dezember 1930 wurde ich zum SA-Scharführer befördert. Nach Ablegung meiner ersten juristischen Staatsprüfung, Ende Juli 1931, gab ich den SA-Dienst auf, um nicht aus dem preußischen Justiz-Ausbildungsdienst entfernt zu werden. Der NSDAP gehörte ich weiterhin an.

Am 21. April 1933 trat ich in die SS ein. Bis Ende Mai 1933 machte ich Dienst im 2. Sturm II/17. SS-Standarte in Lüneburg. Von Ende Mai bis Ende Oktober 1933 gehörte ich zum 3. Sturm IV/26. SS-Standarte in Hamburg, von Ende Oktober bis Ende Dezember 1933 zum 1. Sturm I/47. SS-Standarte in Weimar. Von dort wurde ich zur Stabswache des SS-Oberabschnitts Mitte in Weimar überwiesen. Im Februar 1934 wurde ich abkommandiert zum SD-RFSS im SD-Oberabschnitt Mitte und im Mai 1934 in den SD übernommen.

Seit April 1933 bin ich Mitglied des NS-Rechtswahrerbundes. Im April/Mai 1933 gründete ich im Gau Ost-Hannover die Gruppe Jungjuristen des NSRB. Im März 1934 nahm ich an dem 1. Juristenkursus der Thüringischen Staatsschule für Führertum und Politik in Ependorf teil."

Während seiner Assessorenzeit in Weimar betätigte sich der junge strebsame Jurist, um seinen Lebensunterhalt zu finanzieren, nachmittags noch in der Rechtsabteilung der Landesbauernschaft Thüringen, bis er am 15. Oktober 1936 nach Berlin-Karlshorst, Treskowallee 94a, übersiedelte, wie aus einem Brief der Reichsführung-SS vom 7. Oktober 1936 hervorgeht.

Am 10. März 1937 meldete der SS-Untersturmführer Dr. Ludwig Hahn — nunmehr mit dem Absender Berlin SW 11, Prinz Albrechtstr. 8:

„Zur Berichtigung meiner Personalien in meiner SS-Personalakte melde ich folgende Personalveränderungen: 1) Am 5. Januar 1937 ist mir das Deutsche Reichssportabzeichen in Bronze Nr. 461 246 verliehen worden; 2) Vom 2. Januar bis 1. März 1937 habe ich an einem zweiten 8-Wochenlehrgang der Wehrmacht, (E.) Panzer-Abwehr-Abt. 3 in Frankfurt/Oder teilgenommen. Ich bin als Gefreiter der Res. und Offiz.-Anwärter entlassen worden."

Im SS-Personalbericht vom 28. Dezember 1937 ist auch vermerkt, daß der „erlernte Rechtswahrer" und „jetzige Stapo-Leiter" inzwischen zwei Kinder hatte, immer noch evangelisch war und seine Verhältnisse als geordnet bezeichnet werden durften. Die Beurteilung dazu lautet:

„*Rassisches Gesamtbild:* nordisch-fälisch; *Charakter:* ehrlich, gefestigt und anständig; *Wille:* fest und entschlossen; *Gesunder Menschenverstand:* gut ausgeprägt; *Wissen und Bildung:* Jurist, Dr. jur., gute Fachkenntnisse; *Auffassungsvermögen:* klar und schnell; *Nationalsozialistische Weltanschauung:* einwandfreier Nationalsozialist; *Auftreten und Benehmen in und außer Dienst:* Vorgesetzten gegenüber korrekt, ehrlich und gerade. Im Verkehr mit Untergebenen kameradschaftlich, aber bestimmt und gerecht; Führung in und außer Dienst in jeder Weise einwandfrei, keine besonderen Schwächen oder Neigungen. *Alkohol- und Nikotingenuß:* mäßig; *Im SS-Dienst:* gut; *In der Leichtathletik:* sehr gut. H. besitzt das SA- und Reichssportabzeichen in Bronze sowie den Grundschein des DLRG; *Im Unterricht:* sehr gut; *Eignung zur Beförderung:* jawohl; *Für welche Dienststellung:* SS-Obersturmführer." Die Unterschrift des SD-Führers des SS-Oberabschnitts Elbe, eines SS-Gruppenführers, ist leider nicht zu entziffern.

Einem anderen Fragebogen zur Ergänzung bzw. Berichtigung der Führerkartei und der Dienstaltersliste des gleichen Jahres darf man entnehmen, daß Dr. Hahns Frau inzwischen der NS-Frauenschaft Groß-Berlin mit der Mitgliedsnummer 13 352 angehörte, der tüchtige Gestapomann den Julleuchter erhielt und selbstverständlich dem Verein „Lebensborn" angehörte.

Der SS-Stammrollen-Auszug des gleichen Jahres gibt Dr. Hahns Beförderungen in der SS an. Am 9. November 1934 wurde er demnach Rottenführer, am 1. Juni 1935 Unterscharführer. Den Schar- und Oberscharführer ließ man ihn überspringen und machte ihn am 9. November 1935 zum Hauptscharführer, am 20. April 1936 zum Untersturmführer, am 30. Januar 1938 zum Obersturmführer, am 1. August 1938 zum Hauptsturmführer und am 26. September 1938 zum Sturmbannführer. Sein Einkommen ist mit „über 200,– RM" beziffert. Seine Körperlänge wird mit 178 cm, seine Schuhgröße mit 45 und seine Kopfweite mit 59 angegeben. Er ist immer noch evangelisch.

In dem dazugehörigen Fragebogen steht, Dr. Hahn habe englische und französische Schulkenntnisse, sei niemals im Ausland gewesen, besitze den Führerschein der Klasse 3 und habe bisher keinerlei Orden oder Ehrenzeichen erhalten.

Vielleicht wäre noch zu erwähnen, daß dem Dr. Hahn im Mai 1935 fast etwas passierte, das seiner ganzen Kriegskarriere in Polen leicht hätte einen Riegel vorschieben können. Die NSDAP-Reichsleitung München hatte der Gauleitung Thüringen mit Kontrollschein Nr. 3001 nämlich mitgeteilt, Dr. Ludwig Hahn, geboren 23. Januar 1908, Nr. 194 643, sei von der Gauleitung Ost-Hannover 1932 bereits gestrichen worden. Glücklicherweise vermochte Pg. Hahn jedoch nachzuweisen, daß er seit 1931 laufend seine Mitgliedsbeiträge gezahlt und die Beitragsmarken ordnungsmäßig geklebt hatte, also niemals irgendeine Unterbrechung seiner Parteizugehörigkeit stattfand. In der fraglichen Zeit war Hahn lediglich von der Ortsgruppe Bardenhagen/Ost-Hannover nach Lüneburg überwiesen worden. Dabei unterlief das Versehen offenbar. Die NSDAP-Reichsleitung nahm die Streichung selbstverständlich zurück, und der brave Pg. Hahn war völlig rehabilitiert.

Am 14. August 1940 betätigte Hahn sich zunächst als Sonderbeauftragter des Reichsführer-SS und Chefs der Deutschen Polizei beim deutschen Gesandten in Preßburg. Von dort meldete er dem SS-Hauptamt, SS-Personalkanzlei, am 19. September, daß er mittlerweile von Weimar nach Preßburg, Kuzmanygasse 5, umgezogen sei, seine Post jedoch täglich vom Grenzpolizeiposten Engerau/Niederdonau abgeholt werden würde. Welche Funktion er da eigentlich in Preßburg hatte, ist nicht recht klar, aber sicher gab es für den

Sonderbeauftragten Himmlers allerhand zu erledigen, denn am 6. Dezember 1940 meldete Hahn der ᛋᛋ-Personalkanzlei, ihm sei das Eiserne Kreuz II. Klasse verliehen worden, und am 30. Juni 1941 schrieb er der gleichen ᛋᛋ-Dienststelle, ihm sei nunmehr die 3. Stufe des Ehrenzeichens für deutsche Volkspflege verliehen. Im nationalsozialistischen Sinne machte er sich dennoch wohl erst an die wahre „Volkspflege", als er am 20. Oktober 1941 der ᛋᛋ-Personalkanzlei melden konnte: „Ich melde, daß ich als Kommandeur der Sicherheitspolizei und des SD für den Distrikt Warschau nach Warschau versetzt worden bin. Meine Anschrift lautet: Warschau C 1, Postfach 13 — Sicherheitspolizei."

Damals lebten im Warschauer Ghetto etwa 500 000 Juden. Welch weites Feld für den Kommandeur der Sicherheitspolizei, sich hervorzutun. Dr. Hahn dürfte die gute Gelegenheit reichlich wahrgenommen haben, denn ᛋᛋ-Obergruppenführer Reinhard Heydrich, Chef der Sicherheitspolizei und des SD, schlug dem Reichsführer-ᛋᛋ bereits am 2. Dezember 1941 vor, den ᛋᛋ-Sturmbannführer Dr. Ludwig Hahn mit Wirkung vom 9. November 1941 zum ᛋᛋ-Obersturmbannführer zu befördern. Dieser sei schon am 12. September 1941 zum Oberregierungsrat ernannt worden.

Wenn man nur an die große „Aussiedlung" vom 22. Juli bis 21. September 1942 und die „kleine" vom 18. bis 22. Januar 1943 denkt, kann man sich vorstellen, welche Bewährungsmöglichkeiten sich dem frisch gebackenen Obersturmbannführer da boten. Bei der großen „Aussiedlung" halfen seine Leute denn auch, rund 300 000 Warschauer Juden ins Vernichtungslager Treblinka zu schaffen, bei der „kleinen" waren es allerdings dann „nur" ein paar Tausend, welche den Weg in die Lubliner Lager antreten mußten. Am 3. Februar 1943 durfte Hahn jedenfalls stolz an die ᛋᛋ-Personalkanzlei berichten: „Ich melde, daß mir zum 30. Januar 1943 das Kriegsverdienstkreuz II. und I. Klasse mit Schwertern verliehen worden ist." Er hatte also sicher wieder einmal Hervorragendes geleistet!

Als längst alle Warschauer Juden liquidiert waren, hielt Hahn die Stellung weiter. Wie aus einer Beförderungs-Befürwortung vom 31. März 1944 — I A 5 a Az.: 1 190 — der Referenten ᛋᛋ-Sturmbannführer Schwinge und Kutter hervorgeht, bat der neue Chef der Sicherheitspolizei und des SD, ᛋᛋ-Obergruppenführer Dr. Kaltenbrunner, persönlich um Dr. Hahns Beförderung zum ᛋᛋ-Standartenführer mit Wirkung vom 20. April 1944. Zur Begründung wurde hervorgehoben, daß Hahn inzwischen drei Kinder habe und ab 20. April 1944 zum Regierungsdirektor vorgeschlagen worden sei. Hahns Religion war übrigens mittlerweile nicht mehr „evangelisch", sondern „gottgläubig". In der Gesamtbefürwortung heißt es wörtlich:

„Seit 1933 gehört Dr. Hahn der Sicherheitspolizei an und war nach informatorischer Tätigkeit im Sicherheitshauptamt ständig Leiter von Dienststellen. Er ist ein alter, bewährter Nationalsozialist und tatkräftiger ᛋᛋ-Führer, der die ihm übertragenen Aufgaben stets gemeistert hat. Vielseitige Erfahrung, sorgfältige Arbeitsweise und führungsmäßige Eignung zeichnen ihn besonders aus. Die Bestimmungen der Beförderungsrichtlinien vom 15. 11. 42 sind erfüllt. Im Hinblick auf seine Verdienste um die Bewegung vor der Machtübernahme, seine Leistungen und die bevorstehende Ernennung zum Regierungsdirektor wird gebeten, ᛋᛋ-Obersturmbannführer Hahn m. W. v. 20. 4. 44 zum ᛋᛋ-Standartenführer zu befördern."

Es konnte nicht ausbleiben, daß Hahn tatsächlich am 30. April 1944 vom Chef der Sicherheitspolizei und des SD – I A 2 a–./BY – die Nachricht erhielt, der Führer habe ihn durch beiliegende Urkunde zum Regierungsdirektor ernannt. Dr. Kaltenbrunner wiederum übertrug Dr. Hahn deshalb die freie Stelle des Regierungsdirektors in Warschau. Ein von Himmler in Krakau unterzeichnetes Schreiben vom 19. Mai 1944 an den Dr. Ludwig Hahn besagt: „Ich befördere Sie mit Wirkung vom 20. April 1944 zum SS-Standartenführer."

Am 12. Oktober 1944 meldete der SS-Standartenführer und Regierungsdirektor dem SS-Personalamt die Verleihung des Eisernen Kreuzes I. Klasse am 9. Oktober 1944.

Als die Götterdämmerung dann heraufzog, teilte Hahn dem SS-Personalhauptamt am 2. Januar 1945 handschriftlich mit: „Ich melde, daß ich ab 16. Dezember 1944 als »Chef der Einsatzgruppe L« der Sicherheitspolizei und des SD an der Westfront eingesetzt und unter der Feldpostnummer 64 213 A erreichbar bin."

Der bewährte Ost-Experte blieb jedoch nicht lange im Westen. Am 31. Januar 1945 befand sich Dr. Hahn im Reichssicherheitshauptamt und wurde mit Wirkung vom gleichen Tage zum Beauftragten des Chefs der Sicherheitspolizei und des SD beim Befehlshaber der Sperr- und Auffanglinie im Rahmen der Heeresgruppe Weichsel, SS-Obergruppenführer und General der Waffen-SS und Polizei, Oberg, ernannt. So sah sich Dr. Hahn wieder einmal veranlaßt, dem SS-Personalamt eine Anschriftenänderung mitzuteilen. Er schrieb den folgenden Brief mit der Hand: „Meine Feldpostnummer 64 213 A ist inzwischen hinfällig geworden. Da ich zur Zeit mit Sonderauftrag unterwegs bin und keine feste Anschrift habe, bitte ich, Post für mich an die Anschrift meiner Familie: (20) Eitzen I, über Bewensen (Lüneburger Heide) zu richten."

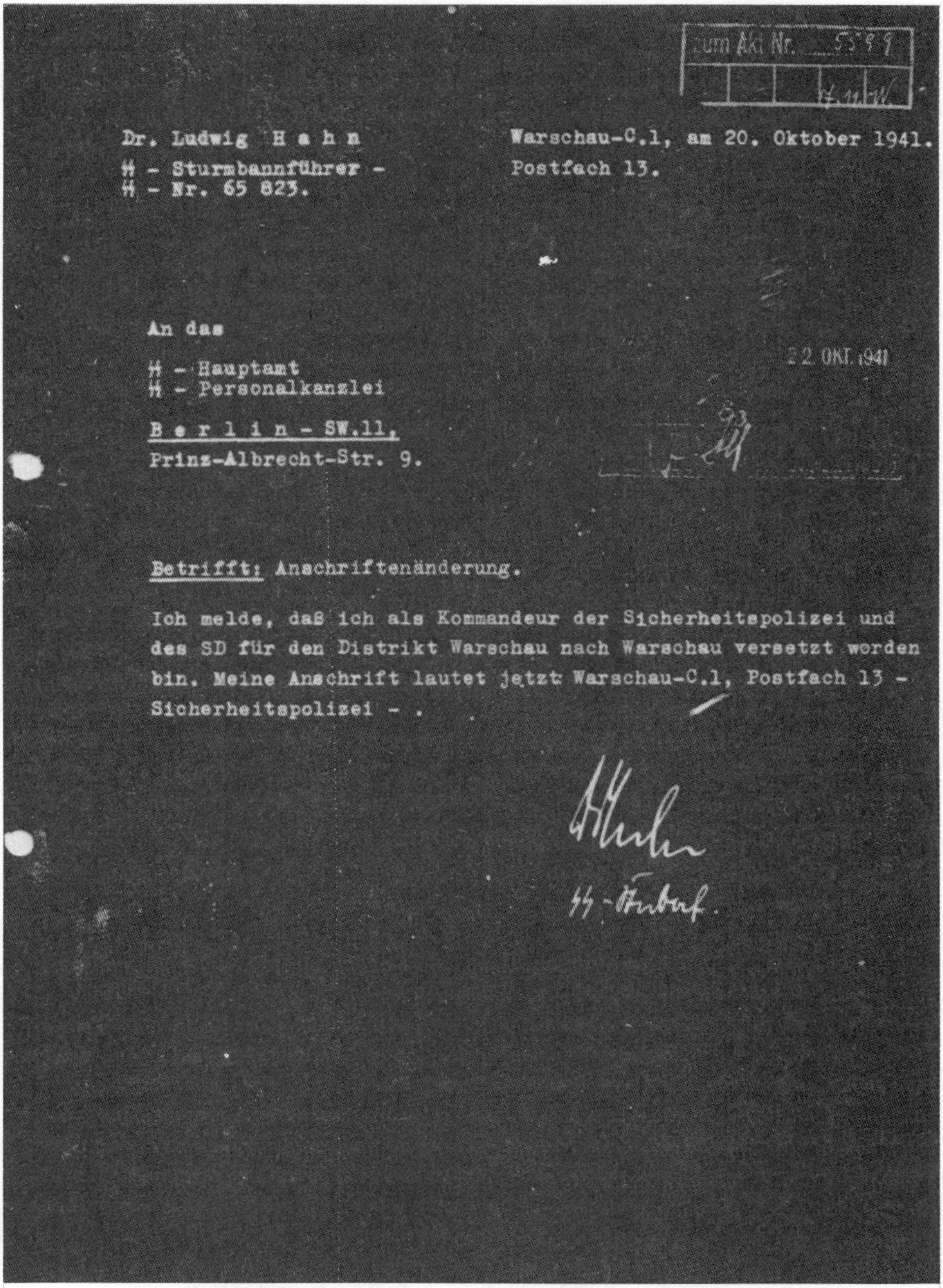

zum Akt Nr. 5599

Dr. Ludwig H a h n
SS - Sturmbannführer -
SS - Nr. 65 823.

Warschau-C.1, am 20. Oktober 1941.
Postfach 13.

An das

SS - Hauptamt
SS - Personalkanzlei

22. OKT. 1941

B e r l i n - SW.11,
Prinz-Albrecht-Str. 9.

Betrifft: Anschriftenänderung.

Ich melde, daß ich als Kommandeur der Sicherheitspolizei und des SD für den Distrikt Warschau nach Warschau versetzt worden bin. Meine Anschrift lautet jetzt Warschau-C.1, Postfach 13 - Sicherheitspolizei - .

Hahn
SS-Stubaf.

Dr. Hahn meldet seine Versetzung als Kommandeur der Sicherheitspolizei nach Warschau

Der „Umschlagplatz“ von dem die Transporte ins Vernichtungslager Treblinka abgingen

Aus dem Stroop-Bericht

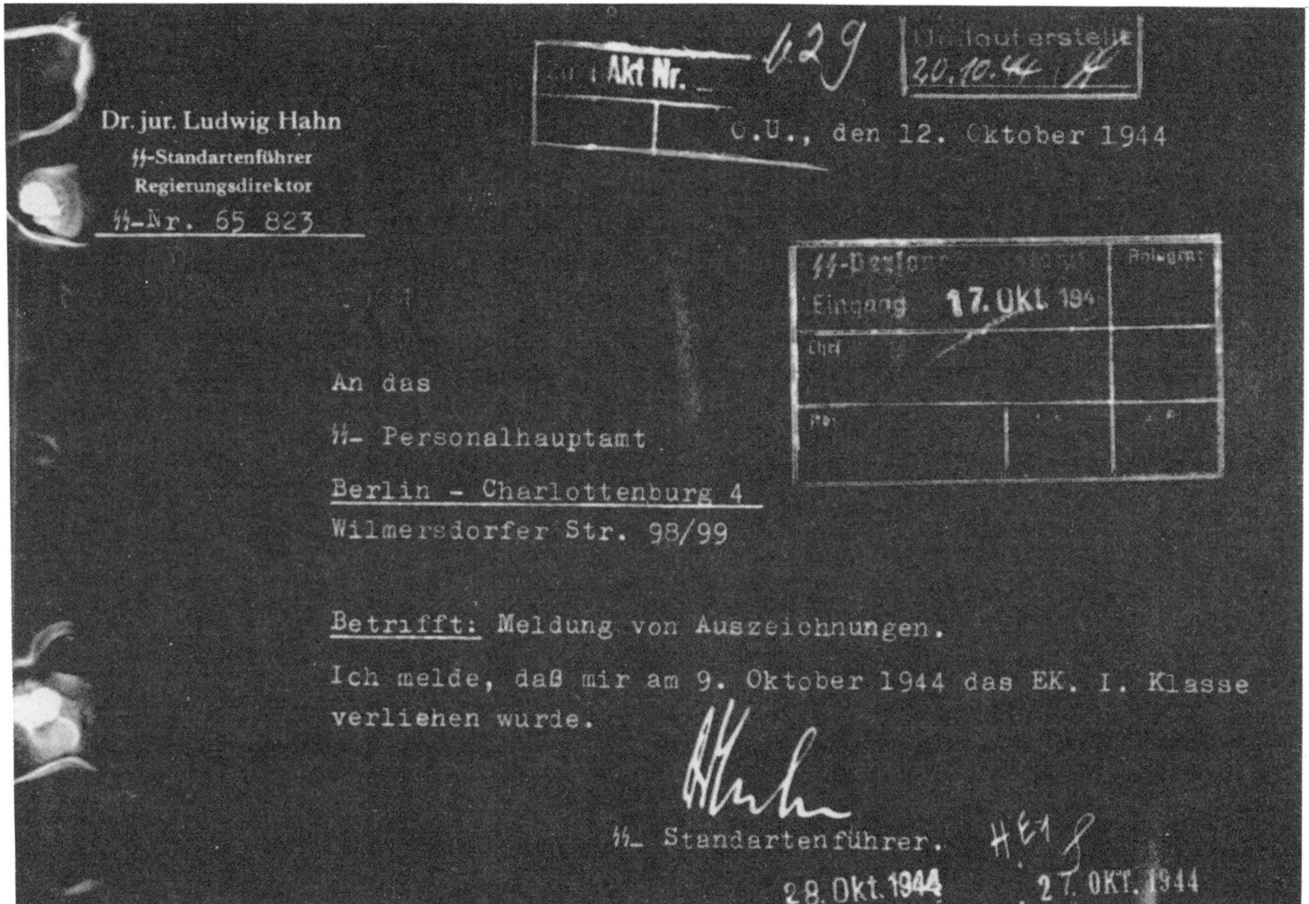

Dr. jur. Ludwig Hahn
SS-Standartenführer
Regierungsdirektor
SS-Nr. 65 823

Akt Nr. 429

Umlauf erstellt 20.10.44

O.U., den 12. Oktober 1944

SS-Personalhauptamt Eingang 17. Okt. 1944

An das
SS- Personalhauptamt
Berlin - Charlottenburg 4
Wilmersdorfer Str. 98/99

Betrifft: Meldung von Auszeichnungen.

Ich melde, daß mir am 9. Oktober 1944 das EK. I. Klasse verliehen wurde.

Hahn
SS- Standartenführer.

28. Okt. 1944 27. OKT. 1944

Dr. Ludwig Hahn bekommt das E. K. I.

SS-Untersturmführer Karl Georg Brandt

Leiter des Judenreferats beim Kommandeur der Sipo und des SD im Distrikt Warschau

Karl Georg Brandt ist am 5. November 1898 in Karlsmarkt im Kreise Brieg (Schlesien) geboren worden.

Er trat erst später in die Nationalsozialistische Deutsche Arbeiter-Partei ein, nämlich am 1. Mai 1937. Selbstverständlich änderte er seine ursprünglich evangelische Religion bei der Ausfüllung des Fragebogens tunlichst in „gottgläubig" ab.

Bis zum Ausbruch des zweiten Weltkrieges lebte Karl Georg Brandt in Bielefeld, Fehrbelliner Straße 7, und verdiente seinen Lebensunterhalt als Kriminalsekretär.

Den Aussagen überlebender Zeugen ist zu entnehmen, daß Karl Brandt im Warschauer Ghetto zu den gefürchtetsten Leuten gehörte, weil er ein großer Sadist war.

Auch der bekannte jüdische Dichter Icchak Katzenelson, der die Hölle im Warschauer Ghetto überstand und erst am 29. April 1944 in Auschwitz umkam, erzählt in seiner nach dem Kriege aufgefundenen und veröffentlichten „Chronik von Vittel"[1]), wie dieser Karl Brandt während einer der berüchtigten „Aktionen" persönlich bestimmte, welcher Jude nun nach rechts — also zur „Aussiedlung" und damit ins Vernichtungslager Treblinka — und welcher nach links — das bedeutete zur Arbeit und damit eine Möglichkeit zum Überleben — eingeteilt werden sollte. Bei dieser Beschäftigung fiel ihm einmal eine Frau auf, welche neben einem Jungen stand, der offenbar ihr Sohn war und eine Geige trug. Sofort erkundigte Brandt sich spöttisch, was der Junge denn eigentlich mit der Geige wolle. Die Mutter erzählte ihm daraufhin, ihr 10jähriger Sohn leiste auf diesem Instrument Außergewöhnliches und habe sogar schon Preise dafür erhalten.

Karl Georg Brandt befahl dem Jungen lächelnd, dann solle er nur einmal eine kleine Probe seiner Kunst geben. Dieser tat es natürlich sofort.

---

[1]) *Icchak Katzenelson, „Die letzten Schriften" (Hebräisch u. Yiddisch), Kibbutz der Ghettokämpfer/Israel 1956, Seite 212.*

Nach dem kleinen Konzert schickte Brandt die Mutter aber nach links — also zur Arbeit —, während der junge Künstler nach rechts und damit in den Tod gehen mußte.

Der jüdisch-polnische Dichter Wladyslaw Szlengel, der beim Aufstand im Warschauer Ghetto dann ums Leben gekommen ist, schildert in „Was mir die Toten erzählten" ebenfalls ergreifend, welche unvorstellbare Panik im Ghetto Warschau ausbrach, sobald das Gerücht umlief: „Brandt kommt!"[1]) Es handelte sich da etwa um die Zeit Januar 1943, denn damals wütete Brandt gemeinsam mit verschiedenen anderen nach Herzenslust im Warschauer Ghetto[2]).

Auch am 13. März 1943 erschien Karl Brandt wieder einmal im Warschauer Ghetto — er war dabei von verschiedenen anderen begleitet —, um angeblich eine „Befriedung" durchzuführen. Diese Beschäftigung dauerte von mittags 14 Uhr bis um 16 Uhr am Nachmittag. Das „stolze" Ergebnis waren etwa 200 tote Juden, darunter 14 Kinder[3]).

Als es sich dann um die letzte „Aussiedlung" und gewissermaßen schon um die Auflösung des Warschauer Ghettos handelte, umstellten die Deutschen mit ihren lettischen und ukrainischen Hilfstruppen am 18. April nachts den ganzen Ghetto-Bezirk in Warschau. Brandt aber hatte eine schlaflose und recht unruhige Nacht, denn er hatte die Postenkette dauernd zu inspizieren. So mußte er die ganze Nacht über auf den Beinen sein.

Über seinen Judentransport zum berüchtigten „Umschlagplatz" ist ein Bericht des Journalisten Nowogrodzki erhalten geblieben, in dem es wie folgt heißt[4]):

„Es ist elf Uhr, als ich mit anderen, von Brandt ganz allein eskortiert, durch die Gesiastraße komme. Brandts Gesicht ist zu einem sadistischen Lächeln verzerrt. Die Tränensäcke unter seinen bösen Augen zittern. Ich kann das Spiel der Adern auf dem Handrücken erkennen und wundere mich wieder einmal, daß mein Gehirn tatsächlich noch immer »journalistische« Eindrücke registriert; daß meine Fähigkeit, so etwas überhaupt wahrzunehmen, noch nicht erloschen ist. Wenn ich am Leben bleibe, schreibe ich das alles einmal nieder. Aber es gibt keine Möglichkeit des Überlebens. Brandt persönlich führt uns ja an die Mauer!

Plötzlich brüllt ein Gehilfe unseres Oberhenkers: »Hände hoch!« Wir werden also untersucht.

Als ich die Arme hebe, kommt meine Uhr zum Vorschein. Brandt — er selbst — greift danach und will sie mir fortnehmen. Er muß kräftig zerren, weil das Armband nicht nachgeben will. Endlich gelingt es ihm jedoch, und er läßt die Uhr mit einer typischen Diebesbewegung in die Tasche gleiten. Die Leibesvisitation geht weiter. Ein bulliger Polizist

---

1) *Kermisz I, Seiten 302–304 und 307–308.*
2) *Mark I, Seite 187.*
3) *Ebendort, Seite 218.*
4) *Wulf I, Seiten 56–58.*

dreht mir die Taschen um und nimmt alles fort. Geld, Bleistift, Papiere sind verloren. »Was ist denn das?« fragt er auf einmal. Ich antworte: »Eine Fotografie«.

Blitzschnell zerreißt er die kleine Erinnerung an meine Schwester, die schon nicht mehr lebt. Ich strecke unwillkürlich die Hand aus, um das Andenken zu schützen. Sofort bekomme ich einen heftigen Schlag ins Gesicht. Die Ohrfeige brennt. Brandt grinst schadenfroh und meint, ich benötigte keinerlei Andenken, auch keine »Geliebte« mehr.

Mit anderen werde ich gleich darauf zu der schon an einer Mauer stehenden Menge hingeschoben.

Von der Zamenhofastraße 19, wo sich der Judenrat befindet, hören wir dauernd das Knattern von Maschinengewehrsalven. Dem Feuerstoß folgt jedesmal eine kurze Pause, ehe es wieder losrattert. Was geschieht dort auf dem Hof nur? Die an der Mauer meinen alle, es fänden eben Exekutionen statt. Man legt also Menschen um! Aber wen? Natürlich führen sie alte Leute und Kinder fort, aber sie suchen sich auch junge Menschen aus der an der Mauer zusammengepferchten Menge heraus und bringen sie ebenfalls fort. Sollte man auch unter uns noch eine Auswahl treffen?

Brandt und seine Henkersknechte schlendern gemächlich zwischen dem Schauplatz des Blutbades und unserem Menschenknäuel an der Mauer hin und her. Sie mustern uns geruhsam und sehr gründlich, bevor sie die Auswahl der zum Tode Verdammten vornehmen. In der Sprache des Ghettos nennt man das eine »Selektion«. Ist die Entscheidung endlich gefallen, winkt der Henker seinem Opfer mit dem Zeigefinger: »Komm! Komm!«

Man muß aus der Reihe treten. Der Finger deutet nach unten. Gleich darauf marschiert ein Mensch in den Tod. So jemand geht gewöhnlich steif, aber dennoch fast schnell, denn niemand schreckt noch zurück.

Die Salven auf jenem Hof, der zur Richtstätte wurde, folgen einander in immer kürzeren Abständen. Von unserer Mauer bis hinüber in die Zamenhofastraße 19 sind es nur etwa 100 m.

Wieder einmal erscheint Brandt, und sein »Komm! Komm!« ertönt. Ein herrischer Finger winkt, und die Menschen müssen sterben. Die Menge an der Mauer der Gesiastraße lichtet sich immer mehr. Sie wird kleiner und kleiner.

Brandt verschwindet endlich. Statt seiner taucht ein SS-Mann mit einer Gruppe Ukrainer bei uns auf. Nun kommt der Befehl: »Zum Umschlagplatz!«

Wir werden in Dreierreihen aufgestellt. Ohne die geht es nun anscheinend einmal nicht. Das verlangt die deutsche Marschvorschrift. Auch bei den Opfern des NS-Regimes kann da keine Ausnahme gemacht werden.

So ziehen wir von der einen Richtstätte zur anderen. Die Caprice eines SS-Mannes schiebt unseren Tod nur ein ganz klein wenig hinaus. Immerhin, er entreißt uns damit wenigstens den Klauen Brandts!

»Schnell, schnell, schneller!« Gebrüll aus voller Kehle. Die Peitsche zischt durch die Luft. Der Kolbenhieb eines ukrainischen Handlangers wirft mich zunächst einmal um. Dann wandern wir zu dritt den Weg im Straßenstaub, auf dem vor uns schon Hunderttausende gepeinigt wurden. Wir marschieren durch die Zamenhofastraße, lassen die Wolynskastraße aus und nehmen die Myla- und dann die Muranowskastraße. Es ist der Weg der jüdischen Qualen.

Endlich langen wir vor dem finsteren Gebäude des »Umschlagplatzes«, dieser Leichenhalle, an. Welch ungeheuerlichen Schmerz, wieviel Pein, Leid und Morden hat sie schon gesehen! Ein schreckliches Wort: Umschlagplatz! Und eine entsetzliche Wirklichkeit.

Vor dem Eingang findet nochmals eine Durchsuchung statt. Aber man ist sehr enttäuscht von uns, weil wir vorher schon restlos ausgeplündert wurden, und wiederum treffen uns wütende Hiebe. Die Ukrainer haben Knuten und bilden einen Gang, indem sie sich in zwei Reihen gegenüberstehen. Durch diese beiden Reihen müssen wir alle hindurch. Dabei schlagen sie uns bis aufs Blut.

Ich sage mir unaufhörlich: »Schreibe es dir auf! Vergiß es nicht!«
Und doch werde ich das nie beschreiben."

*

Karl Georg Brandt soll einem Schreiben der Zentralen Stelle der Landesjustizverwaltungen in Ludwigsburg vom 5. April 1961 zufolge, am 16. Februar 1945 in Posen gefallen sein.

Drei von denen, die sich bewährten:

I

Major der Schutzpolizei Otto Bundke

Am 14. Februar 1944 wurde Major der Schutzpolizei Bundke zum Kriegsverdienstkreuz I. Klasse mit Schwertern vorgeschlagen. In der Begründung erklärt ein Oberst der Schutzpolizei Haring beim ᛋᛋ- und Polizeiführer im Distrikt Warschau[1]):

„Major Bundke hat sich als Kommandeur des zur restlosen Befriedung im ehemaligen jüdischen Wohnbezirk eingesetzten III./ᛋᛋ- und Pol. 23 durch seine persönliche Tatkraft und seine besonderen Führerqualitäten wesentliche Verdienste erworben. Nach dem Abzug der noch mit eingesetzten Verbände der Waffen-ᛋᛋ mußte das Batl. die ihm gestellten Aufgaben allein durchführen. Durch die den Gegnern nicht unbekannt gebliebene Verringerung der Kräfte, versuchten einzelne Banden wieder ihr Treiben aufzunehmen. In wiederholten Kämpfen gegen gut bewaffnete und geführte Banden mußten noch einzelne Widerstandsnester, die in den Ruinen, Kellern, Kanalschächten eingerichtet waren, in teilweise harten Einsätzen niedergekämpft werden. Es war das Verdienst des Majors Bundke, der die in nächtelangen Beobachtungen gesammelten Ergebnisse entsprechend auswertete und durch geschickten Einsatz seiner Kräfte die Vernichtung der restlichen Banden herbeiführte. Bundke hat bei verschiedenen Stoßtruppunternehmen selbst die Führung übernommen und war seinen Männern dadurch stets bestes und tapferstes Vorbild. Er stand stets im Brennpunkt der einzelnen Kämpfe. Nach der restlosen Beseitigung der Aufruhrherde übernahm das Bataillon die Sicherung des ehemaligen jüdischen Bezirks und wird daneben noch zu besonderen Großaktionen im Stadtgebiet Warschau eingesetzt. Ein wesentliches Verdienst hat sich Major Bundke noch durch die reibungslose Durchführung fast aller bisher in den letzten Monaten in Warschau durchgeführten Sondermaßnahmen (Exekutionen) erworben. Seiner Umsicht und besonderen Tatkraft ist es mit zu verdanken, daß diese Einsätze, die er alle persönlich leitete, ohne Widerstand und Verluste verlaufen sind.

---

[1]) *Archiv Warschau.*

Bundke hat sich besondere, für die Kriegsführung maßgebliche Verdienste beim Einsatz unter feindlicher Waffeneinwirkung erworben. Ich halte Major der Schutzpolizei Bundke unbedingt für die Verleihung des KVK. 1. Kl. m. Schw. für würdig.

Bisher verliehene Auszeichnungen: KVK. 2. Kl. m. Schw."

Am 24. August 1936 beantragte der damalige Hauptmann an der Schutzpolizeischule Berlin, geboren am 5. September 1897 in Zduny, Kreis Krotoschin bei Posen, Mitglied der NSDAP, Ortsgruppe Berlin-Wilhelmsruh, mit der Nummer 3 471 565 seit 1. Mai 1933, die Aufnahme in die SS.

Vom 11. bis 20. März 1938 wurde Hauptmann Bundke in Österreich eingesetzt, und zwar bei der Marschgruppe IV der 2. motorisierten Schutzpolizeigruppe, I. Abteilung, 2. Hundertschaft.

Mit der Übernahme in die SS klappte es aber nicht so schnell, denn am 11. Januar 1939 bestätigte der Kommandeur der Polizeischule Berlin, ein Oberstleutnant der Schutzpolizei, nochmals ausdrücklich, daß bei Bundke die im Runderlaß des Reichsführers-SS und Chefs der Deutschen Polizei vom 18. Januar 1938 — Okdo. P 1 (1 a) Nr. 147/37 I/II — verlangten Voraussetzungen für die Aufnahme in die SS erfüllt seien.

Den „arischen Nachweis" mußte Bundke natürlich ebenfalls erbringen, und so bescheinigte ihm die Schutzpolizeischule Berlin, er habe den Nachweis der arischen Abstammung bis zu den Großeltern einschließlich sowie den für seine Ehefrau erbracht. Der Kommandeur der Polizeischule schrieb sogar an die 75. SS-Standarte Berlin-Steglitz, Albrechtstraße 88, daß gegen eine Aufnahme Bundkes in die SS keinerlei Bedenken bestehen könnten.

Tatsächlich ist Otto Bundke dann am 19. Mai 1939 mit Wirkung vom 1. Mai als SS-Hauptsturmführer mit der SS-Nummer 323 311 in die Stammabteilung Ost, Bezirk 75 der SS, übernommen und der SS-Oberabschnitt Berlin aufgefordert worden, die Urkunde zum Tragen der Sigrunen auf der Uniform der Ordnungspolizei auszustellen.

Als Angehöriger der SS mußte der Polizeihauptmann unzählige Fragebogen ausfüllen und zweimal einen handschriftlichen Lebenslauf anfertigen. Wie der Fragebogen des Rasse- und Siedlungshauptamtes vom 18. Februar 1939 besagt, war Bundke „evangelisch", besaß den Führerschein Klasse III, das SA-Sportabzeichen und hatte im alten Heer bei den Infanterieregimentern 47 und 58 vom 6. März 1916 bis 5. Februar 1919 gedient. Anschließend gehörte er bis 27. August 1919 noch dem Freikorps Lützow an und trat am 20. Februar 1920 in die Berliner Schutzpolizei ein. Sein letzter Dienstgrad war Vizefeldwebel. Bundke besaß das Eiserne Kreuz I. und II. Klasse, den Schlesischen Adler I. und II. Klasse, das Ehrenkreuz für Frontkämpfer, die ungarische Kriegserinnerungsmedaille, das Olympische Ehrenkreuz II. Klasse und war seit 1923 mit einer ebenfalls „evangelischen" Frau verheiratet. Er hatte sich sogar kirchlich trauen lassen. Bundke war in der NSV, dem Reichsluftschutzbund, dem NS-Reichsbund für Leibesübungen und dem Volksbund für das Deutschtum im Ausland. Er füllte den SS-Erbgesundheitsbogen für das Rasse- und Siedlungshauptamt-SS mit den erforderlichen Ahnen aus, legte die Bescheinigung eines SS-Sturmbannführers von der Sanitäts-Oberstaffel 75 vor, der ihn am 26. Februar 1939 in erbgesundheitlicher Beziehung für geeignet hielt, und schrieb in seinem Lebenslauf:

„Am 5. 9. 1897 wurde ich, Hermann Otto Bundke, als ältester Sohn des Schumachermeisters Robert Bundke und dessen Ehefrau Wilhelmine geb. Kluge in Zduny, Kreis Krotoschin, ehemalige Provinz Posen, geboren. Nach dem Besuch der evangelischen Stadtschule meines Heimatortes schlug ich die Polizeiverwaltungslaufbahn ein, in der ich nach erfolgter Ausbildung zuletzt als Polizeiverwaltungsassistent bis zur Einberufung zum Wehrdienst tätig war. Am 6. 3. 1916 wurde ich zum 2. niederschlesischen Inf.Regt. Nr. 47 eingezogen. Am 10. 8. 1916 rückte ich als Ersatz zum 3. Posenschen Inf.Regt. 58 ins Feld. Bei diesem Regiment blieb ich bis zur Beendigung des Krieges und nahm an allen Schlachten und Gefechten des Rgts. in Galizien, Flandern und Frankreich teil. Da ich mich verschiedentlich auszeichnen konnte, wurde mir das E.K. II. Kl. und das E.K. I. Kl. verliehen.

Nach Kriegsschluß blieb ich beim Regiment und trat nach dessen Auflösung sofort dem neugebildeten Freiwilligen Inf.Regt. »Lützow« Nr. 58 (Freikorps Lützow) bei. Mit dieser Neuformation, die sich aus Angehörigen des aktiven I.R. 58 zusammensetzte, kämpfte ich im Grenzschutz »Ost« in meiner Heimat und in Ost-Oberschlesien gegen die Polen. Inzwischen war meine Heimat nach dem »Friedensdiktat von Versailles« an Polen abgetreten worden. Nach der von der damaligen Regierung verfügten Auflösung der Grenzschutzformationen schied ich am 27. 8. 1919 aus dem Heeresdienst aus. Mein letzter Dienstgrad war Vizefeldwebel.

Während einer Zeitspanne von 6 Monaten fand ich Beschäftigung bei der Reichsbahn. Am 21. 2. 1920 trat ich bei der damaligen Sicherheitspolizei Berlin ein. Nach Abschluß der Klasse O II der Beamtenschule der staatlichen Schutzpolizei und nach mehrfachen Lehrgängen an Polizeischulen – einschließlich der Polizeioffiziersschule – wurde ich zum Leutnant, Oberleutnant und am 1. 10. 34 zum Hauptmann der Schutzpolizei befördert. Am 19. 12. 34 wurde mir das Ehrenkreuz für Frontkämpfer verliehen.

Am 1. 5. 1933 trat ich der NSDAP bei.

Während der Olympiade fand ich Verwendung als Abschnittsführer im Reichssportfeld. Als Anerkennung wurde mir vom Führer das Olympia-Ehrenzeichen II. Klasse verliehen.

Ich hatte das Glück, mit einer Polizei-Hundertschaft an der Wiedervereinigung mit der Ostmark durch den Führer teilzunehmen. Ich erhielt die vom Führer aus diesem Anlaß gestiftete Erinnerungs-Medaille. Im September/Oktober 1938 führte ich eine SS-Einheit (Hilfspolizei).

Gemäß Erlaß des Reichsführers-ᛋᛋ bin ich mit Wirkung vom 1. 5. 39 mit dem Dienstgrad eines Hauptsturmführers in die ᛋᛋ aufgenommen.

Seit dem 15. 8. 23 bin ich mit der Helene Baumert, Tochter des Kaufmannes Rudolf Baumert und dessen Ehefrau Hedwig geb. Grieger (beide verstorben), verheiratet. Am 14. 4. 27 wurde uns ein Mädchen geboren. Zur Zeit finde ich als Fachlehrer an der Schutzpolizeischule Berlin Verwendung.

Otto Bundke, ᛋᛋ-Hauptsturmführer, Hauptmann d. Sch."

In Otto Bundkes ᛋᛋ-Stammkarte ist seltsamerweise als erlernter Beruf „Bürogehilfe" angegeben. Aus ihr geht ferner hervor, daß seine Größe für die ᛋᛋ reichlich zu wünschen übrig ließ, denn sie ist mit 1,69 cm angegeben, die Schuhgröße mit 41, die Kopfweite mit 56. Sein Einkommen überstieg 300,– Reichsmark. Bundke wurde niemals verwundet. Am Panzerwagen 5, am Maschinengewehr und am Granatwerfer hatte er eine Sonderausbildung genossen. Nachdem er am 30. Januar 1940 Sturmbannführer geworden war, ist die Religionsbezeichnung „ev." schon eingeklammert und durch „ggl." ersetzt.

Er selbst bezeichnet sich erst ab 14. Oktober 1944 als „gottgläubig", scheint sich also recht spät dazu entschlossen zu haben. Seine Stellung im Staat bezeichnet er mit „Polizei" und machte hinter dem Wort „Major" ein Kreuz.

Otto Bundkes Dienstlaufbahnbogen schließt mit der Eintragung: „1. August 1941 ᛋᛋ-Sturmbannführer Südost B. 23." Zu diesem Zeitpunkt wurde er offenbar zum Polizei-Abschnitts-Kommando III in Beuthen/Oberschlesien versetzt und erhielt somit endlich wieder Gelegenheit, wie nach dem ersten Weltkrieg gegen seinen Erzfeind im Osten zu Felde zu ziehen, wobei er dann schließlich sogar in Warschau landete.

Drei von denen, die sich bewährten:

II

SS-Untersturmführer Karl Knörzer

Ein ϟϟ-Obersturmbannführer und Bataillonskommandeur, dessen Name nicht zu entziffern ist, schlug Karl Knörzer mit folgender Begründung für das Kriegsverdienstkreuz II. Klasse vor[1]):

„ϟϟ-Untersturmführer Knörzer war während der Sonderaktion im Ghetto als Ordonnanz-Offizier des ϟϟ-Panzergrenadier-Ausbildungs- und Ersatz-Batl. 3 eingesetzt. Als solcher hat er im Auftrage des Kommandeurs und auf dessen Anweisung hin die Kompanien eingesetzt.
Außerdem hat er mehrere Stoßtrupps persönlich geleitet, wobei er sich durch Umsicht und Einsatzbereitschaft besonders auszeichnete. Er hat hierbei wesentlich zum Gelingen der Aktion beigetragen."

Der 19jährige Karl Knörzer trat am 4. April 1938 in die ϟϟ ein, wobei er die Nummer 319 463 erhielt. Vorher war er schon ab 27. Mai 1933 in der Hitler-Jugend gewesen. Sein dem Fragebogen des ϟϟ-Rasse- und Siedlungshauptamtes beigefügter handschriftlicher Lebenslauf besagt in ordentlicher Schrift:

„Ich, Karl Knörzer, bin geboren am 23. November 1919 in Adelstetten als Sohn des Wilhelm Knörzer und dessen Ehefrau Luise, geb. Dannemann. Nach sechsjähriger Erziehung im Elternhaus besuchte ich die Volksschule . . ." Der Lebenslauf zeigt das Datum 29. November 1938, und Knörzer gibt an, evangelisch zu sein, in der ϟϟ-Unterkunft Dachau zu wohnen, den Führerschein Klasse I sowie das Reichsjugend-Sportabzeichen zu besitzen. Natürlich erbrachte er den „arischen" Nachweis.

Ein am 16. März 1943 von ihm verfaßter handschriftlicher Lebenslauf nennt selbstverständlich schon keine Religion mehr. Inzwischen ist auch Knörzer „gottgläubig"

---

[1]) *Wulf I, Seiten 93–94.*

geworden. Sein Wohnsitz war bereits Warschau C 1, ϟϟ-Panzergrenadier-Ersatz-Btl. „Totenkopf“, in dem er den Rang eines ϟϟ-Untersturmführers erreicht hatte. Der Führerschein Klasse III, das Reichssportabzeichen und das Verwundetenabzeichen waren ebenfalls hinzugekommen. Karl Knörzer hatte in Frankreich und vom 15. September bis 21. Oktober 1941 in Rußland Fronterfahrung gesammelt, woraufhin er sieben Monate im Lazarett verbringen mußte.

Dieser zweite Lebenslauf ist weit ausführlicher als der erste. Er besagt, daß Knörzer an der Oberrealschule Schwäbisch Gmünd im Februar 1938 die Reifeprüfung ablegte, nach seinem Eintritt in die ϟϟ-Totenkopf-Standarte „Oberbayern“ in Dachau am 1. Mai 1939 Sturmmann wurde und am 11. Juni 1940 zum Unterscharführer befördert worden ist. Knörzer schreibt:

„Bis zu meiner Kommandierung zu einem Lehrgang für aktive Führer zur ϟϟ-Junkerschule in Braunschweig hatte ich die Dienststellung als Gruppenführer. Nach erfolgter Abschlußprüfung an der Junkerschule wurde ich als Standarten-Oberjunker zur Feldtruppe versetzt, und am 30. Januar 1941 erfolgte meine Beförderung zum Untersturmführer.

Als Angehöriger der ϟϟ-Totenkopf-Division habe ich den Feldzug in Frankreich mitgemacht, und vom 15. September bis 21. Oktober war ich an der Ostfront, wo ich am 21. Oktober 1941 verwundet wurde.“

Der Gebührniskarte zufolge ist Knörzer am 9. November 1943 zum ϟϟ-Obersturmführer befördert worden. Am 27. März des gleichen Jahres hatte er geheiratet, und schon am 21. Mai 1943 wurde ihm ein Sohn geboren. Am 1. Januar 1945 erhielt er monatlich netto 568,– Reichsmark als hauptamtlicher ϟϟ-Führer.

Drei von denen, die sich bewährten:

III

SS-Rottenführer Josef Blösche

Am 17. August 1943 schlug der Kommandeur der Sicherheitspolizei und des SD in Warschau, Dr. Ludwig Hahn, Blösche zum Kriegsverdienstkreuz II. Klasse mit Schwertern vor. Hahn begründet seinen Vorschlag damit, daß es dem ϟϟ-Rottenführer unter anderem gelungen sei, „Juden aufzuspüren und auszuheben"[1]. Dr. Hahns Befürwortung schließt mit dem Satz: „Seine Leistungen und seine stete Einsatzbereitschaft müssen besonders hervorgehoben werden."

Der Kellner Josef Blösche beschloß mit 26 Jahren, ϟϟ-Mann zu werden. Vom 1. Juni 1930 an hatte er der Hitler-Jugend im Sudetengau angehört, bis diese am 1. Oktober 1933 aufgelöst wurde. Wie aus einem Fragebogen des Rasse- und Siedlungshauptamtes ϟϟ ersichtlich ist, wurde Blösche im Oktober 1938 ϟϟ-Sturmmann, hatte als Parteigenosse die NSDAP-Nummer 6 547 348 und als ϟϟ-Angehöriger die Nummer 314 655. Sein am 16. August 1942 handschriftlich verfaßter Lebenslauf besagt:

„Als 4. Kind eines Gast- und Landwirts wurde ich am 5. Februar 1912 in Friedland (Isergebirge) geboren. Vom 6. bis 14. Lebensjahr besuchte ich die Volksschule und 3 Jahre die Bürgerschule, ebenfalls in Friedland. Hierauf erlernte ich im väterlichen Betrieb den Beruf eines Kellners. Während meiner Lehrzeit besuchte ich noch 2 Jahre die gastgewerbliche Berufsschule in Reichenberg. Nach meiner Lehrzeit verblieb ich, bedingt durch die Verhältnisse in der damaligen Tschechoslowakei, weiter im väterlichen Betrieb. Am 5. Dezember 1939 wurde ich als Notdienst-Verpflichteter zur Grenzpolizeischule nach Pretzsch/Elbe eingezogen. Nach 3½monatiger Ausbildung kam ich zur Dienstleistung zum Kommandeur der Sicherheitspolizei und des SD für den Distrikt Warschau. Hier verblieb ich 6 Wochen, worauf meine Versetzung an die russische Grenze erfolgte. Mit Ausbruch der Feindseligkeiten gegen Rußland war ich mit einem Einsatzkommando 2 Monate in Rußland und wurde nachher wieder zum Dienst nach Warschau kommandiert.

[1] *Den ganzen Text siehe Seite 288.*

Politisch habe ich mich seit 1929 betätigt und gehörte damals der HJ, später, bis zu seiner Auflösung durch die Tschechen, dem Volkssport an. Nach der Auflösung der NSDAP meldete ich mich sofort bei der sudetendeutschen Heimatfront, der späteren sudetendeutschen Partei. Innerhalb der SdP war ich Amtswalter, Ordner, und seit der Gründung gehörte ich dem Freiwilligen Schutzdienst an. Mit der Befreiung des Sudetenlandes durch den Führer trat ich sofort in die Schutzstaffel der NSDAP sowie in die Partei selbst ein. In Warschau habe ich wiederum innerhalb der Zelle Sicherheitspolizei das Amt eines Blockleiters der NSDAP inne. Als Anerkennung für meine politische Tätigkeit wurde mir das goldene HJ-Ehrenzeichen sowie die Sudeten-Erinnerungs-Medaille verliehen."

Im bereits erwähnten Fragebogen bezeichnet Josef Blösche sich als „gottgläubig" und Reichsdeutscher. Den erlernten Beruf gibt er mit „Kellner und Landwirt" an. Er war mit einer evangelischen Braut verlobt, wollte sich jedoch nicht kirchlich mit ihr trauen lassen und auch kein Ehestandsdarlehn beantragen.

Dr. Ludwig Fischer

Gouverneur im Distrikt Warschau

Bereits im Oktober 1939 wurde Dr. Fischer Gouverneur Warschaus und somit gewissermaßen zum Spitzenfunktionär des Distrikts, dessen Verordnungen die dortigen Juden auf den Golgathaweg trieben. Als dann die Juden im Mai 1943 sozusagen liquidiert waren, wirkte Dr. Fischer immer noch auf seinem Gouverneursposten emsig weiter.

Schon bei Amtsantritt hatte er seinem Generalgouverneur Dr. Hans Frank in Krakau den Vorschlag gemacht, die Juden einfach in Ghettos zu stecken, und im Protokoll heißt es darüber dann: „Herr Generalgouverneur billigte diese Maßnahme[1].“ Dennoch durfte Dr. Ludwig Fischer erst am 2. Oktober 1940 endlich die Verordnung über die Bildung des „Jüdischen Wohnbezirks in Warschau“[2]) unterzeichnen. Aber auch am 13. Mai 1943, als Warschaus Juden eigentlich alle vergast und ausgerottet waren, zierte seine Unterschrift ein Plakat mit der Schlagzeile: „An die Bevölkerung Warschaus!“ Dem Wortlaut zufolge erfüllte jeder, der die Behörden auf einen noch versteckten Juden aufmerksam machte, angeblich „nur eine selbstverständliche Pflicht sich selbst und den Seinen gegenüber[3]).“ Auf diese Weise ist dann sein berühmter Ausspruch: „Vom Judenproblem wird nur ein Friedhof übrigbleiben!“[4]) zur tragischen Tatsache geworden.

Laut „Führer-Fragebogen“ für Oberste SA-Führer vom 8. Dezember 1933 war der Standartenführer z. V. Dr. Ludwig Fischer, geboren am 16. April 1905 in Kaiserslautern, nur nebenamtlich SA-Führer, aber stellvertretender Reichsleiter der Rechtsabteilung Reichsleitung, wohnhaft in Obermenzing, Lindenallee 43. Bis dahin besaß der verheiratete Dr. Fischer ein Kind von 2½ Jahren, war pensionsberechtigt und auf Erwerb angewiesen. Er besuchte 3¼ Jahre die Volksschule, 9 Jahre eine Oberrealschule und brachte 5 Jahre

---

1) *Poliakov-Wulf, Seite 177.*
2) *Wulf I, Seiten 19–20.*
3) *Archiv J. H. I.*
4) *The Black Book, New York 1946, Seite 178.*

mit dem Studium der Rechts- und Staatswissenschaften hinter sich. 1922/23 nahm er am „Separatisten-Abwehrkampf" in einer von der Regierung aufgestellten Gruppe teil, trat am 20. Mai 1926 mit der Nummer 36 499 in die NSDAP, Ortsgruppe Braunes Haus, und im Frühjahr 1929 in die SA, Trupp Gern, Sturm 7, München, ein. Im Juni 1931 wurde er Standartenführer der Abteilung III beim Stabe der Obersten SA-Führung. Bei Wiedererrichtung der SA im Juni 1932 übernahm man ihn jedoch nicht. Trotzdem ist Fischer am 10. August 1935 erneut SA-Standartenführer bei der Obersten SA-Führung.

Der SA-Fragebogen für Veränderungen und Ergänzungen nach erfolgter Ausfüllung besagt, daß Fischer das Goldene Ehrenzeichen vom 20. November 1933 besaß, am 1. Mai 1937 Oberführer, am 9. November 1939 Brigadeführer und am 26. Oktober 1940 Gruppenführer wurde, „gottgläubig" war und in der NS-Wehrmacht zum Leutnant der Infanterie befördert worden ist. Andererseits erfährt man, daß er nach seinem Eintritt in die NSDAP zunächst im NS-Studentenbund tätig wurde, 1931 hauptamtlich Stabsleiter des Reichsrechtsamtes und des Reichsrechtsführers des NSRB war und Reichstagsabgeordneter geworden ist. Im Kriege brachte er es zum Hauptdienstleiter des NSDAP-Distrikt-Standortführers im Arbeitsbereich der NSDAP Generalgouvernement.

Es ist völlig unerfindlich, wieso Dr. Fischer angibt, an den Feldzügen 1914—18 und 1939—42 teilgenommen zu haben, denn im ersten Weltkrieg war er noch ein Junge, während er im zweiten Weltkrieg ja bereits im Oktober 1939 Gouverneur im Distrikt Warschau gewesen ist. Zur ersten Freiwilligenübung wurde Dr. Fischer zur neuen Wehrmacht 1937 eingezogen, und zwar vom 28. August bis zum 24. September. Am 24. Oktober 1939 war er dann schon Gouverneur im Distrikt Warschau. Dennoch heimste er einige Auszeichnungen ein. Er besaß das Silberne Treuedienstabzeichen der Partei, den Commendatore der Krone Italiens 1936, den Ungarischen Verdienstorden mit dem Stern, das Danziger Kreuz II. Klasse und das Kriegsverdienstkreuz II. Klasse mit Schwertern.

Der Lebenslauf ist recht kurz und bündig: Schulbesuch, Studium, Referendar, Dr. jur., Regierungsrat. Seit 1931 hauptamtlich in der Partei; seit Oktober 1939 Gouverneur in Warschau, Anschrift: Warschau C 1, Palais Brühl.

Ausgerechnet im Warschauer Palais Brühl sind dann auch sämtliche antijüdischen Maßnahmen ausgeknobelt und die Waffen zur Ausrottung der polnischen Juden geschmiedet worden.

Am 18. Juni 1943 empfing Dr. Ludwig Fischer seinen Generalgouverneur Dr. Hans Frank mit großem Gefolge feierlich im Palais Brühl und zeigte ihm voll Stolz die grausige Steinwüste, die einst der jüdische Wohnbezirk Warschaus gewesen war[1]).

---

[1]) *Mark I, Seite 438.*

Rechtsanwalt Heinz Auerswald

Ghetto-Kommissar beim Distriktgouverneur Warschau

Am 17. November 1941 hing in Warschau folgender Anschlag[1]):

„Für ungerechtfertigtes Verlassen des jüdischen Wohnbezirks in Warschau wurden die Juden Motek Fiszbaum, Rywka Kligerman, Fagga Margules, Sala Pastejn, Dwojra Rosenberg, Josek Pajkus, Chana Zajdewach, Luba Gac laut Urteil des Sondergerichts in Warschau vom 12. November 1941 zum Tode verurteilt. Das Urteil wurde am 17. November 1941 vollstreckt.

Auerswald"

Fünf Tage später, am 22. November 1941, notierte der Historiker und Chronist des Warschauer Ghettos, Dr. Emanuel Ringelblum[2]):

„Das Todesurteil für acht Juden, darunter sechs Frauen, ließ ganz Warschau erzittern, obwohl wir in Warschau und in anderen Städten schon vieles erlebt haben, besonders in Litauen, wo Massenexekutionen stattfinden. Alles jedoch verblaßt vor der Tatsache, daß diese acht Juden nur deshalb erschossen worden sind, weil sie den Ghettobezirk verließen. Während Franks Aufenthalt (Generalgouverneur Hans Frank — Bemerkung des Herausgebers) in Warschau verbreitete sich die Nachricht, es sei ein Gesetz in Vorbereitung, welches für ein Überschreiten der Ghettogrenzen die Todesstrafe durch Erschießen festsetze. Diese Maßnahme soll auf einen Vorschlag von Auerswald zurückzuführen sein, den man anfangs für einen Freund der Juden und anständigen Menschen hielt."

---

[1]) *Wulf I, Seiten 26–27.*

[2]) *Archiv J. H. I.*

Zwischen dem 1. und 10. November 1941[1]) notierte Dr. Ringelblum unter anderem weiter:

„... Kommissar Auerswald möchte, daß ein Todesurteil an Juden nur von den Juden selbst vollstreckt wird."

Dr. Ringelblum vermerkte auch, daß Auerswald Zigeuner stets mit „Zigeuner-Jude" ansprach[2]). Überhaupt war dieser Auerswald manchmal wohl recht sonderbar. Als er beispielsweise eines Tages in einem Ghetto-Café hörte, daß ein englisches Lied gesungen wurde, geriet er in furchtbare Erregung und drohte, das ganze Haus zu demolieren[3]).

Im Fragebogen des Rasse- und Siedlungshauptamtes vom 24. März 1941 steht, daß Heinz Auerswald am 26. Juli 1908 in Berlin geboren ist, dort in der Solinger Straße 2 wohnte, Rechtsanwalt beim Kammergericht und evangelisch war. Seine Mitgliedsnummer in der Partei deutet darauf hin, daß er sein Herz für die NSDAP erst ziemlich spät entdeckte, denn sie ist: 4 830 479. Am 7. Juni 1933 trat er in die ᛋᛋ ein und erhielt die Nummer 216 399. In ihr hatte er es bis zum Unterscharführer gebracht. Auerswalds Sippen-Nr. war 92 252. Er besaß den Führerschein I und III, das SA-Sportabzeichen, die deutsche Staatsangehörigkeit und hatte bei der Schutzpolizei, Abschnitt Berlin-Tiergarten, im September/ Oktober 1938 sowie vom August 1939 bis Februar 1940 Dienst getan und es bis zum Polizei-Oberwachtmeister d. R. gebracht, als der Polenfeldzug beendet war. Auerswald bekundete im Fragebogen, er habe nicht die Absicht, sich mit seiner evangelischen Braut kirchlich trauen zu lassen. Ebensowenig wollte er ein Ehestandsdarlehen beantragen. Aus dem handschriftlichen Lebenslauf geht darüber hinaus noch hervor, daß Heinz Auerswald, der Sohn eines Berliner Werkmeisters, die ersten Lebensjahre häufig mit der Mutter bei Verwandten auf dem Lande verbrachte, die Volksschule und eine Oberrealschule in Berlin-Moabit besuchte und 1927 das Abitur machte. 3½ Jahre arbeitete er als Angestellter bei der Firma Knorr-Bremse AG, Berlin, bevor er Jura studierte, 1935 die große juristische Staatsprüfung ablegte und seit 1938 Rechtsanwalt am Berliner Kammergericht wurde. Als Freiwilligen musterte ihn die Wehrmacht 1937, trat ihn dann jedoch als ᛋᛋ-Angehörigen an die Schutzpolizei ab. Auerswald nahm am Sudeteneinsatz und dem Polenfeldzug teil. 1940 wurde er auf Antrag des Gouverneurs in Warschau aus der Schutzpolizei entlassen und an die Zivilverwaltung abgegeben, wo er ab Juni der Gruppe Bevölkerungswesen und Fürsorge im Amt des Distriktchefs Warschau angehörte und ihr Leiter war.

Aus der ᛋᛋ-Stammkarte geht hervor, daß Heinz Auerswald am 22. April 1934 ᛋᛋ-Staffelmann, am 10. September 1935 ᛋᛋ-Staffel-Sturmmann und am 20. April 1937 ᛋᛋ-Unterscharführer wurde. Ehrendolch, Ehrendegen, Totenkopfring oder gar das Goldene Parteiabzeichen

---

[1]) *Archiv J. H. I.*

[2]) *Ebendort – Ringelblums Notizen im Mai 1942.*

[3]) *Mazor, Seite 49.*

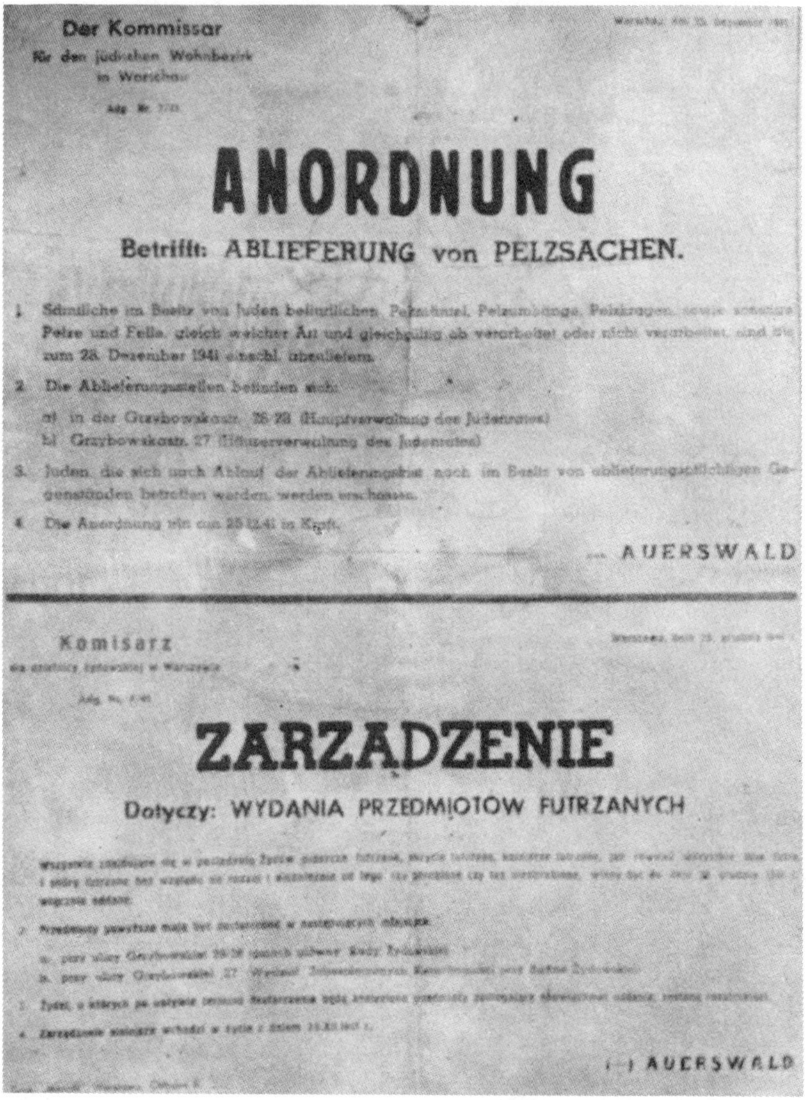

Der Kommissar
für den jüdischen Wohnbezirk
in Warschau

ANORDNUNG

Betrifft: ABLIEFERUNG von PELZSACHEN.

1. Sämtliche im Besitz von Juden befindlichen Pelzmäntel, Pelzumhänge, Pelzkragen, sowie sonstige Pelze und Felle, gleich welcher Art und gleichgültig ob verarbeitet oder nicht verarbeitet, sind bis zum 28. Dezember 1941 einschl. abzuliefern.
2. Die Ablieferungsstellen befinden sich:
   a) in der Grzybowskastr. 26/28 (Hauptverwaltung des Judenrates)
   b) Grzybowskastr. 27 (Hilfsverwaltung des Judenrates)
3. Juden, die sich nach Ablauf der Ablieferungsfrist noch im Besitz von ablieferungspflichtigen Gegenständen betroffen werden, werden erschossen.
4. Die Anordnung tritt am 25.12.41 in Kraft.

— AUERSWALD

Komisarz

ZARZĄDZENIE

Dotyczy: WYDANIA PRZEDMIOTÓW FUTRZANYCH

(-) AUERSWALD

Rechtsanwalt Heinz Auerswald: „Betrifft: Ablieferung von Pelzsachen“

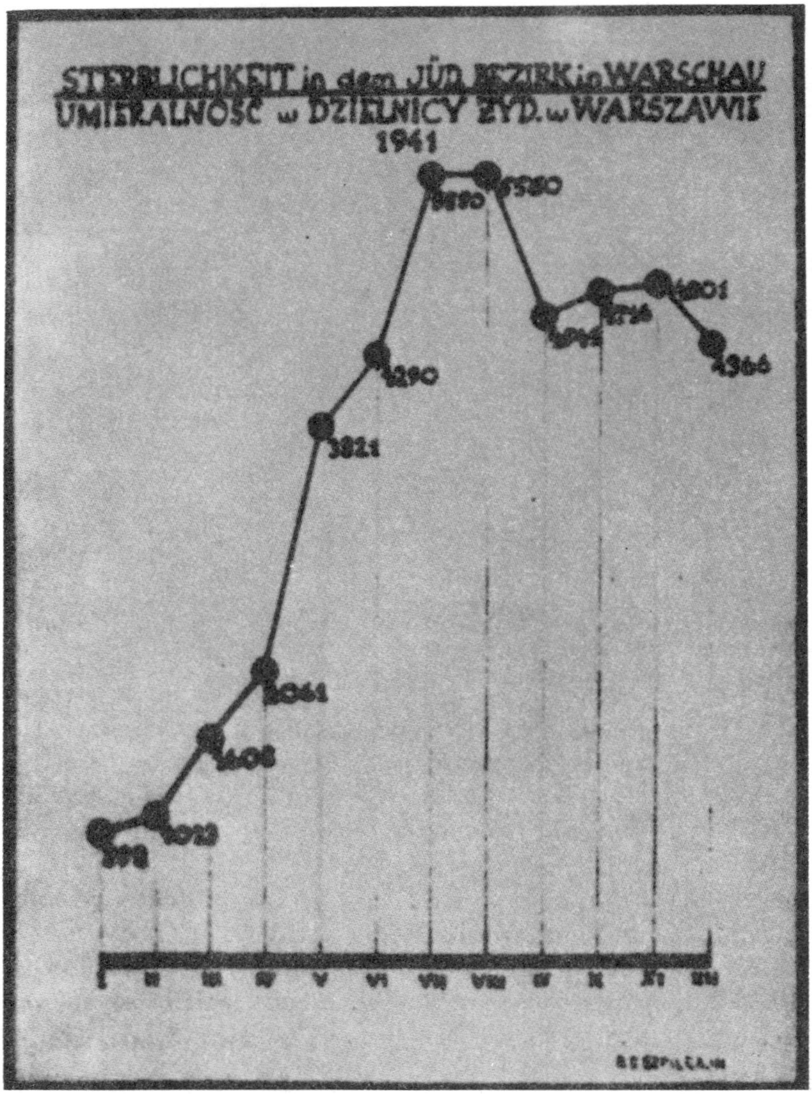

Aus den Berichten des Judenrats an den Kommissar des Ghettos

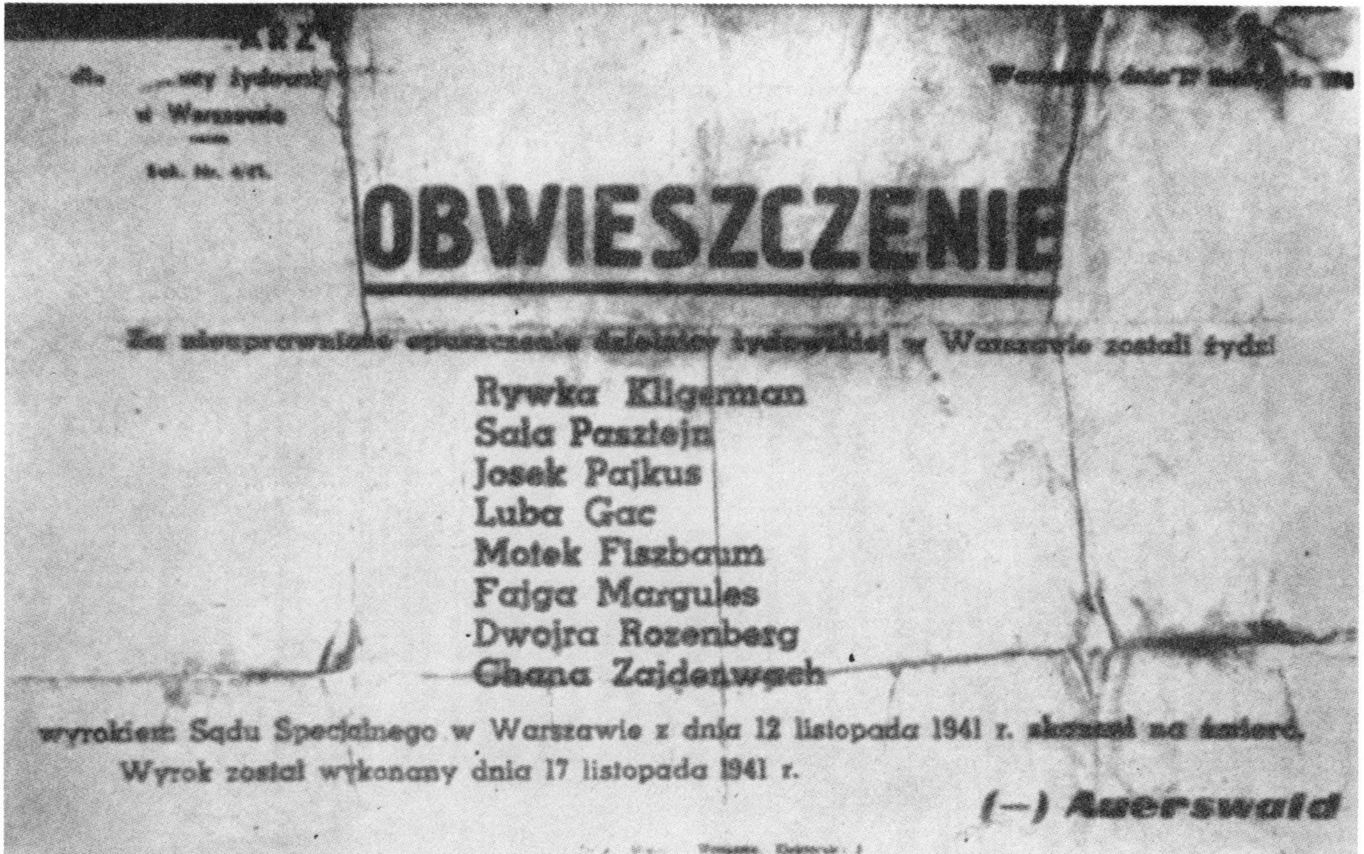

Rechtsanwalt Heinz Auerswald: Polnischer Anschlag, daß an acht Juden für Verlassen des Ghettos das Todesurteil vollstreckt wurde. (Deutscher Text, Seite 313)

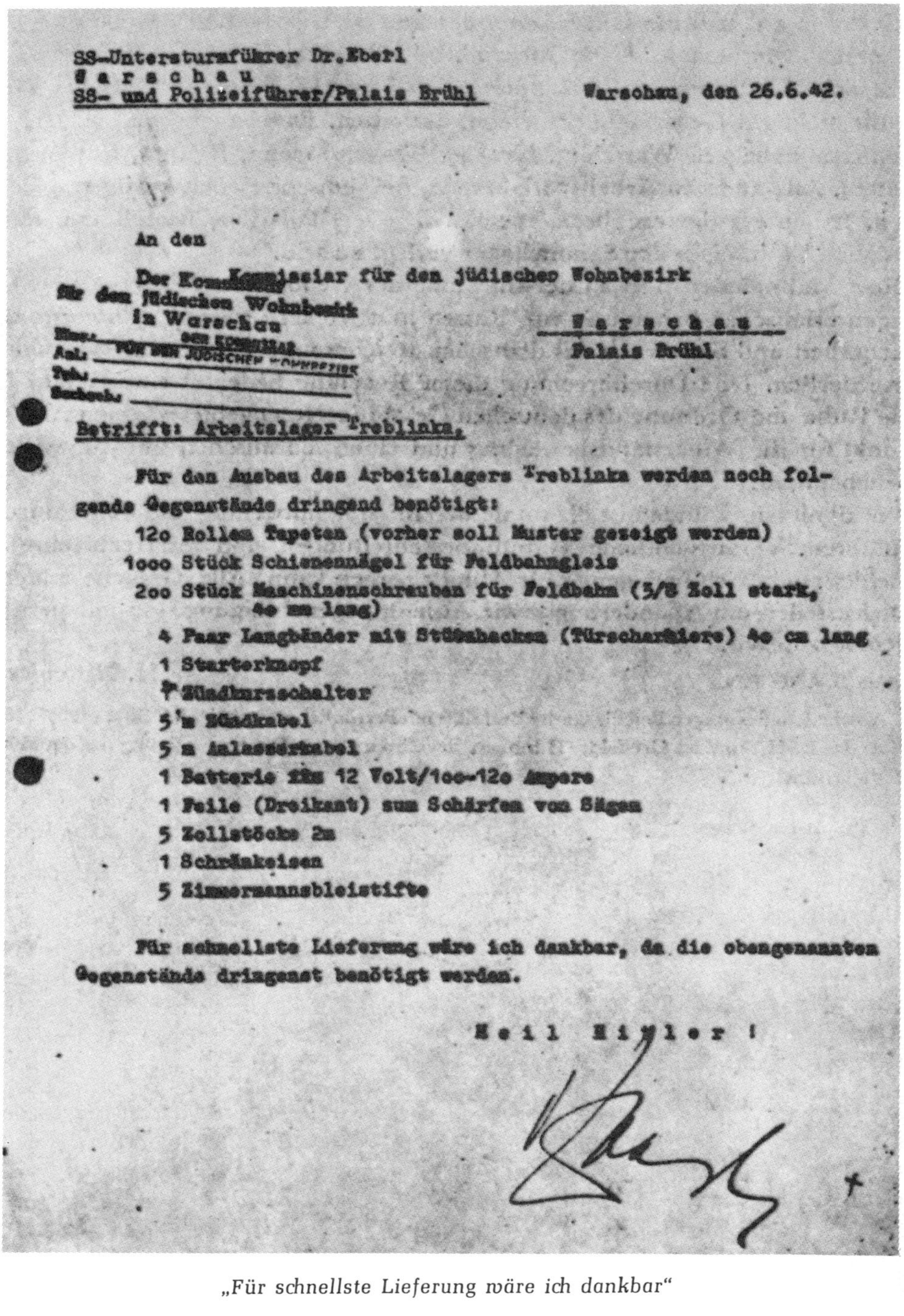

SS-Untersturmführer Dr.Eberl
W a r s c h a u
SS- und Polizeiführer/Palais Brühl

Warschau, den 26.6.42.

An den

Der Kommissar für den jüdischen Wohnbezirk
in Warschau

W a r s c h a u
Palais Brühl

Betrifft: Arbeitslager Treblinka.

Für den Ausbau des Arbeitslagers Treblinka werden noch folgende Gegenstände dringend benötigt:

120 Rollen Tapeten (vorher soll Muster gezeigt werden)
1000 Stück Schienennägel für Feldbahngleis
200 Stück Maschinenschrauben für Feldbahn (5/8 Zoll stark, 40 mm lang)
4 Paar Langbänder mit Stützhacken (Türscharniere) 40 cm lang
1 Starterknopf
1 Zündkurzschalter
5 m Zündkabel
5 m Anlasserkabel
1 Batterie für 12 Volt/100-120 Ampere
1 Feile (Dreikant) zum Schärfen von Sägen
5 Zollstöcke 2m
1 Schränkeisen
5 Zimmermannsbleistifte

Für schnellste Lieferung wäre ich dankbar, da die obengenannten Gegenstände dringenst benötigt werden.

H e i l H i t l e r !

„Für schnellste Lieferung wäre ich dankbar“

nannte er jedoch nicht sein eigen, besaß überhaupt keine Auszeichnungen, kannte keine Fremdsprachen und wußte auch keine sonstigen Fähigkeiten anzugeben. Seine Größe ist mit 171 cm, die Schuhnummer mit 42 und die Kopfweite mit 59 angegeben.

Mit Verordnung vom 19. April 1941[1]) setzte Gouverneur Dr. Fischer den Rechtsanwalt Auerswald zum Kommissar des jüdischen Wohnbezirks in Warschau ein. Am 19. September 1941 verschickte Auerswald sein erstes Rundschreiben[2]), welches besagte, daß im Auftrage des Gouverneurs nächstens „eine Reihe von Maßnahmen durchgeführt würden, die den jüdischen Wohnbezirk besser und wirksamer von der Außenwelt abschließen sollten, da sonst der unerlaubte Personen- und Warenverkehr zwischen Ghetto und Außenwelt nicht wirksam unterbunden werden könne". Auerswald meinte, die sich daraus ergebenden Härten müßten der drohenden Seuchengefahr wegen als kleineres Übel in Kauf genommen werden. Er nannte die für das Ghetto festgelegten Grenzen und verlieh der Hoffnung Ausdruck, daß jeder zur Mitarbeit bereit sein möchte. Schwierigkeiten sollten möglichst durch angemessene Räumungsfristen und Passierscheine ausgeglichen werden.

Am 26. des gleichen Monats schrieb Auerswald einen Bericht über die Lage der Juden im Warschauer Ghetto[3]) seit dessen Errichtung am 19. April 1941. Er wies auch auf die Vorgeschichte hin. Demnach dachte die deutsche Verwaltung anfangs an keine Umsiedlung der Polen, sondern wollte nur in der Vorstadt Praga ein Seuchensperrgebiet schaffen. Im August 1940 wurde daraus der jüdische Wohnbezirk, und am 2. Oktober mußten deshalb 113 000 Polen, 138 000 Juden und 700 Volksdeutsche umgesiedelt werden. Im Ghetto galt es, etwa 11 567 nichtjüdische Wohnungen, in der übrigen Stadt etwa 13 800 jüdsiche Wohnungen zu räumen. Die Umsiedlung war nach 6 Wochen abgeschlossen. Der jüdische Wohnbezirk umfaßte 403 ha und beherbergte etwa 500 000 Juden, also auf dem qkm 110 800 Personen. Die Abschließung geschah durch Vermauerung. Jeder Verkehr mit der Außenwelt wurde durch Passierscheine, ständig bewachte Ausgänge und die Transferstelle geregelt. Auerswald meinte, die allgemeine Lage im Ghetto habe niemals, nicht einmal bei Ausbruch des Krieges mit Rußland, Anlaß zur Beunruhigung gegeben. Allerdings wachse sich der Lebensmittelmangel fast zur Hungersnot aus und die Sterbeziffer stiege an. Die Erhöhung der Nährwerte bei den Rationen habe jedoch da gute Erfolge gezeigt. Die nicht unerheblichen ins Ghetto geschmuggelten Lebensmittel kamen leider nur den Reichen zugute und die Verelendung der Juden seit Kriegsbeginn mit dem Ansteigen der Sterbefälle sei daher erheblich, wenn das Fleckfieber dabei auch ebenfalls eine Rolle spiele. Auerswald nannte ein paar Zahlen wie: Januar 1941 = 898 Todesfälle, im Mai = 3821 und im August 1941 gar 5560. Das Wirtschaftsleben im Ghetto habe hingegen dank der Transferstelle einen großen Aufschwung genommen, meinte er.

Überhaupt war dieser „Kommissar" stets über alles bestens informiert. So ist am 5. Januar 1942 in seinem Amt die nachstehende Aufstellung der bei der jüdischen Bevölkerung in Warschau beschlagnahmten Pelze und Pelzsachen angefertigt worden, auf Grund

---

[1]) *Verordnungsblatt f. d. Generalgouvernement 1941, Seite 211.*
[2]) *Berenstein, Seiten 120–121.*
[3]) *Ebendort, Seiten 129–132.*

der Berichte des Warschauer Judenrates sowie einer von der Polizei zugestellten Liste der Pelzsachen. Unter der Überschrift „Betrifft Ablieferung von Pelzsachen durch Juden — Ergebnis in Warschau-Stadt" heißt es:

Tag:	28. 12.	29. 12.	30. 12.	31. 12.	1. 1.	2. 1	3. 1.	v. d. Pol. zug. Pelze	Summe
Mäntel									
Herren	690	23	46	67	2	—	35	15	878
Damen	2 541	113	280	305	14	17	72	12	3 354
Futter									
Herren	4 441	358	946	925	4	5	56	4	6 739
Damen	4 020	287	675	618	11	26	46	—	5 683
Sonst.									
Pelze									
Schafs.	2 201	281	433	820	4	19	88	4	3 850
Füchse									
Silber	222	14	19	14	—	1	5	2	277
Blau-	258	7	12	20	—	—	1	1	299
Rot-	872	144	278	204	8	8	22	3	1 534
Muffen	5 118	553	1 213	1 230	25	27	137	1	8 304
Kragen	39 556	4972	13 216	14 712	240	463	1272	15	74 446
Felle	7 205	485	1 855	2 020	24	44	305	110	12 048
Quitt.	25 569	2834	7 507	10 144	183	327	951	45	47 560[1])

Der Warschauer Judenrat machte Auerswald am 9. Januar 1942 von einem Schreiben der „Jüdischen Sozialen Selbsthilfe" in Sobienie-Jeziory Mitteilung[2]), das von dort stattfindenden Exekutionen berichtete, sobald Juden das Ghetto verließen. Man wünschte zu wissen, ob so etwas denn auch anderenorts geschähe. Ferner wurde Dr. Wielikowski vom Warschauer Judenrat gebeten, doch dafür zu sorgen, daß der jeweilige Judenrat vorher von

[1]) *Archiv J. H. I.*

[2]) *Berenstein, Seite 124.*

solchen Exekutionen unterrichtet würde, damit er die Zahl der Erschossenen und den Ort ihrer Bestattung erfahre. Auerswald schrieb daraufhin sofort an alle Kreishauptleute im Distrikt Warschau, „möglichst überall solle der gleiche Rechtszustand hergestellt werden, denn die den Polizeidienststellen erteilten Befehle bezüglich Waffengebrauch gegenüber Juden, welche den jüdischen Wohnbezirk unbefugt verlassen, ermöglichen in allen Fällen ein wirksames Durchgreifen[1]).“

Zweierlei aus der Tätigkeit Rechtsanwalt Heinz Auerswalds als Kommissar des Warschauer Ghettos läßt sich nicht urkundlich belegen, obwohl darüber Hinweise in Aussagen Überlebender und aufgefundenen Dokumenten vorhanden sind, die besagen, Auerswald hätte vom Judenrat Geschenke entgegengenommen und wäre am Ausbau Treblinkas beteiligt gewesen.

Erstens: Der Historiker Dr. Hilel Seidman, damals Angestellter des Warschauer Judenrats — heute in New York —, sagt am 17. Juli 1942 in seinem Ghetto-Tagebuch: „Der Kommissar Auerswald bekommt ungeheuer viele Geschenke vom Judenrat für veranlaßte Erleichterungen[2]).“ An anderer Stelle schrieb er: „Auerswald sagte zum Vorsitzenden des Judenrats, dem Ingenieur Adam Czerniakow, daß die Juden alle Parasiten seien[3]).“ Auch der Literaturkritiker Marcel Reich-Ranicki, damals Dolmetscher des Judenrats und heute in Hamburg lebend, bestätigt: „Was Auerswald betrifft, so hatte ich des öfteren gehört, daß er von Czerniakow Geschenke bekam (goldene Uhren, Wertgegenstände usw.)[4]).“

Zweitens begann am 22. Juli 1942 die große „Aussiedlung“, der 300 000 Warschauer Juden zum Opfer fielen, denn sie wurden in Treblinka vergast. Treblinka war in „T I“, ein Arbeitslager, und „T II“, das Vernichtungslager, unterteilt und getarnt. Am 26. Juni 1942, also etwa vier Wochen vor der „Aussiedlung“, bekam Heinz Auerswald folgenden Brief vom SS-Untersturmführer Dr. Eberl im Amt des SS- und Polizeiführers Warschau[5]):

„Für den Ausbau des Arbeitslagers Treblinka werden noch folgende Gegenstände dringend benötigt:

120 Rollen Tapeten (vorher soll Muster gezeigt werden)

1000 Stück Schienen-Nägel für Feldbahngleis

200 Stück Maschinenschrauben für Feldbahn (3/8 Zoll stark, 40 mm)

4 Paar Langbänder mit Stützhaken (Türscharnieren) 40 cm lang

1 Starterknopf

---

1) *Berenstein, Seite 124.*

2) *Dr. Hilel Seidman, „Warschauer Ghetto Tagebuch“ (Yiddisch), Buenos Aires 1947, Seite 31.*

3) *Ebendort, Seite 47.*

4) *Brief des Herrn Marcel Reich-Ranicki vom 22. April 1961.*

5) *Archiv J. H. I.*

1 Zündkurzschalter
5 m Zündkabel
5 m Anlasserkabel
1 Batterie 12 Volt/100—120 Ampere
1 Feile (dreikant) zum Schärfen von Sägen
5 Zollstöcke 2 m
1 Schränkeisen
5 Zimmermannsbleistifte

Für schnellste Lieferung wäre ich dankbar, da die obengenannten Gegenstände dringend benötigt werden. Heil Hitler!"

Da Treblinka kurz darauf auf Hochtouren lief, wird die Lieferung wohl pünktlich erfolgt sein.

Die bemerkenswerte Rolle des Rechtsanwalts Heinz Auerswald dürfte aus der Tatsache ersichtlich sein, daß er noch drei Tage vor Beginn der großen „Aussiedlung", als im Ghetto schon Panik entstand, persönlich zum Judenrats-Vorsitzenden Adam Czerniakow ging, um diesem ausdrücklich zu versichern, dem Ghetto drohe keinerlei Gefahr[1]).

Der berühmte polnische Serologe Prof. Dr. Ludwik Hirszfeld, welcher als „nichtarischer" Katholik im Warschauer Ghetto leben mußte, begab sich eines Tages einer Ausreisegenehmigung wegen zu „Kommissar" Auerswald und schildert ihn wie folgt: „Ein höflicher Europäer empfing mich und ich war erstaunt, als ich später sah, wie brutal er sein kann[2])."

---

[1]) *Aus dem nach dem Kriege gefundenen Tagebuch des Pädagogen Abraham Levin, der selbst umgekommen ist. Notiz vom 15. Januar 1943, Archiv Ringelblum.*

[2]) *Ludwig Hirszfeld „Historia jednego zycia" (polnisch), Warschau 1947 (2. Auflage) Seite 231.*

Dr. Herbert Hummel

Stellvertreter des Gouverneurs im Distrikt Warschau

Den Personalfragebogen für die Anlegung einer SA-Personalakte füllte Dr. Hummel erst am 1. Februar 1944 aus, dann allerdings auch gleich mit der stolzen Adresse: Warschau C 1, Palais Brühl.

Ausnahmsweise bezeichnete sich der am 7. Mai 1907 in Landshut/Bayern Geborene als „evangelisch-lutherischen Glaubens“, anstatt „gottgläubig“ anzugeben. Er war 178 cm groß, mit „gewöhnlichem Kinn“, „gewöhnlicher Nase“ und „gewöhnlichem Mund“, graublauen Augen und dunkelblondem Haar. Als besondere Kennzeichen nannte Dr. Hummel Fechternarben an Stirn und Schädeldecke. Auch das fällt ein wenig aus dem Rahmen. Der Bildungsgang verlief wie folgt: 4 Jahre Volksschule, 8 Jahre Gymnasium mit Abitur, 6 Jahre Studium an den Universitäten München, Innsbruck, Würzburg. 1930 machte Dr. Hummel das Referendarexamen in Würzburg, 1931 promovierte er zum Dr. jur. und bestand 1933 das Assessorexamen vor dem Rechtswahrer-Staatsprüfungs-Ausschuß München. Andere Kenntnisse auf technischen, sprachlichen, wissenschaftlichen oder sonstigen Gebieten hatte er nicht, war seit dem 9. Juni 1934 verheiratet mit einer „evangelischen“ Frau und hatte einen 1942 geborenen Sohn sowie eine 1937 geborene Tochter. Beide Eltern waren ebenfalls evangelisch, und der Vater lebte als Direktor der Höheren Technischen Staatslehranstalt in Kaiserslautern. Dr. Herbert Hummel hatte keine Vorstrafen, diente weder im alten noch neuen Heer, nicht in Freikorps, Wehrverband oder Polizei, gehörte keinen Parteien oder Organisationen an, wohl aber dem Corps Suevia-München, Gothia-Innsbruck, seit 1927 dem Kösener Senioren-Convent und dem NS-Altherrenbund seit 1938. Ebenso gehörte er keiner Loge an. An Orden und Ehrenzeichen besaß er das Deutsche Turn- und Sportabzeichen in Bronze seit dem 23. August 1928, das Kriegsverdienstkreuz II. Klasse seit dem 27. November 1940, das Dienstabzeichen der NSDAP in Bronze seit dem 30. Januar 1942 sowie schließlich das Kriegsverdienstkreuz I. Klasse.

Vom 8. Mai bis 5. August 1939 war Dr. Hummel Freiwilliger der Luftwaffe beim Flakregiment 32/14. Batt. gewesen, vom 26. August bis 3. Dezember 1939 bei der Res.Flak-Abt. 221/4. Batt. und vom 4. Dezember an einen Tag bei der Flak-Ers.Abt. 12/Stabsbatt. eingezogen gewesen. Er hatte eine Spezialausbildung an der 2-cm-Flak 30 genossen. Sein Wehrmachtsdienstgrad war bis zum 3. Dezember 1939 Unterführer-Anwärter, später Gefreiter.

Immerhin trat Dr. Hummel schon am 1. März 1932 in die NSDAP-Ortsgruppe München V mit der Nummer 992 585 ein, besaß jedoch kein Ehrenzeichen der Bewegung und keine sonstige Anerkennung. Hinsichtlich seiner Parteitätigkeit in der NSDAP gibt Dr. Hummel an: „Pol-Leiter der Ortsgruppe München V, Blockwart 5.—8. 1932, Sektionsleiter 8.—9. 1932, Zellenwart 9. 1932 bis 11. 1933, Reichshauptstellenleiter im Reichsrechtsamt seit 15. 2. 1935 laufend."

Die Frage nach der Tätigkeit im Staatsdienst beantwortet er mit: „Staatsanwalt beim Landgericht München I, mit 1. 11. 1934 beurlaubt zur Dienstleistung beim NS-Rechtswahrerbund bis 30. 1. 1943, seitdem Vizegouverneur."

Eine frühere Zugehörigkeit zur HJ, SS, NSKK, NSDSTB wird verneint. Der Eintritt in die SA erfolgte offenbar schon am 15. August 1933, und zwar in den Reitersturm der Schützenstandarte Brigade Hochland in München, dann vom 15. März 1934 bis 4. Februar 1935 Sturm 33/2, Brigade 32, Berlin.

Dr. Herbert Hummel war niemals im Dienste der Bewegung verwundet worden, hatte auch keinerlei Strafen für NS-Betätigung erhalten, nahm an keinem Reichsparteitag teil, war nicht hauptamtlicher Führer, aber auch nie von der Partei bestraft worden. Er durfte keine Ärmelstreifen tragen, hatte an keinen Kursen teilgenommen, besaß das Reichssportabzeichen nicht, wurde jedoch immerhin am 1. Februar 1944 wieder in die SA aufgenommen und zum Sturmbannführer befördert, um von nun an dem SA-Führungsstab im Generalgouvernement als z.b.V.-Führer anzugehören.

Aus verschiedenen erhalten gebliebenen Dokumenten wird ersichtlich, daß Dr. Hummel seine Arbeit ernst nahm und ganz trocken selbst über Dinge berichtete, die einem Juristen eigentlich Anlaß zum Nachdenken hätten geben sollen. Unter anderem schrieb er so in seinem Monatsbericht für März und Mai 1941[1]):

„5. Auf dem Gebiet der Wasserwirtschaft wurden alle Vorbereitungen für die neue Wasserbausaison getroffen. Die Beschaffung der Holzmengen und Eisenteile für den Bau der jüdischen Arbeitslager stieß auf große Schwierigkeiten, die aber nunmehr überwunden sind. Es können daher in Kürze 4000 Juden aus dem jüdischen Wohnbezirk in Warschau in die fertiggestellten Arbeitslager überführt werden.

---

[1]) *Archiv der Hauptstadt Warschau.*

Der erste Kursus von 130 Lagerschutzmännern fand in einem zukünftigen Judenlager in der Nähe von Warschau statt. Die Erfahrungen mit diesem Lagerschutzkursus sind durchaus günstig gewesen . . .

. . .

6. Judeneinsatz:

In der Zeit bis 27. Mai 1941 sind aus Warschau in verschiedene Lager der Wasserwirtschaft insgesamt 8716 Juden eingewiesen worden. Diese Juden sind durchweg unterernährt, so daß 2552 Juden nach Warschau zurückgeschickt werden mußten. Gestorben sind bisher 195 Juden."

Selbstverständlich hatte der Stellvertreter des Warschauer Gouverneurs viel mit dem Judenproblem zu tun. Aus Dr. Hummels Bericht vom Oktober 1941 ist zu entnehmen, daß die auf die Straßenmitte verlegten Grenzen des Ghettos eine bessere Übersichtlichkeit und damit auch eine bessere Möglichkeit der Überwachung boten[1]).

Bezeichnend dürfte auch die Äußerung Dr. Hummels bei einer Sitzung der Generalgouvernementsregierung sein, als er unter anderem auf die gefährliche Ausbreitung des Fleckfiebers zu sprechen kam und erklärte: „. . . An sich ist der Zusammenschluß der Juden im Ghetto ein Segen. Wichtig ist jetzt die vollkommene Abschließung des Ghettos. Dankbar wurde ein Schießbefehl der BdO. begrüßt, auf Grund dessen auf Juden auf den Landstraßen geschossen werden darf[2])."

Dr. Hummel berichtete weiter über die praktische Auswirkung der Verhängung der Todesstrafe bei widerrechtlichem Verlassen des Ghettos. Trotz Hinzunahme einer dritten Kammer konnten in Warschau erst 45 Todesurteile gefällt werden, und nur acht von ihnen seien bisher vollstreckt worden, da über jeden einzelnen Fall die Gnadenkommission in Krakau letztlich entscheiden müsse. Weitere 600 Anträge auf Verurteilung lägen noch vor. Im Wege des Sondergerichtsverfahrens sei eine wirksame Absperrung des Ghettos unmöglich. Überhaupt sei das Verfahren bis zur Liquidierung zu langwierig und mit zu vielen Formalitäten belastet. Es müsse daher unbedingt vereinfacht werden. Derartige Ansichten gab Dr. Hummel auf der Sitzung am 9. September 1941 von sich. Dennoch polemisierte Dr. Hans Frank bei dieser Sitzung noch mit ihm. Es handelte sich ja aber auch um „gigantische, einmalige Ereignisse". Dr. Frank wurde ziemlich deutlich und fragte, was denn mit den Juden geschehen solle. Ob man etwa die Absicht habe, sie im Ostland in Siedlungen unterzubringen? In Berlin begreife man überhaupt nicht, warum man mit ihnen solche Scherereien mache. Man solle sie einfach liquidieren. Der Generalgouverneur bat seine Herren, sich doch ein für allemal gegen jedes Mitleid zu wappnen, denn die Juden müßten nun einmal vernichtet werden, wo immer man sie treffe und wie immer es möglich sei, „um das Gesamtgefüge des Reiches aufrechtzuerhalten". Selbstverständlich, meinte Dr. Frank weiter, müßte das wohl mit etwas anderen Methoden geschehen, als die vom Amtschef Dr. Hummel dargelegten. Jedenfalls dürfe man auch die Richter der Sondergerichte nicht

---

[1]) *Bulletin Nr. 26 1958, Seite 60, Fußnote 56.*

[2]) *Franks Tagebücher, Regierungssitzung 16. Dezember 1940.*

für die Verzögerung verantwortlich machen, weil diese nun einmal im Rahmen des Rechtsverfahrens begründet liege, denn bisherige Anschauungen ließen sich eben nicht auf solche gigantischen, einmaligen Ereignisse übertragen. Immerhin gab es einen zum Ziele führenden Weg, über den Dr. Frank sich längst Gedanken gemacht hatte. „Die Juden sind für uns außergewöhnlich schädliche Fresser", sagte er. „Wir haben im Generalgouvernement schätzungsweise 3,5 Millionen, die wir nicht einfach erschießen oder vergiften können. Trotzdem kann man Eingriffe vornehmen, die zu einem Vernichtungserfolg führen, und zwar im Zusammenhang mit den vom Reich her zu besprechenden großen Maßnahmen. Das Generalgouvernement muß genauso judenfrei werden wie das Reich es ist." Dr. Hummel scheint nicht ganz der Ansicht Dr. Franks gewesen zu sein, sonst wäre dieser ja nicht so deutlich geworden.

Am 18. Juni 1942 fand in Krakau dann wieder eine Arbeitssitzung von Polizei- und Verwaltungsbehörden des Generalgouvernements statt, bei der die Durchführung der Judenvernichtung schon eingehend besprochen wurde. Selbstverständlich war auch Dr. Hummel zugegen, denn dem Protokoll ist zu entnehmen[1]):

„Amtschef Dr. Hummel referiert über die Verhältnisse im Distrikt Warschau. Im Gegensatz zu früheren Gutachten sei es gelungen, das Ghetto wirtschaftlich so zu aktivieren, daß staatliche Zuschüsse bisher nicht notwendig gewesen seien. Im Ghetto arbeiteten ungefähr 25 000 Juden in kriegswichtigen Betrieben, während im externen Einsatz 3000 Juden beschäftigt seien. Die zweitgrößte Pelzfirma, die den überwiegenden Wehrmachtsbedarf an Pelzen anfertige, habe ihre Betriebsräume im Ghetto. Der monatliche Umsatz zwischen Ghetto und arischem Wohnbezirk betrage zur Zeit 6 Millionen; dazu trete ein nicht erfaßter Umsatz von vielleicht noch 2 bis 3 Millionen. Von diesem Umsatz lebten die Insassen des Ghettos recht und schlecht. Er hoffe, daß die Stadt Warschau in absehbarer Zeit von der arbeitsunfähigen Judenlast befreit werde", schloß Dr. Hummel seine Ausführungen.

Auf die Frage von Staatssekretär Dr. Bühler, ob denn Aussicht auf eine schnellere Verminderung der Ghettobevölkerung bestehe, erwiderte Staatssekretär Krüger, daß man darüber wohl im Laufe des August einen Überblick haben werde.

Keine 5 Wochen später, am 22. Juli 1942, begann dann auch tatsächlich die große Aussiedlung der Juden aus dem Ghetto Warschau, bei der etwa 300 000 Warschauer Juden ins Vernichtungslager Treblinka geschafft wurden.

---

[1]) *Franks Tagebücher, Arbeitssitzung am 18. Juni 1942.*

Waldemar Schön

Leiter der Abteilung Umsiedlung im Amt des Gouverneurs Warschau

Aus dem Personalfragebogen zur Anlegung der SA-Personalakte vom 7. Januar 1938 ist zu erfahren, daß Karl Alexander *Waldemar* Schön am 3. August 1904 in Merseburg/Saale geboren ist. Als Religion gibt er „gottgläubig" an, schreibt jedoch dahinter in Klammern („früher ev. luth.", ausgetreten am 23. September 1937). Nase, Mund und Kinn bezeichnet er als „gewöhnlich", die Größe mit 164 cm, Augen mit grau-blau, das Haar mit braun. Ohne besondere Kennzeichen. Mit dem Lernen haperte es wohl etwas, denn bis zum 11. Lebensjahr besuchte Waldemar Schön die Volksschule und bis zum 20. das Gymnasium. Mit 25 Jahren schloß er das juristische Studium ab. Nachdem er Referendar und Gerichtsassessor gewesen war, bezeichnet er den Beruf mit „Vertreter von Rechtsanwälten". Ab 25. September 1933 betätigte er sich als Assessor in der Provinzialverwaltung Sachsen, ab 15. Januar 1934 als Hauptgeschäftsführer im Hauptamt für Kommunalpolitik der Reichsleitung. Er nennt sich „Jurist und Kommunalpolitiker" ohne besondere Kenntnisse, außer Rechts- und Staatswissenschaften sowie lateinischen, griechischen und französischen Sprachkenntnissen.

Seit dem 5. Mai 1934 war Schön mit einer evangelischen Frau verheiratet und hatte einen am 16. September 1936 geborenen Sohn. Er diente weder in Heer, Freikorps, Reichswehr, Polizei noch sonstigem Wehrverband und gehörte keiner politischen Partei an, sondern lediglich einer studentischen Landsmannschaft in Halle. In der neuen Wehrmacht erfüllte Schön allerdings freiwillig seine Pflicht, indem er vom 10. März bis 4. Mai 1937 im I. R. 20 in Deggendorf diente und am L MG 13 ausgebildet wurde, um als Unterführer-Anwärter entlassen zu werden. Schön besaß also einen Wehrpaß. In die NSDAP Merseburg trat er am 1. April 1930 schon ein und erhielt die Mitgliedsnummer 218 825, hatte aber noch kein Ehrenzeichen der Bewegung und auch sonst keinerlei Auszeichnungen erhalten, obwohl er seit Eintritt in die Partei laufend in ihr tätig war. Zunächst als Zellenobmann, ab Mai 1930 als Schulungsleiter der Ortsgruppe Merseburg, ab 1932 als Kreisschulungsleiter und ab 1. September 1933 als Kreispersonalamtsleiter und stellvertretender Kreisleiter. Von 1930—1931 betätigte Schön sich als Kreisredner, von 1932—1934 als Gauredner, von da ab als Reichsredner. Seit dem 5. September 1935 durfte er sich auch Reichsamtsleiter nennen.

Vom Justizdienst ließ er sich 1933 für die Provinzialverwaltung und ab Januar 1943 für die Reichsleitung beurlauben, betätigte sich nebenher im NS-Rechtswahrerbund, in dem er seit Oktober 1930 Mitglied mit der Nummer 159 war, und hatte sich außerdem schon von 1930–1932 als kommissarischer Leiter des NS-Schülerbundes während der Verbotszeit in Merseburg nützlich gemacht. Am 1. März 1930 trat er in den SA-Sturm 17/4 Merseburg ein, aus dem er auch formell nie ausgetreten ist, obwohl er mit der „Machtübernahme" zur politischen Leitung überging. Verwundungen oder Strafen ereilten ihn im Dienst der „Bewegung" nicht. Schön nahm an den Reichsparteitagen 1929, 1933, 1934, 1935, 1936 und 1937 teil, war jedoch nie hauptamtlicher SA-Führer gewesen, wenn er auch als aktiver SA-Mann zum Tragen des Ärmelstreifens berechtigt war. An Lehrgängen, Kursen, Kommandos nahm er nicht teil, besaß das SA-Sportabzeichen nicht, und die Tyr-Rune wurde ihm ebenfalls nicht verliehen. Er ist halt Reichsfachredner der NSDAP gewesen, und zwar für Kommunalpolitik. Ebenso war er Mitglied des Fachkreises der Rechtsstellen der NSDAP. Im Januar 1938 wohnte Waldemar Schön in München, Frauenlobstraße 2, und gehörte der Ortsgruppe Braunes Haus an. Nach Ausfüllung des Fragebogens wurde er dann prompt schon am 30. Januar 1938 als „Standartenführer" in der SA bestätigt.

Ab 15. Januar 1940 lautete seine Anschrift jedoch Gouvernementsverwaltung, Warschau C 1, Abholpostamt. Inzwischen hatte er auch – wie, bleibt unerfindlich – den Unteroffiziersrang bei der Infanterie erreicht.

In Warschau galt Waldemar Schön bald als Ghetto-Fachmann. Das geht jedenfalls eindeutig aus einem Bericht des Kreishauptmanns von Minsk-Mazowiecki für den Monat September 1940[1]) hervor, der sich mit der Gründung eines Ghettos befaßt. Im Bericht findet sich unter anderem folgender Passus:

„Die nunmehr angeordnete Einrichtung eines Ghettos in Minsk wurde bereits im Monat Juni auf Weisung des Kreishauptmannes in Angriff genommen, im Juli aber auf höhere Anordnung wieder eingestellt. Um die Einheitlichkeit der Ghetto-Gestaltung im Distrikt Warschau zu wahren, wird der Leiter der Abteilung Umsiedlung, Reichsamtsleiter Schön, in den nächsten Tagen persönlich zur Rücksprache nach Minsk kommen, um an Hand der Pläne über die projektierte Gestaltung des Ghettos an Ort und Stelle zu entscheiden."

Über Schöns Tätigkeit im Ghetto Warschau selbst, gibt seine Niederschrift vom 20. Januar 1941 Auskunft, die 25 Maschinenschriftseiten umfaßt[2]) und die Entstehungs-

---

[1]) *Prozeßakten gegen Staatssekretär Dr. Bühler in der Generalgouvernementsregierung (1947), Band 29, Seite 216.*

[2]) *Prozeßakte Jürgen Stroop (1951), Band 2, Seite 209 ff. Einige Seiten davon auch in Berenstein, Seite 99–104.*

geschichte des Warschauer Ghettos — aus deutscher Sicht gesehen — darstellt. Fragmente daraus sind fast wörtlich im Bericht des Liquidators, SS-Brigadeführer Stroop, über das Ende des jüdischen Wohnbezirks enthalten. Schön behauptet darin unter anderem, die Juden seien Bazillenträger. Daher sei es ein „politisch-moralisches Erfordernis", die Juden im Ghetto zu isolieren. Waldemar Schön muß ein guter Organisator gewesen sein, deshalb versiegelte er auch am 16. November 1940 schon kurz entschlossen 1170 Lebensmittel- und 2600 andere jüdische Geschäfte polizeilich und übernahm sie dann durch entsprechende Organisationen, um sie restlos auszuräumen.

Für einen einzigen Arbeitstag war das eine ganz tüchtige Leistung!

Schön sorgte später dafür, daß bei den „Umsiedlungen" alles Gut zurückblieb. Wenn er die sogenannten Beschlagnahmeurkunden ausfüllte, lauteten sie beispielsweise:

„Generalgouvernement-Amt des Distrikt-Chefs Warschau

Abteilung Umsiedlung,

Palais Brühl

Warschau, den 21. 11. 1941

Beschlagnahmeurkunde

Auf Grund der Verordnung des Herrn Generalgouverneurs vom 24. I. 40 und gemäß Verfügung Nr. ... . vom ... Aktenzeichen ... werden die Einrichtungsgegenstände der Wohnungen Nr. 2, 3, 4, 6, 9 im Hause Eisenstraße Nr. 73, 80, 89 hiermit beschlagnahmt. Zuwiderhandlungen gegen diese Verfügung, besonders das widerrechtliche Entfernen der beschlagnahmten Einrichtungsgegenstände, werden bestraft[1])."

Das Amt „Umsiedlung" dieses Waldemar Schön war es auch, das sämtliche Umsiedlungen der Juden aus dem Kreise Warschau ins Warschauer Ghetto bewerkstelligte, und zwar pünktlich, termingemäß und in größter Ordnung.

Aus einem Dokument[2]), das von Schöns Stellvertreter Otto Mohns[3]), unterzeichnet ist, stammt Nachstehendes:

„Die Umsiedlung der Juden aus dem Kreise Warschau-Land westlich der Weichsel geschieht nach folgendem Umsiedlungsplan: 1. Die Juden aus Piaseczno, etwa 2500 an der Zahl, siedeln um in den jüdischen Wohnbezirk von Warschau in der Zeit vom 22. bis

---

[1]) *N. Blumental „Slowa Niewinne" (polnisch) mit deutschen Dokumenten im Original, Krakau–Lodz–Warschau, 1947, Seite 106.*

[2]) *Wulf I, Seite 22.*

[3]) *Aus einem Antrag auf Aufnahme in der NSDAP, datiert vom 26. Mai 1937, ist zu entnehmen, daß Otto Mohns am 30. August 1895 in Kogel, Kreis Hagenow/Mecklenburg geboren wurde und in Zarrentin/Mecklenburg in der Friedrich-Hildebrand-Straße 30 wohnte. Er erhielt in der Ortsgruppe Zarrentin die NSDAP-Nummer 4 071 707 und erklärte sich zur Zahlung eines freiwilligen Förderungsbeitrages von 10,– RM bereit.*

27. Januar mit je etwa 500 Personen am Tage. Die marschfähigen Juden werden durch Fußmarsch in den jüdischen Wohnbezirk überführt. Die Transporte enden bei der jüdischen Quarantäne in der Spokojnastraße am Danziger Bahnhof. Sie werden von dem Sanitätskommando des Amtsarztes Dr. Hagen in Empfang genommen. Nach erfolgter gesundheitlicher Überprüfung werden die eintreffenden Juden in ein Quarantänelager überführt, und zwar vorerst in das Lager Stawskistraße 21. Die Verpflegungskosten für das Quarantänelager übernimmt der Ältestenrat Warschau bzw. die Jüdische Soziale Selbsthilfe.

2. Die Fortsetzung der Umsiedlung der 1400 Juden aus Pruszkow erfolgt zu den gleichen Bedingungen am 29., 31. Januar und am 1. Februar 1941. Die Umsiedlung der 700 Juden aus Jeziorna erfolgt am 28. Januar und die Umsiedlung der 320 Juden aus Wlochy am 3. Februar 1941. Die zur Aufsicht und Begleitung erforderlichen Polizeikräfte werden gestellt. Der Judenrat hat für die spätere Aufnahme im jüdischen Wohnbezirk nach Entlassung der Juden aus der Quarantäne Sorge zu tragen.

Warschau, den 20. I. 1941

Der Leiter der Abteilung
i. V. Mohns

Dr. Friedrich Seemann

Leiter des Präsidialbüros im Distriktgouverneursamt Warschau

Als Dr. Seemann Kreishauptmann von Siedlce im Distrikt Warschau war, schrieb er am 4. Februar 1942 seinen Bericht über den Monat Januar. Wie seelenruhig er das Kind beim Namen nannte, geht eindeutig daraus hervor[1]), denn er sagt zum Beispiel: „10 Juden wurden abgeführt, als sie unberechtigt den jüdischen Wohnbezirk verlassen hatten und auf dem Markt zu handeln versuchten. Sie wurden auf der Flucht erschossen. Ein Jude sollte in Losice verhaftet werden, weil er seinen Pelz nicht abgegeben hatte. Auch er flüchtete und wurde erschossen."

Dr. Seemann war am 30. Januar 1937, als die erste erhalten gebliebene Beurteilung über ihn abgegeben wurde, Gauhauptstellenleiter für Schulung im Gaurechtsamt Weser-Ems. Der Gutachter war sein Gauamtsleiter Grashorn, der Seemann für keinen guten Redner hielt, aber meinte, bei seiner höflich-zuvorkommenden und dennoch zielstrebig-energischen Art genüge Seemann den Anforderungen trotzdem. Grashorns Ansicht nach war Parteigenosse Seemann ein guter Kamerad, schaffensfroh, pünktlich und zuverlässig, ein tüchtiger Rechtswahrer, „der" — so schrieb Grashorn —, „wie mir vertraulich mitgeteilt wird, beabsichtigt, in der nächsten Zeit seine Berufstätigkeit zu unterbrechen, um seinen Doktor zu machen". Der Gauamtsleiter hielt Seemann nicht für einen Christen, vollkommen gefestigt, unbedingt zuverlässig, mit einem gesunden Urteil und solidem Wissen versehen, der sich überall besten Rufes erfreut.

Aus dem Personalfragebogen vom 8. Februar 1938 geht hervor, daß der deutsche Staatsangehörige Friedrich Bernhard Seemann Rechtsanwalt war und in Delmenhorst, Lange Straße 104, wohnte, in Oldenburg am 5. August 1906 geboren wurde und sein Vater Ministerialamtmann i. R. war. Die erforderlichen Ahnen nachzuweisen machte keine Schwierigkeiten. Seemann hatte keiner Loge und keinem politischen Verein angehört und

---

[1]) *Prozeßakte Staatssekretär Bühler, Generalgouvernementsregierung, nach dem Kriege in Warschau, Band XXXV, Seite 4.*

wurde für den Wehrdienst einer Herzneurose wegen nur bedingt tauglich geschrieben. Trotzdem war er schon am 1. November 1931 in die NSDAP eingetreten, und zwar in die Gruppe Osternburg i/O, Weser-Ems. Er bekam die Mitgliedsnummer 753 945. Sein Mitgliedsbuch ist aber erst am 12. Oktober 1933 ausgestellt worden. Ab 8. Juli 1933 betätigte Pg. Seemann sich in der SA, von 1935 bis 1937 als politischer Schulungsreferent beim Sturmbann IV/R 54, bis dieser aufgelöst wurde. Seemann wirkte weiter als politischer Leiter, wurde Gaufachredner über Rechtsfragen und Schulungsredner über NS-Rechtserneuerung.

Im handschriftlichen Lebenslauf gibt Seemann an, bis 1916 die Volksschule, dann bis 1925 Gymnasien in Eutin und Oldenburg besucht zu haben. Er studierte anschließend sechs Semester Jura und Volkswirtschaft in Tübingen, München und Göttingen, war vom August 1928 bis Februar 1929 Referendar bei verschiedenen Gerichten, Verwaltungsbehörden und Rechtsanwälten im Lande Oldenburg und bestand am 3. Oktober 1932 die zweite juristische Staatsprüfung. Wiederum arbeitete er bei verschiedenen Rechtsanwälten, um am 1. Februar 1933 Rechtsanwalt beim Amtsgericht Delmenhorst und beim Landgericht Oldenburg zu werden. Vom 26. Juni 1934 ab war er Leiter der Rechtsbetreuungsstelle Delmenhorst und Mitglied des Vorstandes der Anwaltskammer Oldenburg. Im Sommer 1934 wurde Seemann dazu noch Leiter des Kreisrechtsamtes Delmenhorst und im Dezember 1935 Leiter der Hauptstelle Schulung beim Gaurechtsamt Weser-Ems. Mit der Nummer 1108 gehörte er dem NSRB an und war Kreisgruppenführer für Delmenhorst und Oldenburg-Land. Durch Verfügung des Oberbürgermeisters von Delmenhorst am 27. Juli 1935 wurde Seemann auch Ratsherr der Stadt. Er bezeichnete sich als „gottgläubig", gab jedoch an, früher sei er evangelisch gewesen. Er war ledig, besaß keinen Führerschein und hatte es noch zu keinem Rang in SA, SS oder NSKK gebracht, weil er seit 1934 als politischer Leiter von jedem Dienst beurlaubt war und vom Stellvertreter des Führers am 24. Februar 1934 als solcher vereidigt wurde. Im Mai 1936 besuchte Seemann die Führerschule in Essen, 1937 den Gauschulungsamtskursus in Hamburg und im April/Mai 1938 einen Rechtsschulungslehrgang.

Die Praxis in der Kleinstadt Delmenhorst dürfte dem alten Parteigenossen nicht genügt haben, denn am 11. Januar 1938 wandte er sich an das Oberste Parteigericht in München und bat, ihn in die Parteigerichtsbarkeit zu übernehmen, da er den Beruf gern wechseln würde und dabei auch andere Teile Deutschlands kennenlernen wollte. Die Antwort bestand in einem Schreiben vom 31. Januar, das von einem gewissen Breher vom Zentralamt-Personalabteilung unterzeichnet war und Pg. Seemann mitteilte, er könne sechs Monate zur Probe bei einem Parteigericht der NSDAP mit einem Gehalt von 350,— RM angestellt werden, falls er dies wolle, den beigefügten Fragebogen ausfüllen und Personen namhaft machen, welche über seine persönlichen und fachlichen Qualitäten Auskunft zu geben vermöchten. Dazu fand sich Seemann am 8. Februar bereit, bat aber, die Probezeit auf drei Monate zu beschränken oder ganz fallen zu lassen, da er sich ja für die Zeit einen Vertreter bestellen müsse, der seine Anwaltspraxis weiterführe, damit er selbst nicht erhebliche Einbuße erlitte. Als Parteigenossen, welche über seine fachliche und persönliche Eignung Auskunft geben konnten, benannte Seemann den stellvertretenden Gauleiter Georg Joel, seit 1933 Ministerpräsident von Oldenburg, den Staatsminister Pauly in Oldenburg, Gaurechtsamtsleiter Rechtsanwalt Grashorn, den Gauführer des NSRB, Landgerichtspräsident Dr. Brand — beide in Oldenburg — und endlich den Kreisleiter Sturm, Delmenhorst, sowie Kreisleiter Engelhart in Oldenburg.

Das Oberste Parteigericht forderte daraufhin Gutachten von Dr. Brand, Ministerpräsident Joel und Kreisleiter Sturm an. Landgerichtspräsident Dr. Brand antwortete sofort und nannte Seemann „einen der erfolgreichsten Amtswalter, von beispielloser Zähigkeit und unermüdlichem Fleiß, größter Pünktlichkeit und Gründlichkeit, außerordentlich angenehm im Verkehr, ohne großes Aufheben von seiner Person zu machen, kein Blender und stets einsatzbereiter treuer Mitarbeiter von Charakterstärke und guten fachlichen Grundlagen".

Auch der Gaurechtsamtsleiter Grashorn, der seinen Gauhauptstellenleiter nur ungern scheiden sah, stellte dem ihm seit zehn Jahren bekannten Pg. Seemann das allerbeste Zeugnis aus. Ihm sei der Nationalsozialismus Herzenssache, er verfüge über großes juristisches Wissen, angenehme Umgangsformen, Verständnis fürs praktische Leben, Geschick im Verkehr mit dem Publikum und „zu rühmen ist sein außerordentlicher Fleiß und seine Gründlichkeit", hob Grashorn hervor. Also ein allseitig beliebter Mann!

Nach 1939 brauchte sich der fleißige Pg. Seemann auch nicht mehr um ein neues Betätigungsfeld zu bemühen, denn im Osten gab es ja reichlichen Platz für jeden, dem der Nationalsozialismus Herzenssache war.

Auf Grund eines Beschlusses des Landgerichts Bonn aus dem Jahr 1968 entfällt für diese und weitere Ausgaben Kapitel 14, Seite 334–335.

Walter Caspar Többens

Großunternehmer im Warschauer Ghetto

Während des zweiten Weltkriegs gab es im Hitler-Europa für geschickte Manager hinreichend Gelegenheit, die kriegsbedingten Verhältnisse für eigene Zwecke gewinnbringend auszunutzen. Das gilt besonders für den Osten, wo Millionen Juden lebten und für einen Teller Suppe arbeiteten, nur um das nackte Leben zu retten. In vielen Fällen leisteten die halbverhungerten Sklaven sogar Erhebliches.

Unter den unzähligen derartigen Managern ragten auf polnischem Boden hauptsächlich zwei aus der Masse hervor, denn sie verstanden es, ein Maximum an Leistung aus dem Inferno des Ghettos herauszuholen. Im Ghetto Lodz war es Hans Biebow[1]) und im Warschauer Ghetto Walter Caspar Többens. Beide sind bei Kriegsausbruch noch recht jung gewesen und betätigten sich bis dahin in Bremen als Kaufleute. Ebenso traten beide erst 1937 in die NSDAP ein.

Walter Caspar Többens ist am 19. Mai 1909 in Meppen geboren und arbeitete bis 1934 in einer Bremer Kaffeerösterei. Dann nutzte er erstmals die Zeitumstände und legte den Grundstein zu seiner großen Karriere, indem er sieben jüdische Geschäfte zu Spottpreisen erwarb[2]). Der steile Aufstieg jedoch begann erst 1939 mit Kriegsausbruch, weil er sofort die ungeheuren Möglichkeiten im Osten erkannte und sich deshalb schleunigst mit Dr. Lautz in Verbindung setzte, der bei Kriegsausbruch Geschäftsführer der Wirtschaftsgruppe Groß- und Einzelhandel in Berlin war. Ihm unterstanden damals zehn Bezirks-Großhändler, und Többens erhielt zunächst einmal den Kreis Tomaschow als Großhändler zugeteilt. So faßte er bei den „Untermenschen" und vogelfreien Juden im Osten Fuß. Doch

---

[1]) *Ausführliches über ihn siehe: J. Wulf, „Lodz, das letzte Ghetto auf polnischem Boden" in „Aus Politik und Zeitgeschichte". Beilage zu „Das Parlament" v. 19. 10. 1960, Seiten 675–694.*

[2]) *Viele biographische Angaben aus d. Protokoll d. VI. Spruchkammer Bremen, Akz.: VI. Sp. A. 2/49 v. 30. 6. 1949 sowie G. Reitlinger „Die Endlösung", Berlin 1956, S. 78–79. Sonstige Quellen werden angegeben.*

Dr. Lautz protegierte Többens auch weiterhin und holte ihn 1941 ins Warschauer Ghetto, wo sich inzwischen unter einer Produktions-Kommission verschiedene Firmen zur Durchführung von Wehrmachtsaufträgen zusammengefunden hatten. Anfangs sollte alles durch die sogenannte „Transferstelle" geregelt werden, aber der pfiffige Többens verstand, sich durch Bestechung, Geschenke und nette Empfänge beliebt und unabhängig zu machen. Ohne eigenes Kapital schaffte er es, daß etwa 15 000 jüdische Sklaven in seinen Betrieben für die Wehrmacht arbeiteten.

Frau Tusk-Scheinwechsler arbeitete in den Többenswerken des Warschauer Ghettos[1]) und berichtet: „Walter Többens war ein bildschöner Mann mit kalten, hellblauen Augen, die sehr hübsch von seinem dichten, ganz dunklen Haar abstachen. Er war groß, schlank und stets sorgfältig gekleidet." Sie entsinnt sich auch, daß im Ghetto Gerüchte umliefen, denen zufolge Többens Morphinist sein sollte. Auf jeden Fall ist er oft betrunken gewesen. In diesem Zustand erschien er dann mit der Reitpeitsche in der Fabrik. Auch Dr. Emanuel Ringelblum notierte am 7. Mai 1942, daß an den Wänden des Empfangszimmers bei Többens in der Prostastraße 12 Reitpeitschen verschiedener Größe hingen[2]).

Ein Volksdeutscher, Direktor Jahn, war die rechte Hand von Többens. Jahn war damals 35 Jahre alt, sprach gut Polnisch und Yiddisch, dafür aber nur sehr schlechtes Deutsch. Jahn hatte ebenfalls immer eine Reitpeitsche bei sich und war auch ständig betrunken. Er suchte sich gern unter den jungen, wenn auch halb verhungerten jüdischen Arbeiterinnen seine häufig wechselnden Freundinnen aus.

Frau Tusk-Scheinwechsler berichtet, daß Jahn bei der großen „Aussiedlung" vom Juli bis September 1942 etwa tausend seiner Arbeiterinnen persönlich zum „Umschlagplatz" führte. Von diesem Sammelplatz aus wurde die Fahrt nach Treblinka angetreten. Frau Tusk-Scheinwechsler hat auch nicht vergessen, daß Jahn einmal den Portier herbeirief, als er mit der Arbeit einiger Frauen nicht zufrieden war. Sie mußten sich entblößen und wurden dann mit der Reitpeitsche geschlagen, wobei Jahn ausdrücklich befahl, es hätten rote Striemen zurückzubleiben.

Das war also das Arbeitsklima in den Többenswerken!

Die jüdischen Sklaven arbeiteten von früh um 6 bis 18 Uhr. Sie erhielten mittags und abends je einen Teller Suppe, Brot, schwarzen Ersatzkaffee sowie manchmal Marmelade. Im Winter sank die Temperatur in der Werkhalle oft unter Null. Zu den Többenswerken gehörten eine Schneiderei, eine Schuhmacherei, eine Mützenfabrik, eine Kürschnerei, eine Gummifabrik, eine Galanteriewarenwerkstatt und manches andere. Überall wurde für die Wehrmacht gearbeitet.

Selbstverständlich versuchte Többens bei einer „Aussiedlung" oft, einige Tausend seiner Sklaven zu retten, um weiter den Großindustriellen spielen zu können, denn ohne Juden

[1]) *F. Tusk-Scheinwechsler „Die Todesfabrik" in „Bulletin" Nr. 23, 1957, Seiten 63–70.*
[2]) *Archiv Ringelblum.*

gab es keine Großbetriebe in Warschau. Der später umgekommene Pädagoge Abraham Levin, dessen im Ghetto geschriebenes Tagebuch den Krieg überdauerte[1]), schrieb am 29. August 1942, es liefen Gerüchte im Ghetto um, Többens sei bereit, Millionen an Bestechungsgeldern zu zahlen, wenn er damit seine Industriebetriebe retten konnte. Als er dies beim Ghettoaufstand im April 1943 dann doch nicht mehr vermochte, wurde er schleunigst Bevollmächtigter des ᛋᛋ- und Polizeiführers im Distrikt Lublin, des berüchtigten ᛋᛋ-Gruppenführers Odilo Globocnik, um wenigstens auf diese Weise einige Tausend „seiner" Juden in die Lubliner Lager bringen zu können[2]).

Nachdem Himmler im Januar 1943 in Warschau gewesen war, teilte er dem Höheren ᛋᛋ- und Polizeiführer in Krakau, Friedrich Wilhelm Krüger, mit, er habe das Reichssicherheitshauptamt beauftragt, durch Buchprüfer die Gewinne der Többenswerke zu kontrollieren, da Többens offenbar „durch die billigen jüdischen Arbeitskräfte" zum Millionär geworden sei[3]).

Der geschickte Többens aber kannte genügend Schliche, um sich auch diesmal wieder aus der Affäre zu ziehen, denn am 2. Februar 1943 schrieb der damalige ᛋᛋ- und Polizeiführer im Distrikt Warschau, ᛋᛋ-Oberführer Ferdinand von Sammern-Frankenegg an Heinrich Himmler[4]):

„... Die Vorbereitungen für die Verlagerung sämtlicher textilverarbeitenden Betriebe, soweit diese Juden beschäftigen, sind in vollem Gange und ist der Mob-Plan mit den Betriebsführern fertig gestellt. Es werden nicht nur die Firmen Többens, Schultz & Co., sondern auch alle übrigen — es sind dies insgesamt acht Betriebe — mit etwa 20 000 jüdischen Arbeitskräften in das Konzentrationslager nach Lublin verbracht. ᛋᛋ-Gruppenführer Globocnik hat sich wegen Übernahme dieser Betriebe bereits eingeschaltet.

Ich bitte Sie, Reichsführer, diesen Bericht zur Kenntnis zu nehmen.

v. Sammern
ᛋᛋ-Oberführer"

Selbstverständlich war dieses Schreiben eine „Geheime Reichssache".

Als das Ghetto Warschau am 19. April 1943 von deutschen sowie lettischen und ukrainischen Truppen umstellt und von der Außenwelt abgeriegelt worden war, erklärte Többens, der natürlich längst den Vertrag mit Odilo Globocnik sicher in der Tasche hatte, seinen jüdischen Arbeitern ganz harmlos, die Abriegelung sei nur erfolgt, weil man drei Tage

---

[1]) *Archiv Ringelblum.*

[2]) *Wulf I, Seiten 84–85.*

[3]) *Siehe Seite 88.*

[4]) *Berenstein, Seite 249.*

lang das Ghetto nach Waffen durchsuchen wolle. Sonst sei gar nichts besonderes los, und sie sollten deshalb nur ruhig weiterarbeiten[1]).

Am 20. April schon war es dann aber jedem im Ghetto klar, daß allen anderslautenden Versicherungen entgegen, eben doch die restlose Liquidation bevorstand. Daher schaltete Többens wieder einmal schnell um und behauptete nun plötzlich, in Wirklichkeit handele es sich um die Verlagerung der Betriebe nach Poniatowo, einem ϟϟ-Lager des Lubliner Distrikts. Es sei gewissermaßen ein privates Arbeitslager, das nur von Wehrmacht bewacht würde und in dem es sogar „Kindergärten", ein Schwimmbad und Sportplätze gäbe[2]).

Die Juden, welche aus dem Warschauer Ghetto in jene Lubliner Lager geschafft worden sind, kamen am 3. November 1943 dort ums Leben. Nur ein ganz kleiner Teil ist in ein anderes Vernichtungslager — Majdanek — gebracht[3]).

---

[1]) *Kermisz I, Seite 336.*
[2]) *Protokoll der VI. Spruchkammer Bremen a. a. O.*
[3]) *Blumental I, Seite 258.*

Dr. Hans Frank

Generalgouverneur im besetzten Polen

„Hier haben wir mit $3^1/_2$ Millionen Juden begonnen, von denen sind nur noch wenige Arbeitskompanien vorhanden, alles ist — sagen wir mal — ausgewandert.“

(Dr. Frank beim Empfang von 30 Reichsrednern im Kronsaal auf der Burg zu Krakau am 2. August 1943.)

Am 4. Mai 1945 fand Lieutenant Walter Stein von der VII. amerikanischen Armee in Dr. Franks Wohnung im Haus „Bergfrieden“ bei Neuhaus/Bayern 38 Tagebuchbände des ehemaligen Generalgouverneurs mit mehr als 11 000 Seiten. Am 25. Oktober 1939, als Frank sich bereits in Polen befand, begann er mit den Eintragungen und beendete sie am 17. Januar 1945. An diesem Tage mußte er aus „seiner“ Hauptstadt Krakau flüchten. Keine andere Nazigröße hat weder quantitativ noch qualitativ eine so umfassende Dokumentation der Selbstanklage hinterlassen wie Dr. Hans Frank.

Fast genau 20 Jahre vor seiner Festnahme 1945 — nämlich am 5. März 1925 — schrieb Frank in München den folgenden Brief:

„Hochverehrter Herr Hitler! Seit den Tagen, da ich, das Hakenkreuz am Waffenrock, 1918 zurückzog mit meiner Truppe, habe ich — damals zugleich im Vorstand der Thulegesellschaft, später Mitglied der NSDAP — nur ein Problem gekannt: Nieder mit dem Marxismus — darum war ich still bei Ihnen und zog hinter Ihnen zum Odeonsplatz. In ernster Arbeit habe ich den Sozialismus theoretisch und praktisch — als Syndikus freier Gewerkschaften — erkannt und studiert. Als „Totila“ gehöre ich zu den Mitarbeitern des Völk. Beobachters — der großdeutschen Ztg. — Völk. Kurier. Geben Sie mir nunmehr Gelegenheit, im Dienste unseres heiligen Zieles zu wirken. Ich bin bereit — und fühle das Muß, Ihnen zu dienen. Bitte gewähren Sie mir Gelegenheit, mich Ihnen vorzustellen. A. Drexler kennt mich. Darf ich hoffen? Mit treuem Heil! Ihr Hans Frank.“

Ihm wurde Antwort. Leider ist die Unterschrift des nachstehenden Schreibens vom 8. April 1925 nicht zu entziffern: „Sehr geehrter Herr! Wir erhilten Ihr an Herrn Hitler gerichtetes Schreiben zugeleitet und ersehen daraus, daß Sie beabsichtigen, innerhalb unserer Bewegung tätige Mitarbeit zu leisten. Wir würden Sie daher bitten, einmal mit dem Vorsitzenden der Sektion Schwabing, in dessen Bereich Ihr Wohnung liegt, Herrn Woltereck, Horschelstraße 2/2, Fühlung zu nehmen. Mit treudeutschem Heilgruß!"

Wie die diversen Fehler des Briefes beweisen, nahm es die NSDAP schon damals mit der deutschen Sprache nicht sehr genau. Der Dr. jur. Hans Frank übersah das jedoch oder stieß sich nicht daran, denn er schloß sich dem Verein an. Ein Jahr später allerdings sagte er der NSDAP München am 10. August 1926 recht unverblümt die Meinung, als er von einer Reise nach Südtirol heimkehrte. Er trennte sich von den Parteigenossen, weil diese letzthin dazu neigten, mit dem italienischen Faschismus gemeinsame Sache zu machen, obwohl — wie Frank festgestellt hatte — dieser Faschismus sich in Südtirol als „schlimmster Kulturzerstörer, nämlich der deutschen, gebährdete". Frank erklärte Hitlers Ansichten und Ausführungen über Südtirol im wesentlichen für „unrichtig" und meinte: „Der Faschismus Italiens ist eine *romanisch*-völkische Gewalttat, der sich mit unserem *Germanismus nie* anders als auf der Schranke der Waffen berühren wird. Es ist ferner das südtiroler Leid *wirklich* da, *nicht*, wie Hitler meint, nur eine Kulisse für jüdische Pressestreiche." Frank empfahl der NSDAP, doch selbst einmal nach Südtirol zu fahren, um sich dort durch Augenschein zu überzeugen. Er schloß den Brief mit den Worten: „Seid gewarnt, Freunde! Aus prinzipiellen Erwägungen scheide ich in aller Freundschaft aus der Partei, der ich mit ganzer Seele anhing, deren neueste Tendenzen ich aber nicht mitmachen kann. Meine Karte folgt anbei zurück. Heil! Dr. H. Frank."

Dennoch kehrte er reumütig ein Jahr später wieder zur ihn allein seligmachenden NSDAP zurück, und das Verhängnis nahm seinen Lauf.

Hans Frank wurde am 23. Mai 1900 in Karlsruhe geboren. Nach dem Besuch der Volksschule ging er auf das Max-Gymnasium in München, wurde 1918 zum 1. Bayerischen Infanterie-Regiment eingezogen, kam jedoch nicht mehr an die Front, sondern gehörte nur noch von April bis Oktober 1919 und nochmals von Juni bis Oktober 1920 dem Freikorps Epp an. Dann studierte er Jura und Wirtschaftswissenschaften an den Universitäten München und Kiel, wurde 1923 Referendar und unterzeichnete im gleichen Jahr am 28. September das Aufnahmegesuch für die „Sturmabteilung" der NSDAP, Parteihauptgeschäftsstelle München, Corneliusstraße 12. Aus ihm erfährt man, daß Franks zweiter Vorname Michael war. Er gab an, als Infanterist und Reiter ausgebildet zu sein, benannte einen Professor Bauer und Rittmeister Perfall als Bürgen und muß sofort aufgenommen worden sein, denn den Hitler-Putsch im November 1923 machte er bereits mit. 1924 promovierte Frank zum Dr. jur.

Bis 1927 wirkte er als Assessor und ließ sich im Mai dieses Jahres als Anwalt nieder, wurde Mitglied der Reichsleitung der NSDAP und Leiter der Rechtsabteilung in derselben. Im Untersuchungs- und Schlichtungsausschuß der NSDAP (Uschla.) war er neben dem

Schlachtermeister Ulrich Graf Beisitzer Hitlers. Graf rühmte sich übrigens stets, Hitler „treu wie ein Hund“ zu sein[1]).

1928 gründete Dr. Hans Frank den Bund nationalsozialistischer deutscher Juristen, 1930 wurde er Mitglied des Reichstags und begann dort sofort, im NS-Sinne zu wirken.

„Rechtsausschuß wieder aufgeflogen! Nazis ziehen ihren Vorsitzenden Frank II nicht zurück!“ So lautete die Überschrift eines Artikels, der besagte, daß das Zentrum sich geweigert habe, unter Vorsitz Franks zu tagen, weil er im Plenum behauptet hatte, das Zentrum mißbrauche den Glauben für seine schmutzigen politischen Geschäfte. Das Zentrum stellte den Antrag, im Ältestenrat darüber zu entscheiden, ob dieser Vorsitzende Dr. Frank II nicht durch Mehrheitsbeschluß des Ausschusses abgesetzt werden könne. Der NSDAP-Abgeordnete Karpenstein bestritt jede Beleidigung des Zentrums durch Frank, während sein Parteigenosse Rupp laut Artikel „die Unverfrorenheit besaß, zu sagen, das Zentrum mißbrauche tatsächlich den Glauben“. Der Antrag des Zentrums wurde jedenfalls mit 13 : 11 Stimmen angenommen, denn Sozialdemokraten, Staatspartei und Christlich-Sozialer Volksdienst standen auf seiten des Zentrums, während Deutschnationale, Kommunisten und Landvolk mit der NSDAP stimmten. Die Zeitung schreibt: „... während sich in dieser Frage des politischen und gesellschaftlichen Anstands unbegreiflicherweise die Volkspartei und die Wirtschaftspartei der Stimme enthielten[2]).“

Im gleichen Jahr 1930 hatte Dr. Frank nochmals einen großen Auftritt. Vor dem Reichsgericht in Leipzig verteidigte er die drei Ulmer Reichswehroffiziere, welche der NSDAP-Zellenbildung in ihrer Einheit angeklagt waren. Frank rief Hitler als Zeugen auf, und dieser erklärte unter Eid, „er wolle nur legal zur Macht kommen“.

Am 27. März 1931 legte der Preußische Minister des Innern, Berlin NW 7, Unter den Linden 72/74 — II 1420 a 1/303 II — dem Polizeipräsidenten Berlin, Landeskriminalpolizeiamt IA, die Niederschrift über eine Unterredung vor, welche ein Vertrauensmann der Polizei mit dem Führer der „Kampfgemeinschaft revolutionärer Nationalsozialisten“, Dr. Otto Strasser, gehabt hatte. Er bemerkte dazu: „Wie mir von anderer vertrauenswürdiger Seite mitgeteilt wird, soll die Darstellung über die Auffassung des Dr. Strasser im wesentlichen zutreffen.“ In der von einem gewissen Schönner unterzeichneten und dem Ministerial-Kanzleisekretär Kaltschmidt beglaubigten Niederschrift heißt es über Dr. Hans Frank, er sei „ein eitler und gewissenloser Streber“, der das berüchtigte Rundschreiben an alle NSDAP-Ortsgruppen verfaßte, wonach Wahlschulden nicht bezahlt zu werden brauchten. Frank stand auf dem Standpunkt, keine Ortsgruppe hafte mit ihrem Vermögen dafür, denn sie sei ja kein eingetragener Verein. Der Schuldenmachende hafte persönlich. Der aber „besitze ja wohl in den meisten Fällen nichts!“

Die Definition vom eitlen, gewissenlosen Streber sollte sich später im besetzten Polen als geradezu klassische Charakteristik erweisen, und die Analyse der 38 Tagebuchbände zeigt das ebenso eindeutig.

---

1) *Konrad Heiden, „Geschichte des Nationalsozialismus“, Berlin 1932, Seite 186.*

2) *8-Uhr-Abendblatt, Berlin, vom 12. Dezember 1930 (Nr. 291).*

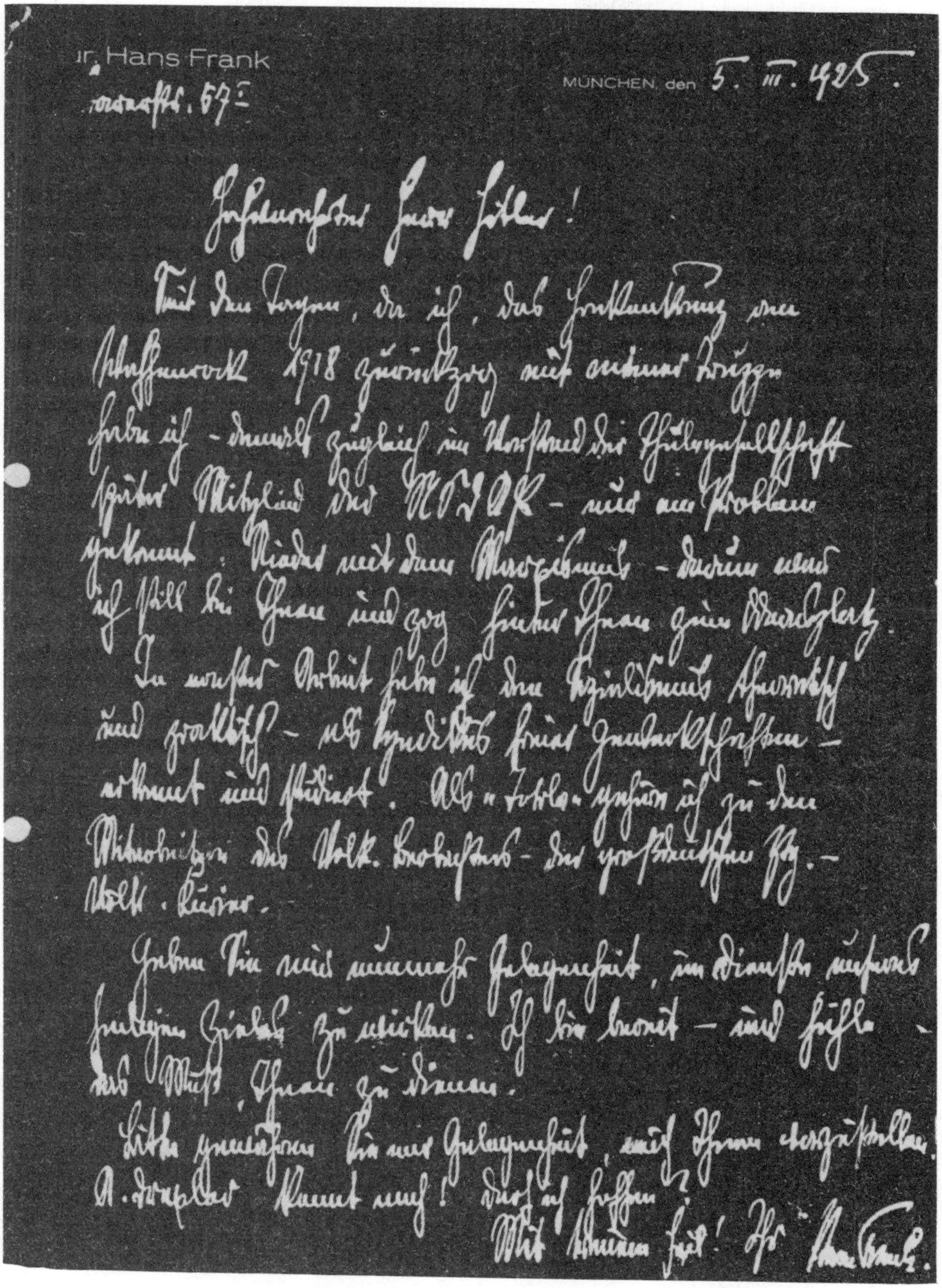
Dr. Hans Frank

...straße 57

MÜNCHEN, den 5. III. 1925.

Hochverehrter Herr Hitler!

Mit deutschem Heil! Ihr Hans Frank.

5. März 1925: „Hochverehrter Herr Hitler!“ (Siehe S. 340)

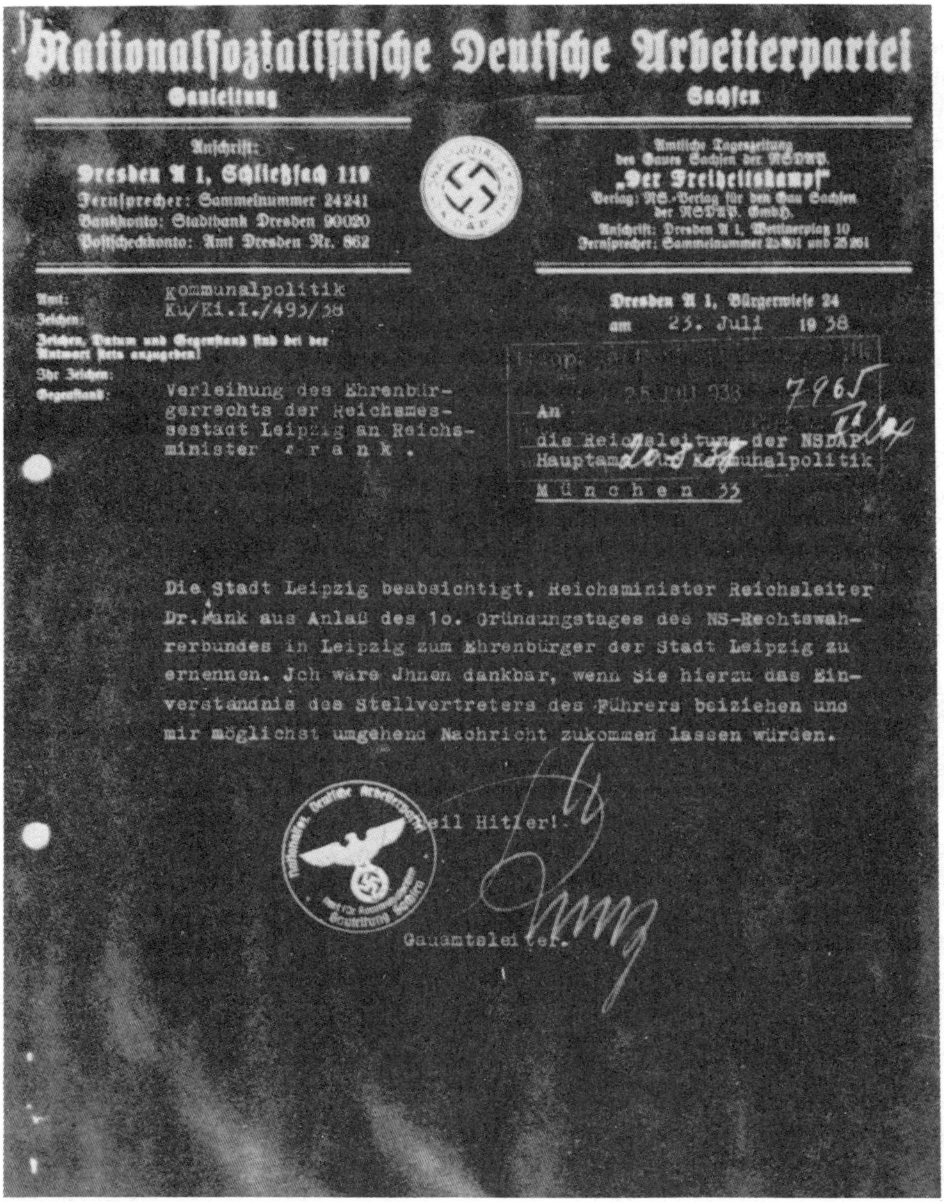

Nationalsozialistische Deutsche Arbeiterpartei
Gauleitung Sachsen

Anschrift:
Dresden A 1, Schließfach 119
Fernsprecher: Sammelnummer 24241
Bankkonto: Stadtbank Dresden 90020
Postscheckkonto: Amt Dresden Nr. 862

Amtliche Tageszeitung
des Gaues Sachsen der NSDAP.
„Der Freiheitskampf"
Verlag: NS.-Verlag für den Gau Sachsen
der NSDAP. GmbH.
Anschrift: Dresden A 1, Wettinerplatz 10
Fernsprecher: Sammelnummer 25801 und 25261

Amt: Kommunalpolitik
Zeichen: Ku/Ki.I./495/38
Zeichen, Datum und Gegenstand sind bei der Antwort stets anzugeben!
Ihr Zeichen:
Gegenstand: Verleihung des Ehrenbürgerrechts der Reichsmessestadt Leipzig an Reichsminister F r a n k .

Dresden A 1, Bürgerwiese 24
am 23. Juli 1938

25 JUL 1938 7965

An
die Reichsleitung der NSDAP
Hauptamt für Kommunalpolitik
M ü n c h e n 33

Die Stadt Leipzig beabsichtigt, Reichsminister Reichsleiter Dr. Frank aus Anlaß des 10. Gründungstages des NS-Rechtswahrerbundes in Leipzig zum Ehrenbürger der Stadt Leipzig zu ernennen. Ich wäre Ihnen dankbar, wenn Sie hierzu das Einverständnis des Stellvertreters des Führers beiziehen und mir möglichst umgehend Nachricht zukommen lassen würden.

Heil Hitler!

Gauamtsleiter.

Hans Frank wird Ehrenbürger von Leipzig

Bereits am 5. Juni 1931 erkundigte sich die Abteilung IA des Berliner Polizeipräsidiums bei der Polizeidirektion München, Abteilung IV, unter dem Vermerk „Geheim!“, was dort über den Anwalt und NSDAP-Reichstags-Abgeordneten Dr. Hans Frank bekannt geworden sei, von dem Berlin wußte, daß er ein „demagogischer und gehässiger Versammlungsredner“, Verteidiger in politischen Prozessen und Sachreferent der NSDAP-Reichstagsfraktion für Rechtsfragen war. Berlin erbat außer politischen auch persönliche Tatsachen, aus denen sich Schlüsse auf die Charakteranlagen ziehen ließen, damit ein möglichst umfassendes Gesamtbild der Persönlichkeit entstehe.

Die Polizeidirektion München antwortete am 27. des gleichen Monats unter der Nummer VI a 1519/31 und dem Betreff: Zur Anfrage vom 5. 6. 1931, Tgb.-Nr. I 7 6836/ Dr. Hans Frank. Wiederum war das Schreiben „Geheim!“ Es lautet:

„Außer den in der Anfrage vom 5. 6. 1931 über Rechtsanwalt Dr. Frank genannten Tatsachen ist hier nur bekannt, daß beim Untersuchungsrichter II am Württ. Landgericht Ulm a. D. im Mai 1931 unter J. 7623/30 gegen Frank ein Verfahren wegen Vergehens gegen das Gesetz zum Schutze der Republik anhängig war.“ Die Unterschrift ist nicht zu entziffern, ebensowenig eine handschriftliche Bemerkung.

Zur Reichstagswahl am 31. Juli 1932 kandidierte Hans Frank natürlich ebenfalls wieder. Wie alle übrigen NSDAP-Kandidaten unterzeichnete auch er am 4. Juli die Erklärung, deren erster Punkt heute von besonderer Bedeutung ist, wenn man bedenkt, daß dieser Frank zum Liquidator von Millionen polnischer Juden werden sollte. Punkt 1 lautete nämlich: „Ich versichere, keinerlei Bindungen oder Beziehungen zu Juden zu besitzen.“

Hans Frank gehörte damals zu jenen, von denen Josef Goebbels schrieb[1]): „Wir gehen in den Reichstag hinein, um uns im Waffenarsenal der Demokratie mit deren eigenen Waffen zu versorgen. Wir werden Reichstagsabgeordnete, um die Weimarer Gesinnung mit ihrer eigenen Unterstützung lahmzulegen. Wenn die Demokratie so dumm ist, uns für diesen Bärendienst Freifahrkarten und Diäten zu geben, so ist das ihre eigene Sache ... Wir kommen als Feinde! Wie der Wolf in der Schafherde einbricht, so kommen wir. Jetzt seid ihr nicht mehr unter euch!“

Am 30. Januar 1933 war es dann erreicht!

Auch Dr. Frank gelangte stufenweise an sein privates Ziel. Im März 1933 wurde er bayerischer Staatsminister der Justiz, im April „Reichskommissar für die Gleichschaltung der Justiz in den Ländern und für Erneuerung der Rechtsordnung“. Außerdem waren die beiden Juristen, Dr. Hans Frank und Dr. Roland Freisler, es, unter deren Patronat eine amtliche Strafrechtskommission entstand, um das gesamte Strafrecht auf nationalsozialistisch-völkischen Vordermann zu bringen. Wenn jene Kommission, die sich volle drei Jahre strebend bemühte, dennoch nichts erreichte, so lag das lediglich an Hitler, der alle Juristerei

[1]) *„Der Angriff“, vom 30. April 1928.*

haßte und sich in dieser Beziehung in keiner Weise binden wollte. Er verabscheute *jedes* Gesetz. Noch am 26. April 1942 rief er bei der letzten Reichstagssitzung: „Ich werde nicht ruhen, bis jeder Deutsche einsieht, daß es eine Schande ist, Jurist zu sein!" Dieses Credo lag ihm halt im Blut.

Dr. Frank freilich wußte das offenbar nicht, denn er nahm seine Aufgaben tatsächlich ernst. Allerdings mußte er schwer kämpfen, um an sein Ziel zu gelangen und die Stellung auch zu halten. Immer wieder kam es dabei zu Pannen. So drahtete er am 27. November 1933 an den Staatssekretär in der Reichskanzlei, Dr. Lammers, Berlin, Wilhelmstraße 78, daß ihm ein Schreiben in Sachen Gürtner wegen Unterstellung unter Gürtner-Schlegelberger unverständlich sei und er dieserhalb um Rücksprache mit dem Führer persönlich ersuche. Am gleichen Tage bestätigte er dem Reichsjustizminister telegrafisch den Empfang des betreffenden Schreibens, drückte seine Bereitschaft zur vertrauensvollen Zusammenarbeit aus und stellte fest, daß er ihm jedoch völlig gleichberechtigt sei und nur auf dieser Basis mit ihm gemeinsam die Vorarbeiten für die Deutsche Gesetzgebung leisten werde.

Während Dr. Frank den Text an Staatssekretär Dr. Lammers mit „Heil Hitler! Dr. Frank" unterzeichnete, lautete die Unterschrift bei Dr. Gürtner: „Heil Hitler! Dr. Frank, Reichsjuristenführer, Mitglied der Reichsleitung der NSDAP."

Das Glückwunschtelegramm an Reichsschatzmeister Franz Xaver Schwarz, der am selben Tage Geburtstag hatte, wurde wiederum mit „In alter Kampfverbundenheit Ihr ergebenster Dr. Frank" unterschrieben.

An jenem 27. November verschickte Frank offenbar nur Telegramme, denn auch der Befehlshaber im Wehrkreis VII, Generalleutnant Adam, in der Münchener Schönfeldstraße 7 bekam eines mit dem Inhalt: „Zu dem auf deutschem Boden von Dollfuß-Schützen gegen die deutsche Reichswehr verübten Mordanschlag meine herzliche Teilnahme. Dr. Frank, Reichsjustizkommissar."

Frank begnügte sich aber nicht damit, im Dritten Reich ausschließlich als Jurist tätig zu werden. 16 Monate bevor Österreichs Bundeskanzler Dr. Engelbert Dollfuß von Franks Parteigenossen ermordet wurde, hielt Frank im Münchener Sender eine Rede gegen die österreichische Regierung. Über diese Rede am 18. März 1933 berichtete das Wolff-Büro:

„Dr. Frank richtete einen Gruß an seine unterdrückten Volksgenossen in Österreich, die unter der ihm unbegreiflichen Unvernunft ihrer Regierung den letzten Terror und die letzte Unterdrückung auszustehen hätten. Österreich sei jetzt der letzte Teil Deutschlands, in dem man es noch wagen könne, das deutsche nationale Wollen zu unterdrücken. Er möchte die österreichische Regierung in aller Freundschaft und bundesbrüderlicher Zuneigung davor warnen, etwa die Nationalsozialisten im Reiche zu veranlassen, die Sicherung der Freiheit der deutschen Volksgenossen in Österreich zu übernehmen."

Der österreichische Gesandte Stephan Tauschitz begab sich dieser Rede wegen in Berlin zu Hitler, um gegen den Wortlaut zu protestieren. Aber Hitler lehnte achselzuckend jede Verantwortung für Franks Worte ab und meinte spöttisch, er könne schließlich als Kanzler des Deutschen Reiches unmöglich hinter jedem Redner herlaufen und aufpassen, daß der auch keine unpassenden Äußerungen von sich gebe. Auch in Zukunft unterblieb jegliche Entschuldigung Deutschlands. Trotzdem reiste Frank zwei Monate später ohne Hemmungen nach Österreich. Er war als Reichsjustizkommissar eingeladen worden, dort an einer NS-Juristentagung teilzunehmen. Bevor er die Reise jedoch antrat, unterrichtete er den österreichischen Justizminister Dr. Schuschnigg davon und erinnerte ihn an seinen Berliner Besuch. Wiens Polizeipräsident empfing Frank bei der Ankunft dann zwar auf dem Flugplatz, machte aber kein Hehl daraus, wie unwillkommen sein Besuch in Österreich im Hinblick auf die Radiorede sei, wenn auch die Regierung selbstverständlich für Franks Sicherheit Sorge tragen werde.

Frank war beleidigt und drohte bei einem Presseempfang in der deutschen Botschaft abermals unverfroren Zwangsmaßnahmen gegen seinen Gastgeber Österreich an. Ebenso hielt er am 14. Mai in Graz als Vertreter Hitlers auf einer Naziversammlung eine Rede und forderte darin ziemlich unverblümt zum Widerstand gegen Polizei und Staatsgewalt auf. Zu Franks Begleitern gehörten übrigens der preußische Minister Kerrl und der von Frank unzertrennliche Staatssekretär Dr. Roland Freisler, welcher später im Volksgerichtshof zu so traurigem Ruhm gelangen sollte.

Die Versammlungsteilnehmer in Graz dürften doch leicht erschrocken gewesen sein, als sie Frank den Bundeskanzler „kleinen Metternich" nennen hörten. Er behauptete auch, Österreich habe in seiner Person den deutschen Kanzler beleidigt. Daß er mit solchen Tiraden den angeblich rein privaten Charakter seines Besuchs dementierte, ist ihm in seinem Eifer nicht aufgegangen. Jedenfalls war es kein Wunder, wenn es nach diesen Hetzreden des deutschen Reichsjustizkommissars auch in Österreich bald zu Terror und Mord kam. Allein vom Juni bis August jenes Jahres fanden elf schwere Bombenanschläge statt und wenigstens vier Morde sind verübt worden. Das waren die Folgen des „Falles Frank" in Österreich[1]).

Das Jahr 1933 verlief für den dynamischen Hans Frank überhaupt recht bewegt. Am 1. Juni gründete er die „Deutsche Rechtsfront", am 1. Juli die „Akademie für Deutsches Recht". Im § 2 des Gesetzes für diese Akademie steht: „Aufgabe der Akademie ist, die Neugestaltung des deutschen Rechtslebens zu fördern und in enger dauernder Verbindung mit den für die Gesetzgebung zuständigen Stellen das nationalsozialistische Programm auf

---

[1]) *Näheres darüber siehe: U. Eichstädt, „Von Dollfuß zu Hitler – Geschichte des Anschlusses Österreichs 1933–1938", Band 10, Wiesbaden 1955; Konrad Heiden, „Adolf Hitler – Ein Mann gegen Europa", Band II, Zürich 1937; „Juli-Revolte 1934, das Eingreifen des österr. Bundesheeres zu ihrer Niederwerfung", Manuskr. für den Dienstgebrauch im Bundesministerium für die Landesverteidigung, Wien 1936; Pertinaux, „Österreich", Zürich 1935; Charles A. Gulick, „Österreich – Von Habsburg zu Hitler", Band I–V, Wien 1948.*

dem gesamten Gebiet des Rechts zu verwirklichen[1])." Präsident der Akademie wurde natürlich niemand anders als der Dr. Hans Frank höchstpersönlich, und zwar im August 1934. Im gleichen Jahr durfte er sich auch Reichsminister — allerdings ohne Geschäftsbereich — nennen und erhielt zu dieser Ernennung folgendes Telegramm: „Zu Ihrer Ernennung zum Reichsminister herzliche Glückwünsche. Mit kameradschaftlichen Grüßen und Heil Hitler! Ihr H. Himmler, Reichsführer-SS."

Wie sich dieser Präsident „seine" Akademie für „deutsches" Recht vorstellte, geht einwandfrei aus den Leitsätzen hervor, die er am 14. Januar 1936 proklamierte. In ihnen heißt es unter anderem: „Grundlage der Auslegung aller Rechtsquellen ist die nationalsozialistische Weltanschauung, wie sie insbesondere im Parteiprogramm und den Äußerungen unseres Führers Ausdruck findet[2])."

Einen Monat nach Bekanntgabe dieser Satzungen besuchte Frank die Stätte seines späteren Wirkens, Polen, um in Warschau einen Vortrag über „Zwischenstaatliche Rechtspolitik" zu halten. Am Schluß der Rede kam er auf „das ritterlich-heldische Polen" zu sprechen, das trotz langer Knechtschaft über Gewalt und Unrecht siegte und bis zur endlichen Freiheit ausharrte[3]). 1936 gelang es Frank, auch in Italien einige Vorträge vom Stapel zu lassen, und er wurde dabei sogar vom König empfangen.

Bei seinen vielen Ämtern, dem dauernden Herumreisen, den unzähligen Reden und Ehrungen übersah der Herr Reichsminister wohl, daß auch er Beiträge zu zahlen hatte. Er mußte es sich gefallen lassen, in höflicher Form gemahnt zu werden. Man schlug ihm der Einfachheit halber vor, vielleicht immer gleich den Jahresbeitrag zu überweisen.

Da Dr. Frank auch „Reichsrechtsführer" war, wandte sich der Reichsschatzmeister Schwarz am 10. Oktober 1936 an ihn wegen der Lockerung der Mitgliedersperre. Ihr zufolge konnten Volksgenossen, welche bereits vor dem 1. Mai 1933 in *führender* Stellung einem der NSDAP angeschlossenen Verbände angehört hatten, bevorzugt in die Partei aufgenommen werden. Der Reichsschatzmeister bat Frank um die Namen der Betreffenden im NS-Rechtswahrerbund e. V. und erkundigte sich nach evtl. Wünschen des Reichsrechtsführers hinsichtlich einer Änderung des an sich in Aussicht genommenen Termins 1. Mai 1933. Schwarz wies darauf hin, daß er ja bereits in seinem Rundschreiben 77 angedeutet habe, auch ein späterer Eintritt in die angeschlossenen Verbände befähige Angehörige in führenden Stellungen zur Aufnahme in die Partei, sobald die Mitgliedersperre gelockert und die Aufnahme zahlenmäßig möglich sei. Nun, Frank wandte nichts dagegen ein.

Die NSDAP-Gauleitung Sachsen, Dresden A 1, Schließfach 119, gedachte, den Herrn Reichsminister Dr. Frank dadurch zu ehren, daß sie ihm das Ehrenbürgerrecht der Reichsmessestadt Leipzig verlieh. Am 23. Juli 1938 wandte sie sich zwecks Genehmigung dazu an

---

[1]) *Reichsgesetzblatt 1934, I, Seiten 605–607.*
[2]) *„Deutsches Recht" 1936, Seite 10.*
[3]) *„Warschauer Gerichtszeitung" (polnisch) LXIII, Seiten 111–112.*

den Stellvertreter des Führers. Die Geschäftsleitung der Reichsleitung NSDAP antwortete am 20. August, es sei nichts dagegen einzuwenden, wenn „Reichsminister Dr. Frank zum 10. Gründungstag des NS-Rechtswahrerbundes das Ehrenbürgerrecht erhalte". Der Stellvertreter des Führers war also einverstanden.

Am 25. April 1938 hatte Frank nämlich in Leipzig die Fachbuchschau „Recht und Buch" eröffnet und eine seiner üblichen Ansprachen gehalten, die so bezeichnend für das damalige Denken des Reichsrechtsführers waren. Der Reichsgerichtspräsident Dr. Bumke persönlich hieß Frank im Festsaal des Reichsgerichts willkommen, bevor dieser das Wort ergriff[1]).

Die Ausstellung sei ein Appell an das große Erbe des deutschen Rechtskönnens, Rechtswollens, Rechtsfühlens und Rechtsglaubens. All dessen solle man sich stolz bewußt sein, erklärte Dr. Frank. Das Werk eines Ihering und der „Sachsenspiegel" des Eike von Repkow dürften nicht verstauben. Deshalb liege gerade der „Sachsenspiegel" in neuer Auflage vor und müsse für das ganze Volk „Wiedererweckung des Volksrechtsgedankens und germanischen Denkens sein". Dann kam der „Rechtsführer" auf die vier großen Ausstrahlungen des Rechts: das Gefühl, die Idee, das Wissen, das Können. Er meinte, vor allem sei das Rechtsgefühl die im Volke unbewußt lebende Kraft, aus der sich jeder Volksführer die Stärke zu seinen Entscheidungen hole. Es stehe auch am Anfang des Werkes vom Führer, denn der Führer habe eben die Kraft seiner politischen Entscheidungen aus dem Empfinden des Unrechts geholt, das seinem Volke angetan wurde. In diesem „herrlichen Rechtsgefühl" fand der Führer die Waffe, mit der er seinem Volk den Weg in die Freiheit, in die Gleichberechtigung, in die ehrenhafte Höhe einer Weltmacht wieder erkämpfe, denn das Rechtsgefühl sei psychischer Ausdruck natürlicher Lebensgegebenheiten eines Volkes. Das deutsche Volk, erklärte Frank, habe schon immer ein judengegnerisches Gefühl gehabt, obwohl den Juden in vergangener Zeit die sogenannte Gleichberechtigung im deutschen Raum zugestanden worden sei. Er rief: „Wehe dem Volk, in dem das Rechtsgefühl, das sittliche Empfinden, nicht mehr so stark ist, daß es lebendige Formen annimmt!"

Zum ersten Male in der deutschen Geschichte war, Franks Ansicht nach, in Adolf Hitler und seiner Bewegung eine klare Formung der Rechtsidee des Volkes entstanden. Deshalb werde die Rechtsidee des deutschen Volkes für alle Zeiten die nationalsozialistische sein, denn die Gesetze mit Hitlers Unterschrift seien die Marksteine in der Entwicklung des Reiches. Die in alle Zukunft hineinragende grandiose Sendung des deutschen Schrifttums aber bestehe nun darin, die Anwendung jener Gesetze sicherzustellen. Frank schloß mit den Worten: „Ich glaube, daß mit uns auch der Aufstieg des germanischen Rechts deutscher Nation beginnt."

Im Oktober 1938 besuchte Frank Budapest, denn die neuen Rechtsparolen sollten ja überall ansprechen[2]). Er wurde in Ungarns Hauptstadt herzlich aufgenommen. Der Präsident des Abgeordnetenhauses, Kornis, vertrat beim Empfang den Ministerpräsidenten, doch

---

[1]) *„Völkischer Beobachter" vom 26. April 1938.*
[2]) *„Völkischer Beobachter" vom 21. Oktober 1938.*

der ungarische Justizminister erschien. Selbstverständlich war der deutsche Gesandte in Budapest, von Erdmannsdorf, anwesend, und auch der Landesgruppenleiter der NSDAP, Gräb, sowie zahlreiche Persönlichkeiten des öffentlichen Lebens in Ungarn. Sogar eine Ehrenkompanie des Frontkämpferverbandes war angetreten, und eine Abordnung der ungarischen Jugendorganisationen stand ebenfalls zum Empfang bereit. Nachmittags empfing der Reichsverweser Admiral von Horthy dann Dr. Frank in einer Sonderaudienz. Anschließend besuchte der deutsche Gast den Ministerpräsidenten Dr. Imredy sowie den Außenminister von Kanya und den Innenminister Keresztes. Angeblich widmete die gesamte Presse Dr. Frank „herzliche" Artikel, und der „Völkische Beobachter" behauptete, im „Pester Loyd" habe gestanden: „Wir hoffen, daß unser deutscher Gast in der ungarischen Hauptstadt am unmittelbaren Erleben die dankbare Wärme der Gefühle kennenlernen wird, die die ganze ungarische Nation dem deutschen Reich und seinem Führer entgegenbringt. Auf diese Weise wird sein Besuch in Budapest in den für Ungarn schicksalhaften Tagen einen weiteren Schritt auf dem Wege der inneren Zusammenarbeit der beiden durch gemeinsame historische Erinnerungen und Ziele verbundenen Völker bedeuten."

Nach Deutschland zurückgekehrt, hielt der aktive Reichsrechtsführer im „Haus der Deutschen Presse" im November 1938 bei einer Kundgebung des NS-Lehrerbundes[1]) eine Rede über das Thema „Recht und Schule". Er erklärte, volkstümliches Recht, wie das Dritte Reich es fordere, müsse das ganze Volk bejahen, denn es sei die Grundlage jeder Gemeinschaft. „Keine Gemeinschaft ist auf die Dauer denkbar", sagte Frank wörtlich, „die des Rechts entbehrt!" Deshalb sollte schon in der Volksschule eine gewisse rechtliche Ausbildung stattfinden, und alle Studenten — gleich welcher Fakultät — müßten mindestens einmal in der Woche darüber Spezialvorlesungen hören. Dieser Rechtsunterricht würde auch bei allen Gliederungen der Partei, vor allem in HJ und DAF, stattfinden und bei Wehrmacht sowie Arbeitsdienst eingeführt werden.

Als das verhängnisvolle Jahr 1939 heraufzog, brachte es Frank die Möglichkeit, seine Rechtsbegriffe nicht nur in akademischen Reden, sondern in der Tat zu dokumentieren. Am 15. September 1939 ernannte Hitler den Leutnant im I.R. 9 Potsdam, Dr. Hans Frank, zum „Oberverwaltungschef für die gesamte zivile Verwaltung der besetzten ehemals polnischen Gebiete beim Oberbefehlshaber Ost". Zunächst waltete Frank in Posen seines Amtes, später in Lodz.

Am 4. Oktober[2]) hatte er bereits eine Besprechung mit Hitler persönlich. Laut Protokoll wurde dabei insbesondere „die Niederlegung des Schlosses in Warschau, der Abtransport der Kunstschätze und der Nichtwiederaufbau der zerstörten Stadt behandelt".

Der Auftakt zu Franks eigentlicher Karriere bestand also in Zerstörung und Raub!

Am 5. Oktober 1939 schrieb Frank an SS-Obergruppenführer Friedrich Wilhelm Krüger:

„Hiermit bestätige ich Sie als meinen Fachmitarbeiter auf Ihrem Ressortgebiet." Aus dem

---

[1]) *„Völkischer Beobachter" vom 19. November 1938.*

[2]) *Franks Tagebücher.*

Fachmitarbeiter wurde im Generalgouvernement dann schnell der Höhere SS- und Polizeiführer, Staatsminister für Sicherheitswesen und Schrecken der polnischen Bevölkerung sowie Liquidator des polnischen Judentums.

Die Dinge nahmen ihren Lauf!

Am 12. Oktober 1939 war Frank offiziell Generalgouverneur im besetzten Polen[1]). Die sein Schicksal bestimmende Ernennungsurkunde ist nicht nur von Hitler, sondern auch von Göring, Frick, Rudolf Heß, dem Chef des Oberkommandos der Wehrmacht, Keitel, dem Oberbefehlshaber des Heeres, von Brauchitsch, Ribbentrop, dem Reichsfinanzminister, Graf Schwerin von Krosigk, und dem Chef der Reichskanzlei, Dr. Lammers, unterzeichnet worden.

Frank fuhr sofort nach Warschau und erklärte dort, das Schloß müsse völlig niedergerissen werden. Der Architekt Heidelberg machte sich also an den Abriß des Schlosses, nachdem Frank in seiner besessenen Wut persönlich den Silberadler vom Königsbaldachin entfernt und in die Tasche gesteckt hatte[2]). Sämtliche Kunstgegenstände wurden ausnahmslos abtransportiert, denn auch der Warschauer Distriktgouverneur Dr. Ludwig Fischer und der neue Stadtpräsident Dr. Dengel erlaubten, daß Behörden und einzelne Funktionäre Kunstschätze ins Reich schafften. Dr. Dengels Ehrgeiz bestand darin, möglichst viele Kunstwerke in seine Heimatstadt Würzburg zu verfrachten[3]). Natürlich ließ sich auch Göring — ein ganz besonderer Feinschmecker auf diesem Gebiet — den fetten Braten nicht aus der Nase gehen[4]).

Kaum war diese erste große Plünderung in die Wege geleitet, begann Frank in hektischem Tempo mit seiner antijüdischen Gesetzgebung. Am 27. Oktober kam der Arbeitszwang für Juden, am 28. November die Gründung der Judenräte, am 29. November die „Sicherstellung jüdischen Vermögens", am 2. Dezember die „Einführung des Judensterns für alle Juden und Jüdinnen ab 10 Jahren", und am gleichen Tage mußten auch die jüdischen Geschäfte als solche gekennzeichnet werden. Ebenso wurde jede Steuerbefreiung oder Steuervergünstigung für jüdische Korporationen aufgehoben. Am 9. Dezember versagte man Juden und jüdischen Witwen das Recht auf ihre Pension, am 11. des Monats durften jüdische Kinder keine Schule mehr besuchen.

Der Jurist Dr. Hans Frank fixierte das alles gesetzlich[5]).

Was ihm vom Legationsrat im Auswärtigen Amt Gottfried von Nostiz berichtet wurde, hielt der nach dem 20. Juli 1944 hingerichtete Botschaftsrat Ulrich von Hassel schon am

---

[1]) *Reichsgesetzblatt 1939, Teil I, vom 24. Oktober 1939.*

[2]) *Stanislaw Piotrowski, „Dziennik Hansa Franka" (polnisch), Warschau 1956, Seite 124.*

[3]) *Ebendort, Seiten 125–126.*

[4]) *Ebendort, Seiten 126–127.*

[5]) *Alle Gesetze im „Verordnungsblatt des Generalgouverneurs für die besetzten polnischen Gebiete"; ab 1. Januar 1940 hieß es „Verordnungsblatt für das Generalgouvernement".*

25. Dezember 1939 fest, denn er notierte: „Gogo (Nostiz – Bemerkung des Herausgebers) erzählte deprimiert von den geradezu schamlosen Taten, vor allem der SS, in Polen ... Erschießungen unschuldiger Juden nach Hunderten am laufenden Band[1]).“

Drei Tage später erzählte Carl Goerdeler, Hitler habe zu Frank gesagt: „Und Sie, mein lieber Frank, müssen inzwischen Ihr Teufelswerk in Polen bis zum Ende führen[2])!“

Franks nationalsozialistische Besessenheit konzentrierte sich jedoch nicht nur auf die Juden. Das beweist eine Notiz vom 31. Oktober 1939[3]). An jenem Tage dozierte der Generalgouverneur im Beisein von Goebbels und anderen NS-Größen: „Den Polen dürfen nur solche Bildungsmöglichkeiten zur Verfügung gestellt werden, die ihnen die Aussichtslosigkeit ihres völkischen Schicksals zeigen. Es können daher höchstens schlechte Filme oder solche, die die Größe und Stärke des Deutschen Reiches vor Augen führen, in Frage kommen. Es wird notwendig sein, daß große Lautsprecheranlagen einen gewissen Nachrichtendienst für die Polen vermitteln.“

So also sahen die ersten Monate Franks im besetzten Polen aus!

In diesen Stil steigerte er sich dann immer noch mehr hinein. Am 6. Februar 1940 gewährte Frank einem Mitarbeiter des „Völkischen Beobachters“ ein Interview, das dann wie folgt veröffentlicht wurde[4]):

Frager Kleiss: „Vielleicht wäre es auch interessant, den Unterschied zwischen Protektorat und Generalgouvernement herauszuarbeiten.“

Frank: „Einen plastischen Unterschied kann ich Ihnen sagen. In Prag waren z. B. große, rote Plakate angeschlagen, auf denen zu lesen war, daß heute sieben Tschechen erschossen worden sind. Da sagte ich mir, wenn ich für je sieben erschossene Polen ein Plakat aushängen lassen sollte, dann würden die Wälder Polens nicht ausreichen, das Papier herzustellen für solche Plakate.“

Die Zustände während der ersten Monate unter deutscher Besatzung waren in Polen schon so grausam, daß der Oberbefehlshaber Ost, Generaloberst Johannes Blaskowitz, in einem sorgsam ausgearbeiteten Memorandum bei Hitler dagegen protestierte[5]). Es heißt darin:

„Es ist abwegig, einige 10 000 Juden und Polen, so wie es augenblicklich geschieht, abzuschlachten. Damit werden angesichts der Masse der Bevölkerung weder die polnische Staatsidee totgeschlagen noch die Juden beseitigt. Im Gegenteil! Die Art und Weise des Abschlachtens bringt größeren Schaden mit sich, kompliziert die Probleme und macht sie viel gefährlicher, als sie bei überlegtem und zielbewußtem Handeln gewesen wären. Die Auswirkungen sind ...

---

[1]) *Ulrich von Hassel, „Vom anderen Deutschland“ – Aus den nachgelassenen Tagebüchern 1938–1944, Wien 1948, Seite 91.*

[2]) *Ebendort, Seite 94.*

[3]) *Franks Tagebücher.*

[4]) *Ebendort.*

[5]) *Poliakov-Wulf, „Das Dritte Reich und seine Diener“, Berlin 1956, Seiten 516–518.*

Rechts Hans Frank im Arkadengang der Krakauer Burg

Links der Oberbefehlshaber Ost, Generaloberst Johannes Blaskowitz, der bei Hitler der Ausschreitungen in Polen wegen vorstellig wurde und deswegen abgelöst worden ist. Dahinter links Dr. Seyß-Inquart, damals Stellvertreter des Generalgouverneurs

Verordnungsblatt
des Generalgouverneurs für die besetzten polnischen Gebiete
Teil I

Dziennik rozporządzeń Generalnego Gubernatora dla okupowanych polskich obszarów
Część I

1940	Ausgegeben zu Krakau, den 6. Februar 1940 Wydano w Krakau (w Krakowie), dnia 6 lutego 1940 r.	Nr. 10

Verordnung
über die Benutzung der Eisenbahn durch Juden im Generalgouvernement.

Vom 26. Januar 1940.

Auf Grund des § 5 Abs. 1 des Erlasses des Führers und Reichskanzlers über die Verwaltung der besetzten polnischen Gebiete vom 12. Oktober 1939 (Reichsgesetzbl. I S. 2077) verordne ich:

§ 1

(1) Die Benutzung der Eisenbahn durch Juden wird bis auf weiteres verboten.

(2) Dies gilt nicht für Reisen, für die eine schriftliche Anordnung des Generalgouverneurs, seines Amtes oder eines Distriktschefs vorliegt.

§ 2

(1) Zuwiderhandlungen werden mit Gefängnis und mit Geldstrafe bis zu unbegrenzter Höhe oder mit einer dieser Strafen bestraft.

(2) Zuständig für die Aburteilung ist das Sondergericht.

§ 3

Diese Verordnung tritt mit dem Tage nach ihrer Verkündung in Kraft.

Krakau, den 26. Januar 1940.

Der Generalgouverneur
für die besetzten polnischen Gebiete
Frank

Rozporządzenie
o używaniu kolei przez żydów w Generalnym Gubernatorstwie.

Z dn:a 26 stycznia 1940 r.

Na podstawie § 5 ust. 1 Dekretu Führer'a i Kanclerza Rzeszy Niemieckiej o Administracji okupowanych polskich obszarów z dnia 12 październiknika 1939 r. (Dz. U. Rzeszy Niem. I str 2077) rozporządzam

§ 1

(1) Używanie kolei przez żydów jest wzbronione aż do odwołania.

(2) Nie dotyczy to podróży, przy których zachodzi piśmienne zarządzenie Generalnego Gubernatora, jego urzędu lub Szefa Okręgowego.

§ 2

(1) Winni wykroczenia podlegają karze więzienia i grzywny w nieograniczonej wysokości lub jednej z tych kar.

(2) Dla zawyrokowania właściwy jest Sąd Specjalny.

§ 3

Niniejsze rozporzadzenie wchodzi w życie z dniem po ogłoszeniu.

Krakau (Kraków), dnia 26 stycznia 1940 r.

Generalny Gubernator
dla okupowanych polskich obszarów
Frank

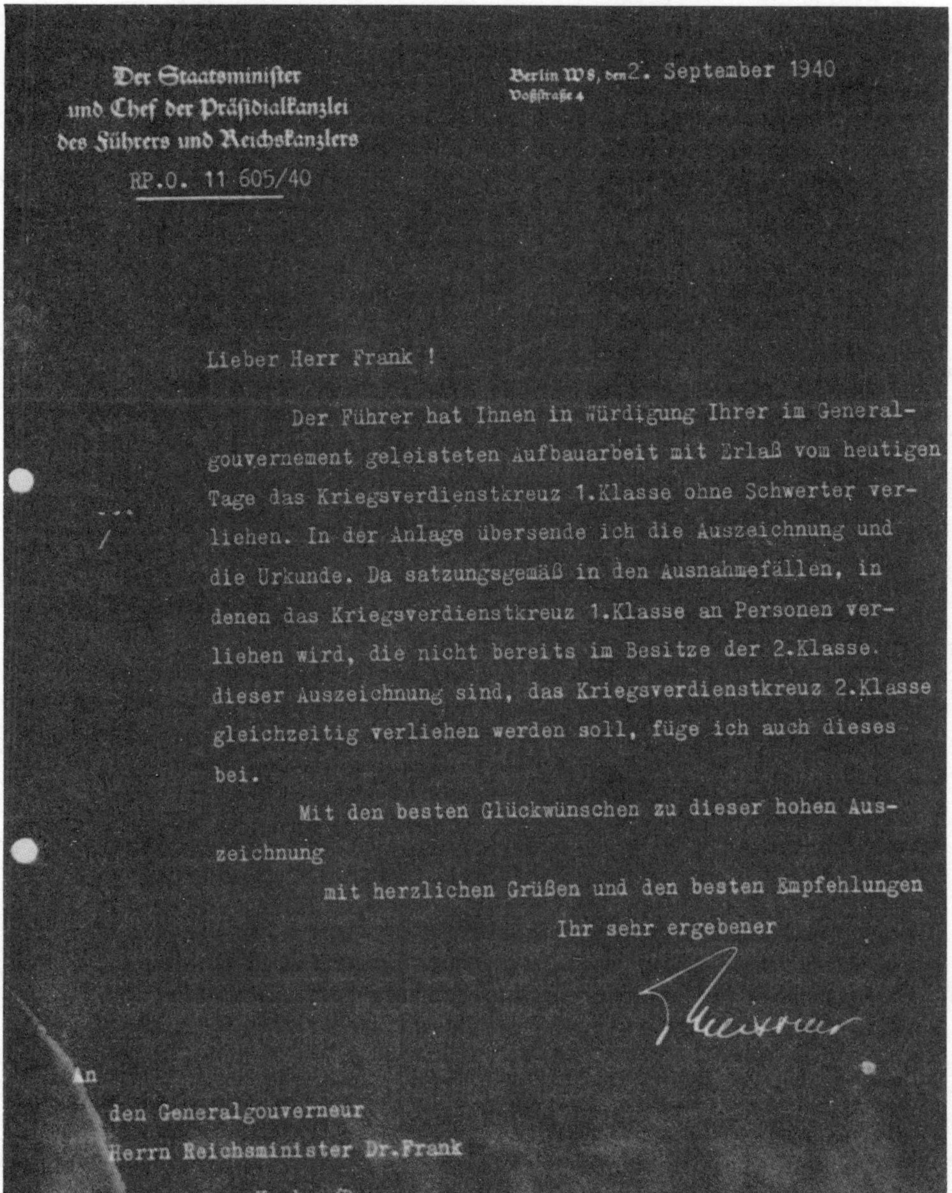

Der Staatsminister
und Chef der Präsidialkanzlei
des Führers und Reichskanzlers
RP.O. 11 605/40

Berlin W 8, den 2. September 1940
Voßstraße 4

Lieber Herr Frank !

Der Führer hat Ihnen in Würdigung Ihrer im Generalgouvernement geleisteten Aufbauarbeit mit Erlaß vom heutigen Tage das Kriegsverdienstkreuz 1.Klasse ohne Schwerter verliehen. In der Anlage übersende ich die Auszeichnung und die Urkunde. Da satzungsgemäß in den Ausnahmefällen, in denen das Kriegsverdienstkreuz 1.Klasse an Personen verliehen wird, die nicht bereits im Besitze der 2.Klasse dieser Auszeichnung sind, das Kriegsverdienstkreuz 2.Klasse gleichzeitig verliehen werden soll, füge ich auch dieses bei.

Mit den besten Glückwünschen zu dieser hohen Auszeichnung

mit herzlichen Grüßen und den besten Empfehlungen
Ihr sehr ergebener

An
den Generalgouverneur
Herrn Reichsminister Dr.Frank
Krakau/Burg

Kriegsverdienstkreuz I. Kl. für Hans Frank

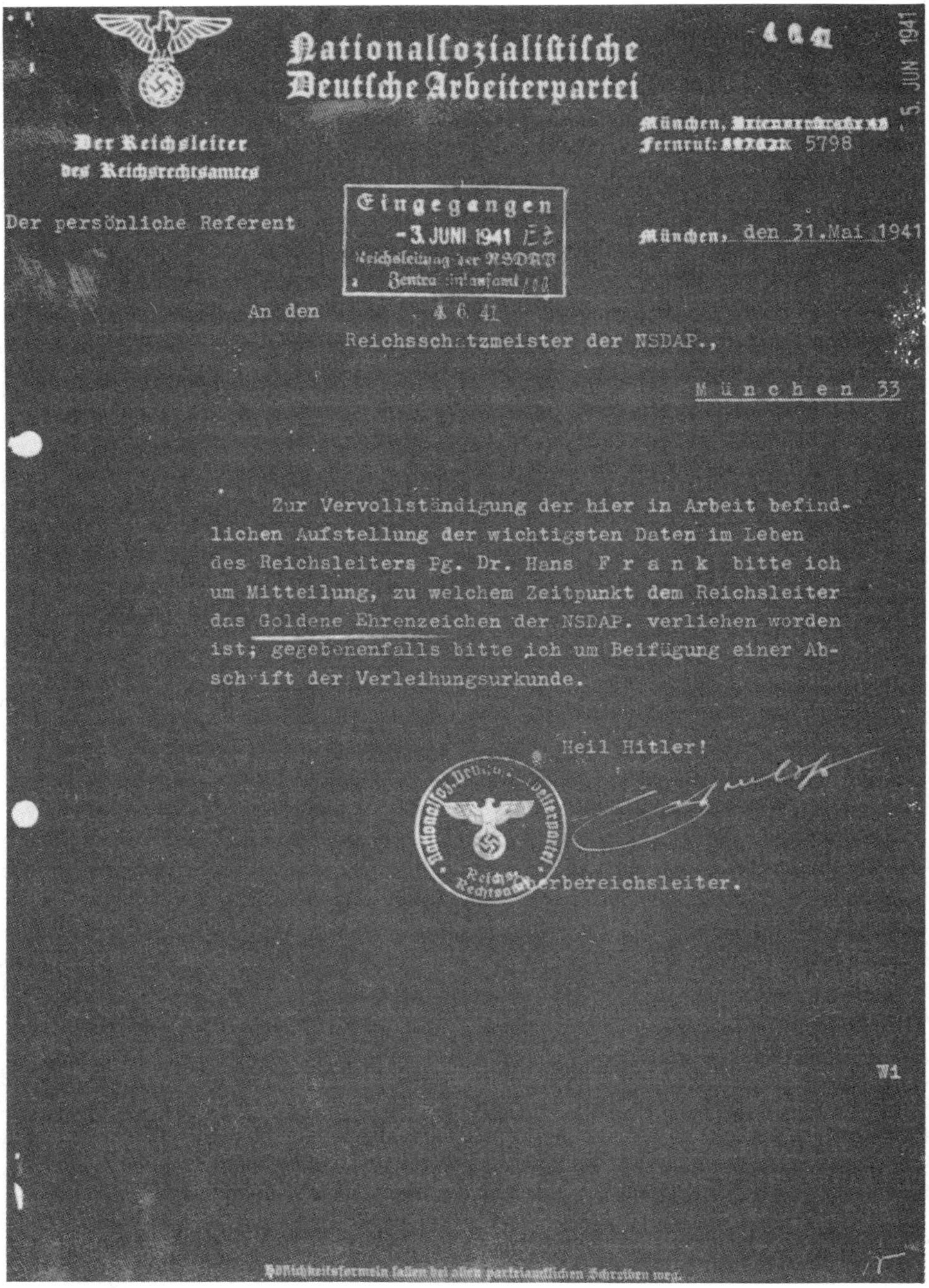

Nationalsozialistische
Deutsche Arbeiterpartei

Der Reichsleiter
des Reichsrechtsamtes

München,
Fernruf: 5798

5. JUN 1941

Der persönliche Referent

Eingegangen
-3. JUNI 1941
Reichsleitung der NSDAP
Zentral-Einlaufamt

München, den 31.Mai 1941

An den 4.6.41
Reichsschatzmeister der NSDAP.,

München 33

Zur Vervollständigung der hier in Arbeit befindlichen Aufstellung der wichtigsten Daten im Leben des Reichsleiters Pg. Dr. Hans F r a n k bitte ich um Mitteilung, zu welchem Zeitpunkt dem Reichsleiter das Goldene Ehrenzeichen der NSDAP. verliehen worden ist; gegebenenfalls bitte ich um Beifügung einer Abschrift der Verleihungsurkunde.

Heil Hitler!

Nationalsoz. Deutsche Arbeiterpartei
Reichsrechtsamt

Oberbereichsleiter.

Wi

Höflichkeitsformeln fallen bei allen parteiamtlichen Schreiben weg.

Die wichtigsten Daten im Leben des Dr. Hans Frank

. . .

b) Die sich in aller Öffentlichkeit abspielenden Gewaltakte gegen Juden erregen bei den religiösen Polen nicht nur tiefsten Abscheu, sondern ebenso großes Mitleid mit der jüdischen Bevölkerung, der der Pole bisher mehr oder weniger feindlich gegenüberstand. In kürzester Zeit wird es dahin kommen, daß unsere Erzfeinde im Ostraum — der Pole und der Jude, dazu noch besonders unterstützt von der katholischen Kirche — sich in ihrem Haß gegen ihre Peiniger auf der ganzen Linie gegen Deutschland zusammenfinden werden.

. . .

d) Der schlimmste Schaden jedoch, der dem deutschen Volkskörper aus den augenblicklichen Zuständen erwachsen wird, ist die maßlose Verrohung und sittliche Verkommenheit, die sich in kürzester Zeit unter wertvollem deutschen Menschenmaterial wie eine Seuche ausbreiten wird."

Selbstverständlich wurde Blaskowitz kurz darauf abgelöst. Dr. Frank hingegen blieb und wütete weiter.

Am 14. März 1940 stellte Frank in der inneren Verwaltung der Generalgouvernementsregierung einen Spezialisten für Judenfragen an, den Dr. Heinrich Gottong[1]). Damals löste man das Judenproblem ja provisorisch noch durch Gesetze, mit denen Dr. Gottong sich dann auch verschiedentlich befaßte.

Frank selbst residierte in der alten gotischen Burg der polnischen Könige zu Krakau, welche auf einem steil zur Weichsel abfallenden Felsplateau steht. Dort befindet sich auch die Domkirche. Das Schloß ist im IV. Jahrhundert vom polnischen König Kasimir dem Großen erbaut. In der Grabkirche aber liegen die polnischen Könige, große Feldherren und berühmte Nationaldichter Polens wie Adam Mickiewicz oder Juliusz Slowacki. Krakau ist bis 1610 Residenz von Polens Königen gewesen.

Der Angeber Frank fühlte sich dort sehr wohl. Eins störte ihn allerdings: die Juden! Auf einer Abteilungsleitersitzung am 12. April 1940 in Krakau[2]) erklärte er denn auch, er beabsichtige, die Stadt Krakau „soweit irgend möglich, judenfrei zu machen." Zur Begründung führte er aus, „es sei absolut unerträglich, wenn in einer Stadt, der der Führer die große Ehre zuteil werden lasse, der Sitz einer hohen Reichsbehörde zu sein, Tausende und abertausend von Juden herumschleichen und Wohnungen innehaben ... Die Stadt Krakau müsse die judenfreieste Stadt des Generalgouvernements werden!"

Trotzdem beschäftigte sich Franks reger Geist in jenem Monat gar nicht ausschließlich mit den Juden im Generalgouvernement. In einem Vortrag bei der Sicherheitspolizei sagte er beispielsweise: „... und die Insel da drüben, diese Piratenheimat des Raubritters Herrn Churchill, werden wir ausräuchern, und den Herrn Churchill können wir dann nach Dachau abführen"[3]). Im Protokoll steht an dieser Stelle in Klammern das Wort „Heiterkeit"!

---

[1]) *Autor von „Volk und Rasse"; „Die Judenfrage und die Anfänge ihrer Lösung im Generalgouvernement" usw.*

[2]) *Franks Tagebücher.*

[3]) *Ebendort, Band IV, Blatt 1170–1174.*

Am 29. April 1940 mußte Frank für einen Tag sein geliebtes Krakau verlassen, um an der Universität Modena die Ehrendoktorwürde in Empfang zu nehmen. Begleitet von seinem Intimus, Dr. Roland Freisler, wurde er vom königlich-italienischen Justizminister, Graf Grandi, empfangen und hielt natürlich dann wieder eine längere Rede. In ihr sagte er unter anderem: „Die beiden genialen Gestalter Adolf Hitler und Benito Mussolini seien nicht nur die größten staatlichen, sozialen und kulturpolitischen Reformatoren der beiden Nationen, sondern sie seien die größten Gesetzgeber der Geschichte[1]).“

Die antijüdischen Gesetze kamen weiter am laufenden Band heraus, aber am 23. Juli 1940 befaßte sich Frank außerdem schon mit einem Plan, der seit einiger Zeit in Heinrich Himmlers Kopf herumspukte. Der wollte nämlich im Lubliner Distrikt ein sogenanntes Reservat für alle europäischen Juden schaffen[2]). Aber der Plan scheiterte, und am 20. Mai 1940 verfaßte Himmler eine Niederschrift über die „Behandlung der Fremdvölker im Osten“. Er sah eine Deportation der europäischen Juden nach Afrika vor[3]). Frank erhielt davon eine Durchschrift und teilte einiges daraus bei einer Ansprache in Krakau am 23. Juli mit[4]). Im Protokoll dieser Rede steht unter anderem: „Sobald der Überseeverkehr die Möglichkeit zum Abtransport der Juden (Heiterkeit!) zuläßt, werden die Juden Stück um Stück, Mann um Mann, Frau um Frau, Fräulein um Fräulein, abtransportiert werden. Ich nehme an, daß ich sie darum nicht zu sehr zu beklagen brauche. (Erneute Heiterkeit!)“

In seinen humorvollen Ausführungen vergaß Frank, auch die jüdischen Kinder zu erwähnen, die aber später ebenfalls im Vernichtungslager endeten.

Am 2. September 1940 schrieb der Staatsminister und Chef der Präsidialkanzlei des Führers und Reichskanzlers unter RP. O. 11 605/40 an den Generalgouverneur in der Krakauer Burg wie folgt:

„Lieber Herr Frank! Der Führer hat Ihnen in Würdigung Ihrer im Generalgouvernement geleisteten Aufbauarbeit mit Erlaß vom heutigen Tage das Kriegsverdienstkreuz I. Klasse ohne Schwerter verliehen. In der Anlage übersende ich die Auszeichnung und die Urkunde. Da satzungsgemäß in den Ausnahmefällen, in denen das Kriegsverdienstkreuz I. Klasse an Personen verliehen wird, die nicht bereits im Besitz der 2. Klasse dieser Auszeichnung sind, das Kriegsverdienstkreuz 2. Klasse gleichzeitig verliehen wird, füge ich auch dieses bei. Mit den besten Wünschen zu dieser hohen Auszeichnung, mit herzlichen Grüßen und den besten Empfehlungen Ihr sehr ergebener Meissner.“

---

1) *„Völkischer Beobachter“ vom 29. April 1940.*

2) *Siehe Peter Heinz Seraphim, „Bevölkerungs- und wirtschaftliche Probleme einer europäischen Gesamtlösung der Judenfrage“ in „Weltkampf“ 1941, Heft 1–2, Seiten 43–51.*

3) *Bulletin der Hauptkommission zur Erforschung der Hitlerverbrechen in Polen, Warschau, Band IV, Seiten 117–125.*

4) *Franks Tagebücher.*

Natürlich ging Frank daraufhin nur um so eifriger ans Werk. Im September 1940 gibt es verschiedene Eintragungen im Tagebuch, welche seine Gedanken entlarven. So etwa: „Es muß ein Unterschied zwischen dem Lebensstandard des Herrenvolkes und den Unterworfenen sein. Die Polen müssen die Grenzen ihrer Entwicklungsmöglichkeiten erkennen. Kein Pole soll über den Rang eines Werkmeisters hinauskommen. Ich darf bitten, diese klare Linie einzuhalten[1].“ Oder da steht: „Was die Behandlung der Juden anlangt, so habe ich genehmigt, daß in Warschau das Ghetto geschlossen wird, vor allem, weil festgestellt ist, daß die Gefahr von den 500 000 Juden so groß ist, daß die Möglichkeiten des Herumtreibens unterbunden werden müssen[2].“

Einen Tag später kam denn auch das Gesetz über Aufenthaltsbeschränkungen für Juden im Generalgouvernement heraus[3]. Es bildete die Grundlage überhaupt zur Errichtung der Ghettos im ganzen Generalgouvernement.

Der Burgherr in Krakau hatte nicht den Ehrgeiz, über Untertanen zu regieren, sondern wünschte vielmehr, wie ein Kommandant — etwa des Konzentrationslagers Dachau — zu herrschen. So benahm er sich jedenfalls dauernd.

Auf einer Abteilungsleitersitzung am 6. November 1940[4] sagte er wörtlich über Polen:

„Dieses Gebiet ist dazu berufen, das Arbeiter-Reservoir im großen Sinne zu sein. Wir haben hier lediglich ein gigantisches Arbeitslager, wo alles, was Macht und Selbständigkeit bedeutet, in Händen der Deutschen ist.“

Nach solchen Äußerungen fuhr Frank unbeschwert zu einer Tagung der „Akademie für Deutsches Recht“ nach Berlin, um dort über „Rechtssendung des Deutschen Reiches“ sowie über „Das Staatsrechtliche Gefüge des Führerstaates“ zu reden. Er schloß seine Ansprache mit der „verpflichtenden Erklärung, weiterhin im Dienste der Rechtsidee tätig zu sein ...“[5].

Ausgerechnet der Henker des polnischen Judentums, der grausame Unterdrücker des polnischen Volkes, hörte nicht auf, über „Recht“ zu sprechen.

Anfang Dezember 1940 fuhr Frank auf Einladung der Technischen Hochschule nach München, um auf der akademischen Jahresfeier zu sprechen.

Nach dem Einzug der Professoren im Ornat dirigierte Kapellmeister Willi Haenel-Christiansen den ersten Satz der Siebenten Symphonie Beethovens, und dann begrüßte der

---

1) *Abteilungsleitersitzung am 12. September 1940.*
2) *Ebendort.*
3) *Verordnungsblatt für das Generalgouvernement 1940, Nr. 55.*
4) *Franks Tagebücher.*
5) *„Völkischer Beobachter“ vom 23. November 1940.*

Rektor der Technischen Hochschule, Prof. Dr. Ing. Pistor, den Generalgouverneur aus Krakau, welcher gleich darauf selbst das Wort ergriff. Frank sagte unter anderem: „Die Grundlagen für eine wahrhafte Rechtsrevolution aller staatstragenden Anschauungen, Wertungen und Begriffe sind geschaffen.“ Er wies nach, wie sich die „deutsche Technik des Staates“ gerade im Generalgouvernement unter so ungewöhnlich schwierigen Verhältnissen besonders bewährt habe, „denn die Grundsätze der Verwaltungsführung könnten eben sogar auf ein fremdvölkisches Gebilde übertragen werden[1])“.

Dr. Hans Frank schätzte nichts mehr, als möglichst überall und recht ausgiebig zu reden. Am 19. Dezember 1940[2]) hielt er in Krakau wieder einmal eine lange Rede und meinte: „Von euch hat der eine seine Mutter, seine Eltern, der andere seine Frau, seine Braut, seine Kinder zu Hause. Die werden nun in allen diesen Wochen an euch denken und werden sich sagen: Mein Gott, da sitzt er nun drüben in Polen, wo es so viele Läuse und Juden gibt! Vielleicht hungert und friert er. Er traut sich vielleicht nicht zu schreiben. Da wäre es vielleicht ganz nett, wenn wir den Lieben zu Hause ein Bild schicken und ihnen sagen würden: Nun, es ist hier im Generalgouvernement schon etwas anders und besser geworden. Freilich, in einem Jahr konnte ich weder sämtliche Läuse noch sämtliche Juden beseitigen.“ Hinter diesem Satz steht im Protokoll in Klammern das Wort „Heiterkeit“.

Seine Tätigkeit für das Jahr 1940 schloß Frank natürlich wieder mit einer längeren Rede ab, in der es zum Beispiel hieß: „Aus dem Bewußtsein unserer Verpflichtung gegenüber der Vergangenheit und aus der täglichen Erprobung unserer Kraft an den Aufgaben der Gegenwart, ward in uns die Wirklichkeit dessen lebendig, was uns als deutsche Sendung in diesem Raum theoretisch geläufig war.“ Der Erguß endete mit den Worten: „Das Generalgouvernement wird für alle Zukunft Nebenland des Reiches bleiben, ein Name, den der Führer geprägt hat, und der uns heilige Verpflichtung ist[3]).“

Wahrscheinlich aus dieser „heiligen Verpflichtung“ heraus prasselten dann auch weiterhin die antijüdischen Gesetze auf die Unschuldigen hernieder. Am 20. Februar 1941 erschien die Verordnung über Benutzung öffentlicher Verkehrsmittel durch Juden im Generalgouvernement[4]). Gerade mit diesem Gesetz muß Frank es sehr eilig gehabt haben, denn er unterzeichnete es nicht in „seiner“ Hauptstadt Krakau, sondern während eines Besuches in Dresden.

Zwei Wochen später kam ihm die Luft auf der Krakauer Burg sicher schon wesentlich sauberer vor, denn am 3. März wurde eine Verordnung des Distriktgouverneurs von Krakau, SS-Gruppenführer und General der Polizei Dr. Karl Otto Gustav Wächter, ver-

---

[1]) *„Völkischer Beobachter“ vom 7. Dezember 1940.*

[2]) *Franks Tagebücher.*

[3]) *„Hamburger Fremdenblatt“ am 31. Dezember 1940. — Im Aufsatz „Vom besetzten Gebiet bis zum Nebenland des Reiches“.*

[4]) *Verordnungsblatt f. d. GG. Nr. 14, Seite 69.*

öffentlicht, der zufolge die Juden Krakaus in die Vorstadt Podgorze umziehen mußten, wo sie zwei Jahre später — am 13. März 1943 — liquidiert wurden[1]).

Am 22. April 1941[2]) sprach Frank auf einer NSDAP-Kundgebung in Lublin und erklärte: „Das kann man von uns nicht verlangen, die wir mit dem Führer seit 20 Jahren in diesem Kampfe stehen, daß wir noch irgendwelche Rücksicht auf die Juden nehmen. Wenn heute die Juden der Welt um Mitleid bitten, so läßt es uns kalt."

Niemals versäumte der „Reichsrechtsführer", in der Öffentlichkeit, wenn nur irgend möglich, dick zu unterstreichen, daß er ein alter Kämpfer und Blutordensträger war. Überhaupt spielte er sich gern als Vertrauter des „Führers" auf. So auch am 19. Mai 1941[3]) bei einem Dienstappell der politischen Leiter im Arbeitsbereich Krakau im Parteihaus der NSDAP. Die sensationelle Flucht von Hitlers Stellvertreter Rudolf Heß nach England gab Frank willkommenen Anlaß, eine lange Rede vom Stapel zu lassen. Er führte darin aus:

„Ich habe nun schon viele Schmerzensstunden mit dem Führer erlebt. Ich als sein Rechtsbeistand weiß viel mehr als viele andere von diesen Dingen. Er ist mir unendlich erschlossen in dem, was er selbst seinen nächsten politischen Mitarbeitern nicht mitteilt. Diese still fortwirkende Funktion, die ich als sein persönlicher Rechtsberater in seinen persönlichen Dingen ausübe, gibt mir eine ganz besondere Bezogenheit zu diesem Mann."

Nachdem er so seiner Eitelkeit Genüge getan hatte, kam er auf Rudolf Heß zu sprechen und sagte: „Aber ich glaube, ich werde nicht mehr erleben, was der Erschütterung gleicht, die ich verspürte, als mir der Führer am Dienstag gegenübertrat. Es ist nun einmal so, daß dieser Schlag ein einmaliger ist. Der Führer war so erschüttert, wie ich das eigentlich noch nicht erlebt habe."

Das alte Schloß der polnischen Könige, das Bewußtsein, in Polen als Herr über Leben und Tod zu herrschen, sein sub speciae aeternitatis geführtes Tagebuch — für den Prahlhans war es auch in Kriegszeiten noch nicht genug. Im Mai 1941 ließ er von seinem Rechtsamt „die wichtigsten Daten im Leben des Reichsleiters, Parteigenossen Dr. Hans Frank" zusammenstellen, um sie zu veröffentlichen. Dieserhalb korrespondierte sein persönlicher Referent im Reichsrechtsamt, Oberbereichsleiter Eisenlohr, mit dem Reichsschatzmeister der NSDAP in München. Eisenlohr erkundigte sich nach dem genauen Datum der Verleihung des Goldenen Parteiabzeichens an seinen Chef. Schwarz antwortete am 15. Juni, es sei dem Parteigenossen Nr. 40 079 und Reichsminister bereits am 17. November 1933 verliehen worden.

Als Reichsleiter des Reichsrechtsamtes kam Frank selbstverständlich trotz seiner „Kriegstätigkeit" als Generalgouverneur auch während des Krieges häufig nach München.

---

1) *„Zum 3. Jahrestag der Auflösung des Ghettos Krakau" (polnisch), Krakau 1947, Seiten 30–40 und 120–135.*

2) *Franks Tagebücher.*

3) *Ebendort.*

Anläßlich eines solchen Besuchs sprach er im Juli 1941 über „Das völkische Reichsideal der germanischen Kulturwelt". Ausgerechnet er, der auf polnischem Boden schaltete und waltete wie es ihm gerade beliebte, erklärte perfiderweise: „Wir wissen als Rechtswahrer, daß ohne Gerechtigkeitsübung auf die Dauer ein Staat nicht existieren kann[1])."

Obwohl er kurz zuvor selbst eine derartige Äußerung von sich gab, hinderte ihn das schon am 1. August bei einer großen NSDAP-Kundgebung in Lemberg keineswegs, dort zu sagen, Polen würde für alle Zeiten deutsch bleiben[2]).

Am 9. September[3]) meinte er im Hinblick auf die Juden sogar wörtlich: „Man hat uns in Berlin gesagt: Weshalb macht man die Scherereien? Wir können im Ostland oder im Reichskommissariat auch nichts mit ihnen anfangen. Liquidiert sie selbst! Meine Herren, ich muß Sie bitten, sich gegen alle Mitleidserwägungen zu wappnen. Wir müssen die Juden vernichten, wo immer wir sie treffen und es irgend möglich ist!"

Als Frank am 15. Oktober 1941[4]) in Warschau aufmerksam zuhörte, wie der damalige Höhere SS- und Polizeiführer in Warschau, Arpad Wigand, ausführte, die Juden könnten in dem unglaublich großen Hungerzustand unmöglich Widerstand leisten, bedankte er sich nachher äußerst herzlich bei Wigand für diese Feststellung. Im Protokoll der Sitzung ist noch vermerkt worden: „Der Herr Generalgouverneur ist der Auffassung, daß für die jüdische Bevölkerung weitere Lebensmittel nicht zur Verfügung gestellt werden können."

Nun, das war klar und eindeutig!

Frank wußte genau, warum er die 500 000 Juden Warschaus hermetisch im Ghetto einschloß. Um ganz sicher zu gehen, unterzeichnete er noch am gleichen Tage, dem 15. Oktober 1941[5]), die Verordnung, deren § 1 wie folgt lautet: „Juden, die den ihnen zugewiesenen Wohnbezirk unbefugt verlassen, *werden mit dem Tode bestraft. Die gleiche Strafe* trifft Personen, die solchen Juden wissentlich *Unterschlupf* gewähren."

Eigentlich bedeutete so ein Gesetz schon das Todesurteil für alle Ghetto-Insassen, denn sie wagten kaum noch, das Ghetto zu verlassen. Gelang es einigen dennoch, so traute sich jenseits der Ghettomauer wieder fast niemand, einen jüdischen Flüchtling zu verstecken.

Mitte November fand eine Konferenz führender Persönlichkeiten des Generalgouvernements in Krakau statt, bei der Frank den Vorsitz führte. Die Tagesordnung befaßte sich mit den 500 000 Juden Warschaus[6]), deren Golgathaweg vom geschlossenen Ghetto bis zur endgültigen Ausrottung im April 1943 festgelegt wurde.

---

1) *„Völkischer Beobachter" vom 16. Juli 1941.*
2) *Franks Tagebücher.*
3) *Ebendort.*
4) *Ebendort, Juli 1940.*
5) *Verordnungsblatt f. d. Generalgouvernement Nr. 99, Seite 595.*
6) *„Krakauer Zeitung" vom 18. November 1941.*

Frank schätzte den Ausdruck „Technik des Staates" außerordentlich und benutzte ihn bei jeder sich nur bietenden Gelegenheit. Es war ja auch eine verteufelte Technik, die er da praktizierte! Anfang Dezember 1941 gründete er in München dann noch das „Institut für Technik des Staates" und bezeichnete das Generalgouvernement in seiner Ansprache als „Schule" eben dieser Technik[1]). In seiner Veröffentlichung mit dem gleichen Titel[2]) schreibt er dann: „Weit über den juristischen Bereich des von dem Gesetzgeber Adolf Hitler aufgestellten legislativen Staatswillens ist ja die Persönlichkeit des Führers ganz allgemein auch die sittlich und moralisch jedes öffentliche Handeln bestimmende vorbildliche Persönlichkeit. Der kategorische Imperativ des Handelns im Dritten Reich lautet: Handele so, daß der Führer, wenn er von deinem Handeln Kenntnis hätte, dieses Handeln billigen würde!"

Trotzdem geschah im Generalgouvernement manches, was die Kehrseite der Frankschen Theorie von der „Technik des Staates" zeigte. Im Januar 1942 passierte sogar etwas recht Peinliches, denn in Krakau wurde der Lemberger Distriktsgouverneur Dr. Karl Lasch festgenommen, weil entdeckt worden war, daß er für Staatsgelder, aber höchst eigene Zwecke, durch Mittelsmänner Teppiche und Kunstschätze hatte aufkaufen lassen. Ferner „beschlagnahmte" Dr. Lasch in großem Umfang Teppiche, Gemälde oder Kaffee und hortete alles in seiner Villa. Außer ihm wurde auch SS-Mann Loew verhaftet. Der wiederum hatte verschiedene Unterschlagungen begangen. Die beiden Verhafteten packten dann auch vieles über den Generalgouverneur und dessen Familie aus[3]).

Dr. Lasch behauptete, in Franks Salonwagen seien beispielsweise Pelze, Bettzeug usw., auch 200 000 Eier in die bayerische Heimat geschafft worden. Außerdem pflegte Frank zu lächerlich geringen Preisen vom Krakauer Judenrat zu erstehen, wonach ihm der Sinn gerade stand. Frau Frank hamsterte — hauptsächlich vom Juden Apfelbaum — zu niedrigsten Preisen kostbare Pelze, und Franks Schwester spezialisierte sich auf den Einkauf von Brillantringen, für die sie den Juden pro Stück 25,— Reichsmark zahlte.

Loew gestand, für den Generalgouverneur im Warschauer Ghetto Pelze und einen goldenen Füllfederhalter für 3 Sloty pro Stück eingehandelt zu haben.

Nachdem man einmal dabei war, die schmutzige Wäsche zu waschen, kam auch heraus, daß der Warschauer Distriktgouverneur, Dr. Ludwig Fischer, Hans Frank einen Original-Rembrandt aus den geraubten Warschauer Sammlungen verehrt hatte.

Solcher Behauptungen wegen kam es am 5. März 1942 zu einer Besprechung im Salonwagen des Staatsministers Dr. Lammers. Darüber existiert ein von Himmler persönlich abgezeichneter Aktenvermerk. An der Besprechung nahmen teil: Heinrich Himmler und Dr. Lam-

---

[1]) *„Völkischer Beobachter" vom 7. Dezember 1941.*

[2]) *Hans Frank, „Die Technik des Staates" mit Geleitwort v. Prof. Dr. Ernst Leitzguß, Berlin-Leipzig-Wien 1942, Seiten 15–16.*

[3]) *Ausführlich im Buch von Stanislaw Piotrowski, a.a.O., Seiten 20–25.*

mers, Reichsleiter Martin Bormann und Hans Frank. Himmler stellte fest, daß Frank auf die Vorwürfe „wie ein Schauspieler" reagierte, und fuhr fort: „Ich sprach weiterhin über die persönlichen Verhandlungen von Frl. Frank, der Schwester des Generalgouverneurs, mit Juden, ferner über die willkürliche Schätzung der Preise durch Taxatoren, wenn es im Ghetto hieß, daß die Burg in Krakau dieses oder jenes benötige."

Der Aktenvermerk zeigt, mit welcher Freude und Ironie Himmler ihn diktierte.

Für die ganzen Zustände und vor allem den moralischen Verfall der damaligen „Herren" dürfte auch die nachstehende Bemerkung Himmlers ganz aufschlußreich sein: „Nach einer längeren Aussprache darüber, ob einer von uns noch den geringsten Vorbehalt gegen ihn — Frank — hätte, was von mir mit der Begründung verneint wurde, daß wir dann gar nicht mit ihm über diese Dinge gesprochen hätten, sondern sie unmittelbar an den Führer herangetragen hätten, kamen wir auf die Frage von SS und Polizei zu sprechen." Der Aktenvermerk endet mit dem Satz: „Auch einen Polizeihauptmann als Adjutanten sagte ich Frank zu."

Damit legte man dann die Geschichte wohl zu den Akten, aber Frank gab seine privaten Raubzüge deswegen keineswegs auf, wie noch Ende Januar 1945 festzustellen war. Ebenso erging er sich auch fleißig weiter in Rede-Eskapaden.

Am 14. April 1942[1]) fand um 14.20 Uhr im Königssaal der Burg zu Krakau eine Pressebesprechung statt, auf der Hans Frank erklärte: „Und wenn, wie behauptet wird, der Katholizismus tatsächlich eine Schande für ein Volk ist, um so mehr Katholizismus muß ich dem Polentum wünschen. Man kann nicht gleichzeitig sagen, der Katholizismus sei die größte Sünde auf der Welt — gottlob, daß wir Deutschen so vernünftig sind, ihn zu bekämpfen! — und die Polen davor behüten, daß sie ihn nicht bekommen. Deshalb habe ich auch nichts dagegen eingewendet, daß Tschenstochau wieder in Betrieb genommen wurde. Ich habe sogar die Erlaubnis gegeben, einen polnischen katholischen Kalender herauszugeben. Wenn der Katholizismus ein Gift ist, dann kann man dieses Gift nur den Polen wünschen. So geht es mit anderen Dingen auch."

Trotz seiner mannigfachen Inanspruchnahme, konnte es der Jurist Hans Frank nicht lassen, einem großen Zuhörerkreis immer wieder seine Ideen über Recht und Volksgemeinschaft auseinanderzusetzen. Am 10. Juni 1942 tat er es wieder einmal an der Universität Berlin. Er sprach über „Rechtsidee und Volksgemeinschaft". Besonders ein Satz — etwas Ähnliches durfte bei ihm nie fehlen — wurde in dieser Rede mit großem Beifall aufgenommen: „Diese Tat des Führers als des größten Gesetzgebers der Geschichte ist und bleibt die monumentalste Leistung der deutschen Rechtsgeschichte überhaupt[2])!" Er meinte die Taten des Nationalsozialismus auf dem Gebiet der Rechtspflege, wie das Erbhofgesetz, das Wehrgesetz, die Arbeitsgesetzgebung sowie das Kultur- und Rasserecht.

---

[1]) *Franks Tagebücher.*

[2]) *„Völkischer Beobachter" vom 11. Juni 1942.*

Verordnungsblatt
für das Generalgouvernement

Dziennik Rozporządzeń
dla Generalnego Gubernatorstwa

1941 | Ausgegeben zu Krakau, den 25. Oktober 1941
Wydano w Krakau, dnia 25 października 1941 r. | Nr. 99

Inhalt Treść

Dritte Verordnung
über Aufenthaltsbeschränkungen im Generalgouvernement.

Vom 15. Oktober 1941.

Auf Grund des § 5 Abs. 1 des Erlasses des Führers vom 12. Oktober 1939 (Reichsgesetzbl. I S. 2077) verordne ich:

Artikel 1.

In der Verordnung über Aufenthaltsbeschränkungen im Generalgouvernement vom 13. September 1940 (VBlGG. I S. 288) mit den Änderungen der Zweiten Verordnung über Aufenthaltsbeschränkungen im Generalgouvernement vom 29. April 1941 (VBlGG. S. 274) wird nach § 4 a folgender § 4 b eingefügt:

§ 4b

(1) Juden, die den ihnen zugewiesenen Wohnbezirk unbefugt verlassen, werden mit dem Tode bestraft. Die gleiche Strafe trifft Personen, die solchen Juden wissentlich Unterschlupf gewähren.

(2) Anstifter und Gehilfen werden wie der Täter, die versuchte Tat wird wie die vollendete bestraft. In leichteren Fällen kann auf Zuchthaus oder Gefängnis erkannt werden.

(3) Die Aburteilung erfolgt durch die Sondergerichte.

Artikel 2.

Diese Verordnung tritt am Tage der Verkündung in Kraft.

Warschau, den 15. Oktober 1941.

Der Generalgouverneur
Frank

Trzecie rozporządzenie
o ograniczeniach pobytu w Generalnym Gubernatorstwie.

Z dnia 15 października 1941 r.

Na podstawie § 5 ust. 1 Dekretu Führer'a z dnia 12 października 1939 r. (Dz. U. Rzeszy Niem. I str. 2077) rozporządzam:

Artykuł 1.

W rozporządzeniu o ograniczeniach pobytu w Generalnym Gubernatorstwie z dnia 13 września 1940 r. (Dz. Rozp. GG. I str. 288) ze zmianami drugiego rozporządzenia o ograniczeniach pobytu w Generalnym Gubernatorstwie z dnia 29 kwietnia 1941 r. (Dz. Rozp. GG. str. 274) wstawia się po § 4 a następujący § 4 b:

§ 4b

(1) Żydzi, którzy bez upoważnienia opuszczają wyznaczoną im dzielnicę, podlegają karze śmierci. Tej samej karze podlegają osoby, które takim żydom świadomie dają kryjówkę.

(2) Podżegacze i pomocnicy podlegają tej samej karze jak sprawca, czyn usiłowany karany będzie jak czyn dokonany. W lżejszych wypadkach można orzec ciężkie więzienie lub więzienie.

(3) Zawyrokowanie następuje przez Sądy Specjalne.

Artykuł 2.

Rozporządzenie niniejsze wchodzi w życie z dniem ogłoszenia.

Warschau, dnia 15 października 1941 r.

Generalny Gubernator
Frank

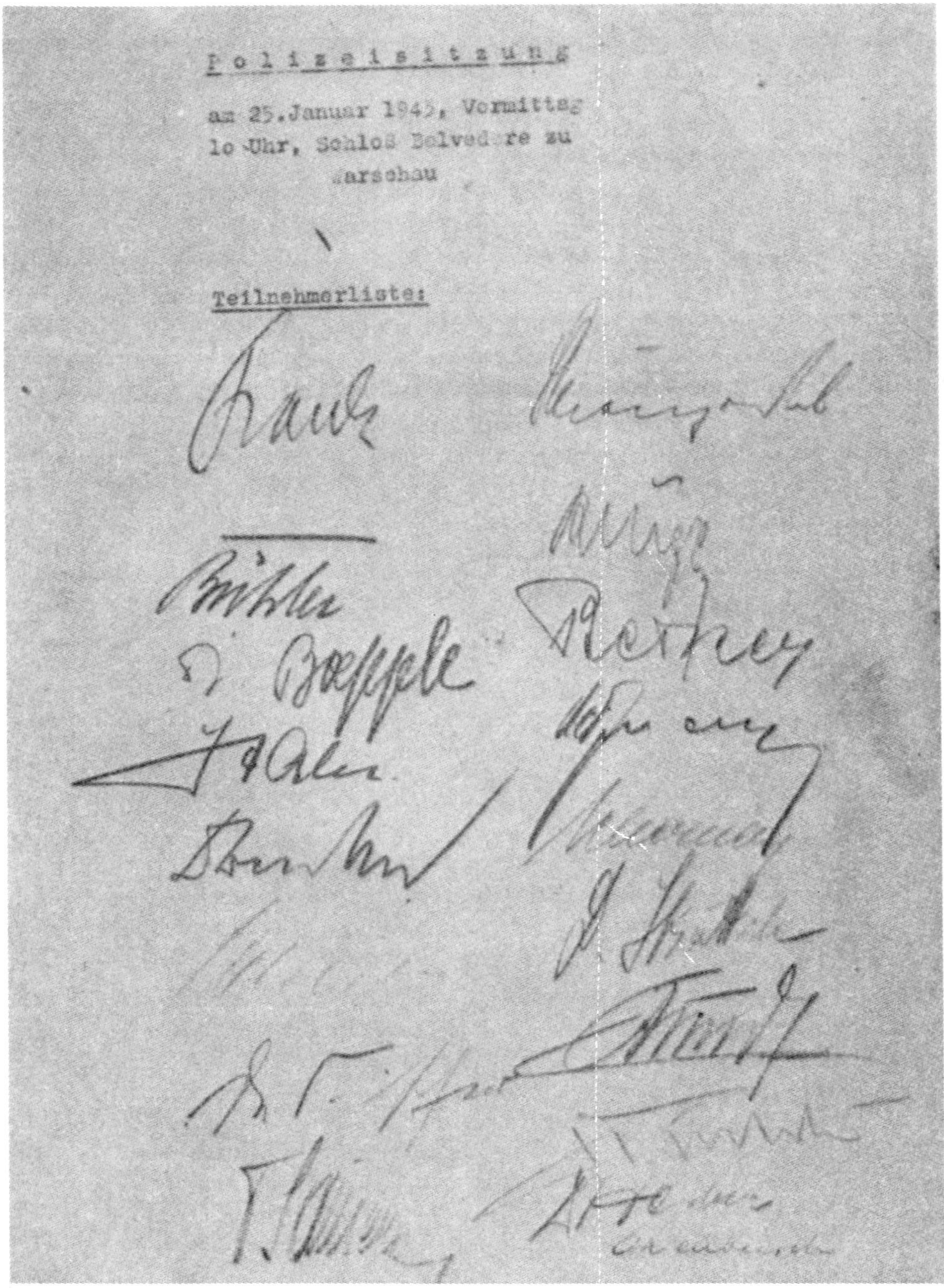

Polizeisitzung

am 25. Januar 1943, Vormittag
10 Uhr, Schloß Belvedere zu
Warschau

Teilnehmerliste:

Fotokopie einer Seite aus Dr. Franks Tagebüchern

Wer Dr. Franks Aufruf zum neuen Kriegs-Winterhilfswerk aufmerksam durchliest — er veröffentlichte ihn im Herzen des blutenden Polen —, spürt genau, daß dieser Mann nur Phrasen drischt. In dem Aufruf steht unter anderem: „Die NSDAP hat das deutsche Herz gereinigt und zu einer ethischen Haltung emporgeführt, wie das bis jetzt noch keine Energie der Weltgeschichte vermocht hat[1])."

Bombastisch-heroische Worte, aber ohne jede echte Substanz!

Im gleichen Stil sprach er auch in seiner Eigenschaft als Präsident des Instituts für Ostarbeit im Oktober 1942[2]). Frank gab in seiner langen Rede einen wahrhaft „tiefschürfenden" Abriß über die „Epoche des Ostens", welche das deutsche Volk im Verlauf des Krieges begonnen haben sollte. Frank nannte das eine „Zeit gewaltigster kolonisatorischer und siedlungsmäßiger Neugestaltung". Das Generalgouvernement sei gewissermaßen die „Brücke beim Vorstoß in die unermeßlichen Weiten des Ostraums". Er sagte: „Der Osten ist und bleibt unser deutsches Schicksal, und auf der Brücke Generalgouvernement muß ein Treffen stattfinden aller jener gedanklichen Vorstellungen, die zwischen Heimat und Neuland immer und ewig hin und herspielen und die zwischen Heimat und Front im Kriege den wesentlichen Gedankeninhalt unserer Soldaten erfüllen. Für die aus dem Osten nach dem Reich Reisenden ist das Generalgouvernement bereits ein stark heimatlich anmutendes Gebilde, für die aus dem Reich in den Osten Reisenden aber ist es bereits der Gruß einer östlichen Welt."

Frank meinte, es habe für das deutsche Volk schon eine Nordepoche, eine Westepoche sowie eine Südepoche gegeben. Nun sei man bei der Ostepoche angelangt, einer Zeit revolutionärer Neuformung auf allen Gebieten.

Wie sich Dr. Frank die Ostpolitik vorstellte, erkennt man an einer Rede bei der Arbeitstagung der politischen Leiter des Arbeitsbereichs Generalgouvernement der NSDAP am 14. Dezember 1942[3]). Er kam dabei mit dem Projekt heraus, 940 000 Polen zur Arbeit ins Reich zu schicken. Schon dabei war ersichtlich, daß er auch längst die physische Vernichtung all dieser Polen im Auge hatte.

Einige Tage später notierte Ulrich von Hassel in seinem Tagebuch, was ihm Max Frauendorfer — 1931 war er Referent in der Reichsleitung der NSDAP, 1934 Reichsschulungsleiter der NSDAP sowie SS-Obersturmbannführer, 1939—1942 Hauptamtsleiter der Abteilung Arbeit im Generalgouvernement, also ein recht gut orientierter Zeuge! — berichtet hatte[4]). Ulrich von Hassel schrieb: „Frauendorfer, SS-Mann und Inhaber des Goldenen Parteiabzeichens, war im übrigen höchst beeindruckend durch seine unbegrenzte Verzweiflung über das, was er stündlich und täglich in Polen erlebt und das so fürchterlich ist, daß

---

[1]) *„Krakauer Zeitung" vom 7. Oktober 1942.*
[2]) *Ebendort am 24. Oktober 1942.*
[3]) *Franks Tagebücher.*
[4]) *Ulrich von Hassel, a.a.O., Seite 232.*

er es nicht mehr aushält und als einfacher Soldat an die Front will. (Frauendorfer ging wirklich an die Front — Bemerkung des Herausgebers.) Dauernde unaussprechliche Judenmorde! ##-Leute fahren mit Maschinenpistolen nach der Stunde, die als Aufhören der Ausgehfreiheit festgesetzt ist, durchs Ghetto und schießen auf alles, was sich zeigt, zum Beispiel spielende Kinder, die sich unglücklicherweise etwas länger auf der Straße befinden."

Anfang Januar 1943 läßt Frank seine Frau Brigitte auf der Krakauer Burg zurück und macht eine Erholungsreise.

Außer den dicken Tagebuchbänden, in die er alles für die Nachwelt Bestimmte diktierte oder Mitstenographiertes übertragen ließ, führte Hans Frank noch ein kleines Büchlein mit rein privaten Notizen selbst. Zwischen dem 1. und 7. Januar 1943 — zu jener Zeit tobte gerade der Kampf um Stalingrad — notierte er wie folgt:

„*1. Januar:* Schoberhof. (Bei Neuhaus/Bayern — Bemerkung des Herausgebers.) Schwere Sorgen liegen über dir, Deutschland! Und über mir. Ich denke an meinen Lebenskampf und an meine Probleme.

Montag, 4. Januar: Schoberhof — 11.16 Uhr Abfahrt im Zug wie in die Freiheit aus Trubel und Tumult. 15.50 Ankunft Garmisch. Endlich wieder bei Lilly.

Dienstag, 5. Januar: Garmisch. Unsagbar schön mit Lilli. (Der Name ist manchmal mit y, manchmal mit i geschrieben — Bemerkung des Herausgebers.) Ich kann nichts ändern. Natur hat uns für einander bestimmt. Gott möge es gnädig gestalten zu einer guten Lösung für alle.

Mittwoch, 6. Januar: Garmisch. Mit Lilli. Wir leben und lieben. Ich werde endlich geheilt. Fühle, meine Lungen fangen an, besser zu werden.

Donnerstag, 7. Januar: Garmisch. Mit Lilli im Glück und Segen. Schnee, Sonne. Wir sind allein und die Welt leuchtet[1])."

Für den Generalgouverneur leuchtete also die Welt am 7. Januar 1943, aber einen Tag später forderten die Sowjets in Stalingrad die 6. Armee zur Kapitulation auf.

Doch auch im Generalgouvernement hatten die Polen längst eine strafforganisierte Untergrundbewegung und machen der deutschen Besatzung oft schwer zu schaffen. Ebenso bestand in Warschau schon die Jüdische Kampf-Organisation, und selbst in den Ghettos von Bialystok, Krakau oder Wilna war man inzwischen mit großen Schwierigkeiten in den Besitz von einigen Waffen gelangt. In Krakau hatte die Jüdische Kampf-Organisation

---

[1]) *Stanislaw Piotrowski, a.a.O., Seite 195.*

sogar am 22. Dezember 1942 bereits einen bewaffneten Überfall auf das Café „Cyganeria" durchgeführt, bei dem viele Deutsche ums Leben gekommen waren[1]).

Am 18. Januar 1943 organisierte die Jüdische Kampf-Organisation im Warschauer Ghetto den ersten bewaffneten Widerstand, bei dem allerdings ein großer Teil der jüdischen Kämpfer fiel[2]). Der Kommandant Mordechai Anielewicz überlebte nur wie durch ein Wunder, leitete im April 1943 den großen Aufstand im Warschauer Ghetto und kam dabei selbst ebenfalls um.

Dr. Frank sah sich wohl durch die Ereignisse veranlaßt, seine „leuchtende Welt" bei Lilli zu verlassen. Er kam zurück und erschien am 25. Januar[3]) in Warschau, um an einer Polizeisitzung teilzunehmen. Im Protokoll über diese Sitzung, das als „Geheime Reichssache!" bezeichnet ist, steht, daß Frank sagte: „Wir wollen uns daran erinnern, daß wir alle miteinander, die wir hier versammelt sind, in der Kriegsverbrecherliste des Herrn Roosevelt figurieren." Das war ein ganz neuer Ton bei ihm. Vielleicht dämmerte ihm etwas wie Erkenntnis der Lage, und er wurde ein wenig nüchterner. Aber die Angeberei und das Aufschneiden vermochte er sich trotzdem nicht zu verkneifen, denn er fuhr fort: „Ich habe die Ehre, Nummer 1 zu sein. Wir sind also sozusagen Komplizen im welthistorischen Sinne geworden."

Am nächsten Tage[4]) fanden in Warschau Beratungen über die Lage und vor allem die Zeichen des Aufruhrs statt. Frank muß längst innerlich von Unruhe beherrscht gewesen sein und steigerte sich wahrscheinlich deshalb nach außen in immer albernere Prahlerei hinein. So auch am Sonntag, dem 31. Januar 1943[5]), bei einer Kundgebung im Warschauer Haus Roma zur Feier des 10. Jahrestags der „Machtergreifung", als er rief: „Wir werden siegen, weil wir einen Adolf Hitler haben. Er ist ein Mann, der in der Geschichte alle zehntausend Jahre einmal kommt. Adolf Hitler ist eine einmalige Gestalt. Er ist kein Cajus Julius Caesar, kein Napoleon Bonaparte, und es ist falsch, ihn überhaupt mit einem historischen Vorbild vergleichen zu wollen. Adolf Hitler ist Adolf Hitler! Er ist einmalig! Er hat keine Ahnen unter den Staatsmännern der Welt!"

Sollte der Jurist Hans Frank die heraufziehende Götterdämmerung dunkel geahnt und nur deshalb so hysterische, ziemlich sinnlose Sätze ins Publikum gebrüllt haben?

Welch Untergrund-Kampf in Polen bereits schwelte, geht eindeutig aus einer Blitzvorlage des Leiters Pro., Chef des Propagandastabes — Ref.: RR Schäffer, datiert Berlin, den 6. März 1943 — Pro. Pa. 2060/6. 3. 43/7—3.13 — über die Lage in Warschau hervor.

---

[1]) *Siehe „Pamietnik Justyny" (polnisch), eingeleitet u. kommentiert v. Josef Wulf, Krakau 1946, Seiten 10–19.*

[2]) *Wulf I, Seiten 71–74 und 88.*

[3]) *Franks Tagebücher.*

[4]) *Ebendort.*

[5]) *Ebendort.*

Da steht:

„Nach den letzten Ereignissen scheint Warschau einer neuen terroristischen Welle entgegenzugehen. Nach der Zustellung von Höllenmaschinen in das Archivamt des Palais Brühl, in dem das Amt des Gouverneurs und die Distriktregierung untergebracht sind, sowie in das Arbeitsamt, wurden in den Vororten Warschaus Plakate angeklebt, die ungefähr folgendes besagten: Die illegale polnische Regierung habe beschlossen, erstens den Leiter der polnischen Polizei, einen Oberstleutnant, und zweitens einen polnischen Angestellten des Arbeitsamtes durch Erschießen der gerechten Strafe auszuliefern. Der polnische Oberstleutnant, Leiter der polnischen Polizei, ist in der Nacht zum 5. März daraufhin tatsächlich ermordet worden. Der polnische Angestellte des Arbeitsamtes konnte von den Terroristen anscheinend nicht erreicht werden, denn er ist jedenfalls noch am Leben.

In der gleichen Nacht wurde in die Amtsgarage der Ostbahndirektion ein Einbruch verübt. Die offenbar sehr ortskundigen Banditen entwendeten die drei besten Personenkraftwagen und die gesamten Fahrerausrüstungen. Sie sind unerkannt entkommen. Wenige Stunden darauf wurde in der gleichen Nacht ein Eisenbahnzug angehalten. Bei diesem Überfall wurden von den Banditen drei Wehrmachtangehörige überwältigt und lebend entführt.

Der in der Abteilung Propaganda in Warschau angestellten Frau Bielmann wurde am Abend des 4. März gegen 20 Uhr von unbekannten Tätern eine Handvoll Pulver in die Augen gestreut. Frau Bielmann befindet sich in ärztlicher Behandlung. Heil Hitler!“

Am 19. April 1943 brach der Aufstand im Ghetto Warschau aus, dem die totale Liquidation des Ghettos folgte. Am nächsten Tag schrieb Dr. Frank an den Chef der Reichskanzlei, Dr. Lammers, folgenden Brief:

„Sehr verehrter Herr Reichsminister Dr. Lammers! In der heutigen, aus Anlaß des Führergeburtstags abgehaltenen Sitzung der Regierung des Generalgouvernements, beherrschte die Entwicklung der Sicherheitslage das Bild. In der Tat entwickelt sich diese unter dem Einfluß verschiedenster Umstände in geradezu gefährlichster Weise. Seit gestern haben wir in Warschau einen bereits mit Einsatz von Geschützen zu bekämpfenden wohlorganisierten Aufstand im Ghetto. Die Morde an den Deutschen nehmen in furchtbarer Weise zu. Züge werden überfallen, Transportwege völlig unsicher gemacht. Die Bandenbildung entwickelt sich in grassierender Weise. Ich sehe zur Zeit die Verantwortung für das Leben der Deutschen im Generalgouvernement Gott allein anvertraut[1]).“

Das ist für Frank eine ganz neue Sprache. Nichts ist von dem sonst so überheblichen Ton übriggeblieben. Der „Techniker des Staates“ kam sich auf einmal etwas blamiert vor, möchte man meinen.

---

[1]) *Archiv der Hauptkommission zur Erforschung der Hitlerverbrechen in Polen, Warschau. Akte der Kanzlei Bühler, Band XI, Seiten 33–35.*

Am 10. Mai 1943[1]) wurde Frank zu seinem „Führer" nach Berlin befohlen. Es ist anzunehmen, daß die neue Situation besprochen werden sollte, denn der Ghetto-Aufstand hatte sich in Berlin herumgesprochen.

Ulrich von Hassel[2]) vertraute am 15. Mai seinem Tagebuch an: „Inzwischen setzt sich der unglückliche Judenrest in Warschau zur Wehr und es kam zu schweren Kämpfen, die wohl zur völligen Ausrottung durch die SS führen werden. Hitler hat den Deutschen zum verabscheuten wilden Tier in der ganzen Welt gemacht."

In dieser für die Laufbahn des Dr. Hans Frank recht kritischen Zeit klafft ein Abgrund zwischen seinem demütigen Ton im Brief an Dr. Lammers und allem, was er in der Öffentlichkeit von sich gibt. Für seine Umwelt bleibt er der unverbesserliche Prahler. So sagte er auch Mitte August 1943 auf einer NSDAP-Versammlung in Krakau: „Wir sind hier entschlossen, immer die Großdeutschesten zu sein, die es gibt. Kein Sturm kann das Deutschtum im Generalgouvernement erschüttern[3])."

Auch vor seinen eigenen Mitarbeitern redete er immer noch im gleichen Stil. Auf einer Regierungssitzung am 26. Oktober 1943[4]) in Krakau erklärte Frank, daß nur Verrückte an ein Wiederauferstehen Polens glauben könnten. Für das Großdeutsche Reich sei das Problem Polen bereits für alle Zeiten gelöst.

1944 ist dann seinen großmäuligen Ergüssen allerdings doch schon die innere Unruhe und manchmal eine gewisse Unsicherheit anzumerken, wenn Frank das innere Zagen auch durch besonders viel äußere Kraftmeierei auszugleichen trachtete. Am 14. Januar 1944 um 15 Uhr[5]) hielt er eine Ansprache, um den neuen Krakauer Distriktgouverneur, Dr. Burgsdorff, in sein Amt einzuführen, und sagte: „Ich bin kein schwacher Mann! Ich weiß sehr wohl, meine Stärke zu erkennen ... Man soll daran nicht zweifeln." Später fuhr er fort:

„Nun bin ich ein Kerl, der sich leider Gottes nur im Kampfe wohlfühlt. Deshalb habe ich auch immer einen Kampf. Bei anderen rührt sich überhaupt nichts; die anderen leben dahin, biedermeierlich, devot, demütig; sie fallen nicht auf, wie man beim Militär sagt."

So redete er eine ganze Weile, dann aber fiel ihm wohl ein, daß er über seine inneren Zweifel vielleicht schon viel zu viel verraten hatte, denn er jagte schleunigst etwas Markantes im richtigen NS-Jargon hinterdrein: „Wenn wir den Krieg gewonnen haben, dann kann meinetwegen aus den Polen und den Ukrainern und dem, was sich sonst hier herumtreibt, Hackfleisch gemacht werden. Es kann gemacht werden, was will!" Unter Umständen brüllte Frank so etwas, um sich selbst wieder ein wenig Mut zu machen.

---

[1]) *Franks Tagebücher.*
[2]) *„Vom anderen Deutschland", a.a.O., Seite 252.*
[3]) *„Krakauer Zeitung" vom 16. August 1943.*
[4]) *Franks Tagebücher.*
[5]) *Ebendort.*

Am 30. Januar 1944 hielt Frank in Krakau eine Rede über das Thema „Die symbolische Kraft der Machtergreifung". In ihr erklärte er in ausnahmsweise völlig richtiger Erkenntnis der Lage: „Und diese deutsche Flagge, sie ist nicht zum Vergnügen der Welt[1])!"

Es ließe sich unendlich viel aus seinen Tagebüchern zitieren, denn er wetterte ja nicht nur gegen die Juden und „Pfaffen" oder das „Gift der Kirche". Immer aber geschieht es im typischen Tenor des alten, bewährten Kämpfers der Partei, des Blutordenträgers, selbst als der Untergang seiner NS-Welt mit Riesenschritten nahte.

Am 17. Januar 1945 mußte er aus Krakau flüchten.

Über diese letzte Zeit im Leben des Dr. Hans Frank sollte man vielleicht etwas vorsichtiger urteilen, obwohl viele seiner Mitmenschen behaupten, er sei immer noch der Verschwender, Egozentriker und auf Raub von Kunstschätzen Bedachte gewesen. Andererseits liegt seine Niederschrift aus dem Nürnberger Kriegsverbrechergefängnis vor, die von Demut und innerer Umkehr zeugt[2]). Natürlich darf man da nicht übersehen, daß er sie schließlich erst im Gefängnis schrieb. Die Verhaftung mag ihm einen schlimmen Schock versetzt haben. Außerdem wußte er, daß sich seine umfangreichen Tagebücher in den Händen der Alliierten befanden. Es könnte aber sein, daß er wirklich a posteriori Reue und Scham verspürte. Wenn ein Mensch jedoch bereut und sich seiner Taten schämt — selbst wenn dies reichlich spät geschieht —, muß dem Rechnung getragen werden.

Am 18. Januar 1945 traf Dr. Frank mit seinem Gefolge beim Baron Richthofen auf Schloß Seichau in Schlesien ein und feierte dort rauschende Feste mit Unmengen von Lebensmitteln und Alkohol. Martin Bormann fühlte sich durch sein Treiben veranlaßt, eine Beschwerde darüber bei Staatsminister Dr. Lammers einzureichen[3]).

Am 25. Januar verließ Dr. Frank Schloß Seichau und traf am nächsten Tage in Bad Aibling/Bayern ein, von wo er am 13. Februar nach Neuhaus aufbrach, um dort im Haus „Bergfrieden" in der Josefstalerstraße 12 weiter zu „amtieren". Nicht weit von Neuhaus liegt der Schobernhof, wo Franks Familie untergebracht war.

Als er im Haus „Bergfrieden" verhaftet wurde, fand man außer den Tagebüchern auch Kunstwerke, die in Polen geraubt worden waren. Unter ihnen Bilder von Leonardo da Vinci und Rembrandt. Sogar ein goldener Kelch der gotischen Marienkirche Krakaus fand sich bei Dr. Franks Besitztümern wieder. Dieser Kelch stammt aus dem 13. oder 14. Jahrhundert.

Auf der Nürnberger Anklagebank trug Dr. Hans Frank dann stets eine dunkle Sonnenbrille. Weshalb blieb unerfindlich, aber man könnte sich vorstellen, daß es aus Scham geschah. Falls dem tatsächlich so war, dürften es zwar die beschämendsten, aber auch erhabensten und größten Tage seines Lebens gewesen sein.

---

[1]) *„Krakauer Zeitung" vom 1. Februar 1944.*

[2]) *„Im Schatten des Galgens" — Deutung Hitlers und seiner Zeit auf Grund eigener Erlebnisse und Erkenntnisse, München-Gräfelfing 1953.*

[3]) *Dokument PS — 3814.*

Am 18. April 1946 vormittags stellte sein Verteidiger, Dr. Alfred Seidel, ihm im Saal des Internationalen Militärgerichtshofes die Frage:

„Haben Sie sich jemals irgendwie an der Vernichtung von Juden beteiligt?"

Dr. Hans Frank antwortete:

„Wenn Adolf Hitler persönlich diese furchtbare Verantwortung auf sein Volk gewälzt hat, dann trifft sie auch mich, denn wir haben den Kampf gegen das Judentum jahrelang geführt und wir haben uns in Äußerungen ergangen — und mein Tagebuch ist mir selbst als Zeuge gegenübergetreten —, die furchtbar sind. Und ich habe daher nur die Pflicht, Ihre Frage in diesem Sinne und in diesem Zusammenhang mit »Ja« zu beantworten. Tausend Jahre werden vergehen und diese Schuld von Deutschland nicht wegnehmen."

NAMENVERZEICHNIS

Namenverzeichnis: Margot Schwager